JN446189

개정3판

Foodservice Marketing Management

외식마케팅관리

김성일 · 박영일 공저

백산출판사

Preface

우리 인간의 기본적인 생존은 의식주에서 비롯된다. 태어날 때부터 이 세 가지는 기본적으로 충족되어야 한다. 그런데 항상성, 다양성, 반복성 차원에서 늘 보충해 주어야 하는 것은 식(食)이다. 이 식을 인간의 행복을 위해 발전시켜 나가는 분야 중 하나가 외식산업이다. 이제 식은 인간의 기본적인 생존수단이 아니라 가치관과 자아실현과 문화의 차원으로까지 발전해 왔고 앞으로도 인류가 존재하는 한 지속적인 진화를 거듭할 것이다. 그러므로 어느 국가나 외식산업은 법적 · 경제적 · 사회적 · 문화적 토대를 이루는 중요한 자리를 차지하고 있다. 특히 우리나라의 경우는 외식산업이 다른 어느 국가보다 더 중요한 역할을 하고 있다. 왜냐하면, 외식기업의 수와 고객의 수가 인구 대비 다른 국가의 추종을 불허하고 있기 때문이다. 하지만 수많은 전문가와 연구자가 학문적 차원이나 실무적 차원에서 노력을 기울였음에도 불구하고 이를 체계적인 틀로 정리하고 전략과 실무적인 전술을 제시하는 경우는 매우 드문 편이다.

외식산업의 발전에 마케팅이 활용되어야 하는 것은 지극히 당연하다. 마케팅의 근본은 '교환(Exchange)'의 효과적 · 효율적 수행을 통해 이해관계자들의 만족과 행복 극대화를 추구하는 학문이므로 외식산업에서 마케팅을 활용하는 것은 기본 중의 기본이 될 수밖에 없다. 그러나 우리나라 외식산업의 눈부신 발전에도 불구하고 외식마케팅 전략과 전술은 단편적이고, 경험적이고, 비체계적인 정보제공 차원으로 접근하는 데 머물고 있다. 그런 결과 외식기업의 장기적 비전이나 전략을 다루기보다는 미시적 근시안적 문제해결에만 집중하는 경향이 농후하다. 향후 우리나라는 베이비붐 세대의 은퇴가 더욱 심화되고, 고령 인구는 더욱 증대되고, 직장인으로서 생활기간은 점점 짧아질 것이다. 특히 2020년 들어 코로나 19로 한 번도 겪어 보지 못한 외식마케팅 환경에 처하게 됨으로써 새로운 배달 중심의 외식문화가 대두되고 이는 외식산업의 부가가치 창출이 본업이 아니라 배달에서 발생되는 문제를 낳고 있다. 따라서 외식기업은 매우 중대한 시기에 처해 있다. 이런 시장의 변화에 대응하기 위해서는 끊임없이 연구하고 실천하고 보완할 수 있는 튼튼한 외식마케팅 전략과 전술의 체계를 가지고 있어야 하므로 본서는 이에 대한 해답을 제시하고 있다.

본서는 외식산업 환경변화 탐색과 함의도출을 바탕으로 외식마케팅의 출발점을 외식기업의 비전으로부터 시작하여 환경분석과 마케팅전략인 시장세분화(Market Segmentation) – 표적시장(Targeting) – 포지셔닝(Positioning)을 설명하고 전략수립 방법을 제시하며 전략실행의 수단인 4P Mix를 어떻게 활용하는가에 대해 구체적으로 제시하고 있다. 나아가 실무적 차원에서 외식마케팅 5대 전술도 다루고 있어 외식마케팅에 대한 학문적 실무적 지침서로서의 역할에 충실하고자 했다. 한편 외식마케팅의 기반이 되는 것은 고객이다. 그리고 고객에 대한 장기적 관계 구축이 외식기업이 추구해야 할 가치라는 것은 분명하다. 따라서 CRM(Customer Relationship Management)이 외식마케팅의 밑바탕이 되는 것임을 강조하고 있다. 나아가 지금은 그야말로 빛의 속도로 발전하는 ICT(Information Communication Technology)를 바탕으로 하는 푸드테크(Food Tech)의 적극적 이해와 활용과 응용이 없으면 외식마케팅을 도저히 수행할 수 없으므로 이에 대해서도 충분한 설명과 활용방법을 곁들였다.

본서의 구성은 제1편은 외식산업의 이해를 통해 외식산업의 기초적인 개념과 통계를 바탕으로 외식산업의 의의와 발전과정 그리고 그 속에서 왜 외식마케팅이 강조되어야 하는지를 밝히고 있다. 제2편은 외식마케팅의 비전과 환경분석을 다루고 있는데, 이는 우리나라 외식기업이나 학생들이 간과하기 쉬운 것으로 비전의 중요성과 환경관리의 중요성을 강조한 것이다. 외식업에 종사하고 있거나 학문으로 연구하고 있는 사람들도 비전을 막연하고 장기적인 선언이라고 생각하거나 혹은 규모가 큰 기업에서나 하는 것으로 여겨 외식 경영에서 등한시하는 경우가 많은데, 이는 금물이라는 것을 설명하고 있다. 제3편 외식마케팅 전략에서는 외식마케팅의 핵심적인 전략인 외식시장 세분화전략, 표적시장 전략, 그리고 포지셔닝 전략을 제시하였다. 외식마케팅 전략을 수립하고자 할 경우 제3편은 반드시 다루어야 할 내용이다. 제4편에서는 외식마케팅 믹스 전략을 다루고 있는데, 제3편의 외식마케팅 전략을 실행하기 위해서 어떤 수단을 사용해야 할지를 설명하였다. 이 부분도 외식마케팅 전략수립의 필수적인 부분이 된다. 그러므로 외식마케팅 전략이라고 하면 제3편과 제4편은 전략 실행의 기본적인 메커니즘이라는 점을 이해해야 한다. 제5편은 외식마케팅 CRM를 다루고 있는데, ICT기술의 발전과 디지털 경제의 심화로 인해 기존 고객의 유지가 매우 중요한 성공요소로 기정사실화되었다. 여기서는 외식기업의 기존 고객 유지를 위한 제반 전략과 방법들을 다루고 있어 장기적인 고객 관계 관리에 어려움을 겪는 실무진에게 도움이 될 것이다. 특히 소셜 CRM을 설명하면서 ICT 활용을 어떻게 할지를 밝히고 있다. 제6편은 외식마케팅의 전략적 고려사항으로 외식 경영주나 외식에 관심을 두고 있는 학생들의 경우 외식마케팅 관리적 이슈로 중요하게 다루어야 하는 외식마케팅 브랜드전략, 외식마케팅 서비스 전략, 외식마케팅 상권 분석, 외식마케팅 시장조사를 설명했다. 제7편에서는 외식마케팅 5대 핵심 전술로 외식마케팅「먹방」전술, 외식마케팅「장사 잘되기」전술, 외식마케팅「인기메뉴」전술, 외식마케팅「광고」전술 그리고 외식마케팅「단골」전술을 보완하였다. 이 전술은 실무에서 바로 활용해 볼 수 있는 내용들이다. 외식마케팅 전략수립이라는 것은 매우 총합적인 지식과 경험과 노력이 필요하다는 점을 이해한다면 본서의 각 장에서 제시되는 내용은 실무자는 실무적 차원에서, 학생들은 학문적 차원에서 연구되고, 응용되고, 학습되는 데 활용될 것이다.

특히 본 개정판에서는 현재 우리나라 외식산업의 현황 진단과 눈부시게 발전하는 ICT 기술의 활용과 세부적인 외식마케팅 전술을 제시했다는 것에 큰 의의가 있다.

경영학의 한 분야인 외식마케팅에 관해서 본서의 적은 노력으로 외식산업을 공부하는 학생들뿐만 아니라 외식업체에 근무하고 계신 실무자들에게 많은 관심과 연구의 영역으로 이끄는 데 본서가 도움이 되기를 진심으로 바라는 바이다.

끝으로, 어려운 여건 속에서 본서의 개정을 흔쾌히 맡아주신 백산출판사의 진욱상 사장님, 그리고 편집부 김호철 부장님과 여러 분들의 노고에 진심으로 감사드린다. 또한, 본서는 저자들의 노력만으로 완성된 것이 아니라는 점을 고백하지 않을 수 없다.

본서는 많은 전문지나 여러 연구소가 피땀 흘려 만들어 놓은 값진 데이터나 정보들 그리고 다양한 신문기사와 기업들의 홈페이지에 있는 자료들을 인용하거나, 취합하거나, 발췌하고 더러는 첨언하고 재해석하여 싣고 있다. 그러나 여러 가지 한계로 일일이 대면 허용 확인을 받지 못한 부분이 있어 철저하게 출처를 밝히고자 노력하였음에도 불구하고 혹시라도 미진한 부분이 있을 수 있음에 큰 양해를 바라는 바이다. 아울러 본서의 모든 내용들은 오직 본서의 내용과 관계되는 모든 분들의 배려가 밑바탕이 되었지, 부족한 저자들의 노력은 그에 비할 바 못 된다. 모든 감사를 그들에게 돌리며 본서의 머리말에 갈음한다.

2023년 1월

저자 일동

Contents

제2편 외식마케팅 환경분석 / 133

제3편 외식마케팅 전략 / 179

제1편

외식산업의 이해

제1장 외식산업의 개괄

마케팅은 교환(Exchange)이 이루어지는 모든 것을 대상으로 유형적 · 무형적 관리 활동을 전개해서 영리적 · 비영리적 가치를 비용적 효율성과 합목적적 효과성을 추구하는 제반 실무적 · 학문적 · 철학적 · 윤리적 그리고 사회자본 확충적 활동이다.

인간을 생존할 수 있게 하는 활동은 모두 교환으로 이루어진다. 따라서 마케팅의 영역은 인간 생존의 모든 면을 대상으로 한다. 인간은 교환하기 때문에 생존할 수 있는 존재이다. 즉 인간은 교환의 생명체다. 따라서 마케팅을 하는 모든 참여자는 교환의 의미에 생각 발상의 기초를 두어야 한다.

인간 생존 교환의 활동 중 가장 중요한 영역이 의식주이다. 이 중 식(食)의 한 분야가 외식이다. 따라서 외식마케팅은 식에 기초한 교환의 구현 분야다. 그러므로 본서는 외식마케팅을 주로 가외(家外)에서 이루어지는 식에 관한 교환활동으로서 참여자 모두에게 가치를 창출하는 무형적 · 유형적 활동을 효과적이고 효율적으로 수행하고자 하는 법적 · 물적 · 인적 · 문화적 · 사회적 · 윤리적 제반 활동이라고 정의하고자 한다.

제1절 외식산업의 의의

1. 외식의 개념

외식이라는 단어의 의미는 가정 내에서 이루어지는 내식과 대별 또는 대칭되는 의미로서 개념적 접근이 이루어져 왔다. 여기에서 '가정'에는 공간적 · 물리적 · 구분적 기준이 있으므로 가정에서 소비되는 식생활을 내식이라 하고 그 외를 외식이라 할 수 있다. 하지만 일반적인 의미로서 내식이란 용어는 사용되지 않거나 개념화되지 않은 용어이다. 오히려 내식이란 용어 대신 가정식이라는 용어가 더 보편적이다. 그러므로 내식과 외식의 구분을 용어적으로 정의하는 것은 형식적 논리에 지나지 않을 수 있어 큰 의미를 부여할 필요는 크지 않다고 봐야 한다.

일반적으로 외식이란 단어는 매우 광범위한 분야를 포괄한다. 단순히 외부 공간에서의 식사일 수 있고 특이한 식사의 의미로서 다양성도 모두 포함하는 분야이다. 그러나 가정을 벗어난 식생활을 모두 외식의 개념에 포함시킬 수는 없다. 즉 집에서 식사를 준비하여 야외 소풍을 가거나 누군가에 의해 무료로 지급되는 것은 외식이라고 하기에는 다소 무리가 있다. 또한, 배달 앱을 통해 집에서 식사하는 것을 가정식이라 부를 수 없는 것도 외식 정의의 어려움이라 지적할 수 있다. 그러나 외식이라고 하는 정의의 핵심에는 식(食)을 위해 최종 음식을 획득하는 데 이해관계자를 위해 비용을 지불했는가가 기준이 되는 활동으로 보아야 한다. 따라서 외식산업의 범주에는 비용지불이라는 상업적 활동이 포함되어야 한다. 이런 논의를 바탕으로 본서에서 다루고자 하는 외식의 개념은 "음식의 최종 소비자들이 어떤 장소나 시간의 구애됨이 없이 먹거리에 대가를 지급하는 모든 활동"이라고 제시할 수 있을 것이다.

보다 구체적으로 '먹거리의 최종 소비자들'이라는 의미는 외식은 식의 일부라는 의미이고 '어떤 장소'라는 것은 장소적 개념의 확장으로서 장소 다양성을 의미하며

'시간 구애를 벗어난다'는 것은 오늘날을 사는 사람들의 시공간의 차원을 확장한다는 의미이다. 그리고 '대가 지급'이라는 것은 교환(Exchange)을 의미하며 교환은 모든 상적 활동의 핵심단어가 된다.

2. 외식산업의 개념

외식산업이란 한마디로 정의하자면 "가정 이외의 장소에서 음료를 제공하는 데 관련되는 산업"이다. 그러므로 반드시 적절한 식재료의 구매가 있어야 하고 요리라는 생산과정을 포함하여 이를 최종 소비자인 고객에게 전달하여 소비가 이루어지는 것까지의 모든 과정에 걸쳐 부가가치가 창출되는 산업이다. 그런데 외식산업활동에는 물질적 생산 속성과 무형적 서비스 속성이 복합되어 동반되는 동시성을 가지고 있다. 다시 말해서 제품에 해당하는 음식과 서비스에 해당하는 제공이 동시에 존재하는 분야이다. 외식산업은 매우 복합적인 총체이기 때문에 다음 몇 가지 속성으로 나누어 살펴볼 필요가 있다.

경제적 의미에서의 외식업은 국가 내수경제활동의 토대로 자리매김해 왔고, 자영업의 주 대상이 되며, 풀뿌리 경제의 주체가 되고 있다. 여기에 더해서 ICT(Information Communication Technology)의 일상화에 따라 외식 정보의 전파/공유/재활용이 다원적이고 복합적으로 이루어지는 대상이 되었고, 외식산업은 새로운 경제적 지경을 급속히 펼쳐감으로써 우리나라 경제에서 매우 중요한 역할을 차지하고 있다.

문화적 의미에서의 외식업은 디지털 라이프 스타일(Digital Life Stile) 구현의 대상이자 목적이자 동반자가 되고 있다. 외식이 문화와 복합되고, 작업과 병행되고, 가치 공유의 장이 되고, 나아가 자아실현의 바탕이 되고 있다. 따라서 시간이 갈수록 더욱 더 우리 사회 문화를 이끌어 가는 주체가 외식업이 되어 가고 있다. 외식산업은 고객에게 최고의 가치인 기쁨과 행복과 건강과 자아 발현의 공간을 제공하는 것이 목적이다. 따라서 이를 제공할 수 있는 외식기업이 외식산업을 이끌어 가고 새로운 외식시장을 창출하여 가장 한국적인 것을 가장 세계적인 것으로 만들어 갈 가능성이 매우 큰 비즈니스로 발전할 수 있다.

산업적 의미의 외식업은 외식마케팅이 해결해야 할 세 가지 욕구인 기능적 · 감각적 · 상징적 욕구를 모두 해결하게 해야 한다는 차원에서 그 확장 가능성은 거의 무한대이다. 우선 가장 본원적 욕구인 기능적 욕구(Functional Needs)로서 '배고픔 해결'은 무엇을(What)에서 어떻게(How), 어디서(Where), 누구와(Who)로 확대 전환되었다. 오감을 자극하는 감각적 욕구(Sensible Needs)는 소비 상황에서 환경(Environment), 분위기(Atmosphere), 감성(Emotion) 그리고 미학(Aesthetics)의 경지로 승화되었고 가치를 창출하는 상징적 욕구(Symbolic Needs)는 자기 과시(Self-Display)나 자아 발현(Self-Manifestation)이나 자아구현(Self-Realization)의 욕구로 나아가고 있다. 따라서 산업으로서 외식은 인간의 식에 관한 욕망을 구현하는 장으로서 확장 가능성의 넓이와 깊이에서 무한하다 하겠다.

3. 외식산업의 독특성

외식산업은 다른 산업과 다른 독특한 특성이 있다. 이에는 시장적 독특성, 산업적 독특성, 환경적 독특성이 있다.

1) 시장적 독특성

① 외식산업은 생산과 소비과정이 일정하지 않아서 독과점적 지위를 누리기 힘들다는 독특성이 있다. 즉 외식 소비자들의 다양한 욕구와 그 변화는 시장 참여자들에게 독점적 시장 지배를 허용하지 않는다. 그것은 외식이 제공되는 제공자의 비정형성과 소비자 비정형성의 합치로 이루어지는 산업이므로 생산과 소비의 비분리성(Inseparability)과 제공자와 상황에 따른 이질성(Heterogeneity)에 따른 것이다.

② 하지만 외식업은 제한된 지역 내에서는 어느 정도 우월적 지위가 가능한 독특성도 함께 가지고 있다. 소위 말하는 소문난 집, 맛집, 전통 집, 원조집이 그것이다. 물론 배달과 택배의 발달로 거리 제한성을 극복할 수 있지만, 신선도 면에서 문제가 발생할 수 있어 대상이 제한적이고 소비에 한계가 있다. 따라서 한 특정 상권 내에서 특정 메뉴로 경쟁력을 가지는 독특성도 있는 것이다.

③ 그러나 거리상 제한성은 메뉴나 브랜드의 규격화 · 정형화 · 유형화를 통해 다

점포화로 시장의 포괄범위를 확대하여 거리 제약을 어느 정도 극복할 여지도 충분히 있는 독특성을 가지고 있다. 즉 외식업은 다양한 형태의 볼런터리 체인화(Voluntary Chain)로 혹은 프랜차이즈(Franchise) 사업으로 다점포화 전략이 가능한 사업이다. 어느 특정한 메뉴와 제공 공간의 규격화, 제공방법의 독특화 등으로 특정 분야의 시장을 이끌어 갈 수 있다.

2) 산업적 특성

① 외식업은 식재료의 조달 이후 생산(요리)과 소비(식음)와 서비스가 동시에 이루어지는 독특한 산업이다. 즉 생산과 소비의 비분리성이 존재하는 보관이나 저장이 힘든(Perishable) 서비스산업 특성을 함께 가지고 있다. 따라서 배달을 제외하면 일정 시간과 공간 내에서 고객이 원하는 식음료를 즉각적으로 제공해야 하는 산업이다.

② 외식업은 제공하는 메뉴의 범위 내에서 주문 대응이 가능한 산업이다. 즉 조리나 제공방법, 소비형태의 다양성과 조합성 그리고 유연성이 뛰어난 산업적 특성이 있다. 즉, 고객의 욕구 충족을 위해서 응용과 변형이 매우 자유로운 산업이다. 따라서 현재와 같은 융복합의 문화 트렌드와 소비자주의(Consumerism)와 무한 공유 ICT를 잘 파악하고 활용하여 그에 따른 신축적이고 지속적인 메뉴 개발이 절대적으로 필요하다.

③ 외식업은 소비의 무형성(Intangibility)으로 인해 수요예측이 쉽지 않다. 계절별, 요일별, 시간별, 날씨 상황 등등 내방 고객뿐만 아니라 외부 주문고객의 수요도 예측하기가 매우 어렵다. 이러한 문제는 식재료의 과대/과소의 주문 심지어 노쇼(No-Show)로 인한 매출의 손실과 비용의 상승을 초래할 수 있다. 따라서 원가 상승과 매출의 감소 요인을 제거하기 위해서는 고객수요 예측, 식재료 재고관리 시스템이 요구된다.

④ 외식업은 생산과 서비스의 기계화 정도에 한계가 있는 노동집약적 산업이다. 물론 요사이 인건비의 급상승으로 인한 기계적 주문방식이 많이 유행하고 있지만 기계화는 고객가치창출을 저해할 수 있는 요소가 다분하다. 다시 말해서 On-Demand

산업의 대표적 속성을 가지고 있다. 주방 자동화 설비가 도입되고 있지만, 일부에 불과하고, 주방 및 서비스 공간은 항상 많은 직원이 필요한 산업이다. 따라서 인적 자원관리가 중요한 경쟁요소라는 것에 주의해야 한다.

⑤ 상품(메뉴)의 차별화가 어려운 산업이다. 하지만 다른 한편에서는 매우 차별이 필요한 산업이다. 메뉴 이름의 차별화는 쉽지 않지만, 메뉴 내용의 차별화가 매우 필요한 산업이다. 모방은 쉬우나 특화는 어려운 산업 특성이 있다. 외식업은 성공을 위해서 독특성을 창출하고 고객에게 이해시키고 유지하고 개선해 나가는 차별화를 핵심으로 하는 산업이다.

⑥ 외식산업은 누구나 쉽게 생각하는 경향으로 인해 진입장벽이 낮아 창 · 폐업률이 매우 높다. 그러므로 외식산업 분야에서 외식소비의 흐름을 분석해 환경변화를 예측하고 적절하게 대비하는 일은 매우 중요하다. 다양한 외식 관련 정보를 탐색하고 이해하며 활용에 선제적 대응을 해야만 하는 특성이 있다.

3) 환경적 특성

① 경제, 사회, 문화, 법 환경의 변화가 소비자 외식 기호를 변화시킨다. 심지어 법, 정치 환경의 변화로 사업에 결정적인 성패가 좌우되기도 한다. 지난 3년간 법 · 정치적 환경 변화를 전방위적으로 일으킨 것은 코로나 19 팬데믹이었다. 코로나 19는 국가 전반적으로 영향을 미쳤으며, 특히 외식산업에 대한부정적인 영향은 이루 말할 수 없었다. 이런 환경의 변화에도 불구하고 외식의 전통적 특성은 웰빙과 힐링의 추구이다. 웰빙은 국내뿐만 아니라 국제교류의 활성화로 인해 음식의 교류가 활발해지고 있어 세계의 웰빙 음식들이 각국으로 퍼지는 현상을 보인다. 힐링은 그동안 인스턴트와 인공감미료에 찌든 외식을 탈피하여 가정에서 하지 못하는 전문적인 외식 힐링이 관심을 받으면서 새로운 틈새 마켓으로 부각되고 있다.

② 그러나 최근에는 외식 환경변화에서 새로운 트렌드들이 나타나고 있다.[1)]

첫째, '뉴트로 감성'인데 이는 익숙하지 않은 옛것(아날로그 감성: Retro)들이 젊은 세대에게 신선하고 새로운 것(New)으로 느껴져 인기를 끌고 있는 현상을 의미한다.

1) 식품음료신문(http://www.thinkfood.co.kr), '2019 외식소비 트렌드 발표대회'에서 부분 발췌.

음식에 제한되지 않고 간판, 디자인, 건축 등 다양한 분야에서 나타나고 있으며, 소비자 감성을 자극하는 특성을 고려해 '뉴트로 감성: Newtro Sensibility'이 키워드로 도출되었다. 외식분야에서는 골목상권에 대한 관심증가가 이러한 현상을 대표한다.

둘째, '비대면 서비스화'인데 이는 코로나 19의 영향을 크게 받은 것으로서 패스트푸드나 편의점, 대형 할인점, 로봇 서빙 등에서 사용되는 무인주문 및 결제시스템의 확산을 의미한다. 무인화 · 자동화 확산에 따른 배달 앱, 키오스크, 전자결제 등이 발달함으로써 외식 서비스의 변화는 이미 자리잡았고 빠른 시간 내에 중요한 식품이나 외식의 한 축으로 자리 잡을 것이 명확하다.

특히 서비스 형태가 영업의 중요한 부분을 차지하는 외식분야에서 '비대면'의 의미는 사람 중심의 서비스에서 푸드테크(Food Tech) 중심 서비스로의 이동으로 대표되고 있으나 외식업계는 사람 중심의 고급화된 서비스와 편의성에 초점을 맞춘 서비스를 제공하므로 산업구조의 변화가 빠르게 진행될 것으로 보인다.

셋째, '편도족의 확산'인데 편도족이란 '편의점에서 도시락을 찾는 사람들'이란 의미이다. 이는 식사 해결 방식이 다양해지고, 편의점에서 HMR(Home Meal Replacement: 가정편의식) 제품을 사 먹는 것도 외식으로 인식하는 현상이 확산하는 것을 의미한다. 외식 트렌드에서 나타나는 편도족의 확산은 단순히 HMR 소비자의 증가가 아닌 편의점이 서비스 및 음식섭취의 공간으로 식당을 부분적으로 대체하고 있다. 밀키트(Meal Kit)의 발달은 HMR를 촉진하고 결국 외식 개인화 시대를 열어 가고 있다.

③ 외식산업에도 ICT(Information and Communications Technology)라 불리는 디지털 통신 기술 환경의 변화에 여하히 적응하는가는 외식기업의 생존에 필수가 되었다. 특히 최근에는 푸드테크(Food Tech), AI(Artificial Intelligence), 빅데이터, 모바일, 웨어러블이 새로운 화두가 되고 있다. 더 나아가 사물 인터넷(IOT: Internet of Thing)은 인간과 인간 사이의 연결뿐만 아니라 인간과 사물의 연결, 사물과 사물의 연결도 가능하게 한다. 이를 통해 외식사업의 생산 유통 소비에도 창조, 재창조, 재재창조의 가능성이 무한하게 열려 있다 해도 과언이 아니다. 즉, 고객 상호 간에 외식업체들에 대한 평가, 외식소비에 대한 경험 공유, 파워집단의 형성 용이 등 힘의 균형이 고객중심으로 급격히 이동하고 있고 앞으로는 더 심화될 것이다. 고객들의 스마트화

되는 평가도 외면할 수 없는 산업으로 변화하였다.

④ 포장, 가공기술(Processing Technonogy) 등 기술적 환경의 발전으로 음식의 상품화가 가속화되고 있다. 즉 햇반, 김치, 나아가 죽 등 토속음식을 바탕으로 창의적인 세계화 가능성을 충분히 가지고 있다. 즉, 우리나라의 전통음식을 개발하여 세계시장에 판매할 기회는 점점 증가하고 있다.

⑤ 교통, 경제 환경의 발달로 외식기업의 세계 진출이 가능하다. 국내외 외식산업의 교류가 활발하고 최근 몇몇 국내 외식 프랜차이즈 기업들의 해외 진출의 사례로 볼 때 우리나라 외식의 세계화는 더욱 가속화될 것이다.

위의 외식산업 특성을 표현하면 아래 [그림 1-1]과 같다.

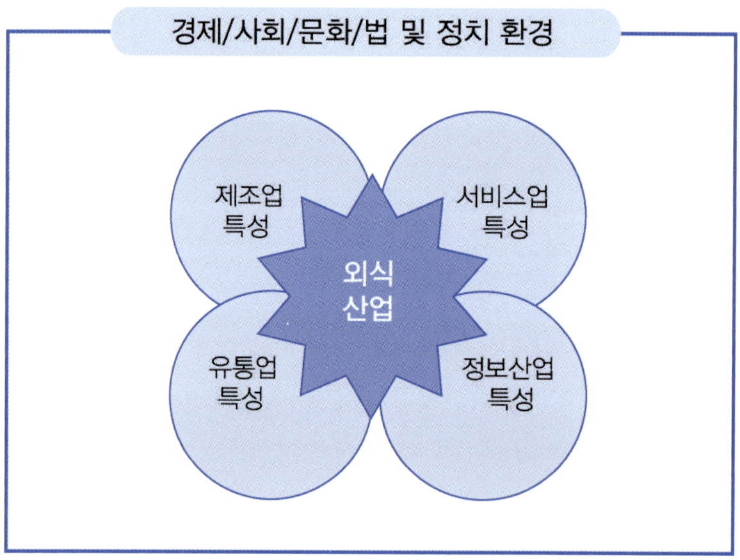

그림 1-1 외식산업의 특성

4. 외식산업의 마케팅 역할

① 경영으로서의 마케팅: 1인기업이든 조직이든, 영리기업이든 비영리 기업이든 모든 경영의 시작과 끝에서 마케팅 없이는 존재할 수 없다. 이것은 만고의 명제다. 경영은 기업이 생존하기 위한 제반 활동이고 직접적인 이익을 창출하는 수단은 마케팅이다. 기업이 가진 재무적 자원으로 투자를 해서도 수익은 올릴 수 있으나 이건 경영의 본질은 아니다. 따라서 외식경영의 핵심도 마케팅인 것이다.

② 경쟁으로서의 마케팅: 사업은 반드시 경쟁을 수반한다. 이 세상에 독점적인 것은 아무것도 없다. 독점적인 것처럼 보여도 언제나 간접적으로라도 경쟁을 하고 있다. 이러한 경쟁의 직접적 수단은 마케팅이다. 경영학의 인사, 조직, 생산, 회계, 재무 등 여러 분야에서 경쟁자와 눈에 보이든 보이지 않든 시장에서 직접적 전투를 벌이는 것은 마케팅이다. 그 외의 경영 기능들은 마케팅에 전투 수단(재무적 지원, 인사 지원과 같은)을 제공하거나 경쟁에서의 승리를 위해 간접적 지원을 하는 것으로 족하다. 외식기업은 바로 현장과 부딪치면서 끊임없는 경쟁을 하기 때문에 마케팅을 더욱더 절실하게 느낀다. 다만 마케팅을 제대로 교육받고 효과적이고 효율적인 전략을 구사하는 능력을 배양할 수 있는 교육이 부족한 것이 한계로 남아 있다.

③ 전략으로서의 마케팅: 전략(Strategy)이 없는 마케팅은 그야말로 허공에 대고 주먹을 휘두르는 것과 같다. 마케팅의 핵심은 첫째, 환경분석을 통해 시장에서 정확한 자사의 경쟁 위상을 확인하고 둘째, STP(Segmentation/Targeting/Positioning) 전략을 통해 경쟁에서 과학적이고 합목적적으로 성공 계획을 수립하고 셋째, 4P Mix라는 전술(Tactics)을 실행하고 전략을 피드백하는 일련의 과정들의 반복이다. 따라서 마케팅관리에 대한 지식과 사례를 통해 외식마케팅 전문가로서 바탕이 되는 토대를 마련하게 하는 것이 본서의 목적이다.

제2절 우리나라 외식산업의 현황과 전망

1. 국내 식품산업 규모

우리나라 외식산업에 대한 통계는 통계청에서 작성하는 국가통계포털(http://kosis.kr)을 참고하는 것이 신뢰성이 높다. 이를 바탕으로 한국농촌경제연구원은 「식품산업진흥법」에 의거, 2016년부터 '식품산업정보 분석 전문기관'으로 선정되어 식품외식산업 정보를 수집 · 가공 · 심층 분석한 후 그 결과를 정보 수요자에게 제공하고 있다. 이의 일환으로 2018년 2월부터 식품산업 동향 및 정보 분석결과를 매월 이메일을 통해 [식품 외식정보 웹진]으로 배포하여 왔다.

본 자료는 [식품 외식정보 웹진][2]에서 2022년 발표된 통계청 '2021 서비스업동향조사', 고용노동부 '사업체노동력조사', 통계청 '온라인쇼핑동향조사' 등의 결과 가운데 음식점 및 주점업에 해당되는 조사 결과를 토대로 시장 규모와 업종별 운영현황 및 사업실적, 온라인쇼핑 거래 추세 등을 살펴보고 주요 특징을 정리한 것을 책의 내용에 부합하게 각색 또는 인용하였다. 자료의 분석결과는 최윤영 등(2021)[3]의 연구를 참고하였다.

코로나 19가 우리나라에 퍼진 2020년 초부터 급격히 위축되었던 음식점 및 주점업 시장은 2021년 사회적 거리 두기 등 방역이 어느 정도 완화되면서 전년 대비 매출액 규모가 소폭 증가하고 있는 것으로 나타났다. 코로나 19의 충격적인 여파에서 업종별 차이는 존재하나 음식점 및 주점업 생산지수 또한 대체로 2021년 1분기를 기점으로 2020년 대비 상승세를 보인 것으로 통계치에서 확인되었다. 2021년 연간 외식업 종사자 수는 전년 대비 감소하였으나 2021년 4분기부터 뚜렷한 증가세를 나타내고 있으며, 코로나 19의 영향으로 음식서비스의 온라인쇼핑 비중은 모바일 거래를 중심으로 전년도에 이어 꾸준히 확대되고 있다.

2) 식품외식정보 웹진, 2022년 5월호.
3) 최윤영, 박기환, 주준형, 2021년 외식업 주요동향 및 특징, 한국농촌경제연구원.

1) 2017~2021 외식산업 변화[4)]

[그림 1-2]에서 보면 음식점 및 주점업의 2017~2019년 기간 동안 매출액은 연평균 3% 증가세를 보였다. 그러나 코로나 19 발생으로 인한 사회적 거리 두기 시행 등의 영향으로 2020년 음식점 및 주점업의 실질 매출액은 2019년 대비 17% 감소한 약 108조 원으로 추정된다고 [식품 외식정보 웹진]은 분석하였다. 다만 2020년과 2021년은 2019년 매출액에 "숙박 및 음식점업 GDP"를 적용하여 추정한 수치이다. 보다 구체적으로는 2021년 음식점 및 주점업의 실질 매출액은 약 110조 원으로 2020년보다는 1% 증가하여 코로나 19 영향으로부터 약간의 회복세를 나타낸 것으로 추정되지만, 2019년 수준을 회복하기에는 상당히 부족한 것이었다.

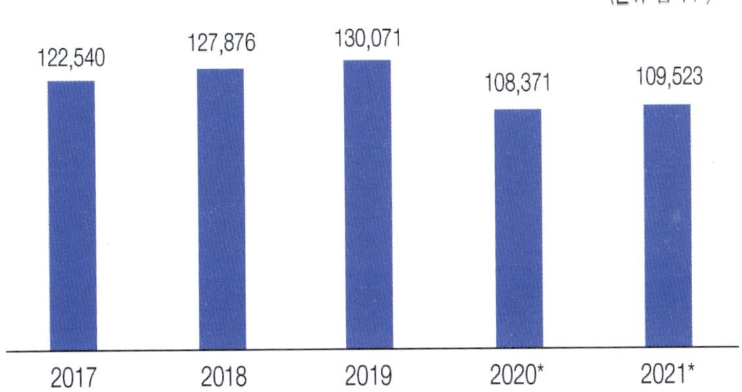

주 1) 2017-2019 매출액은 서비스업 조사의 매출액에 업종별 해당 생산자물가지수(2015=100)를 적용하여 계산한 실질 매출액임.
2) *는 2019년 매출액에 "숙박 및 음식점업 GDP"를 적용하여 추정한 수치임.
자료: 통계청, 「서비스업 조사」, 각 연도; 한국은행, 「생산자물가조사」, 각 연도; 한국은행, 「국민계정」, 각 연도.
출처: 최윤영, 박기환, 주준형, 2021년 외식업 주요 동향 및 특징, 한국농촌경제연구원.

그림 1-2 2017~2021년 음식점 및 주점업 매출액 변화

코로나 19는 외식산업에 상당히 큰 부정적인 영향을 주었고 이는 인허가 수 감소와 폐업의 속출로 나타났다. [그림 1-3]에서 확인할 수 있듯이 2017~2019년 기간 동안

4) 통계청에서 작성하는 조사통계로, 각각의 설명은 국가통계포털(http://kosis.kr) 통계설명자료를 참고하여 한국농촌경제연구원에서 작성함.

음식점 인허가 수는 연평균 25%의 높은 증가율을 보였으나, 코로나 19가 발생한 2020년부터 연이어 감소한 것으로 집계되었다. 이와 대비하여 음식점 폐업 업체 수는 코로나 19 이전부터 증가는 하고 있었지만 코로나 19 발생 후 그 수가 급격히 늘어난 것으로 나타났다. 보다 구체적으로 살펴보면, 2021년 음식점 및 주점업 인허가 업체 수는 1,074개로 2019년 대비 3%, 전년 대비 1% 감소하였다. 그렇지만 같은 해 폐업 업체 수는 2019년 대비 33%나 증가한 466개로 집계되어 코로나 19의 영향을 크게 받았다는 것을 증명한다.

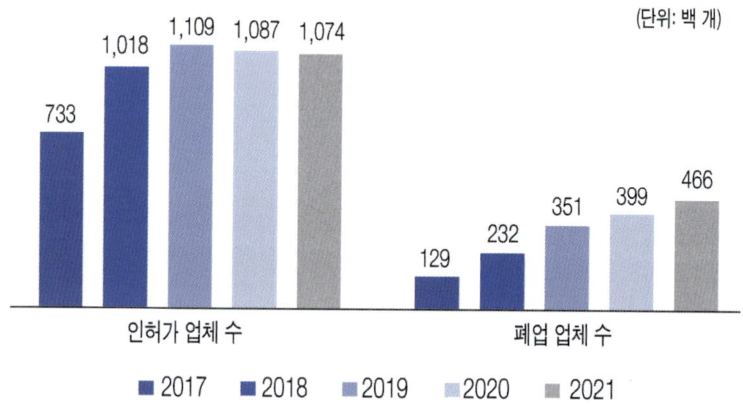

주: 급식(위탁 급식영업, 집단급식소), 주점(단란주점업, 유흥주점영업), 일반음식점, 휴게음식점 인허가, 폐업 업체 수를 합하여 산출.
자료: 행정안전부 「지방행정 인허가 데이터」. 각 연도.
출처: 최윤영 등(2021).

그림 1-3 2017~2021년 외식업 인허가 및 폐업 업체 수 변화

한편, 국내 코로나 19 첫 확진자가 발생한 2020년 1분기부터 정부는 강력한 사회적 거리 두기와 인적 접촉 제한을 시행함으로써 음식점 및 주점업 생산지수는 -21%로 큰 폭으로 하락하였으며, 그 이후로도 코로나 19가 급속히 확산됨에 따라 내림세는 계속하여 이어졌다. 특히, 5인 이상 집합 금지가 전국으로 확대된 2021년 1분기 생산지수는 2017년 이후 최저치인 69를 기록하였으며, 같은 해 3분기에도 보다 강력해진 방역 대책에 따라 또다시 생산지수가 소폭 하락하여 코로나 19의 부정적인 영향은 외식산업에 크게 작용하였다. 그러나 [식품 외식정보 웹진]은 [그림 1-4]에서와 같이 2021년 4분기에는 1분기 대비 22% 증가한 91을 기록하였으며, 특히 2020년 4분기 77에 비해 큰 폭으로 생산지수가 오르는 등 전반적으로 상승세를 보인 것으로 파악하였다. 보다 구체적으로 살펴보면, 2021년 4분기부터 상승세로 전환된 음식점 및 주점업 생산지수는 2022년 1분기에는 78을 나타내면서 2021년 1분기 지수 69에 비해 13% 상승하는 등 생산지수의 오름세가 이어져 시장 회복 경향이 뚜렷하다고 진단하였다. 그럼에도 불구하고, 코로나 19 이전의 생산지수와 비교해 보면, 여전히 낮아 이전 수준까지 회복은 이루어지지 않은 상태이다.

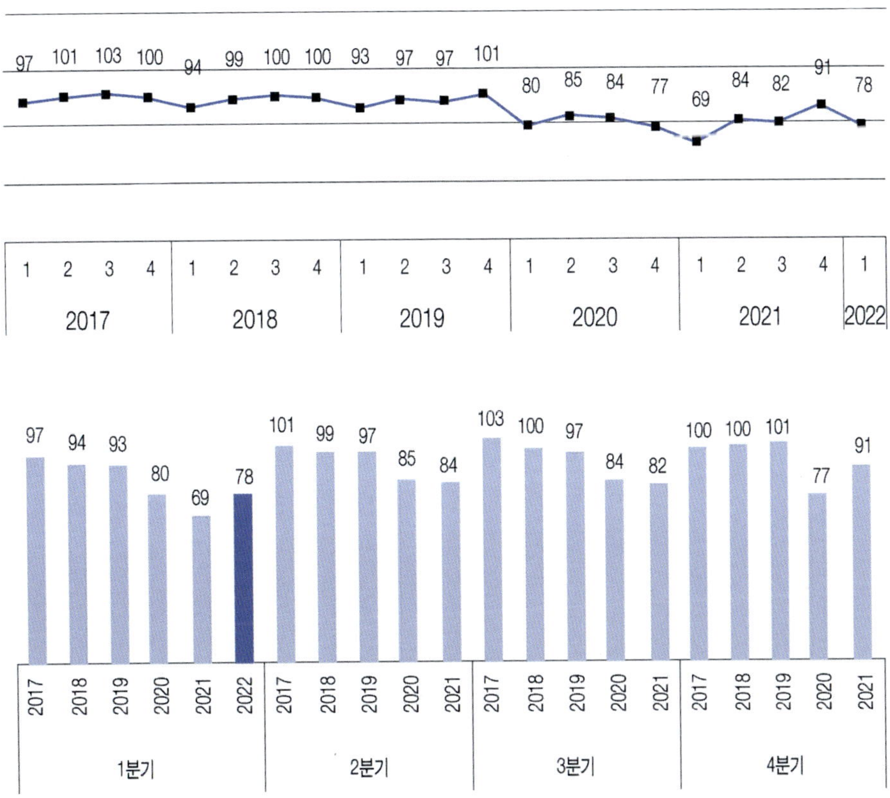

주 1) 불변지수 값을 사용함(2015=100).
2) 2022년도 1분기는 1, 2월 지수 잠정치의 평균 산출.
자료: 통계청 「서비스업 동향조사」, 각 연도.
출처: 최윤영 등(2021)

그림 1-4 2017~2021년 음식점 및 주점업 생산지수 연도별, 분기별 추이

[그림 1-5]는 연도별로 분기비교를 한 결과치로서 생산지수는 우리나라 전체 산업을 대상으로 국내에서 생산한 재화와 용역에 대한 생산활동 동향을 월별로, 분기별로, 연간으로 집계하여 단일 지수로 나타낸 것이다. 음식점 및 주점업의 업종별 생산지수를 살펴보면, 2021년 4분기 들어서는 거의 모든 업종에서 2020년 동기 대비 상승하였으나, 외국식 음식점업과 비알코올 음료점업을 제외한 업종들은 코로나 19 이전인 2019년 4분기 생산지수에 비해 낮은 것으로 나타나 여전히 코로나 19의 부정적인 영향에서 벗어나지 못한 상태이다.

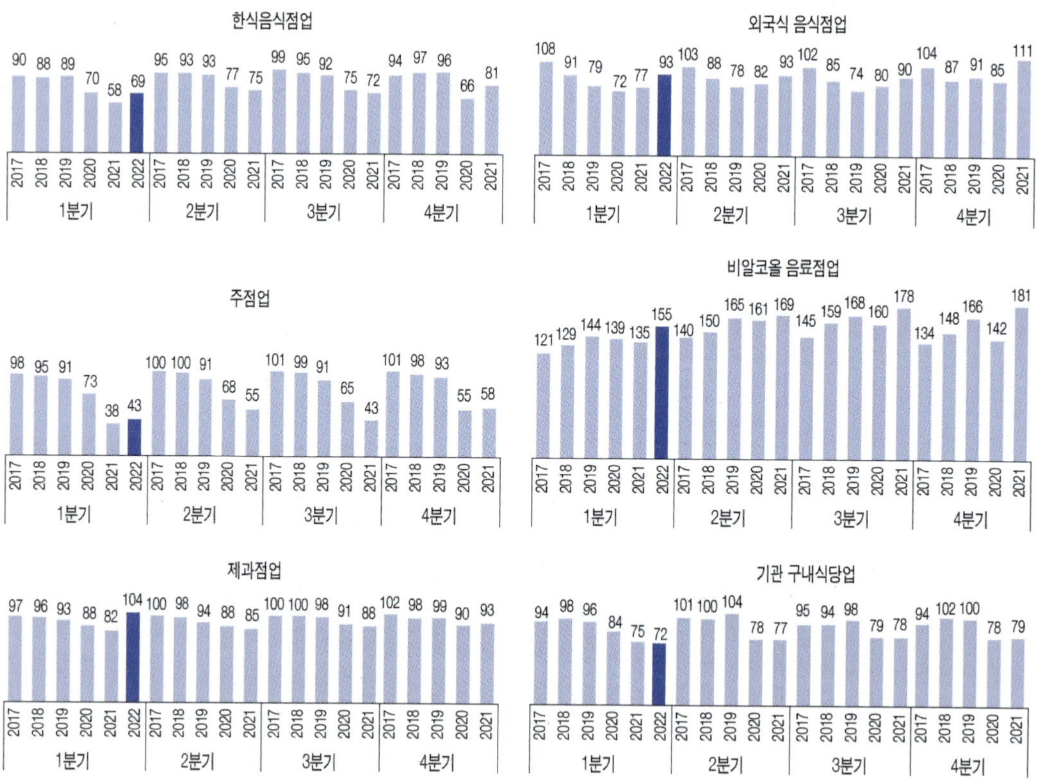

주 1) 불변지수 값을 사용함(2015=100).
2) 2022년도 1분기는 1, 2월 지수 잠정치의 평균 산출.
자료: 통계청 「서비스업 동향조사」. 각 연도.
출처: 최윤영 등(2021).

그림 1-5 2017~2021년 음식점 및 주점업 업종별 생산지수 추이

[그림 1-6]의 2017~2021년 음식점 및 주점업 종사자 수 및 지위별 비중 변화를 보면 역시 코로나 19의 영향으로 음식점 및 주점업 폐업 수의 증가로 2021년 음식점 및 주점업 종사자 수는 점점 줄어들어 100만 6천 명이었다. 이 중 상용근로자 수 비중이 34.2%로 2017년 이후 처음 증가하였고, 임시일용 및 기타 근로자 수 비중은 65.8%로 감소하였다. 이는 코로나 19로 외식시장이 위축됨에 따라 필요 종업원만 유지하면서 임시일용직은 줄여 긴축경영을 한 결과로 보인다. 즉, 종사자 수가 2019년 대비 감소한 것은 코로나 19 여파로 음식점 및 주점업의 전체 근로자 채용이 줄었고, 상용근로자 중심으로 감축이 이루어지다가 2021년 들어 매출이 조금씩 증가하면서 안정세로 돌아선 것으로 보인다.

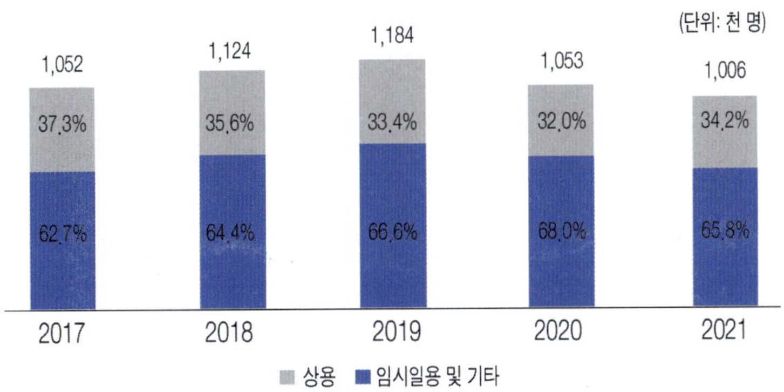

주 1) 1인 이상 사업체 종사자(상용+임시일용+기타) 포함.
2) 자영업자, 무급가족 종사자 제외.
자료: 고용노동부, 「사업체 노동력조사」, 각 연도.
출처: 최윤영 등(2021).

그림 1-6 2017~2021년 음식점 및 주점업 종사자 수 및 지위별 비중 변화

코로나 19는 온라인 쇼핑몰 음식서비스 거래액에도 큰 영향을 미쳤는데 거래액은 2019년까지 분기별로 코로나 19 이전에는 2~8%의 증가율을 나타내며 꾸준히 증가하고 있었다. 온라인 쇼핑몰 음식서비스 거래액은 코로나 19 발생을 계기로 사회적 거리 두기로 인해 2020년 1분기부터 비대면 방식이 급격히 늘어나 [그림 1-7]에서 확인되듯이 분기마다 10% 이상씩 거래비중이 증가한 것으로 나타났다.

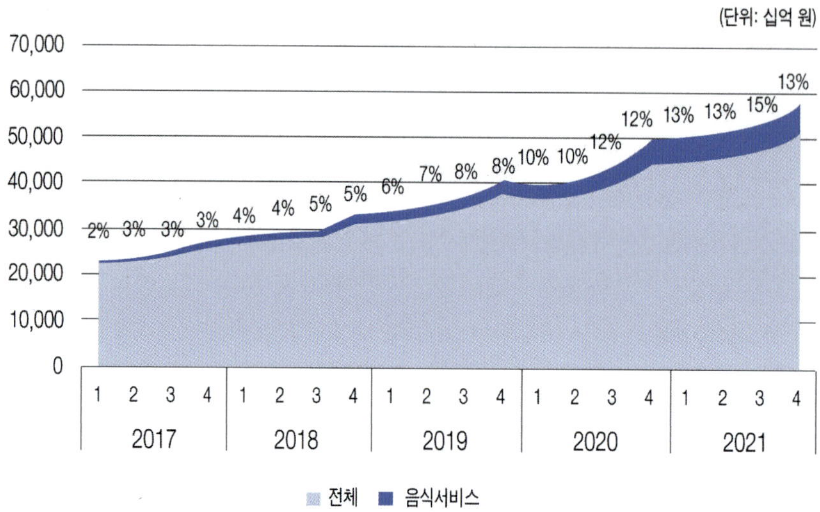

주: 음식서비스는 온라인 주문 후 조리되어 배달되는 음식(피자, 치킨 등 배달서비스)을 말함.
자료: 통계청 「온라인쇼핑 동향조사」. 각 연도.
출처: 최윤영 등(2021).

그림 1-7 2017~2021년 온라인 쇼핑몰 음식서비스 거래 비중 변화

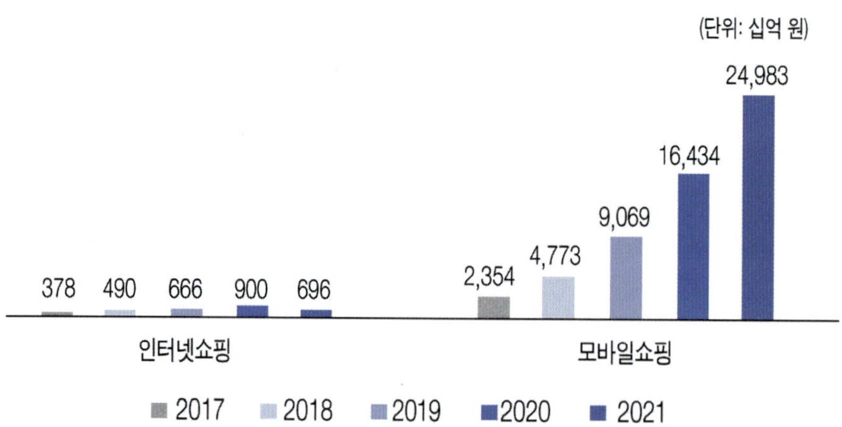

주: 음식서비스는 온라인 주문 후 조리되어 배달되는 음식(피자, 치킨 등 배달서비스)을 말함.
자료: 통계청 「온라인쇼핑 동향조사」. 각 연도.
출처: 최윤영 등(2021).

그림 1-8 2017~2021년 판매 매체별 온라인 쇼핑몰 음식서비스 거래액 변화

특히, [그림 1-8]에서와 같이 스마트폰 앱의 일상화로 모바일쇼핑 음식서비스 거래액은 계속 큰 폭으로 증가하여 2021년 25조 원으로 전체 온라인 쇼핑몰 음식서비스 거래액의 97%로 대부분을 차지하였다. 반면, 인터넷쇼핑 비중은 2017년 14%에서 2021년 3%로 크게 줄어들어 스마트폰 앱을 활용한 모바일쇼핑 음식서비스가 온라인의 대세로 자리 잡았다고 최윤영 등(2021)은 분석하였다.

위의 통계 결과를 바탕으로 최윤영 등(2021)은 [식품 외식정보 웹진](2022년 5월호)에서 다음과 같이 분석하였다. 첫째, 2021년 음식점 및 주점업의 연 매출액과 분기별 생산지수, 판매액지수, 종사자 수 등을 살펴본 결과, 모두 외식업 시장이 코로나 19로부터 회복세에 접어들었음을 확인하였다. 2021년 음식점 및 주점업 매출액은 약 110조 원으로 코로나 19가 최초 발생했던 2020년보다 1% 증가하였고, 음식점 및 주점업의 2021년 4분기 생산지수는 2020년 동기 대비 14% 상승하였으며, 2022년 1분기 생산지수도 전년 동기보다 10% 상승한 것으로 분석했다. 그러나 코로나 19의 피해가 워낙 컸기 때문에 정상화까지는 요원한 상황으로 보인다. 둘째, 외국식 음식점업, 비알코올 음료점업 생산지수는 빠른 회복세를 보여 2021년 2분기 이후 코로나 19 이전인 2019년보다 높은 것으로 파악하였다. 이는 소위 말하는 일종의 "보복소비" 심리가 작용하여 크게 증가한 것으로 보인다. 셋째, 2021년 음식점 및 주점업 종사자 수는 전년 대비 4% 감소하였으나, 사회적 거리 두기가 완화됨에 따라 2021년 4분기와 2022년 1분기 모두 전년 동기에 비해 각각 1%, 6% 증가하여 증가세를 보였다고 분석했다. 그러나 이 역시 미미한 증가로 보인다. 넷째, 코로나 19로 비대면 방식 거래의 선호도가 높아짐에 따라 전체 온라인 쇼핑몰 거래액에서 음식서비스가 차지하는 비중 또한 꾸준히 높아지고 있었다(2017년 3%, 2019년 7%, 2021년 14%)고 분석했다. 이 현상은 이미 대세로 굳어지고 있어 하나의 유통형태로 발전될 것이 거의 확실해 보인다. 나아가, 2022년 4월 18일 2020년 코로나 19 발생 후 약 2년 만에 사회적 거리 두기 조치가 해제되면서 외식 소비심리도 풀릴 것으로 기대한다.

그러나 2022년부터 원재료 가격 상승, 배달료 부담, 원재료 상승으로 인한 높은 외식물가 상승, 식품업체의 외식수요 흡수 등은 시장 회복의 중요한 변수로 작용할 가능성이 있다고 보고 있다. 특히, 2년째 지속하고 있는 남미지역의 겨울철 라니냐 현상, 미국의 금리인상, 중국의 곡물 수입량 증가, 우크라이나-러시아 전쟁 등 다양한 국제적 환경 요소로 인해 2019년 이후 수입 식자재 가격은 급등하고 있다고 분석하여 만만치 않은 외식시장의 전망을 내 놓았다. 2021년 원재료 농림수산품 수입물가지수는 2019년 대비 39%나 상승하였으며, 최근에도 상승세가 이어지고 있어 외식업계의 경영비 상승 압박 요인으로 작용할 수 있다고 보았다.

또한, 최윤영 등(2021)은 중요한 외식시장 환경변화로 2021년 기준 전체 외식업체의 각각 30%와 19%가 배달 앱과 배달 대행을 이용하는 것으로 조사된 것에 주목하고 있다. 배달 앱의 경우 코로나 19 이전 3%P 증가한 데 그친 데 반해 코로나 19 이후로는 매년 9~10%P 상승세를 보였다. 2020년까지 오르던(2018년 25만 원에서 2020년 36만 원) 월평균 배달 앱 이용 비용은 업체 간 경쟁으로 인해 2021년 27만 원으로 떨어졌지만 최근 배달 앱 업체의 영업이익손실로 인한 프로모션 중단선언으로 배달 앱 이용 수수료는 증가할 것으로 예상하였다. 소비자 외식 물가지수는 최근 2년간 꾸준히 상승하고 있는 것으로 파악하였다. 특히 2022년 1분기 소비자 외식물가지수는 107로 한 분기 동안 3% 올랐는데, 2020년 한 해 동안 소비자 외식물가지수가 4.6% 증가하였음을 고려했을 때 이는 매우 높은 수치다.

최윤영 등(2021)은 외식업계가 코로나 19로 인한 어려움을 극복하고, 점차 회복세로 접어들고 있음에도 불구하고 대내외적인 상황 변화로 좋지 않은 영향을 받을 수 있다고 분석하였다. 따라서 원재료 가격의 안정화는 물론, 크게 신장 중인 배달 등 비대면 거래의 합리적 관행 정착 등을 위한 다양한 정책적 방안을 마련할 필요가 있다고 밝혔다. 이는 외식시장뿐만 아니라 모든 시장에서 B2C 고객을 상대로 하는 경우는 일맥상통하지만, 이제는 시장이 서로 연결되어 있고, 환경변화의 영향을 전방위적으로 받기 때문에 기업 경영은 갈수록 어려워지고, 전방위적인 경쟁이 일상화되어 간다는 것을 코로나 19 사태로 확인하였다. 그러므로 외식마케팅에서도 환경변화의 시그널 파악과 이것이 미치는 영향을 미리 예측하여 선도적(Proactive)으로 대응할 수 있는 능력은 더욱더 중요해진다.

그러나 외식시장환경의 변화가 아무리 소용돌이쳐도 외식마케팅의 본질에는 변화가 없다. 오히려 위기일수록 외식마케팅 전략의 본질에 충실하고 실력을 닦아 나가는 길만이 장기적인 성공을 담보한다는 것을 다시 새겨 보아야 한다. 따라서 코로나 19 사태를 겪으면서 외식기업의 경영 핵심 이슈를 진단하고 대처방안도 검토해 보는 것도 필요할 것이다.

2. 외식기업 경영 핵심: 위드 코로나 시대 외식업계의 현재와 미래[5)]

과거 몇 번의 팬데믹은 있었지만 2020년 초부터 시작된 코로나 19 팬데믹은 경제의 모든 부문에 부정적인 영향을 미친 것이 사실이다. 그중에서도 가장 큰 영향을 받은 산업은 외식업이었다. 거의 무조건적인 사회적 거리 두기로 영업시간은 단축되고 모임 인원에 감당 불가능한 제한을 두어서 외식업은 그야말로 코로나 19의 피해를 떠안아야 했다. 따라서 외식업의 핵심적인 경쟁력인 많은 인원이 모여 즐겁게 식사하면서 소통과 건강을 유지하던 공간이 상상도 못할 수준으로 제한되니 많은 음식점이 울며 겨자 먹기로 비싼 배달수수료를 감내하면서 배달 장사를 시작했고 배보다 배꼽이 더 큰 상황이 지속하자 힘겨운 곳들은 줄폐업으로 이어지게 되었다. 그나마 2022년 초부터 코로나 19의 피해가 완화되는 소위 엔데믹 정책으로 외식업체를 찾는 사람이 상당히 늘었다.

그러나 또 다른 일면에서는 실제 외식산업 현장에서 느끼는 체감경기는 쉽게 회복하지 못하고 있고 오히려 더 악화하고 있는 것으로 나타난다. [한국외식산업연구원]에 따르면 소상공인의 음식점업 체감경기지수는 2022년 5월 84.2에서 2022년 10월 57.9까지 수직으로 하락해 코로나 19 이전인 2019년(평균 62.8)보다도 낮아졌다고 분석하였다. 왜냐하면, 코로나 19로부터 회복이 이루어지던 2022년에 뜻하지 않는 해외발 불경기로 외식업주들은 인건비 · 식재료비 · 임차료 상승과 새로운 업태와의 경쟁 심화, 구인난 등으로 경영상 어려움이 더해졌기 때문이라고 밝혔다. 고용노동부 통계에 따르면 2022년 상반기 외식업계의 주방 · 조리사 부족률은 3.7%, 홀서빙 등 서비스 종사자 부족률은 6.8%로 최근 5년 내 최고 수준을 기록했다고 밝혔다.

5) ≪월간식당≫, 2022 외식업 경영실태조사〈통권 448호〉, 2022년 6월 28일에서 발췌 및 해석.

1) 코로나 19 팬데믹이 외식시장에 준 교훈

2022년 4월 18일 사회적 거리 두기 해제 이후 소위 말하는 보복 소비가 나타나면서 외식업계 전반에도 회복의 분위기가 조성된 것은 사실이다. 그러나 아무도 예측하지 못했던 코로나 19와 그 이전 과도하게 풀렸던 재정확대로 인해 발생하는 인플레이션을 억제하기 위한 미국의 급속한 금리 인상으로 세계 경제가 경제 침체를 맞고 있다. 여기에 더해 러시아-우크라이나 전쟁, 식재료 가격 폭등, 인력난 등 외식산업에 직·간접적으로 영향을 주는 대형 이슈들이 산재해 있다.

그중 가장 큰 영향을 주는 것은 미국의 장기국채 금리의 급격한 상승이다. 2022년 들어 미국의 장기국채 금리가 가파르게 상승한 원인을 살펴보면 대규모 재정확대로 성장 및 물가 전망이 상향 조정된 데다 향후 성장경로에 대한 불확실성이 커지고 국채발행 확대로 수급부담이 가중된 데 기인하는 것으로 판단된다. 다만 이번 재정확대가 막대한 규모에도 불구하고 일회적 성격의 이전지출인 만큼 명목 중립금리나 장기 기대 인플레이션에는 큰 변화가 없는 것으로 나타나 시장 참가자들은 최근 금리 움직임을 저금리 기조의 변화라기보다는 경기 순환적 상승으로 인식하는 것으로 분석되었다. 이런 금리상승 기조는 우리나라 부동산을 비롯하여 경기 전반에 걸쳐 'D(deflation)의 공포'를 조성하고 경기를 얼어붙게 하여 외식산업에는 큰 부담이 되고 있다. 한편, 미국 연준의 시장지원이 축소될 것으로 예상하는 가운데 국내 금리가 최근 미국 국채금리에 강하게 동조화된 것으로 나타난 만큼, 국내 금융투자업계는 단기적으로 금리상승에 따른 위험관리를 강화하는 한편 장기적으로 구조적 요인들에 의한 저금리 고착화 가능성에도 선제적으로 대비할 필요가 있다. 모처럼 엔데믹으로 살아나려던 경기는 또 한 번 위기에 처하게 되는 것이다.

결국, 코로나 19 팬데믹을 겪으면서 우리는 한 가지 중요한 교훈을 얻었다. 그것은 코로나 19와 싸워 이긴 외식 업소들의 경쟁력을 분석하면서 장기 성공 외식마케팅은 어떠해야 하는가를 깨닫게 된 것이다. 오히려 코로나 19 이전보다 더욱 높은 규모의 매출을 달성했다는 곳들도 적지 않았다. [월간식당]과 [식품외식경제]는 코로나 19 위기를 극복한 외식업체의 대표적인 사례로 '정성담'과 '강민주의 들밥', '통나무집닭갈비' 3개 업소를 사례로 들었다. 이들 업체의 공통점은 코로나 19 이전보다

위생 · 서비스 · 직원교육을 더욱 강화했다는 것이다. 자체적으로 B2B · B2C용 상품을 제작, 숍인숍을 운영하거나 네이버 스마트스토어 · 마켓컬리 등 온라인 플랫폼을 통해 이커머스(e-Commerce) 시장에 진출하는 등 코로나 19라는 절체절명의 위기를 나름대로 발 빠른 대응력으로 내부결속과 전방위 마케팅전략을 펼친 끝에 위기를 기회로 만들었다고 볼 수 있다.

코로나 19 위기를 성공적으로 극복한 업체들과 일반적인 업체들의 상황과 인식을 진단하기 위해 [월간식당]과 [식품외식경제]는 2022년 6월 7일부터 16일까지 10일간 외식업 종사자들을 대상으로 '2022 외식업 경영실태조사'를 진행했다([그림 1-9] 참조). 설문지는 온라인과 오프라인 2가지 방식으로 배포됐으며 총 336명이 설문에 참여했다. 조사 결과에 따르면 예상대로 사회적 거리 두기 해제는 외식업체의 매출에 지대한 영향을 끼쳤다. 응답자 가운데 60% 이상이 '사회적 거리 두기 해제 후 매출이 상승했다'라고 답했기 때문이다. 또 그들 중 57%는 매출 수준이 40% 이상 오른 것으로 나타났다.

[월간식당]과 [식품외식경제] 설문조사 개요

설문기간: 6월 7일(화)~16일(목)
응답자 수: 336명
설문방식: 온라인(구글) · 오프라인
통계방식: 구글 설문 통계

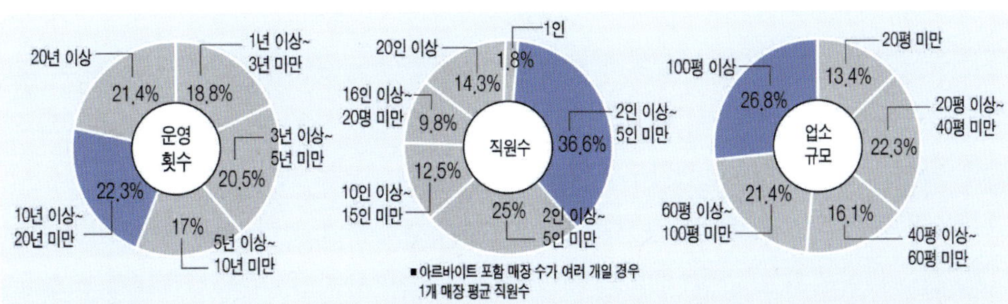

출처: ≪월간식당≫, 2022 외식업 경영실태조사: 위드 코로나 시대 외식업계의 현재와 미래, 〈통권 448호〉

그림 1-9 설문응답자 운영업소 기본정보

[그림 1-9]의 설문응답자 운영업소의 기본정보를 살펴보면 336곳 중 20년 이상 된 곳이 21.4%이고, 10년 이상 된 곳도 22.3%로 응답하여 전체 응답자의 43.7%가 10년 이상 영업을 하고 있었으므로 응답자들은 기본적인 마케팅력(Marketing Power)을 갖춘 것으로 파악된다. 그리고 1년 이상~3년 미만의 경우 18.8%가 응답하여 창업하자마자 코로나 19에 직접적인 영향을 받은 응답자 운영업소로 보인다. 직원 수의 경우는 아르바이트를 포함하여 20인 이상 대형 업소는 14.3%가 응답하였고, 25%는 5인 이상~10인 미만으로 보이지만 오기가 있었다. 매장의 경우 응답자의 운영업소가 100평 이상이 26.8%이고 60평 이상이 29.2%로 거의 응답자의 절반에 해당하였다.

[월간식당]과 [식품외식경제]의 설문조사의 질문 문항은 3개 부문 20개로 구성되었다. '기본정보' 파트에서는 응답자가 종사하고 있는 업종과 업장의 규모 등을 물었으며, '매출 현황' 파트에서는 사회적 거리 두기 해제 이전과 이후 응답자의 매출 변화에 대해 질문했다. 마지막으로 '향후 전망'을 통해서는 외식업 경기에 대한 업계 종사자들의 여론을 파악했다. 이는 코로나 19 이후 충격을 가장 크게 받고 있는 외식산업에서 매우 시의적절한 조사라고 볼 수 있고 외식 관련 연구자나 학생이나 마케터나 특히 외식기업들과 운영자들에게 크게 도움이 될 만하다([그림 1-10] 참조). 그 결과는 다음과 같다.

첫째, '사회적 거리 두기 해제 이후 매출변화'를 묻는 질문에서는 응답자의 60% 이상이 상승했다고 답했다. 비슷했다는 응답은 33.9%였으나 하락했다는 응답도 5.4%로 나타났다. 매출이 상승했다고 답한 응답자 전원은 10% 이상의 매출 상승을 경험한 것으로 나타났다. 10% 이상~20% 미만 상승했다고 응답한 비율이 36.8%(75명)로 가장 높았으며, 40% 이상 상승했다는 응답자도 2.79%(57명) 정도 되었다. 다음으로는 30% 이상~40% 미만 상승(19.1%, 39명)과 20% 이상~30% 미만 상승(16.2%, 30명)이 뒤를 이었다. 매출이 하락했다고 답한 응답자를 대상으로 매출하락 수준을 물었다. 응답자의 33.2%가 10~20% 수준으로 떨어졌다고 답했으며, 20% 이상~30% 미만, 30% 이상~40% 미만이라고 답한 비율은 각각 16.7%였다. '사회적 거리두기 해제 이후 매출변화'에서 보다 심층적인 분석을 했다면 매출 하락의 경우 '사회적 거리두기 해제 이전' 초호황을 누렸던 업체가 아닌지를 분석하지 않은 것은 아쉬운 부분이다. 왜냐하면, 코로나 19는 외식기업의 운영 형태에 따라 상반되는 면이 있기 때문에 사회적 거리두기 완화 전 호황은 완화 이후 오히려 영업 상황이 나빠질 수 있기 때문이라고 [월간식당]과 [식품외식경제]는 해석하였다.

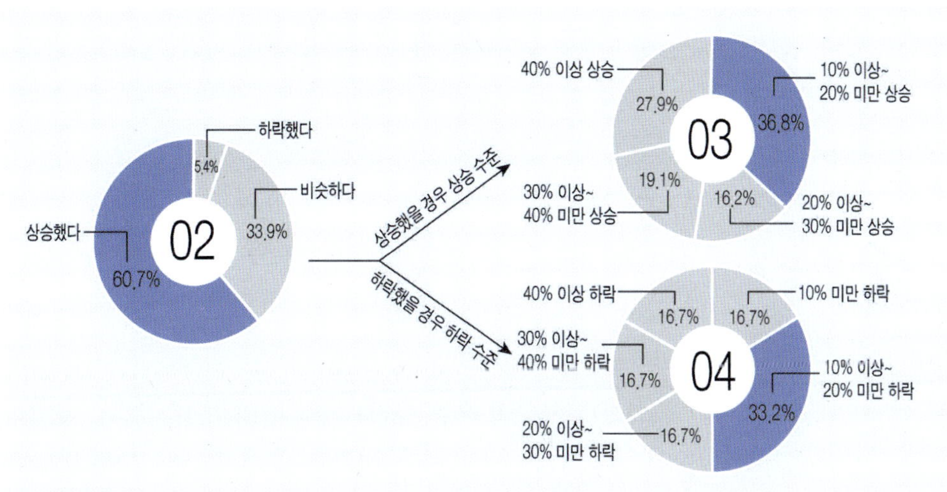

출처: ≪월간식당≫, 2022 외식업 경영실태조사: 위드 코로나 시대 외식업계의 현재와 미래, 〈통권 448호〉

그림 1-10 사회적 거리두기 해제 이후 매출변화

둘째, 코로나 19 사태를 극복한 방법은 구조조정, 포장 · 배달시장 진출로 매출하락을 방어한 것으로 나타났다. 외식기업들의 위기극복 노력이 많았음을 알 수 있다. 다시 말해서 코로나 19 팬데믹 시기, 외식 업소들은 매출하락을 만회하기 위해 다각도로 돌파구를 찾은 것으로 나타난 것이다. 본 조사에서 '사회적 거리두기 해제 이전까지 매출하락을 만회하기 위해 어떠한 노력을 했는가(중복응답)'라는 질문에 인력감원 등 직원 구조조정 단행(177명), 포장 · 배달시장 진출(147명)이라고 답한 응답자가 가장 많았다. 영업시간 단축 등 영업형태를 조정했다는 이들도 105명이나 됐다. 인력 구조조정과 영업형태 변경을 통해 비용을 절감하면서 포장 · 배달상품으로 추가매출을 올리기 위한 노력이 컸던 것으로 풀이된다. 다음으로는 식재료 원가절감, 메뉴축소 등 메뉴 원가&판매방식 개선(72명)과 밀키트 · HMR 등을 통한 온라인 시장 진출(69명)이 뒤를 이었다. 이 외에 점포 규모나 점포 수 축소 등 점포 구조조정(27명), MD 상품, 반찬 등 점내 판매를 통한 부가수익 창출(36명) 등을 통해 매출 하락 최소화를 시도한 이들도 다수 있었다고 [월간식당]과 [식품외식경제]는 밝혔다.

셋째, 사회적 거리두기 해제 이전 온·오프라인 매출비율에 대해 질문했다. 설문 조사 결과 사회적 거리두기 이전과 이후 경로별 매출비율이 조금씩 달라진 것을 확인할 수 있었다. [그림 1-11]에서 나타나듯이 사회적 거리두기 해제 이전 매장(오프라인)/배달/포장/온라인(기타) 매출비율 평균은 매장(오프라인) 55.5%, 배달 15.8%, 포장 13%, 온라인(기타) 15.7%로 나타났다. 반면 사회적 거리두기 해제 이후에는 매장(오프라인) 65.5%, 배달 11.9%, 포장 8.5%, 온라인(기타) 14.1%로 매장(오프라인) 매출이 늘어나고 배달과 포장 비율이 감소한 것을 알 수 있다. 온라인 매출은 다소 감소했지만 큰 폭의 차이를 보이지는 않았다. [월간식당]과 [식품외식경제]는 코로나 19 기간 동안 온라인 소비 트렌드가 자리 잡으면서 온라인으로 맛집 밀키트 등을 구매하는 소비자들이 여전히 많은 것으로 나타나 하나의 유통경로로 자리 잡아 가고 있다고 보았다.

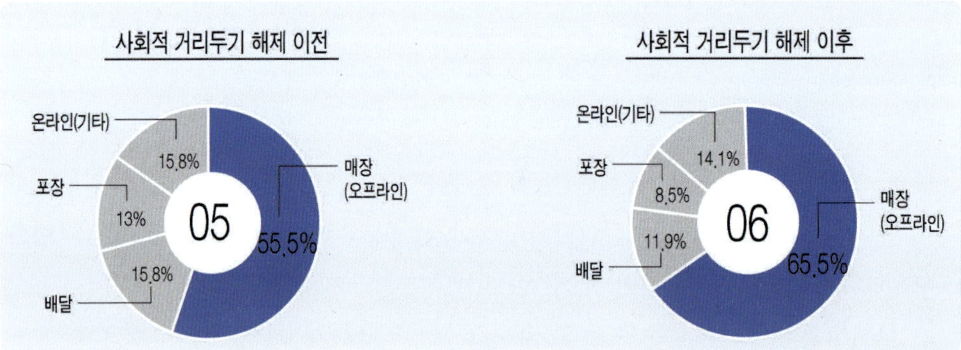

출처: ≪월간식당≫, 2022 외식업 경영실태조사: 위드 코로나 시대 외식업계의 현재와 미래, 〈통권 448호〉

그림 1-11 사회적 거리두기 해제 이전과 이후 매장(오프라인)/배달/포장/온라인(기타) 매출비율

넷째, 이번 조사에서 구인난·원부자재 비용 상승·물가인상 삼중고는 여전한 것으로 나타났다. 오프라인 매장이 다시 활기를 띠고 매출도 오르게 된 것은 고무적이지만 코로나 19의 여파로 일어난 악재들은 여전히 숙제로 남아 있다는 의미이다.

'사회적 거리두기 해제 이후 운영상 애로사항(복수응답)'을 묻는 질문에 다수의 응답자가 구인난(255명)을 가장 심각한 문제로 꼽았다. 각종 구인·구직 플랫폼에는 음식점 홀 근무자 시급 1만 3,000원대로 올라와 있다. 2022년 최저시급인 9,160원 대비 41.9% 높은 가격에도 불구하고 아르바이트나 종업원 구하기가 힘든 상황이다. 외식업계는 코로나 19를 겨우 넘어 섰더니 코로나 19보다 더 무서운 구인난에 허덕이고 있는 것이다. 심지어 20대 아르바이트 구하기가 손님 구경하기보다 힘들다는 말이 돌고 있다. 이렇게 되면 외식산업은 구인난으로 정상적인 영업이 불가능한 상황이라 단체손님 등의 예약을 받지 못하는데 물가와 금리까지 오르는 상황에서 인력을 구하지 못해 매출을 올리지 못할 경우 어려움은 가중될 수밖에 없다. 결국 외식산업에서도 푸드테크를 활용하여 인건비를 회피하지 않을 수 없게 될 것이다. 이 조사에서 구인난 다음으로는 원부자재 비용 상승(255명)과 물가인상(210명)으로 어려움을 겪고 있는 것으로 나타나 최근의 식자재 가격 인상에 대한 부담이 큰 것을 알 수 있는 대목이다. 이어 인건비 상승(168명), 금리인상(30명), 경쟁심화(18명), 임대료 상승(15명) 순의 답변을 보였다.

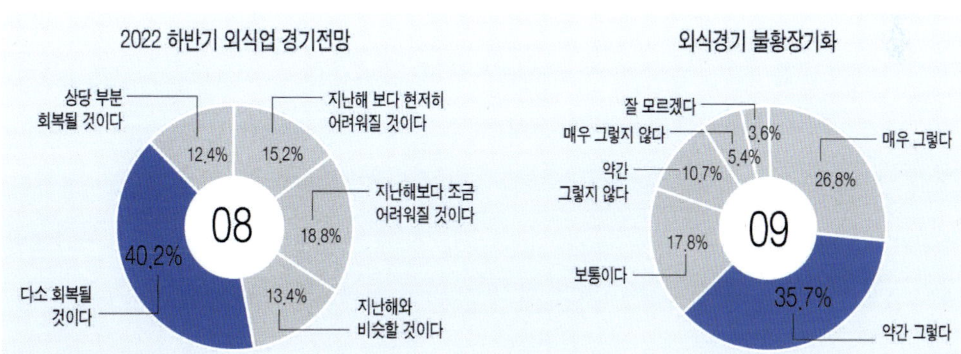

출처: ≪월간식당≫, 2022 외식업 경영실태조사: 위드 코로나 시대 외식업계의 현재와 미래, 〈통권 448호〉

그림 1-12 2022 하반기 외식업 경기전망과 외식경기불황 장기화 가능성

다섯째, 2022년 하반기부터 외식업 경기전망 '다소 회복'될 것으로 전망되었다. 이 조사에서 2022년 하반기 외식업 경기전망 등 향후 전망에 대해 물었다. [그림 1-12]와 같이 '2022년 하반기 외식업 경기 전망'에 대한 질문에 다소 회복될 것이다(40.2%, 135명)라고 답한 응답자가 가장 많았다. 이어 지난해보다 조금 어려워질 것이다(18.8%, 63명), 지난해보다 현저히 어려워질 것이다(15.2%, 51명)가 뒤를 이어 전체 응답자 가운데 38%가 '어려워질 것'이라는 문항에 표를 던졌다. '상당 부분 회복될 것이다'라고 답한 응답자는 42명(12.4%)이었다.

본 조사에서 외식업계는 코로나 19로 인한 트라우마를 가지고 있는 경향을 보였다. 응답자 중 절반 이상이 현재의 외식 경기불황이 장기화할 것으로 예상하는 것으로 나타났다. '외식 경기불황 장기화 가능성'을 묻는 질문에 35.7%인 120명의 응답자가 '약간 그렇다'고 답했으며, '매우 그렇다'라고 답한 응답자도 26.8%(90명)나 됐다. '보통이다'라고 답한 이는 17.8%(60명)였으며, '매우 그렇지 않다'라는 답은 5.4%(18명)에 불과하였다.

여섯째, 성공적인 외식 업소의 첫 번째 조건은 '메뉴 경쟁력'을 꼽았다. '성공적인 외식업 운영을 위해 노력할 사항(복수응답)'에 대해 조사한 결과 가장 많은 응답자가 메뉴 경쟁력 향상(213명)을 꼽아 성공적인 외식 업소의 첫 번째 조건은 단연 '메뉴 경쟁력'임을 다시 한번 확인할 수 있었다. 이어 직원교육 등 인력관리 강화(180명), 서비스 수준 향상(138명), 안정적인 식자재 수급 등 유통경쟁력 강화(132명), 마케팅 강화(129명), 직원복지 수준 향상 등 처우 개선(102명) 등이 중요 항목으로 꼽혔다. 자동화기기 및 푸드테크 도입 등 운영시스템 강화(75명), HMR, 밀키트 등 부가상품 개발(36명)이라고 답한 응답자도 여럿 있었다. 이와 같이 [월간식당]과 [식품외식경제]의 설문조사는 현시점에서 매우 시의적절한 것이었으며 학습자들에게 유익한 함의를 많이 전해 주고 있다.

우리는 코로나 19를 겪으면서 큰 교훈을 얻었다. 첫째도 둘째도 본질에 충실해야 한다는 것이다. 그 본질이라는 것은 고객과의 쌍방 의사소통에 기반한 고객관계관리[CRM(customer relationship management) by Dyadic Communication]가 그것이다. 외식업이 호황일 때는 관계관리가 그리 중요한 줄 몰랐지만 코로나 19와 같은 위기에 처하면 결국 우리와 장기 관계를 맺고 있는 고객만이 외식기업의 충성고객이 되는 것이다. 그들은 비가 올 때 외식기업의 우산을 뺏지 않는다. 그리고 무엇보다 중요한 것은 시장에 대한 대응력을 기르는 것이다. 대응력이라는 것은 바로 시장세분화(Segmentation)-목표시장(Targeting)-차별화(Positioning) 전략의 재조정(Rebalancing)능력이다. 시장환경이 급격히 변화할 때 이런 S-T-P Rebalancing이 가능하기 위해서는 그들의 4P Mix 전략 즉, 고객(People), 가격(Pricing), 촉진(Promotion), 그리고 물류(Physical Flow) 전략이 잘 짜여 있고 관리되고 있어야 한다. 호황일 때 이를 잘 관리했던 외식기업들은 코로나 19가 닥쳤어도 오히려 기회로 삼는 능력을 보였다. 이와 관련하여 외식마케팅전략의 변하지 않는 진리가 있다. "마케팅은 그 기업이 호황일 때 하는 것이다. 불황이면 위기극복에 급급하여 아무것도 하지 못하고 그저 시장의 칼날을 맨손으로 받게 된다"라는 것이다. 이제서야 일부에서 환경변화에 적응하는 능력을 기른다거나 종사자를 교육시킨다거나 새로운 기술을 접목한다거나 하지만 본서가 제시하는 마케팅전략을 평소에 실천하고 공부하고 적용하고 피드백하고 전략재조정역량(Strategy Rebalancing Capacity)을 지속적으로 키우는 외식기업만이 시장지배력을 지닌 장수기업으로 생존하게 된다는 것을 이번 코로나 19 사태를 계기로 큰 교훈으로 삼아야 할 것이다.

제3절 외식산업의 패러다임 변화

바야흐로 2023년부터 외식산업은 1962년 미국의 과학철학자 토머스 쿤이 말한 패러다임 전환(Paradigm Shift)을 현실적으로 체감하는 해의 원년이 될 것이다. 모든 변화가 그러하듯이 외식산업의 패러다임 전환은 이미 몇 해 전부터 진행되어 왔고 새로운 변화의 축적(양적 축적)에 따른 점진적 진보가 새로운 패러다임의 등장(질적 변환)이라는 혁명적인 상황을 맞이할 것으로 예측된다. 외식마케팅이나 경영에 결정적인 변화를 초래하는 대표적인 요인들은 첫째, 코로나 19의 영향, 둘째, 4차 산업혁명으로 비견되는 ICT기술(메타버스 포함)의 급격한 발전, 셋째, 저출산 고령화로 이어지는 세대변화, 넷째, ESG(Environment/Social/Government)라는 이들 요인으로 인해 정치 · 경제 · 사회 · 문화 등 새로운 기준이 지배하는 변화가 있다. 이런 패러다임 전환 요인들에 의해서 외식산업은 핵심적으로 소비형태가 변화할 것이고, 외식유통이 변화할 것이고, 푸드테크(Food Tech)라는 식품기술이 변화할 것이다. 결국, 이 모든 변화를 고려할 때 외식마케팅의 미래는 궁극적으로 개인화 마케팅 혹은 맞춤형 개인화 마케팅이 시대가 필히 도래하게 될 것이다.

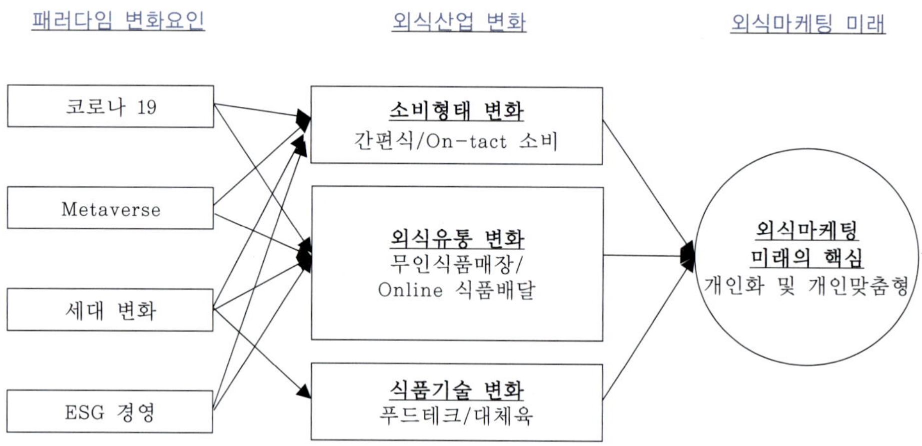

그림 1-13 외식산업 패러다임 변화 모형

본 파트에서는 다루고 있는 외식산업 패러다임 변화 프레임워크의 세부적인 내용들을 학습한다면 그야말로 살아있는 외식마케팅 전략을 펼칠 수 있게 될 것이다. 이를 그림으로 표시한 것이 [그림 1-13] 외식산업 패러다임 변화 모형이다.

1. 패러다임 변화요인

1) 코로나 19

코로나 19 등장 이전과 이후를 BC(Before Corona), AC(After Corona) 혹은 팬데믹(Pandemic: 사람들이 면역력을 갖고 있지 않은 질병이 전 세계로 전염 · 확산되는 현상), 엔데믹(Endemic: 종식되지 않고 주기적으로 발생하거나 풍토병으로 굳어진 감염병)으로 나누기도 하지만, 코로나 19는 경제, 사회, 문화 등 인류가 영위하는 전 영역에 걸쳐 큰 영향을 미치며 세계를 뒤바꾸어 놓았다. 새롭게 바뀐 일상을 이끌어 갈 키워드로 언택트와 디지털, 헬스케어, 지역경제, 지속가능성 등이 떠오르고 있는 가운데, 식품 분야 또한 온라인 배송, HMR, 건강기능식품 등 관련 산업으로의 전환과 확장이 이루어지고 있다.

표 1-1 코로나 19 전후 식품 소비변화 조사개요

코로나 19 전후 식품 소비변화 조사
▪ 기간: 2020.10.14. ~ 2020.10.30. ▪ 설문내용: 코로나 19 전후 식품 구매주기, 금액, 품목변화, 구매이유 등 ▪ 참여인원: 275명

[aTFIS 식품시장 뉴스레터]에서는 〈표 1-1〉과 같은 개요를 가지고 코로나 19가 초래한 패러다임 전환에 주목해, 뉴노멀로 대두되고 있는 식품 구독경제(Subscription Economy)와 ESG에 바탕을 둔 지속가능성(Sustainability), 포장재 등 총 네가지 주제에 대하여 기획조사를 함으로써 식품업계가 현명하고 발 빠르게 변화에 대응할 수 있도록 매우 유익한 정보를 제공하였다. 비록 식품이라고 하지만 이는 외식마케팅과 바로 직결되는 사항이므로 외식마케팅 전략 수립에 충분한 참고가 될 만하다. 본 조사는 2023년 현재 엔데믹 상황보다 약 2년 앞서 조사한 것이지만 이 조사결과는 엔데믹 상황에서의 고객 행동(Consumer Behavior)의 예측에 많은 도움을 줄 수 있다.

(1) 코로나 19 우리 집 먹거리를 바꿔 놓았다?

코로나 19는 사회적 거리두기 제한과 모임 숫자에 극단적인 통제로 외식산업에는 한 번도 겪어 보지 못한 크나큰 위기를 가져왔다. 외식 고객들의 니즈 변화가 아니라 코로나 19로 인해 어쩔 수 없이 강제된 산업 외부의 힘에 의해 외식에서 내식으로, 사 먹는 것에서 만들어 먹는 것으로 소비형태가 변한 것이다.

[aTFIS 식품시장 뉴스레터]의 설문조사 결과 응답자의 74.2%가 코로나 19 발생 전과 비교해서 현재 주로 구매하는 식료품 품목에서 변화가 있다고 답할 정도로, 어찌 보면 당연하지만, 장바구니에 담고 식탁에 오르는 식재료와 먹거리도 이전과는 확연히 달라진 모양새다. [그림 1-14]에서 보면 식료품 구매주기는 주 2~3회로 증가하였고 따라서 구매비용도 늘어난 것으로 나타난다. 주로 구매하는 품목의 변화에서는 코로나 19 이전에는 신선식품이라든지 단기 소비 식료품이 중심이라면 코로나 19 이후로는 보다 중장기적인 식료품 품목이 늘었을 것이다. 왜냐하면, 조사 당시만 해도 코로나 19 사태가 언제 끝날지 아무도 예측하지 못했고 언론들의 호들갑은 점점 극에 달해 가고 식료품 소비자들의 불안감은 상당히 높았기 때문이다. 또한, 코로나 19로 사회적 거리두기나 모임 인원 제한이 엄격했고, 외식을 자의든 타의든 하기가 힘들어진 상황에서 식품구매주기를 당겨서 구매횟수를 늘렸다. 이로 인해 자연히 구매비용도 증가한 것으로 볼 수 있다고 [aTFIS 식품시장 뉴스레터]는 해석하였다.

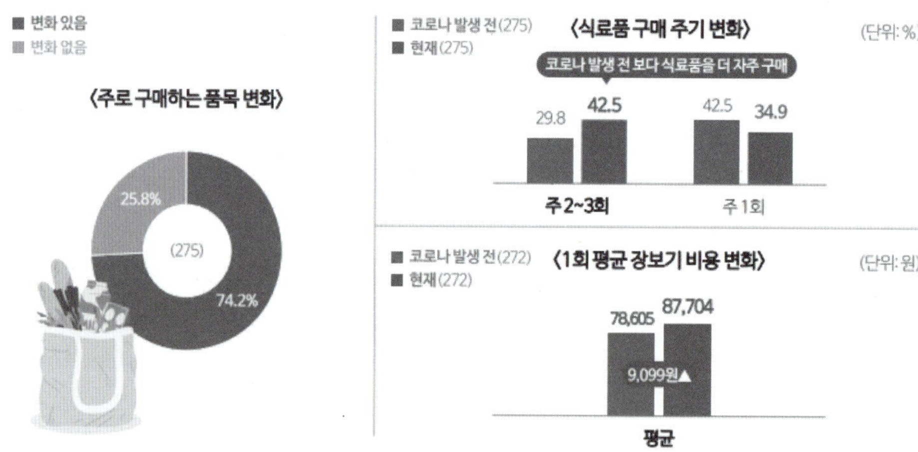

출처: aTFIS, 코로나 19 전후 식품 소비변화 조사('20년 10월)

그림 1-14 코로나 19 발생 전후 식료품(가공식품) 소비행태 변화

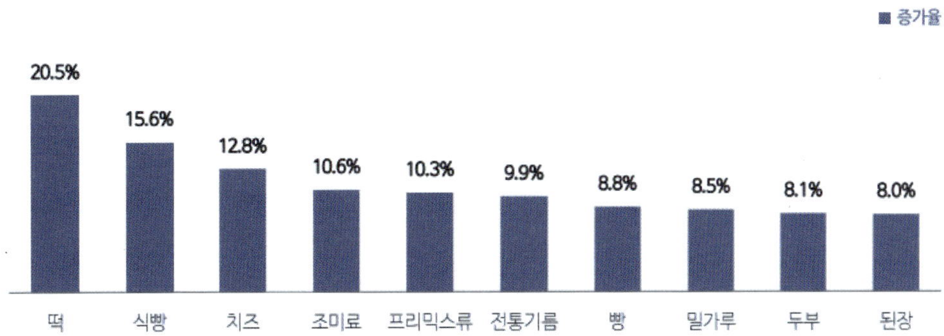

자료: aTFIS 소매점 POS 데이터
'19~'20년 상반기 동기 대비 분석(제공되는 30개 품목군에 대해서만 분석하여 라면, HMR, 건기식 등이 제외됨)

그림 1-15 코로나 19 발생 전후 소매점 POS 매출액 변화

〈코로나19 발생 전후 식품 트렌드 변화〉

순위	카테고리	증감
1	**건강식품**	**▲2**
2	유아 건강식품	▼1
3	시리얼	▼1
4	**원물간식**	**▲9**
5	요구르트	▼3
6	**간편조리**	**▲3**
7	**빵/잼/꿀/시럽**	**▲9**
8	과자파이/케익	▲2
9	사탕/젤리/껌	▼1
10	일반스낵	▲5

* 자료 : 엄선데이터랩 ('20.1.~5., 60만 USER 대상)

〈코로나19 발생 전후 품목군별 구매량 변화 및 이유〉

모든 품목에서 "집밥 섭취 횟수 증가"가 1위 (평균69.8%)

사례수	증가함(%) (275)	주요 이유 (중복응답)
HMR	64.7	비상시 대비(27.5%), 면역/건강관리(26.4%)
라면	64.0	비상시 대비(33.0%), 간식 섭취 증가(22.8%)
육가공품	63.3	비상시 대비(27.6%), 면역/건강관리(26.4%)
건강기능식품	49.5	면역/건강관리(40.4%), 비상시 대비(25.7%)
유가공품	45.1	면역/건강관리(27.4%), 비상시 대비(27.4%)
빵/떡	42.9	간식 섭취 증가(30.5%), 비상시 대비(26.3%)
조미/소스/양념	38.9	비상시 대비(29.9%), 간식 섭취 증가(21.5%)

설문대상 품목(14가지) 외 구매를 늘린 품목은? (사례수 174)
1위 샐러드(21.3%) / 2위 채소(20.1%) / 3위 과일(18.3%)

* 자료 : aT, 코로나19 전후 식품 소비 변화 조사('20.10.)
* '증가함' 응답 비율을 기준으로 14개 품목군 중 상위 7개만 표기

출처: aTFIS, 식품시장 뉴스레터, 2020년 11월 2주

그림 1-16 코로나 19 발생 전후 품목

이를 구체적으로 확인할 수 있는 것으로 [그림 1-16] '코로나 19 발생 전후 품목'이다. 핵심적인 변화 방향을 읽어 보면 식료품 구매의 장기상품 중심화, 다양화, 건강

화였다. [aTFIS 식품시장 뉴스레터]는 코로나 19의 확산 초기에는 외출을 삼가고 집에서 보내는 시간이 길어지면서 식사를 대체하면서도 장기보관이 가능한 라면, 냉동식품, HMR 제품이 인기를 끌기 시작했고, 장기화 추세로 접어들면서는 건강을 고려하여 간편 조리를 넘어 직접 요리하는 사람들이 늘어나며 밀키트, 소스류에 대한 관심으로까지 확대되었다고 분석하였다. 그 외에 건강식품, 샐러드, 빵, 잼·꿀·시럽, 간식 등 다양한 품목들의 도약도 눈에 띈다. 코로나 19 이전에는 외식을 통해 간단히 식사를 해결했던 것에서 사회적 거리두기로 인해 내식 중심으로 급속히 변하면서 먹거리에 더욱더 신경을 쓰게 되고 내식으로 해결해야 했으므로 다양한 조리를 하지 않을 수 없었던 것이다. 한마디로 코로나 19는 외식을 내식으로 대체하도록 강제한 환경변화였다.

(2) 코로나 19의 중신에서 어떤 품목들이 주목받고 있을까?

ㄱ) 가정간편식(HMR), 성장에 날개를 달다.

HMR 시장은 1인 가구의 증가와 MZ세대의 선호로 인해 코로나 19 이전에도 식품계의 핫 이슈였다. 하지만, 코로나 19 발생 이후 외식이 크게 줄고 내식 중심의 집밥 인구가 늘어나며 다양화, 고급화되어 가던 가정간편식 시장이 성장에 가속을 더해 업계는 현재 호황 상태이다. [그림 1-17]에서 보듯이 HMR 관심도 추이는 2019년까지 비교적 완만하게 증가하다가 2020년 1월 코로나 확산이 본격화되자 급격히 상승했으며 이는 2020년 하반기로 계속 이어져 유지되었다고 [aTFIS 식품시장 뉴스레터]는 밝혔다.

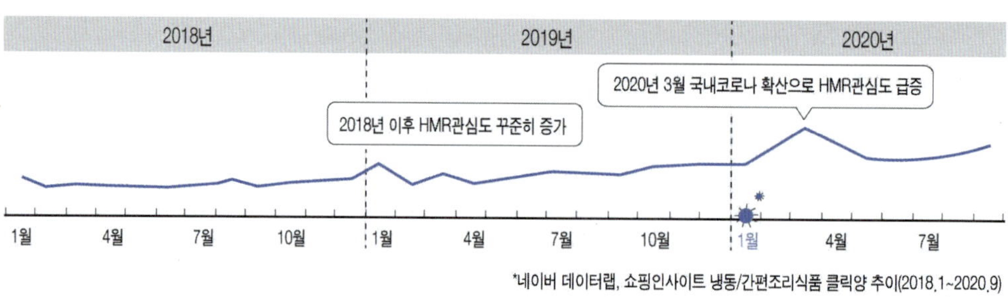

출처: aTFIS, 식품시장 뉴스레터, 2020년 11월 2주

그림 1-17 HMR 관심도 추이

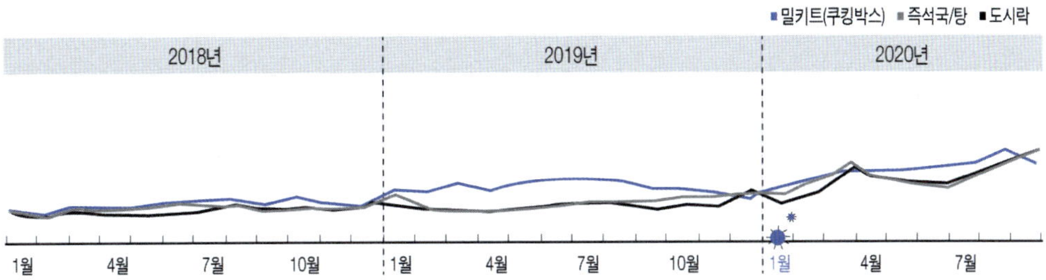

*네이버 데이터랩, 쇼핑인사이트 클릭양 추이(2018.1~2020.9) / 위 그래프로 품목 간의 상대적인 관심도 차이는 비교할 수 없음

밀키트	프레시지 밀키트	
	• 한식, 양식, 중식, 일식, 면/파스타, 분식/야식 등 메뉴 확대 • 밀푀유나베의 꾸준한 인기, 코로나 19 이후 홈파티용 밀키트 제품에 대한 관심 증가 • 최근 63뷔페 파빌리온, 태국 by BUA 등 유명식당 인기 메뉴를 밀키트로 출시	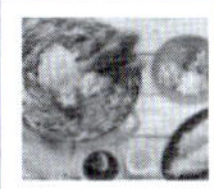
즉석 국/탕	비비고 즉석국/탕	
	• 사골곰탕, 삼계탕, 육개장, 갈비탕, 미역국 등 다양한 제품 구성 • 사골곰탕 꾸준한 인기, 코로나 19 이후 추어탕 관심 증가 • 여름 시즌 외식을 대체하여 삼계탕, 시골곰탕, 불낙죽 등 보양식 콘셉트 제품 판매 증가	
도시락	고온어다이어트 고온어도시락	
	• 간편하고 건강한 다이어트 도식락 수요를 충족시키며 관심 받은 건강 식단 도시락 전문브랜드 • 여러 메뉴 구성으로 영양소와 맛을 살리면서도 도시락 개당 평균 338kcal로 낮은 열량 유지	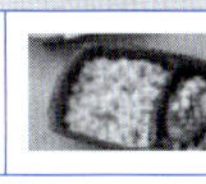

자료: 식품산업통계시스템 FIS, www.atfis.or.kr
출처: aTFIS, 식품시장 뉴스레터, 2020년 11월 2주

그림 1-18 코로나 장기화 이후 관심도 증가 품목

그런데 [aTFIS 식품시장 뉴스레터]의 조사에서 가정간편식 시장은 코로나 확산 초기와 장기화 이후의 인기 품목들에 차이가 있는 것으로 나타났다. 코로나 19 발생 초기에는 즉석밥, 핫도그, 만두, 기타 냉동식품 등 간단하게 식사를 대체할 수 있는 품목들이 인기를 끈 반면, 코로나 19 장기화 이후에는 밀키트의 인기가 급증함과 동시에 도시락, 즉석국탕 등 제대로 된 한 끼를 차리기 위한 제품에 관심이 높아졌다. 그 이유는 초기에는 코로나 19가 장기로 가지 않고 단기 유행으로 끝날 것이라고 봐서 기존의 간편식 위주로 식료품을 구매했다면 점점 장기화되자 HMR에서도 건강을 챙기는 구매를 한 것으로 해석할 수 있다. 일반적으로 밀키트는 HMR과 조금 다른 개념이다. HMR은 조리 자체가 필요하지 않거나(씻어 나온 과일, 샐러드, 통조림 등) 이미 기본 조리가 끝나 데우는 등 최소한의 조리 과정만으로도 충분한 음식(도시락,

레토르트 식품 등)을 말하지만, 밀키트는 어디까지나 재료의 밑준비만 미리 해놓아 포장한 것을 말하며 조리는 첨부된 설명서를 보고 직접 해야만 한다.[6] 따라서 다양한 맛과 건강을 챙기는 구매패턴이 나타나게 되는 것으로 보인다. [그림 1-18]에서 코로나 19 장기화 국면에 접어드는 2022년 후반기로 갈수록 이미 만들어진 도시락의 구매는 뚜렷이 감소하고, 밀키트의 증가는 계속 이어지는 추세는 집에서 직접 간단한 요리를 하는 것을 더 선호했으며, 여기에 가장 요리하기 까다로운 즉석국과 탕을 곁들이는 식으로 식료품 구입이 이루어진 것으로 판단된다.

ㄴ) 라면, 국내에서도 해외에서도 승승장구

코로나 19 이전까지 라면 시장은 포화상태로서 그간 성장세가 주춤했었다. 그러던 시장이 코로나 19가 본격화되자 국내 라면 시장이 조리의 편리함과 위기상황 대응을 위한 비상식품으로 구매가 늘며, 매출 중 온라인 채널을 통한 매출이 [그림 1-19]에서 보듯이 전년 대비 2배나 증가하는 등 대형마트나 집 근처의 편의점에서 이루어졌던 라면 구매가 온라인으로 이동했다. 이는 슈퍼매장조차도 가기를 꺼려하던 당시 상황이 반영되었고 온라인 구매가 편리하기 때문으로 해석된다.

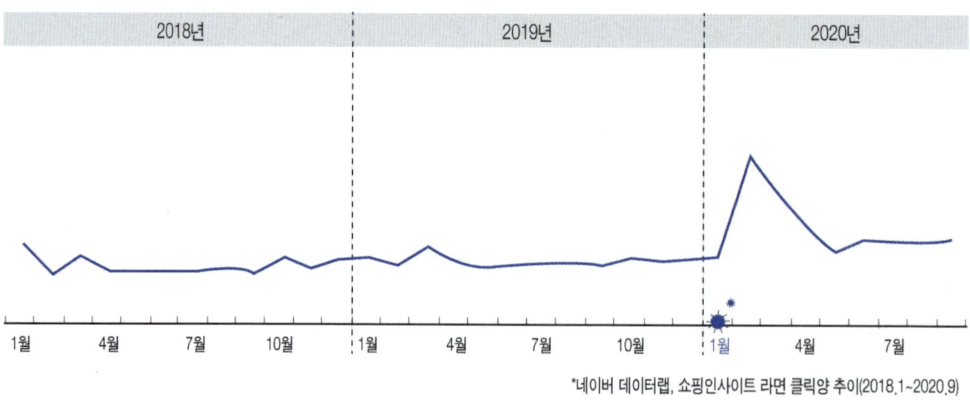

출처: aTFIS와 함께 하는 식품시장 뉴스레터, 2020년 11월 2주

그림 1-19 라면 관심도 추이

어떤 라면이 소비가 늘어났는지 구체적으로 살펴보면 [그림 1-20]과 같이 코로나

6) https://namu.wiki/밀키트

19 발생 전후에 품목의 변화가 발생하는데, 재택근무나 온라인 개학 등으로 야외활동이 감소하고 집에 머무르는 시간이 늘며 라면이 간식보다는 식사나 요리로 활용되면서 봉지라면에 관심이 늘었다. 특히 새롭고 독특한 제품보다는 신라면, 짜파게티, 진라면, 안성탕면 등 전통적인 제품이 다시 인기를 끌며, 코로나 19 등 위기 상황에서는 소비자들이 맛과 품질이 검증된 제품을 선택하는 것으로 나타났다. 따라서 소비자들이 환경변화가 위기로 인식되면 그간 구매에서 새로운 것을 시도하던 것이 줄어들고 보수적이면서도 검증된 제품 위주로 구매가 이루어지는 현상이 나타난 것으로 해석된다. 특히, 비록 2020년 7월까지지만 신라면의 상승세는 놀라웠고 진라면도 상승하였으며, 2018년과 2019년 10위 순위에 보이지 않던 안성탕면이 7위로 올라온 것 역시 보수적인 브랜드 선택으로 볼 수 있다.

● 상향 ● 하향 ● 신규

순위	2018	2019	2020(~7월)
1	컵라면	컵라면	라면
2	까르보불닭볶음면	라면	신라면
3	라면	컵누들	컵누들
4	컵누들	신라면	컵라면
5	신라면	육개장사발면	짜파게티
6	불닭볶음면	진라면	진라면
7	핵불닭볶음면	괄도네넴띤	육개장사발면
8	진라면	짜파게티	안성탕면
9	육개장사발면	불닭볶음면	불마왕라면
10	일본컵라면	팔도비빔면	진라면매운맛

• 네이버 데이터랩, 쇼핑인사이트('18.1~'20.9)

자료: 식품산업통계시스템 FIS, www.atfis.or.kr
출처: aTFIS와 함께 하는 식품시장 뉴스레터, 2020년 11월 2주

그림 1-20 인기검색어로 본 라면 주요 품목변화

ㄷ) 건강식품, 면역력부터 다이어트까지 책임지다.

최근 몇 년간 식품계에서 성장하고 있는 품목군이라 하면 건강식품을 빼놓을 수 없다. 여기에 불을 붙인 것이 [그림 1-21]과 같이 코로나 19로 건강식품을 통한 면역력 향상에 관심도가 높아지자 건강식품의 매출이 꾸준히 상승한 것으로 나타났다.

즉, 건강기능식품 섭취를 통해 면역력 증진에 도움을 받으려는 소비자들이 증가해, 건강식품도 코로나 19의 수혜품목으로 볼 수 있다.

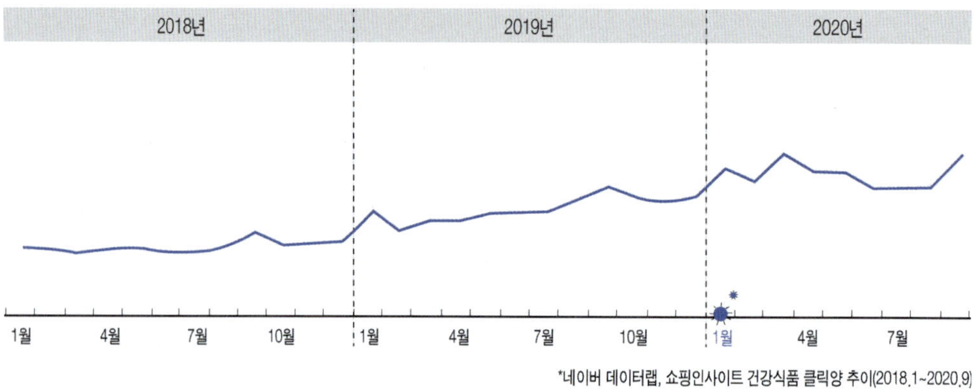

엄선 데이터 랩, ('20.1~ '20.5, 유저 600,000명 대상, 리뷰 85,000개 분석)
출처: 식품산업통계시스템 FIS, www.atfis.or.kr

그림 1-21 건강식품 관심도 추이

아래 [건강식품 리뷰 키워드]에서 보면 2019년 '유산균', '아이'에서 2020년 '면역력'이 압도한 것으로 나타났다. 이러한 추세에 따라 [그림 1-22]와 같이 건강기능식품 품목군 내에서는 노니, 양배추즙, 홍삼 등이 함께 관심을 받던 '18~'19년과는 달리 코로나 19 유행 이후에는 오메가3, 비타민D, 크릴오일 등 면역 관련 영양제형 제품이 상위권에 올라온 점이 특징이라고 [aTFIS 식품시장 뉴스레터]는 밝혔다.

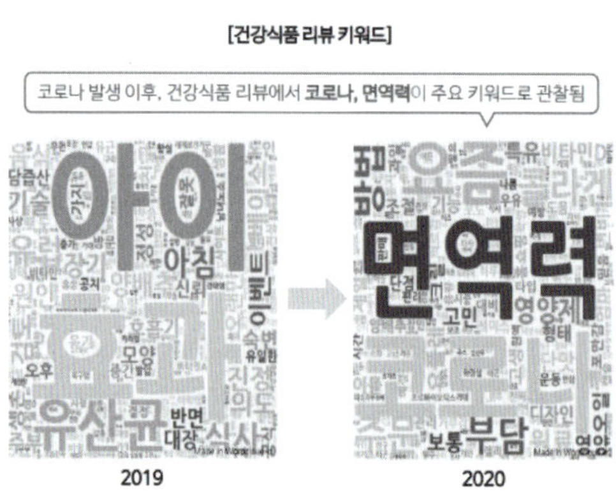

● 상향 ● 하향 ● 신규

순위	2018	2019	2020(~9월)
1	노니	유산균	오메가3
2	홍삼	크릴오일	비타민D
3	오메가3	오메가3	크릴오일
4	루테인	올바른석류즙	프로바이오틱스
5	정관장에브리타임	고철남홍삼	프리바이오틱스
6	양배추즙	V에너지	멀티비타민
7	밀크씨슬	프리바이오틱스	네이처드림크릴오일
8	폴리코사놀	오한진프리바이오틱스	꽃송이버섯
9	정관장	프롬바이오보스웰리아	유산균
10	알티지오메가3	네이처드림남극크릴오일	루테인

• 네이버 데이터랩, 쇼핑인사이트('18.1~'20.9)

엄선 데이터 랩('20.1~ '20.5, 유저 600,000명 대상, 리뷰 85,000개 분석)

그림 1-22 인기검색어로 본 건강식품 수요 품목변화

또 [그림 1-23]에서 확인되듯이 다이어트식품과 헬스보충제 관심도 추이도 증가했는데 코로나 19로 인해 재택근무가 늘어나면서 운동량이 큰 폭으로 줄어들어 다이어트에 관한 관심이 증대했으며, 집에다 헬스 기구를 들여서 미니 피트니스 클럽인 홈짐(Home-Gym)이 유행하면서 헬스보충제 소비도 늘어난 것으로 보인다.

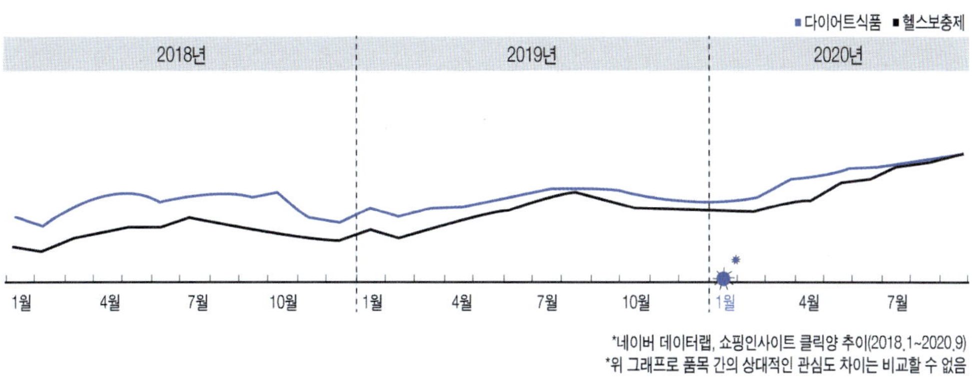

출처: aTFIS와 함께 하는 식품시장 뉴스레터, 2020년 11월 2주

그림 1-23 다이어트식품, 헬스보충제 관심도 추이

ㄹ) 간식, 원격수업과 재택근무로 심심한 입을 달래 줘

[aTIFS 식품시장 뉴스레터]에 의하면 아이들은 원격수업으로, 직장인은 재택근무로 집 안에서의 일을 하며 일상을 보내는 시간이 길어짐에 따라 자연히 간식 섭취가 늘었고 이에 따라 스낵 시장도 매출이 증가한 것으로 파악되었다. 또한 [그림 1-24]와 같이 스낵과자 관심도 역시 증가하였으며, 특히 코로나 19 국내 발생 및 초기 확산 시점에 최대치를 기록했다.

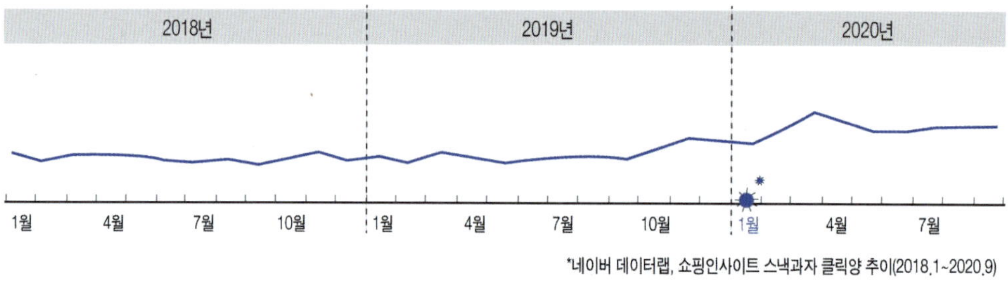

출처: aTFIS와 함께 하는 식품시장 뉴스레터, 2020년 11월 2주

그림 1-24 스낵과자 관심도 추이

ㅁ) 커피/빵/잼/시럽, 세상에서 가장 편한 카페 홈카페 급증

집 안에서 놀이를 즐기며 휴식을 취하고 대부분의 일상적인 문제들을 해결하는 사람을 두고 '홈루덴스족(Home Ludens)'이라고 부른다. 집(Home)과 '놀이하는 인간'인 호모 루덴스(Homo Ludens)를 합친 말이다. 코로나 19 이후 홈루덴스족과 재택근무자가 증가하였고 사회적 거리두기와 모임 인원 제한으로 인한 카페 방문 자제로 '홈카페' 유행이 뚜렷하게 나타난 것으로 파악되었다. [aTIFS 식품시장 뉴스레터]의 조사에 따르면 스타벅스의 2020년 1~7월 스틱커피 판매량이 2019년 대비 20% 증가했으며, 특히 [그림 1-25]와 같이 기존에 홈카페의 단점으로 꼽혔던 에스프레소 추출에 소요되는 시간은 집에 머무르는 시간이 많아진 소비자들에게 더 이상 단점이 아닌 재미있는 놀이요소가 되면서, 전문적 수준의 커피 맛을 내는 커피머신에 대한 수요가 증가했고, 캡슐커피 관심도 또한 지속적으로 늘어나고 있는 것으로 [aTFIS 식품시장 뉴스레터]는 분석하였다.

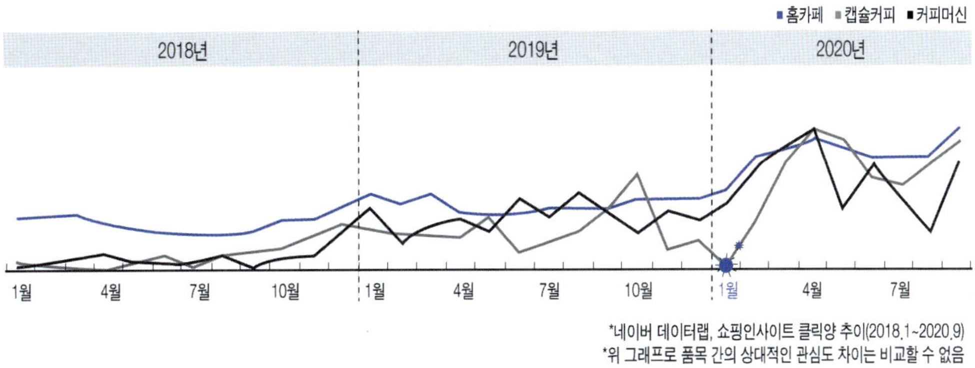

출처: aTFIS와 함께 하는 식품시장 뉴스레터, 2020년 11월 2주

그림 1-25 홈카페, 캡슐커피, 커피머신 관심도 추이

[aTIFS 식품시장 뉴스레터]는 [그림 1-26]에서 나디나듯이 구색을 갖춘 홈카페를 지향하는 것도 특징이라고 보았다. MZ세대들을 중심으로 재택근무로 출퇴근 시간을 절약하게 되니 먹거리를 이야깃거리로 삼는 경향이 늘어나고 이를 홈카페를 만들어 공유하고 즐기고 SNS 인증샷을 남기기 위한 플레이팅(Plating) 제품에 대한 소비자 니즈도 늘어나, 식품·유통 업계에서는 이를 마케팅에 활용하기 위해 관련 굿즈 및 카테고리를 보강하는 마케팅이 활발히 벌어지고 있다고 전했다.

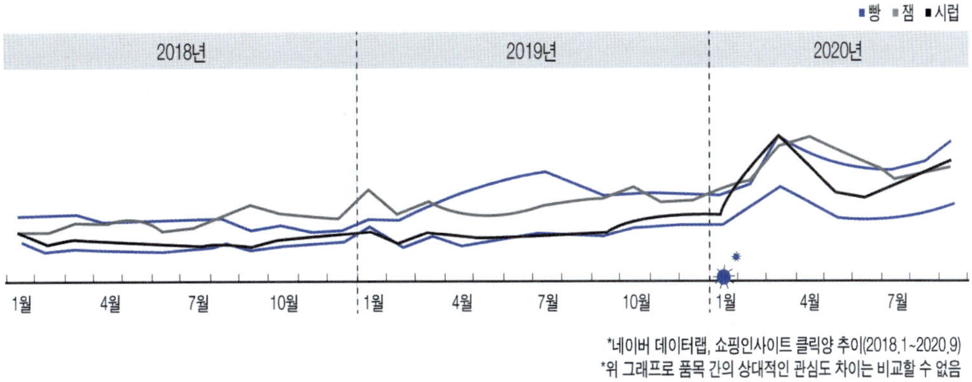

출처: aTFIS와 함께 하는 식품시장 뉴스레터, 2020년 11월 2주

그림 1-26 빵, 잼, 시럽 관심도 추이

코로나 19가 엔데믹으로 접어들더라도 약 2년 동안 코로나 19 사회에 적응하면서 향후에도 이런 홈루덴스족이 사라지지는 않을 것으로 보인다. 이들은 결코 이불 속에만 머물지 않는다. 홈루덴스족들은 집으로 친구들을 초대해 음식을 함께 나눠 먹거나 마음의 휴식을 위해 기꺼이 집 안에 공간을 만들고 치우고 꾸민다. 다시 말해서 향후 외식문화 혹은 식료품 소비 라이프사이클은 개인화(Personalization) 혹은 맞춤형 개인화(Customized Personalization)의 방향으로 나아갈 것이다. 따라서 외식마케팅은 궁극적으로 이런 맞춤형 개인화에 맞는 방향으로 전략을 수립해야 할 것이다.

2) 메타버스(Metaverse)

메타버스는 초월을 의미하는 '메타(Meta)'와 세계를 의미하는 '유니버스(Universe)'의 합성어로 공상과학 소설[7]에서 처음 등장하였다. 이후, 메타버스는 기술 발달과 새로운 서비스의 출현, 시대적 환경변화에 따라 계속 진화하며 광범위한 의미로 사용되고 있다. 오늘날 메타버스는 [그림 1-27]과 같이 현실과 가상의 경계가 허물어지며 현실세계와 가상세계의 경제 · 사회 · 문화 활동이 상호 연결되는 개념으로 이해된다.

"메타버스(Metaverse)는 ❶가상과 현실이 융합된 공간에서 ❷사람 · 사물이 상호작용하며 ❸경제 · 사회 · 문화적 가치를 창출하는 세계(플랫폼)"

❶ 가상/현실 융합 공간: 가상과 현실이 융합되어 그 경계가 사라진 공간
❷ 상호작용: 세계관을 공유하는 다양한 주체 간 소통 또는 현상 · 경험 공유
❸ 가치창출: 경제 · 사회 · 문화적 활동을 통해 새로운 가치의 생산과 소비 발생

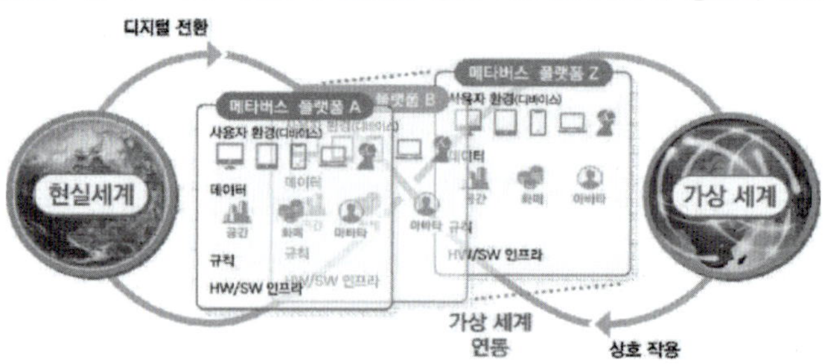

출처: 비상경제 중앙대책본부, 디지털 뉴딜 2.0 초연결 신산업 육성 메타버스 신산업 선도전략, 2022년 1월 20일

그림 1-27 메타버스 개념의 이해

7) 美 SF소설 '스노우 크래시(Snow Crash)'에서 '3차원 가상세계'라는 의미로 사용('92).

KDI의 메타버스 산업 현황 및 전망 설문조사[8])에 의하면 [그림 1-28]과 같이 기업은 기존 비즈니스 영역 확대, 새로운 가상공간 기반의 비즈니스 발굴 등을 메타버스 비즈니스의 핵심으로 인식하고 있었다. 기업의 메타버스 활용 이유로는 최신 트렌드 파악, 투자 유치, 새로운 고객층 확보, 기존 제품 및 서비스 개선 등이었다. 향후 전망에 대해서는 대다수 기업은 메타버스 저작도구의 접근성 향상으로 메타버스가 보편적으로 활용될 시점을 3~5년 내로 예상하고 콘텐츠 업계는 다수의 기업이 병존할 것이라는 시각이 강하나, 플랫폼 업계는 소수 기업이 시장을 주도할 것이라는 견해가 우세하였다.

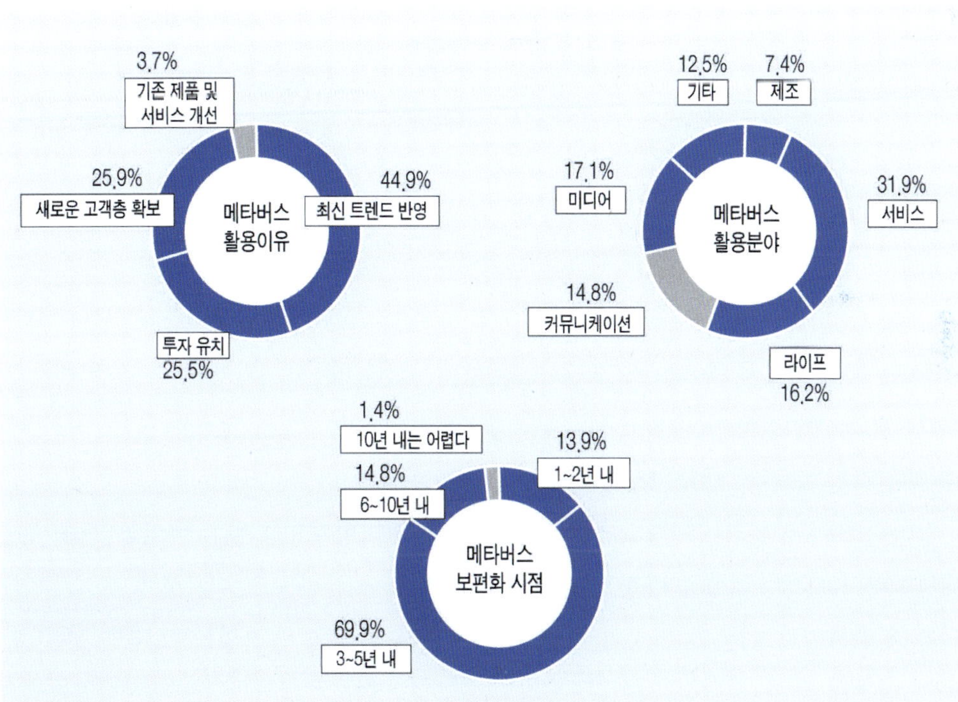

출처: 비상경제 중앙대책본부, 디지털 뉴딜 2.0 초연결 신산업 육성 메타버스 신산업 선도전략, 2022년 1월 20일

그림 1-28 메타버스 활용에 대한 의견

8) 설문대상: 메타버스 얼라이언스 가입 기업 중 216개 기업 응답.
설문기간: '21년 11월 3일~11월 18일(16일간).

메타버스는 과거 ICT 생태계가 PC에서 스마트폰 중심으로 전환되었듯이 새로운 패러다임 변화를 불러올 플랫폼으로 부상하고 있다. 또한, 인터넷이 웹 1.0, 웹 2.0에 이어 가상융합공간으로 확장하는 웹 3.0으로 발전[9]하며 차세대 인터넷으로서 메타버스를 주목하고 있다([그림 1-29] 시대별 ICT 패러다임 변화 참조).

그림 1-29 시대별 ICT 패러다임 변화

[그림 1-30] 메타버스 플랫폼 사례에서의 핵심은 메타버스를 통해 [사회관계 형성 및 집단 활동]으로서 "놀이, 모임 등을 통해 여가활동 및 사회관계를 형성"한다는 점이다. 결국 개인화(Personalization) 혹은 맞춤화된 개인화(Customized Personalization)의 핵심적인 도구가 메타버스가 될 것으로 보는 것이다.

메타버스는 현실의 세상을 초월하는 세상을 의미한다. 그러나 현실과 동떨어진 개념이라기보다는 현실을 바탕으로 그 위에 ICT 기술을 바탕으로 가상의 또 다른 공간을 의미하면서 기존의 가치와 방식을 초월하는 가상의 연결성을 토대로 모든 활동이 이루어질 수 있다는 것이다.

9) (Web 1.0) 일방향 정보전달 · 활용 → (2.0) 참여와 소통 → (3.0) 가상융합공간, 탈중앙.

[사회관계 형성 및 집단 활동] "놀이, 모임 등을 통해 여가활동 및 사회관계 형성"		
로블록스 ROBLOX		○ 메타버스의 대명사, 게임을 하나의 '사회'로 인식 – 로블록스 스튜디오(제작도구) 이용자가 콘텐츠를 제작하고 수익 창출
제페토 ZEPETO		○ 아바타와 놀이 중심의 사회관계 형성 – 자신의 아바타를 꾸미고 가상공간에서 다른 이용자와 함께 놀이 등 사회관계 활동에 참여
마인크래프트 MINECRAFT		○ 자유롭게 세상을 창조, 다른 이용자와 함께 활동 – 이용자가 흙/돌/나무 등을 배치하고 건물/물건을 제작하여 공간 구성
포트나이드 FORTNITE		○ 플레이어 간 소통을 위해 제공된 게임 내 가상공간 – 가상공간 '파티로얄'에서 휴식 · 소통하며, 단체 문화활동, 공연 관람 등 활성화
[디지털 자산 및 상품 거래] "가상공간이나 가상건물, 가상상품 등을 거래"		
디센트럴랜드 Decentraland	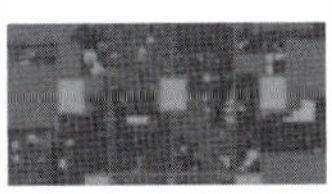	○ 블록체인 기반 가상토지 및 건물 건축 · 거래 – 아바타를 통해 공간 체험, 가상 광고판을 통한 광공, 가상쇼핑물 내 쇼핑, 커뮤니티 생성 가능
어스2 E2 EARTH 2	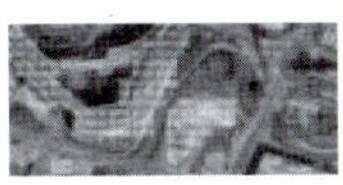	○ 디지털 트윈 지구에서 가상부동산 거래 – 주요명소를 포함한 현실 세계를 재현하여 경제적 가치 창출 욕구를 반영한 투자 활동
더샌드박스 SANDBOX		○ 이용자가 소유한 가상부동산과 창작상품 거래 – 손쉽게 3D 아이템을 창작하는 복스에딧, 아이템을 거래하는 마켓플레이스, 게임메이커 제공
[원격협업 및 소통 지원] "현실을 가상화하여 원격 의사소통 및 업무지원"		
메시 Microsoft	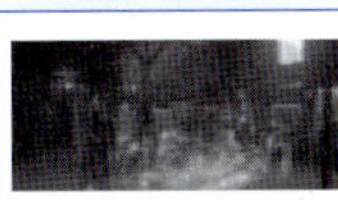	○ 혼합현실 환경에서 원격협업 지원 – 홀로렌즈2를 활용해 혼합현실에서 협업공간을 제공하고 3D 콘텐츠 시각화, 상호작용 등 지원
옴니버스 NVIDIA	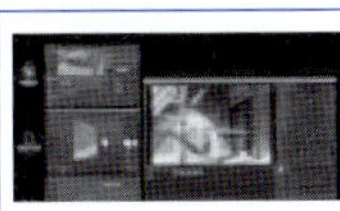	○ 산업 분야 실시간 원격협업 및 시뮬레이션 지원 – 다중 사용자 디자인 협업, 물리적으로 정확한 실시간 시뮬레이션, 산업 디지털 트윈 구축 지원

출처: 비상경제 중앙대책본부, 디지털 뉴딜 2.0 초연결 신산업 육성 메타버스 신산업 선도 전략, 2022년 1월 20일

그림 1-30 메타버스 플랫폼 사례

[aTIFS 식품시장 뉴스레터]는 메타버스의 현실화 조건에는 전 세계, 전 산업적으로 초고속 · 초연결의 5G가 상용화되고 코로나 19로 인한 팬데믹 · 비대면의 일상화가 주요 배경이며, 코로나 19가 메타버스를 촉진한 기제로 작용하였다고 볼 수 있다.

향후 메타버스는 세계적으로 활용될 것이며 전 세계 메타버스 산업은 [그림 1-31]과 같이 2021년 517억 달러에서 2022년부터 2030년까지 연평균 성장률 44.5%로 2023년 1조 3천억 달러까지 성장할 것으로 일반적으로 추산되고 있다.

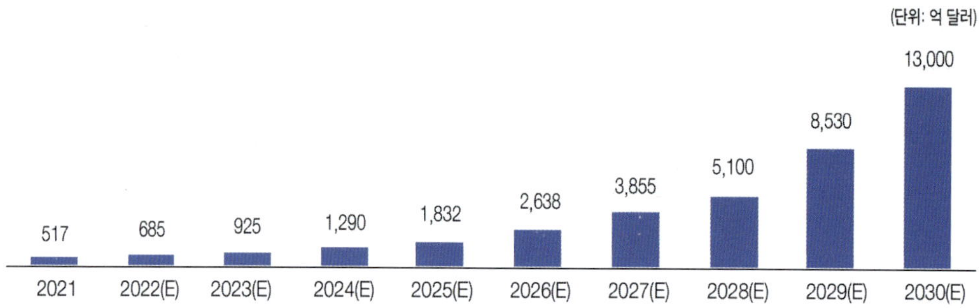

※ 출처: PRECEDENCE RESEARCH, Metaverse Market-Global industry analysis size, share, growth, trends, regional outlook, and fore cast 2022-2030, 2021
자료: aTFIS, 식품시장 트렌드 PICK: 메타버스와 식품, 2022년 10월 4주

그림 1-31 메타버스 시장 규모

메타버스는 블록체인과 가상화폐, NFT(Non-fungible Token), VR/AR, 새로운 결제 방식 등의 새로운 디지털 기술이 접목되어 발전하고 있다. 최근에는 활용되지 않는 분야가 없을 정도로 급속히 확산되고 있는데 특히 소셜미디어, 교육 등의 산업에서 주로 활용되고 있으며, 의료 및 금융뿐만 아니라 외식산업과도 밀접한 맥락을 가지고 발전하고 있다. 인간이 수행하던 서비스에 해당하는 활동들은 거의 메타버스화 되면서 인류에게 지금까지 없었던 경험을 제공하면서 새로운 지평을 열어 가고 있다.

외식마케팅 측면에서 보자면 고객들은 VR기기나 AR 시스템을 통해 외식 매장을 방문하지 않고 자기가 원하는 외식분위기, 다양한 먹거리 체험공간 등을 즐길 수 있으며, 외식마케터 입장에서는 고객들을 메타버스 디바이스를 통해 직접 관찰하고, 구매행동 패턴을 데이터화 해 분석하거나 예측할 수 있어 마케팅 전략 수립에 도움을 받을 수 있으므로 향후 메타버스 외식산업이나 마케팅 발전에 획기적인 변화를 초래할 것이다.[10]

10) 식품저널, [이철교수의 스마트푸드 비즈니스], 식품분야 메타버스, VR&AR, 2022년 9월 8일 참조.

매경헬스가 실시한 [메타버스 서비스 형태 및 선호 조사] 중 메타버스 식당에 대한 선호나 디자인에 대한 조사결과를 보면 [그림 1-32]와 같이 통계적 차이는 거의 없으나 메타버스 디바이스를 내부전경 둘러보기(33.5%), 신메뉴 체험하기(33.2%), 그리고 인기메뉴 레시피 따라 해보기(32.6%)에 활용하고 싶다고 응답하였다. 그리고 디자인의 경우는 현실에 가깝게(67.5%), 아기자기하게(25.5%)로 나타나 '현실에 가깝게'가 매우 중요한데 여기서 알 수 있는 것은 향후 메타버스 기술이 발달할수록 외식마케팅 메타버스 경쟁은 얼마나 현실적 감각을 줄 수 있는 메타버스 외식 공간을 제공할 수 있는가가 될 것이다. 이른바 메타커머스(Meta-commerce: 가상공간에서 제품 또는 서비스를 체험하거나 구매할 수 있는 정자상거래 방식)로서 '가상공간에서 제품 또는 서비스를 체험하거나 구매할 수 있는 전자상거래방식'인데 이것이 외식산업에 그대로 구현될 가능성은 매우 높다고 하겠다.

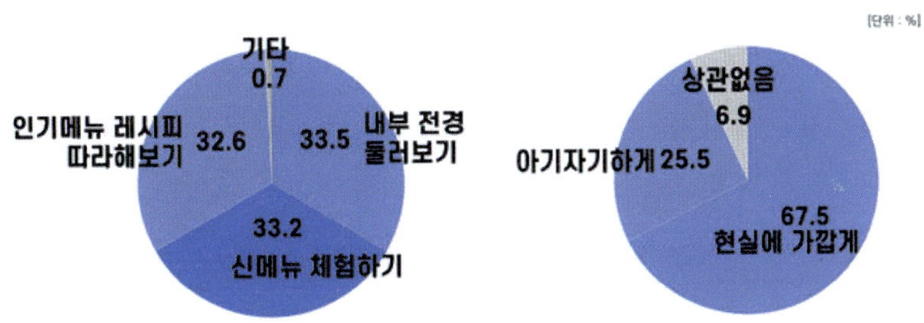

BASE: (한국)만 15세 이상 남녀 1,346명/1,650명
출처: 매경헬스, '메타버스 서비스 형태 선호 경향 조사', 2022년 3월 4일~2022년 3월 11일 /2022년 4월 4일~2022년 4월 10일
자료: aTFIS, 식품산업통계정보시스템, 2022년 10월 4주

그림 1-32 국내 메타버스 식당 및 디자인 선호

[aTIFS 식품시장 뉴스레터]에 의하면 식품업계는 메타버스 플랫폼을 통한 온·오프라인 연계 이벤트, 메타버스 서비스 업체와의 제휴 상거래, 랜선파티 등을 기획해서 제품을 홍보하고 브랜드 충성도를 높여가고 있다고 한다. 이와 맥락을 같이하여 외식업도 메타버스 기술을 활용할 분야는 무궁무진하다. 엔데믹 상황이 일반화되고 이제 코로나 19 위기에서 점차 벗어남에 따라 외식마케팅에서 메타버스를 활용하는

것은 필수적인 전략이 되어야 한다. 결국, 초점은 '고객과의 장기 관계관리의 쌍방 의사소통 수단'으로서 메타버스를 활용을 얼마나 잘하느냐가 외식마케팅 성공의 관건이 될 것이다.

외식마케팅에서 [그림 1-32]의 메타버스 플랫폼과 협업하여 획기적인 서비스를 제공함으로써 고객들은 가상의 브랜드 세계에서 직접 외식기업의 메뉴를 소비하게 하거나 메뉴 소비 후 영양상태 변화를 가상 체험하게 하거나 가상 매장에 참여하여 메뉴를 소비하여 쿠폰을 얻을 수 있는 프로모션 등도 얼마든지 벌일 수 있다. 이런 사례가 [그림 1-33]에 나타나 있다.

농심 『신라면 분식점』	Wendy's 『WENDY VERSE』	CHIPOTLE 『Mexican Grill』
소비자의 취향대로 라면을 끓여 먹는 가상체험을 진행하고 가장 인기있는 옵션을 실제 제품에 적용하는 이벤트 진행	아바타를 통해 치즈버거와 감자튀김을 구매할 수 있고 3차원 경기장에서 햄버거 농구 게임 등을 즐길 수 있음	할로윈 테마로 꾸며진 메타버스 매장에서 실제 매장에서 사용할 수 있는 무료 부리토 코드를 받고 게임을 즐길 수 있음

출처: Business insider, 'See inside the virtual worlds created by Wendy's Chipotie and McDonald's as the metaverse become the latest battleground for fast food', 2022. 4. 9.
자료: aTFIS, 식품시장 트렌드 PICK: 메타버스와 식품, 2022년 10월 4주

그림 1-33 외식기업 체험형 메타버스 사례[11)]

[aTIFS 식품시장 뉴스레터]에 따르면 국내 식품업계에서는 [그림 1-34]와 같이 메타버스 플랫폼을 활용하여 가상 매장공간을 만들고, 소개하고, 사내 교육 시스템 및 환경을 개선하고 있다고 조사하였다. 또한, 식품안전 · 위생에 관한 교육을 가상공간에서 진행하거나 오프라인의 고객상담센터, 물류센터 등을 메타버스 기반의 환경으로 구축하여 비대면 근무 방식의 한계를 없애고 효율성을 높이고 있다고 한다. 이런 식품업계들은 대기업들이지만 외식업의 경우는 소규모이기 때문에 메티버스를 활용

11) 식품저널, '농심, 메타버스서 소비자와 신라면' 신제품 만든다. 2022년 10월 12일.

하고 싶어도 인력 측면에서 거의 불가능에 가깝다. 이에 대해서는 지방자치단체의 지원을 받아 상권별로 외식 메타버스를 만들고 관리하고 프로모션하는 방안도 충분히 고려해 볼 필요가 있다.

맥도날드 『푸드 세이프티 타운홀』	롯데중앙연구소 『롯데메타에듀빌』	아워홈 『소마』
전국 매장의 직원이 참석하여 식품안전 및 위생에 관한 교육을 실시간으로 진행함	롯데 그룹사 식품 관리자를 대상으로 쌍방향 소통이 가능한 교육 환경 구축	실시간으로 고객 상담센터를 24시간 운영하며 향후 물류센터 구축 계획

식품저널, 맥도날드, '푸드 세이프티 타운홀' 개최…식품안전 · 위생준수 강화, 2022년 5월 9일
식품저널, 롯데중앙연구소, 식품안전 메타버스 교육장 '롯데메타에듀빌' 오픈, 2022년 5월 3일
식품음료신문, 아워홈, 메타버스 기반 고객상담센터 오픈, 2022년 6월 29일
자료: aTFIS, 식품시장 트렌드 PICK: 메타버스와 식품, 2022년 10월 4주

그림 1-34 식품기업 사내 메타버스 활용사례

메타버스와 함께 외식마케팅에서 주목해야 하는 것이 바로 NFT(Non-fungible Token)이다. 코로나 19로 빨라진 디지털 전환은 증강현실(AR)과 가상현실(VR) 기술의 성숙으로 이어졌고, 이를 기반으로 점차 커지는 메타버스 생태계가 NFT에 대한 관심을 끌어올렸다. 암호화폐 테더(Tether) 공동창업자인 윌리엄 퀴글리(William Quigley)는 "메타버스가 향후 수년 내로 사람들의 삶을 크게 변화시킬 전망"이라며 "아이템 판매가 게임의 주요 수익모델인 것처럼, NFT도 메타버스의 주요 수익모델이 될 것"이라고 말했다.

최근 NFT는 특정 디지털 파일에 대한 고유한 서명을 붙여 대체 불가한 희소성을 부여하는 블록체인(Block-chain) 기술로, 가상현실인 메타버스 속에서 특정 자산을 고유하게 표현할 수 있는 도구로 각광 받고 있다. NFT가 실존하지 않은 가상의 소유권이지만 경매시장에서 높은 가격에 거래되고 있는 이유도 바로 이 '희소성(Scarcity)' 때문이다.

이에 업계도 NFT의 특성이 남들과는 다른, '희소한' 자신만의 개성을 추구하는 MZ 세대의 성향과도 잘 맞아떨어진다고 판단하고 이를 활용한 마케팅에 적극적으로 뛰어들고 있다. 주 타깃층인 MZ세대에게 차별화된 고객 경험(Differenciated Customer Experience)을 제공하고 이를 통해 브랜드 인지도 제고와 신규 고객 유입 효과를 얻겠다는 것이다.12)

해외에선 패스트푸드 업계가 NFT 트렌드를 선도하고 있다. [그림 1-35]와 같이 맥도날드는 메타버스 관련 상표를 미국 특허청에 출원하며 'McNFT'라는 이름으로 NFT를 준비하고 있다. 이를 통해 메타버스 속 가상 매장에 방문한 방문자들이 미니 게임 등 여러 콘텐츠를 즐기는 것은 물론 실제 매장에 방문했을 때처럼 다양한 메뉴를 주문하고, 실제 음식을 배송받을 수 있는 형태의 서비스를 제공할 것으로 업계는 예상하고 있다. 맥도날드는 작년 중국법인을 통해 중국 시장 진출 31주년을 기념, 188개의 빅맥 루빅스 큐브(Big Mac Rubik's Cube) NFT 세트를 출시해 배포하기도 했다.

국내에서도 NFT 활용사례가 점차 늘어나고 있다. [식품음료신문]은 특히 식품업계에서 NFT를 디지털 아트, 게임, 멤버십 등 다양한 곳에 적용해 콘텐츠에 대한 독자적 소유권을 명확히 할 수 있다는 점을 활용해 소유자에게 할인 혜택을 제공하거나, 쿠폰형 NFT를 발행하는 등의 방식으로 참여를 이끌어내는 형태로 활용하고 있다고 소개하였다.

[식품음료신문]은 제너시스BBQ는 동계올림픽 개최를 기념해 국가대표 선수단을 응원하기 위한 이벤트성 NFT 1만 개를 발행했다. BBQ는 응원 이벤트 참여자에게 마스코트 '치빡이' 이미지를 활용한 NFT를 증정하는 이벤트를 진행했다. 소유 고객 한정으로 특별한 이벤트와 할인 혜택이 제공될 것으로 알려지며, 이벤트 시작 직후부터 하루 1,000명 이상의 참여자가 몰리며 뜨거운 관심을 끌었다.

BHC치킨은 KB국민카드와 손잡고 쿠폰형 NFT를 발행했다. 자사 캐릭터인 '뿌찌'를 활용한 한정판 NFT를 제작, KB국민카드 통합자산관리 플랫폼인 리브메이트 이용자를 대상으로 뿌찌 NFT 무료 증정 이벤트를 진행했다고 소개했다.

12) 식품음료신문(http://www.thinkfood.co.kr), 식품업계 'NFT 마케팅' 활발…신기술로 브랜드 희소성 UP, 2022년 3월 8일.

NFT가 신기술 화두로 떠오르면서 식품업계에도 브랜드의 고유한 팬덤을 형성하는 도구로 관심이 집중되고 있다. 사진은 (왼쪽부터) 맥도날드 차이나가 출시한 빅맥 루빅스 큐브(Big Mac Rubik's Cube) NFT 세트, 국내 제네시스BBQ의 치빡이 NFT 이미지, bhc의 뿌찌 NFT. (사진=각 사)
출처: 식품음료신문(http://www.thinkfood.co.kr)

그림 1-35 해외 및 국내 식품기업 NFT 활용사례

한편, [그림 1-36]의 원 레어(One Rare)의 푸드버스(Foodverse)는 블록체인 생태계를 기반으로, 식품ㆍNFT 및 게임용 메타버스를 구축하는 프로젝트다. 이철(아주대 경영대학 e-비즈니스학과 교수)에 의하면 원 레어는 작물을 생산하고 거래하며, 요리법을 수집하여 누구나 토큰을 얻을 수 있는 세계 최초의 푸드 블록체인 게임이다. 이 게임은 Farm, Farmer's Market, Kitchen & Playground의 4개 영역으로 나뉜다. Farm에서는 농장에서 사용자가 식품의 재료가 되는 작물을 재배한다. Farmer's Market에서는 작물과 식재료를 판매할 수 있고, Kitchen에서는 조리법을 구매할 수 있으며, 자신의 조리법을 등록해 NFT를 청구할 수 있다.

Playground에서는 미니게임이 제공된다. 원 레어 토큰을 사용해 셰프의 시그니처 요리 방법을 NFT 토큰으로 구매할 수 있다. 원 레어의 푸드버스는 유명 셰프의 요리 레시피를 구매할 수 있고, 자신만의 레시피를 NFT로 등록할 수 있다는 점에서 큰 화제가 되고 있다고 소개하였다.

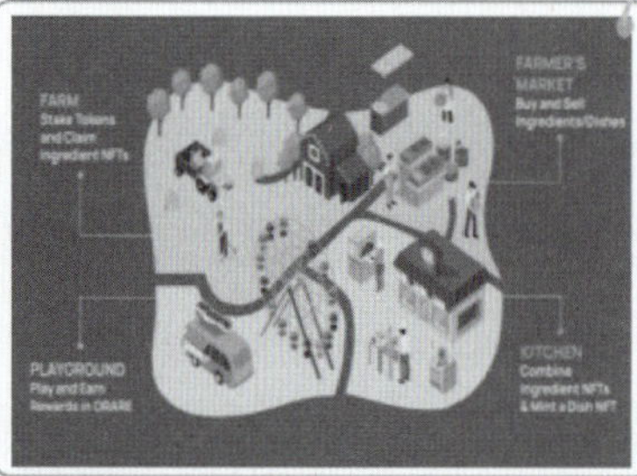

(미국) One Rare Foodverse

- 작물을 재배하는 농장, 농산물을 판매하는 파머스 마켓, 조리법을 읽고 직접 요리하는 부엌, NFT 소유자가 게임을 즐기는 운동장 등 4개 영역으로 구성되어 서비스를 제공함
- 유명 셰프의 요리 레시피를 구매하거나 자신의 레시피를 NFT 로 등록할 수 있고 LA에 위치한 식물성 버거 전문점인 허니비 버거(Honeybee Burger)의 레시피를 푸드버스에서 NFT로 구매할 수 있음

자료: aTFIS, 식품시장 트렌드 PICK: 메타버스와 식품, 2022년 10월 4주

그림 1-36 해외 푸드버스 사례: 미국 One Rare Foodverse[13)]

이철은 “원 레어의 푸드버스는 유명 셰프나 레스토랑, 식품기업뿐 아니라, 자국의 음식과 음료를 홍보하기 위한 수단으로도 활용할 수 있을 것이다”라고 주장하였다. 기존에 모르던 국가의 음식을 NFT로 구매하거나 무료로 제공받았다면, 원 레어의 푸드버스 게임에서 조리하는 것에서 끝나지 않고, 현실에서 직접 NFT 레시피를 따라 조리해보고, 해당 국가에 대한 인지도와 관심을 높일 수 있다. 이는 메타버스의 특성이 서로 만날 수 있는 가상공간에서 전 세계 어디에 있는 사람과 함께 활동할 수 있다는 점에서 기인한다고 본 것이다.

국내 물류 스타트업 원더스는 메타버스와 NFT를 결합한 음식배달 플랫폼 ‘델리타운’을 오픈했다. [그림 1-37] 델리타운에서는 건물 NFT 소유자가 자기 건물에 실제 식당을 입점시키고 음식 주문액의 일정 비율을 수수료로 챙긴다. 건물주는 그렇게 번 수익의 일정 부분을 랜드(토지) NFT 소유자에게 임대료로 지불한다.

메타버스이기 때문에 현실 속의 사업영역 장벽이 거의 사라진다. 그러므로 사업의 전개가 다양하게 이루어질 수 있다.

13) 식품저널, [이철교수의 스마트푸드 비즈니스], 식품분야 메타버스, VR&AR, 2022년 9월 8일 참조.

(한국) 원더스 델리타운

- 메타버스 내 토지와 건물 NFT를 발행하고 있는 누구나 구매할 수 있으며 토지를 구매하면 임대수익을 얻거나 현실 세계의 식당이 입점할 수 있는 건물을 세울 수 있음
- 음식점주는 현실과 동일한 혹은 현실을 확장한 형태의 가상 매장을 자유롭게 꾸미고 가상 매장에 방문한 소비자가 음식을 주문하면 현실 세계의 배달 시스템이 연계되어 주문 장소까지 음식을 배달함

자료: aTFIS, 식품시장 트렌드 PICK: 메타버스와 식품, 2022년 10월 4주

그림 1-37 국내 메타버스+NFB 결합 음식배달 플랫폼14)

원더스 델리타운의 김창수 대표의 향후 사업전개는 매우 인상적이다. 이를 요약하여 〈표 1-2〉에 실어 학습자들에게 새로운 발상의 전개에 도움을 주고자 한다.

표 1-2 델리타운 김창수 대표 사업전개 인터뷰 요약15)

1. 델리타운 발상 이유는?: 요즘 음식배달 주문은 다들 배달의 민족 같은 앱으로 하는데, 사실 배달의 민족도 예전에는 전단지 보고 전화하던 것을 앱으로 바꾼 거잖아요. 그러면 이제부터 세상이 앱에서 분명히 메타버스로 넘어 간다고 보면, 여기를 우리가 선점하고 가야 하지 않을까 생각한 거예요.

2. 메타버스와 음식의 궁합은?: 지금 배달 앱에 들어가서 내가 짜장면을 시켜 먹겠다고 하면, 중국집이 100개가 있어요. 그런데 거기 나와 있는 짜장면 사진이 100군데가 거의 비슷해요. 우리가 그걸 일일이 보고 시켜 먹냐면 그렇지 않잖아요. 우리가 다 아는 맛이니까, 리뷰를 보고 시켜 먹거나 이런단 말이에요. 그렇게 보면 음식은 굉장히 고관여 제품임에도 불구하고 실질적으로 가상 공간에서 구현해줘야 될 것들이 크지 않은 거예요. 우리가 음식 관련해서 굉장히 많은 오프라인 경험을 하고 있는데, 기존의 음식 주문 플랫폼은 아주 작

14) 식품저널, [이철교수의 스마트푸드 비즈니스], 식품분야 메타버스, VR&AR, 2022년 9월 8일 참조 Platum, '물류스타트업 '원더스', 메타버스에서 주문하면 배달하는 플랫폼 론칭', 2022년 7월 15일.
15) 스마트스 경제신문(http://www.sbr.ai), [혁신 기업인 인터뷰] 원더스 델리타운 김창수 대표를 만나보다, 2022년 7월 29일.

은 경험만 제공해 주고 있는 거예요. 그렇다면 가상 공간에서 우리가 뭔가 음식 관련된 경험을 할 수 있는 공간을 제공해 준다면 사람들에게 대단히 새롭고 재밌게 놀 수 있는 공간이 되겠다 싶은 거죠. 예를 들면 어떤 식당의 가상 공간 인테리어가 훌륭하면, 친구들이 방문했을 때 이 음식점은 왠지 모르게 신뢰가 간단 말이죠. 그렇게 해서 음식을 주문하는 거랑 그냥 앱에서 사진 보고 주문하는 거랑은 완전히 다르잖아요.

3. **식당을 방문하는 것과 최대한 비슷한 체험을 메타버스상에서 구현해야 하나요?:** 그건 아닐 수도 있어요. 델리타운 지도를 보시면, 일단 동 단위로 나뉘어 있어요. 음식점이 배달 가능한 거리가 보통 동 단위거든요. 한 동에는 중앙에 타운홀이 있고 그 주위를 6각형으로 된 랜드들이 둘러싸고 있어요. 배달의 민족에서 로그인하면 자기 주소에 배달 가능한 업체들이 뜨는 것처럼, 델리타운에 들어가면 먼저 자기가 사는 동의 타운홀에 랜딩이 돼요. 그럼 타운홀 인접 랜드에 입점한 식당들이 먼저 보이겠죠. 그런데 그 위치가 꼭 오프라인 식당의 위치와 같아야 할 이유는 전혀 없어요. 오프라인에서는 강남역 사거리가 가장 좋은 입지겠지만, 배달을 시켜 먹겠다고 생각하면 내가 어차피 거기 갈 게 아닌데 강남역에 있는 게 뭐가 중요해요. 내가 신사동에 살면 신사동에 배달 가능한 업체들이 있으면 되는 거지, 신사동 가로수길에 있어야 될 이유가 없는 거예요.
   제가 말씀의 요지가 뭐냐면, 현실하고 똑같을 이유가 전혀 없다는 거예요. 물론 "내가 우리 식당을 똑같이 구현할 거야"라고 할 수도 있지만, 꼭 그럴 필요는 없어요. 지금 메타버스나 이런 쪽에서의 경향을 보면, 사실 현실과 다르기 때문에 더 호응을 얻는 면도 있다고 보거든요. 지금 10대들이 우리가 생각하듯이 정말 고글 쓰고 들어갔는데 현실이랑 똑같은 거면 흥미를 못 느낄 수도 있어요. 워낙에 태어날 때부터 게임을 하고 산 세대기 때문에 굳이 그걸 현실하고 똑같이 만들어야 할 필요는 없을 것 같아요. 오히려 자기만의 특색이 잘 묻어나 있는 공간을 재해석해서 만드는 게 더 맞지 않을까 싶어요.

4. **메타버스 외식마케팅의 성공 핵심은?:** 저는 메타버스와 가상자산이 어떤 형태로든 실물 비즈니스와 연결되는 것이 중요하다고 생각하고, 그런 프로젝트들이 정말 많이 나와야 해요. 스테픈이든 액시 인피니티든 실물 비즈니스하

고 연결이 안 돼 있잖아요. 코인을 현금화시켜 주기는 하는데 자금이 유입될 곳은 한정돼 있어요. 사람들이 무한대로 들어올 수가 없으니까. 그러니 1년도 안 돼서 거품이 빠지는 거예요. 어딘가에서 실물 비즈니스와 연계하여 부가가치를 얼마나 발생시킬 수 있는가가 핵심이라고 보는 거죠.

3) 세대 변화

근래 들어 유독 세대 간 이슈가 많아지면서 외식마케팅에서 세대에 따른 세분화 시각을 새롭게 하고 그에 적합한 타케팅 및 포지셔닝 그리고 리포지셔닝전략이 필요한 시점이다. 그런데 우리가 일반적으로 아는 세대 세분화와 다른 양상으로 나타나고 있다. 바로 MZ세대와 X 및 오팔 세대의 양극화가 뚜렷하다는 것이다. 일반적으로 MZ세대란 '밀레니얼 세대와 Z세대를 통틀어 지칭'한다. 연령대로는 1981년부터 1996년까지 출생한 사람으로 정의한다. M세대는 최초의 글로벌 세대이자 인터넷 시대에 성장한 첫 세대로 묘사되어 왔다. 이 세대는 일반적으로 인터넷, 모바일 장치 및 소셜 미디어의 사용 증가와 친숙함을 특징으로 들 수 있으며, 이러한 이유로 디지털 원주민이라고 불리기도 한다. 전 세계의 밀레니얼 세대는 직장 생활을 시작한 이후 상당한 경제적 혼란을 겪었다. 많은 세대는 대공황의 여파로 노동 시장에서 초기에 높은 수준의 청년 실업에 직면했고, 10년 후 코로나 19로 인해 또 다른 불황을 겪었다. Z세대는 밀레니얼 세대와 알파 세대의 사이에 있는 인구통계학적 집단이다. 1990년대 중/후반과 2010년대 초 사이 출생자를 Z세대로 본다. Z세대의 구성원들은 대부분 X세대의 자식들이다.[16)]

그런데 [그림 1-38]처럼 [aTIFS 식품시장 뉴스레터]에서는 식품시장 트렌드를 MZ세대도 나누어 구분하였다. M세대는 현재 20대 후반~40대 초반 세대로서 경제적 풍요 속에서 성장한 세대이고, 청소년기 세계적 경제 호황을 겪어 이상주의적인 면모를 보이며 역사상 가장 고학력 세대임에도 외환위기 이후 글로벌 저성장 시대, 청년 실업을 겪은 세대다. 이에 비해 연령대는 10대 후반~20대 초반으로 생애주기 내내

16) https://ko.wikipedia.org/wiki/MZ세대

호황기를 누리지 못한 세대이고 사춘기 무렵 글로벌 금융위기를 겪으며, 경제관념이 비교적 명확하며, X세대의 자녀로 자유로운 가치관을 물려받았고, 실용적이고 현재 중심적인 성향이 강하며, 자신만이 원하는 콘텐츠를 선택하고 향유하는 최초의 세대이다.

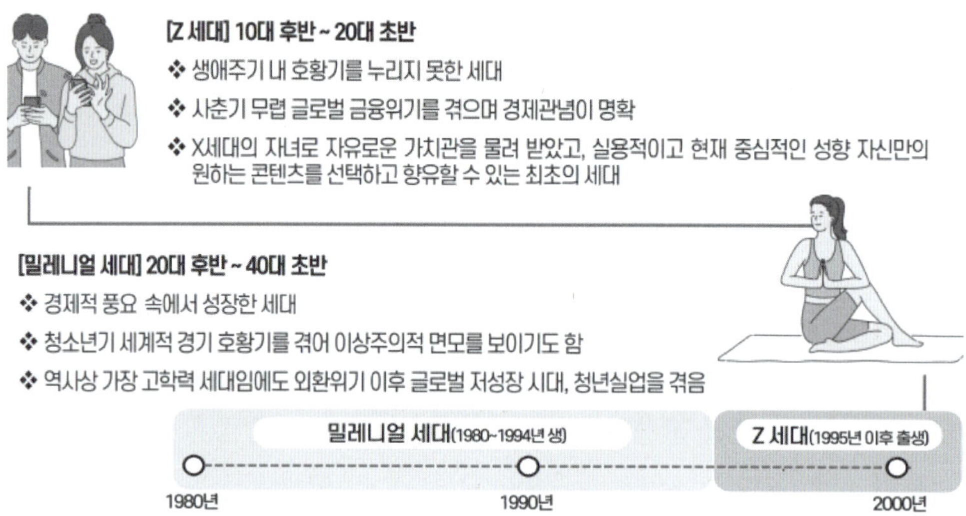

	[밀레니얼 세대]	[Z 세대]
상징제품	스마트폰, 태블릿	유튜브, 웨어러블
소비패턴	쓸쓰아아 : 쓸 때 쓰고 아낄 때 아끼자는 신조어 일점호화 소비 : 평소에는 아껴 쓰고 특정 물품을 구매할 때는 비싸도 구매한다	정보 검색을 통한 합리적인 쇼핑행태, 사회윤리적 책임을 다하는 브랜드 선호
식품소비행태	개성, 특정한 맛, 뉴트로 감성적 음식	건강 프리미엄, 친환경, 채식, 먹기도 좋고 보기도 좋은 음식
키워드	자기계발, YOLO, 언택트, 가심비, 핫플레이스 등	콘텐츠, 크리에이터, 스트리밍, 급삭제

자료: aTFIS, 식품시장 트렌드 PICK: 메타버스와 식품, 2021년 11월 4주

그림 1-38 세대별 구분: M세대 vs Z세대[17)]

M세대를 상징하는 제품은 스마트폰과 태블릿이라면 Z세대는 유튜브와 웨어러블이고, 소비패턴은 쓸쓰아아 즉 '쓸 때 쓰고 아낄 때 아끼며' 일점호화 쇼핑 즉 '평소

17) PLAY.D Trend Delivery X · Y · Z세대를 중심으로 살펴본 세대별 트렌드, 2021년 1월. 인용
세계일보, MZ세대로 통칭되는 '요즘 것들'...M세대와 Z세대는 다르다? 2021년 9월 19일. 인용.

에는 아껴 쓰고 자신에 꼭 필요한 물품을 구매할 때는 비싸도 구매'한다. 반면, Z세대는 정보검색을 통한 합리적인 쇼핑형태를 보이며 사회윤리적 책임을 다하는 브랜드를 선호한다. 이런 특징은 외식마케팅에서의 ESG 마케팅의 중요성 부각의 잠재력의 폭발성을 발하는 신호일 수 있다. 식품 소비형태에서도 차이를 보이는데 M세대는 개성, 특정한 맛, 뉴트로 감성적 음식을 선호하는 반면, Z세대는 건강 프리미엄, 친환경, 채식, 먹기도 좋고 보기도 좋은 음식을 선호한다. 세대별 키워드는 M세대는 자기계발, YOLO, 언택트, 가심비, 핫플레이스 등이라면 Z세대는 콘텐츠, 크리에이터, 스트리밍, 급삭제 등으로 차이를 보이고 있다.

X세대는 1960년대와 1970년대 베이비붐 세대 이후에 태어난 세대를 지칭하는 말로써, 전체적으로 정확한 특징을 묘사하기 어려운 모호한 세대다.[18] 이 명칭은 주로 1990년대 초에 이르러 신세대의 특징을 지칭하는 말로 사용되었으며, 베이비붐 세대 마지막 10년을 이루는 시기에 태어났다고 해서 베이비 버스트 세대(Baby-bust Generation)라고도 부른다.

오팔(OPAL)은 'Old People with Active Life(활기찬 생활을 하는 고령자)'의 앞 글자를 딴 신조어다. 새로운 소비층으로 떠오르고 있는 '5060 액티브시니어(Active Senior)'를 가리키는 말로 베이비붐 세대인 '58(오팔)년생'을 뜻하기도 한다.[19] 은퇴 이후에도 계속 새로운 일자리를 찾고, 능숙하게 스마트폰을 다루며, 고도성장기에 젊은 시절을 보낸 것 등이 특징이다.

[그림 1-39]와 같이 X세대는 인터넷과 모바일 발전과 함께 성장한 디지털 1세대로 아날로그와 디지털을 모두 경험했다. IMF 외환위기, 무리한 주택대출로 인한 이자부담 등 경제 위기를 직접 경험하며, 기존 기성세대와는 다르게 직업이나 물질적 풍요보다 가족의 화목과 경제적 안정을 중요시 생각한다. 건강한 식품에 관심이 많으며, 투명한 원료의 원산지 공개 신선한 채소류 등 가치소비를 중시한다. 외식측면에서는 시간을 아끼면서도 만족도 높은 식사를 할 수 있는 외식메뉴에 관심이 크다. 한편 가족과 함께 즐길 수 있는 가정간편식도 X세대 라이프스타일과 어울리는 제품이다.

18) [네이버 지식백과] X세대 [X-generation, -世代] (상담학 사전, 2016년 1월 15일, 김춘경, 이수연, 이윤주, 정종진, 최웅용).
19) 연합인포맥스(http://news.einfomax.co.kr), 2020년 2월 26일.

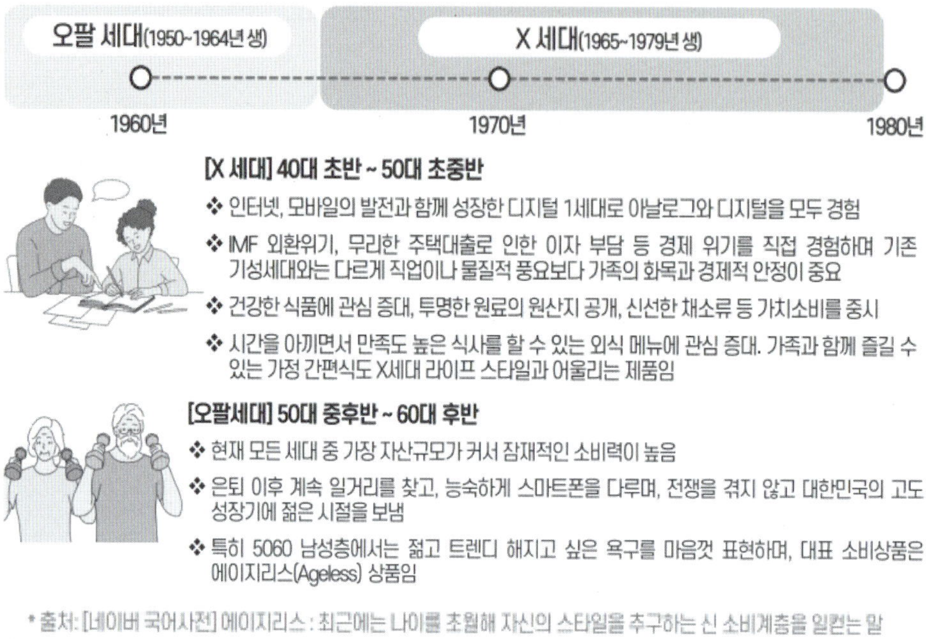

자료: aTFIS, 식품시장 트렌드 PICK: 메타버스와 식품, 2021년 11월 4주

그림 1-39 세대별 구분: 오팔세대 vs X세대

오팔세대들은 50대 중후반~60대 후반의 연령대로서 현재 모든 세대 중 가장 자산규모가 커서 잠재적인 소비력이 높다. 은퇴 이후 계속 일자리를 찾고, 능숙하게 스마트폰을 다루며 전쟁을 겪지 않고 대한민국의 고도성장기에 젊은 시절을 보냈다. 이들은 예전의 5060이라면 가지고 있던 소위 말하는 '꼰대' 이미지를 극복하고자 노력하는 세대들이며, 그에 따른 소비는 에이지리스(Ageless) 상품을 선호하는 형태로 나타나기도 한다.

(1) 세대별 식품 소비트렌드: MZ세대

MZ세대는 누가 뭐라고 해도 디지털 미디어를 삶의 필수요소로 이용해 표현하고 공유한다. SNS 공간에서 형성된 공정, 정의 등 윤리적 가치를 중시해 가격이 비싸도 자신의 소신에 맞는 제품을 지향한다. 이런 맥락에서 외식마케팅은 ESG에 만족해야 한다. 이 세대는 단순히 제품 소비에 사회적으로 자신 혹은 자신들의 특별한 메시지를 담은 가치를 선택하고 SNS 기능을 사용해 적극적으로 자신의 신념을 공유하고, 사회적 관심사를 이끌어내기도 한다.

결국, 본서가 주장하는 외식마케팅 환경변화는 외식산업의 변화를 야기하고 마침내 외식산업은 개인화 및 맞춤형 개인화로 귀결될 것이라는 미래의 예측을 뒷받침하는 세대 특성이라고 볼 수 있다.

MZ세대는 집단보다는 개인의 행복을, 소유보다는 공유를, 상품보다는 경험을 중시하는 소비 특징을 보이며, 단순한 구매에서 그치지 않고 사회적 가치나 특별한 메시지를 담은 물건을 구매함으로써 자신의 신념을 표출하는 '미닝아웃(Meening Out)'을 추구함. 또 자신의 성공이나 부를 과시하는 '플렉스(flex)' 문화를 즐기며 고가명품에 주저없이 지갑을 여는 경향도 존재함

출처: 경상일보, [이런 생각] 가치를 사는 미닝 아웃(Meaning Out),[20] 2021년 4월 21일

이들의 식료품 소비속성을 요약하면 아래의 첫째, 건강한 소비, 둘째, 선한 영향력, 셋째, 뉴레트로, 넷째, 특별한 경험으로 요약할 수 있다.[21]

① 건강한 소비: MZ세대의 식품 소비 트렌드로 나타나는 첫 번째 키워드로 '건강'을 손꼽을 수 있다.

- 윤리적, 환경적 소비의 확산으로 소비자들은 점차 건강한 소비를 늘리려는 모습을 보이고 있다.
- 식품에서도 이러한 영향을 받고 있으며, 육류 대용품에 대한 전 세계적 관심이 높아짐에 따라 대체육류 제품에 대한 수요와 공급이 증가하고 있다.
- 이에 식품업계에서는 다양한 식물성 대체육류 제품을 출시하고 있으며 관련 상품 R&D 또한 활발하게 진행되고 있다.

② 선한 영향력: TV 매체에서도 선한 영향력[22]이 크게 주목을 받고 있다. 예컨대, SBS 〈맛남의 광장〉에서는 어렵게 키워낸 다시마가 쌓여있다는 소식을 듣고 백

20) 신념을 의미하는 '미닝(Meaning)'과 벽장 속에서 나온다는 뜻에서 유래한 '커밍아웃(Coming Out)이 결합된 단어로 자신만의 신념을 소비 행위를 통해 적극적으로 표현하는 것을 의미.
21) 해양수산부 KMI 해외시장분석센터 카드뉴스, MZ세대 식품소비트렌드, 2020년 10월 23일.
22) 어떤 한 사람의 선한 생각이나 행동이 많은 사람에게 전해지면서 긍정적인 영향을 미치는 것을 의미.

종원 씨와 출연진들은 '다시마 살리기' 프로젝트를 실행, 국내 기업에서도 나서서 다시마를 넣은 라면 에디션을 출시하는 등 힘들어하는 지역민, 자영업자들을 도우며 '상생'의 의미를 되새기는 등의 선한 영향력을 전파하고 있다. 선한 영향력은 연예인뿐만 아니라 MZ세대들 사이에서도 쉽게 찾아볼 수 있다.

- 특히 요즘 MZ세대들이 많이 사용하는 "돈쭐 내자!"라는 용어는 선한 영향력이 낳은 또 하나의 트렌드라고 할 수 있다.
- 이러한 돈쭐 문화[23]는 미닝아웃(Meaning Out)을 추구하는 MZ 세대의 소비철학과 밀접한 관계가 있다.

③ 뉴트로(New-Tro): 세 번째 식품 소비 트렌드 키워드로 '뉴트로[24]'를 손꼽을 수 있다. '레트로'가 과거의 추억에 대한 그리움 · 향수를 뜻한다면, '뉴트로'는 옛것을 오늘날에 맞게 재해석하는 것을 말한다. 식품업계는 유행이 지나 이미 '올드 이미지' 인식이 강해진 제품을 리뉴얼하여 출시하는 경우를 말하는 것이다. 할머니와 밀레니얼을 합친 '할메니얼'이라는 신조어가 생길 정도로 레트로 열풍이 MZ세대 사이에서 인기를 끌고 있다.

④ 차별화된 이색경험: MZ세대는 새로운 것, 이색적인 것과 경험을 추구하는 경향이 크게 나타나고 있다. 이러한 세대들에게는 트로트, 복고 등은 오래된 것이 아니라 새롭고 이색적인 경험으로 다가오기에 인기를 끌고 있다.[25]

위의 MZ세대 네 가지 소비속성은 외식마케팅에서 시사하는 바가 크다. 건강한 소비와 선한 영향력은 미래의 외식마케팅 ESG가 바로 연결되고 뉴트로와 차별화된 이색경험은 개인화와 맞춤형 개인화로 연결되기 때문이다. 그리고 MZ세대는 어차피 외식마케팅의 미래 시장이다. 따라서 본서가 강조하는 외식마케팅 패러다임 모형을 충분히 학습하여 외식마케팅이 어떻게 나아갈지를 파악하고 학습하는 것이 중요하다.

23) '돈으로 혼쭐을 내주자'는 의미로, 선행이나 가치 있는 일에 앞장서는 기업의 물건을 적극적으로 구매함으로써 그 행보를 응원하는 소비+놀이 문화.
24) New(새로운)+Retro(복고풍)이 결합된 단어로 과거를 그리워하며 옛 것을 새로 해석하는 트렌드를 의미.
25) 디지털 조선, 차별화된 이색경험 선호하는 MZ세대 공략한 마케팅 활발, 2021년 8월 20일.

(2) 세대별 식품 소비트렌드: 오팔세대

사람의 일생을 보았을 때 오팔세대는 생애 하프타임에 해당한다. 그러나 기대수명이 급격히 증가하고 있는 미래에는 이들이 오히려 중장년세대가 될 수도 있다. 다시 말해서, 세대별로 봤을 때 소비력이 가장 크며 가처분소득도 가장 많이 보유하고 있는 세대들이다. 김난도(서울대 소비자학과) 교수는 '트렌드코리아 2020'에서 10대 트렌드 중 하나로 차세대 큰손인 5060세대를 가리켜 '오팔세대'라고 명명했다. 이들의 식품 소비특징은 첫째, 삼시 세끼 최대한 간단히, 둘째, 하나를 사더라도 비싼 것, 한 번에 많이, 셋째, 돈도 있고, 시간도 있고, 기다릴 여유도...빠른 배송보다 가치소비 추구 등으로 요약된다.

오팔(OPAL)세대도 새로운 소비층으로 부각되고 있음. 이들은 인터넷 · 모바일 쇼핑 등에도 익숙해 트렌드 변화에도 민감하게 반응하고 젊은 세대보다 자산 규모가 커 잠재적인 소비력도 높아 소비시장에서 점진적으로 변화를 주도함. 오팔(OPAL)세대는 레저 및 건강 등에 관심이 높아, 관련 산업의 주요 소비층으로도 성장함

출처: 특허청 보도자료 셀프에디케이션, 오팔세대 등 소비트렌드 따라 상표도 뜬다, 2020년 10월 12일

① 삼시 세끼 최대한 간단히: 베이비붐 세대 아내의 '가사 은퇴'가 현실화하면서 직접 재료를 구매해 요리하기보다는 HMR 등을 이용해 간단히 조리해 먹는 집밥의 비중이 늘어난 것으로 분석된다."[26] 집밥을 고집하는 대신 가정간편식(HMR)을 즐기고, 굳이 김장을 고집하지 않고 포장김치를 사서 먹기도 한다. 소득 수준이 줄고 가정의 형태가 변해가면서 실용소비에 눈을 뜬 것으로 보인다. 반면 집밥 빈도는 줄었다. 롯데멤버스에 따르면 집밥 요리 시 꼭 필요한 된장, 고추장, 간장 등 소스류 구매 빈도를 분석한 결과 소스류 인당 구매금액이 9.2% 줄고 구매 건수도 0.8회 감소했다고 밝혔다. 은퇴생활자들은 외식 빈도도 자연스럽게 줄어든다. 통계청 가계동향조사에서 따르면 50대 부부(2인 가구 기준)보다 60대 부부의 외식(음식) 및 숙박 지출 비중은 3%쯤 적었다.

② 하나를 사더라도 비싼 것, 한 번에 많이: 업계에서는 코로나 19 이후로는 인터

26) 국민일보, 은퇴 후 간편식 · 포기김치, 오팔세대 실용소비 눈떴다, 2020년 2월 14일.

넷 · 모바일 환경에 익숙하고 구매력까지 갖춘 오팔세대가 핵심 고객층이 될 것으로 보고 있다.[27] 이들은 직접 지은 밥과 반찬을 식탁에 올리는 대신, 가정 간편식을 즐긴다. 김장도 굳이 고집하지 않는다. 자녀들이 출가하면서 가구 수도 줄고 은퇴로 소득 수준이 줄어드는 부분도 있다. 5060세대는 IT 기술이나 모바일 기기에도 그리 낯설지만은 않다. 과거 '386'이나 '486', '펜티엄' PC와 젊은 시절을 시간을 보냈던 세대다. 젊은 세대만 온라인 장보기에 익숙하다는 고정관념은 이들에게는 해당되지 않는다. 마켓컬리에 따르면 코로나가 발생한 2020년 1월 20일부터 5월 18일까지 50대, 60대 회원은 전년 동기간 대비 각각 112%, 122% 증가했다. 50대 이상 회원의 매출은 120%가 늘었다. 50대 매출증가율은 113%, 60대 매출증가율은 160%로 집계됐다. 50대보다 60대 이상 회원의 증가율도, 매출도 더 높게 나타난 것이다. 특히, 50~60대는 주문 건수에 비해 매출 비중은 더 높았다. 주문건수는 20~30대가 많지만, 매출은 50~60대가 더 많고 50대보다도 60대가 많아 5060의 구매력이 다른 연령대에 비해 크다는 것을 의미한다.

③ 돈도 있고, 시간도 있고, 기다릴 여유도...빠른 배송보다 가치소비 추구: 오팔세대를 주목하는 이유는 또 있다. 정보화 혁명 시대에 젊은 시절을 보내고 현재도 상당한 구매력을 갖춘 5060은 매력적인 잠재 고객이기 때문이다. 2030세대에서 이른바 '플렉스'(Flex, 과시 소비) 현상이 일어나곤 있다지만, 일부의 얘기다. 고질적인 청년실업 심화로 젊은 층은 좀처럼 활력을 찾지 못하고 있다. 5060세대는 직접 지어 먹는 밥과 손수 끓인 국이 당연한 환경에서 자랐다. 그러나 간편식에 대한 인식도 나쁘지 않다.[28]

한돈 대표 브랜드 도드람이 30~50대 주부 1천 명을 대상으로 진행한 HMR 선호도 조사에 따르면 50대 전체 비율 중 55.5%가 HMR 제품에 대해 생각보다 긍정적으로 평가한 것으로 나타났다. HMR 제품에 대한 향후 구매 빈도 예상 조사에서는 50대의

27) 노컷뉴스, 큰손의 변화, 5060 아닌 '오팔세대'입니다, 2020년 5월 26일.
28) 노컷뉴스, 큰손의 변화, 5060 아닌 '오팔세대'입니다, 2020년 5월 26일.

35.5%가 현재보다 자주 살 것이라고 답변하며 30, 40대보다 적극적인 구매 의사를 밝혔다. 특히 웰에이징을 위해 노력하는 오팔세대에게 '배송 속도(Delivery Speed)'는 제품을 고르는 데 매력적인 기준은 아니다. 빠른 배송보다는 간편식 하나를 고르더라도 건강을 생각하며 꼼꼼하게 상품을 고른다. 당장 내일 새벽에 식탁에 올릴 음식보다는 주요 성분이나 첨가물, 사용된 재료, 비율 등을 하나하나 따져본 뒤 고르는 경향이 크다는 분석이다.

X세대와 오팔세대에 대해 학습해야 할 것의 핵심 포인트는 구매력(Purchasing Power)이다. 세대별 세분화(Generation Segmentation)의 궁극적인 목표는 어느 세분시장이 구매력이 있으며 그들에게 포지셔닝하기 위한 목표 콘셉트를 무엇으로 할 것인가를 결정하는 것이다. 구매력 관점에서 보자면 오팔세대에 주목해야 하고 그 다음으로 X세대에 주목해야 한다. 왜냐하면 이들이 시장의 전체적인 방향을 결정하는 주류 세력이기 때문이다. 그런 차원에서 향후 외식마케팅전략에서 오팔세대를 어떻게 세분화하고 그들에게 가장 적합한 마케팅 콘셉트를 포지셔닝할 것인가를 학습자들은 연구하고 또 연구해야 할 것이다.

4) ESG 경영

(1) ESG란 무엇인가?[29)]

ESG는 환경(Environment), 사회(Social), 그리고 지배 구조(Governance)의 앞글자를 딴 용어로, 영리뿐만 아니라 비영리 기업의 비재무적인 성과를 평가하는 틀이다. 사실 향후 ESG가 적용되지 않을 부분은 거의 없다고 보는 것이 타당하다. ESG와 관련한 개념으로는 기업의 사회적 책임(Corporate Social Responsibility, CSR), 지속가능성(Sustainability), 사회가치창출(Created Social Value), 기업 시민의식(Corporate Citizenship), 지속가능한 발전(Sustainable Development) 등 다양하게 존재한다. 그러나 핵심은 기업이 어떤 사회공헌을 만들어 낼 것인가가 중요하다는 것이다. ESG는 기업의 사회

29) http://www.lifein.news/news/articleView.html?idxno=11975
LifeIn, [똑똑!ESG ①] ESG, 선택이 아닌 필수적인 생존전략 우리는 왜 ESG에 주목해야 할까? 2021년 2월 12일에서 참조.

적 책임 차원을 넘어 하나의 중요한 평가 및 투자 기준으로 고려되고 있다는 점에서 사회공헌 활동과 분명히 구별된다. 기업들에 있어 ESG는 새로운 표준이자 생존전략으로 자리 잡았다. CSR이 이미지 개선을 위한 '선택'이었다면 ESG는 '필수'라는 말이 나오는 이유다.

그러나 아직까지 ESG에 대한 공통적인 표준 정의는 존재하지 않으며, 평가 지표에 대해서도 각 평가기관 측의 판단으로 이루어지고 있다. 법령 등에 의해 정해진 기준도 없고, '세계 공통의 판단 기준이 없다'는 것이 일정한 인식이다. ESG에서는 다양한 사회문제에 대해 기업이 리스크를 인식한 후 어떤 전략에 의해 대응해 나갈지를 묻고 있다고도 할 수 있다. 예컨대, 자동차 제조회사가 이산화탄소(CO_2) 삭감을 위해 전기자동차에 주력하는 등의 대처는 기업이 가진 기술이나 노하우를 활용한 해결 방법이다. 기업이 ESG에서 생존을 잘하기 위해서는 조직이나 거버넌스 정비를 선제적으로 해야 하고, 기업이 가지고 있는 중장기 전략과 외부와의 사회적 책임 입장에서의 의사소통 과정이 반드시 수반되어야 한다.

ESG는 기업의 지속가능성과 사회적 영향을 측정하는 세 가지 관점에서 기업을 평가, 분석하고 잘 경영하는 기업에 투자하는 'ESG 투자'에도 활용되고 있다. ESG 투자는 친환경적이고, 윤리적이며, 지배구조가 바람직한 기업에 투자하는 것을 의미한다. 또한, 투자하는 기업을 선택할 때 이윤 창출뿐 아니라 사회에 미치는 영향도 함께 평가하기에 미래세대를 위한 투자라고도 볼 수 있다.

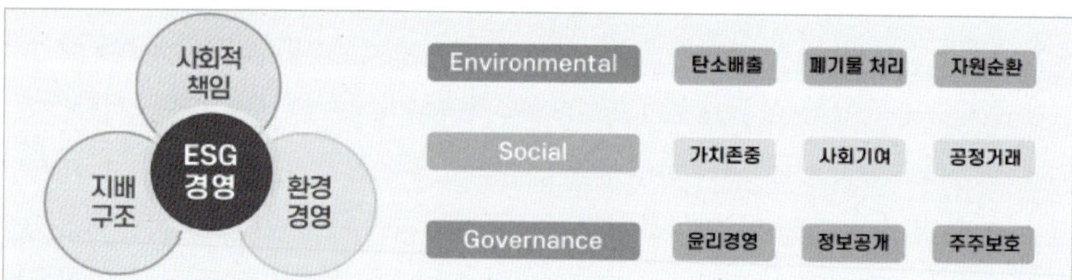

출처: aTFIS, 식품시장 뉴스레터: 식품 ESG 경영, 2021년 9월 2주

그림 1-40 ESG 고려 요소[30]

30) 한국기업지배구조연구원 홈페이지(www.cgs.or.kr)발췌.

ESG에서 고려되는 요소는 [그림 1-40]과 같이 환경, 사회적 책임 그리고 지배구조를 큰 범주로 하여 하부 구성요소들로 평가되고 있다.

ESG를 각 항목별로 좀 더 세부적으로 들여다보면 다음과 같다.

환경(Environment)에 해당하는 세부 항목들에는 기후변화 및 탄소배출, 대기 및 수질오염, 생물의 다양성, 물 부족, 폐기물 관리, 동식물 보호, 토지이용, 에너지 사용(신재생에너지), 원자재 채굴, 환경 관련 법 규제 위험, 재활용 등이 있다. 기업이 친환경적인 생산, 판매, 경영을 전개한다면 우리 사회 전체에 큰 도움이 될 것이다.

사회(Social)에 해당하는 세부 항목들에는 고객만족, 데이터 보호 및 프라이버시, 성별 및 다양성, 직원참여, 인권, 노동기준 등이 있다. 사회책임이 투자에 있어 중요한 이유는 기업의 지속적인 성장을 하기 위해서는 지속적 이윤획득이 가능한 환경이 필요하기 때문이고, 사회적 책임 경영은 단순한 기부활동이 아닌 기업이 활동하는 물리적 사회적 환경을 적극적으로 책임지고 관리하는 것을 의미한다.

지배구조(Governance)에 해당하는 세부 항목들에는 이사회 구성, 감사위원회 구조, 실적 악화로 직결되는 불상사의 회피, 부패 정도, 임원 성과, 보상 및 정치기부금과 내부고발자 제도 등이 있다.

(2) ESG, 왜 중요한가?

일반적으로, ESG가 주목받는 이유는 표면적으로 기후변화와 지속 가능 경영, 상생 등에 관한 관심의 부상이다. [LifeIn]은 'ESG'란 단어를 검색해서 뉴스를 찾아보면 그 옆에 '착한 기업'이라는 수식어가 붙는다고 전하면서 ESG를 실행하면 착한 기업이라고 하였다. 기업이 사회환원이나 착한 일을 할 수 있다. 실제로 많이 하기도 한다. 그런데 비단 착한 일 하자고 기업이 전사적으로 사업 방향을 틀겠는가. 기업이 환경을 보존하자고 많은 비용을 소요하면서 사업구조나 생산구조를 바꾸겠는가. 그렇지는 않을 것이다. 그렇다면 왜 기업은 ESG에 집중하고 또 이렇게 무게를 두는 것일까? 기업은 장기적 시각에서 ESG를 실행해야 지속가능성을 확보할 수 있다고 판단한 것이다. 자연을 생각하고 기업경영의 투명성을 위한 변화가 아니라 생존과 지속가능성을 위한 기업들의 생존전략이다.

(3) 식품외식업계 ESG

위와 같은 ESG경영은 식품 · 외식업계의 미래를 좌우할 것이다. 앞의 세대별 분석에서 보듯이 젊은 세대일수록 ESG 경영을 더 선호한다는 것을 알 수 있어 외식마케팅의 미래 초점이 될 수 있다. 식품 · 외식업계에 ESG 경영의 중요성이 강조되면서 이를 위한 다양한 친환경, 사회공헌 활동의 노력이 가속화되고 있다. [aTIFS 식품시장 뉴스레터]는 이를 ESG요소별로 다양한 사례로 정리하였다. 학습자들을 위해 이를 본서에서 소개하고자 한다.

첫째, [Environment] 플라스틱 줄이고, 재활용하고

환경은 ESG 경영에서 가장 먼저 대두된 것으로 점점 기후변화가 혹독해지는 상황에서 아무리 강조해도 지나치지 않다. 주로 기업의 생산에서 환경침해를 다루고 있으나 이제는 기업이 얼마나 책임감을 가지고 환경친화적인 경영을 하는가로 평가된다. 식품외식업계도 친환경적인 생산, 포장 폐기물과 일회용 감축, 자원 재활용 등을 추진하고 있으며, 식품 외식기업의 미래는 ESG 경영이 핵심이 될 것이다.

동원F&B		- 플라스틱 곽을 없애고 비닐 포장 부피를 줄인 '양반김 에코패키지' 출시 - 이 패키지는 기존 제품보다 쓰레기를 1/3로 줄인 상품임 - 플라스틱을 제거한 설 선물세트에 이어 '必환경 추석 선물세트'를 출시
맥도날드		- 빨대가 필요한 컵 뚜껑을 대신해 빨대 없이 마실 수 있는 '뚜껑이' 도입 - 플라스틱 외에도 맥딜리버리에 사용하는 바이크를 전량 전기 바이크로 교체하는 계획을 수립함
삼다수	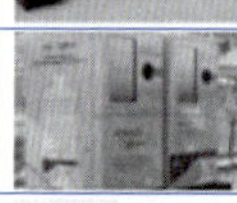	- 무라벨 제품 출시에 이어 페트병 수거 보상체계를 수립 - 제주도 곳곳에 설치되어 있는 삼다수 페트병 수거 보상기를 이용하여 수거한 페트병을 이용하여 리사이클 제품 제작에 사용
산수음료		- 산수음료는 사탕수수가 들어간 생분해성 페트를 사용한 생수 '아임에코'를 출시하였으며, 이 제품을 생분해하면 퇴비나 동물 사료로 사용이 가능함 - 특이점은 재활용이 어려운 플라스틱 뚜껑을 사탕수수 100%로 제조하여 재활용이 가능함
롯데그룹	LOTTE 롯데칠성음료 롯데푸드	- 롯데칠성은 플라스틱병을 무색으로 교체하거나 라벨프리 제품으로 교체함 - 롯데케미칼은 이런 페트병을 재활용할 수 있는 C-rPET 생산라인을 건설함 - 롯데푸드는 선물세트의 플라스틱을 제거하고 친환경 포장재를 사용함

식품저널, "최근 주목받는 ESG 경영...식품산업 특성에 맞는 방안 수립, 내실 기해야", 2021년 5월 21일
머니투데이, "생수병 라벨을 제거했더니...'돈풀'이 나기 시작했다", 2021년 8월 11일
NEWSIS, "아이스크림 · 햄버거도 기왕이면 ESG 식품기업", 2021년 3월 2일
서울경제, "[지구용]180일 안에 썩는 생수 음료병이 있다고요?", 2021년 8월 14일
news1, "'플라스틱 트레이 · 캔햄 뚜껑 퇴출' 롯데푸드, '친환경 ECO 선물세트' 선봬", 2021년 8월 12일
출처: aTFIS, 식품시장 뉴스레터: 식품 ESG 경영, 2021년 9월 2주

그림 1-41 국내 ESG 기업 [Environment] 사례[31)]

왜냐하면 궁극적으로 먹거리를 다루는 산업 분야에서 환경친화적인 경영을 피할 수 없으며 피해서도 안 된다. 바로 친환경마케팅이 생존전략이 되어야 한다. [그림 1-41]에 [aTIFS 식품시장 뉴스레터]가 정리한 국내 식품기업들의 [Environment] 사례를 소개하였다. 그러나 '친환경'을 소재로 허위 광고와 과장 광고를 일삼는 [그림 1-42]의 '그린워싱(Greeanwashing)'에 대해서는 경계해야 한다.

친환경을 의미하는 Green과 세탁한다는 단어 Washing의 합성어로, 친환경인 것처럼 위장한다는 뜻임. 처음에는 위장 환경주의자들을 지칭하는 표현이었으나 최근에는 거짓 친환경 제품이나 과장광고라는 의미를 덧씌워 소비자의 판단을 흐리게 하는 행위들을 포괄하는 의미로 쓰임

한 음료 기업은 환경보호 프로젝트로 일회용 컵 대신 재사용할 수 있는 컵의 사용을 장려하고 있으나, 한편으로는 플라스틱으로 만든 머그잔, 텀블러, 식기, 가방 등을 기획상품으로 판매하고 있어 그린 워싱 논란에 휩싸인 바 있음

* 사진에 사용된 제품은 해당 업체와 관계 없음

ESG워싱은 '그린워싱'과 비슷한 의미로 쓰이며, 논리를 내세우거나 기구를 설치하는 등 ESG를 표명하나 실제로는 그럴듯하게 포장만 하는 모든 행위를 비판하는 말을 뜻함

사례1) 횡령으로 실형이 확정된 오너일가, ESG 빌미로 다시 복귀
회사 자금 수십 억을 횡령한 혐의로 실형이 확정되고 경영에서 물러난 식품기업 오너 일가, 경영 쇄신을 위해 출범한 ESG 위원회의 위원장으로 취임. 오너 일가의 복귀를 위해 ESG를 앞세우고 있다는 논란이 제기됨

사례2) ESG경영 선포했지만 한 달 만에 소비자 기만
올해 초에 ESG경영을 선포하고 추진위원회를 만들었으나, 한 달도 채 되지 않아 제품의 과장광고로 시장의 신뢰를 잃음
경영진은 이에 대한 책임을 지겠다며 사퇴 의사를 밝혔으나, 지분구조 개선이 없어 실질적인 지배구조 개선에 효과가 있을지 의문이 제기됨

출처: aTFIS, 식품시장 뉴스레터: 식품 ESG 경영, 2021년 9월 2주

그림 1-42 그린워싱(Greeanwashing)[32] 사례

둘째, [Social] 줄어든 콘택트 소비, 상생의 길로

[Social]은 기업의 윤리와 사회공헌을 의미하며, 데이터 보호 및 프라이버시, 소수자나 소외자 인권, 성별 평등 및 다양성 그리고 지역사회와의 관계 등이 포함된다.

31) aTFIS, 식품시장 뉴스레터: 식품 ESG 경영, 2021년 9월 2주.
32) 소비라이프, [환경소비] 친환경 위장술 '그린워싱'에 속지 말자 2021년 6월 4일.

나아가 근로자들의 합당한 보수, 산업재해 방지 대책 등과 대처방안도 포함된다. 특히 중요한 것은 최근 ESG 평가는 단순히 평가대상이 되는 기업의 ESG뿐만 아니라 기업에 납품하는 협력사까지 평가하여 공급사슬에 있는 모든 기업의 상향 평준화를 유도하고 있으며, 이는 한 기업이 생존하는 활동 전반에 대한 가치 체인(Value Chain) 전반에 적용될 것이다. [aTIFS 식품시장 뉴스레터]는 [그림 1-43]처럼 국내 ESG 기업 [Social] 사례를 소개하였다.

공차		– 공차는 해남 지역의 농가와 협업하여 여름 시즌 음료로 '초당옥수수' 관련 제품을 출시함
롯데GRS 엔젤리너스	Angel-in-us.	– 국내산 농산물을 납품 받고 지역경제활성화에 기여하는 '기(氣) 살리기 프로젝트' 실행함 – 가공하는 데 전혀 문제가 없는 농산물이 상품성을 이유로 폐기되는 것에 착안, 경북지역 농가와 협업하여 상품성이 떨어지는 제품들을 구매함
농심		– 농림수산식품교육문화정보원과 함께 '청년수미' 프로그램을 진행하며, 청년 농부에게 영농 노하우 전수하고 있음 – 사업의 일환으로 청년 농부가 재배한 감자를 구매하여 과자를 생산함
마켓컬리	MARKET Kurly	– MD(Merchandiser)가 직접 발품 팔며 소상공인 맛집 찾아 입점을 제안함 – 생산자의 성장을 돕기 위해 100억 원 규모의 판촉 행사비용 전액 지원함 – 입점사의 수월한 대출을 위한 외상 매출채권 담보대출 지원금이 존재함
SPC		– 코로나 19로 어려움을 겪고 있는 농가를 돕기 위한 '행복상생프로젝트' 진행 – 강원도 평창군 감자 농가, 제주도 구좌 당근 농가, 논산시 딸기 농가, 전남 무안군 양파 농가 등 지원 – 최근에 무안 양파로 만든 '무안 양파빵' 출시, 2주 만에 100만 개 판매
한국 맥도날드		– 국내 농 · 특산물 활용 메뉴 확대를 위해 전라남도와 다자간 업무협약 체결 – 전남지역 양상추, 양파, 토마토, 나주 배 공급받음 – 2020년 전남 특산물 나주 배로 만든 '나주 배 칠러' 출시

식품저널, "최근 주목받는 ESG 경영...식품산업 특성에 맞는 방안 수립, 내실 기해야", 2021년 5월 21일
서울와이어, ""지역특산물이 뜬다...식품 · 외식업계에 부는 '상생바람'", 2021년 8월 23일
글로벌이코노믹, "마켓켈리, 지역 소상공인 지원 업무 협약 '활발'", 2021년 4월 15일
EBN, "식품, 외식업계 농가와 '상생행보' ESG 경영 일환", 2021년 8월 12일

그림 1-43 국내 ESG 기업 [Social] 사례[33]

33) aTFIS, 식품시장 뉴스레터: 식품 ESG 경영, 2021년 9월 2주.

셋째, [Government] 유독 어려운 지배구조...그래도 모범생은 있다

소유주가 경영자인 식품기업, 백년대계 세우려다 도덕적 해이에 의해 오너리스크가 부상하면서 식품기업들이 위기에 처할 수 있다. 예전의 국내 모 항공사 오너의 항공기 승무원에 대한 '갑질'은 좋은 사례이다. 이것은 외식기업들도 마찬가지다. ESG 경영의 핵심 리스크는 그동안 아무리 식품 외식 기업경영전략에 대대적인 성공을 거두고 마케팅을 잘 했더라도 ESG 프레임에서 위험이 발생되면 한순간에 물거품이 된다는 것이다. 이 중 지배구조도 문제가 될 수 있다. [aTIFS 식품시장 뉴스레터]는 [그림 1-44]에 국내 ESG 기업 [Government] 사례를 정리하여 소개하였다.

풀무원	Pulmuone	– 2018년, 83년 입사한 1호 사원을 CEO로 임명하여 소유와 경영을 분리함 – 이사 11명 중 7명이 사외이사, 이사회 산하 8개의 위원회 설치한 풀무원은 경영자문 및 활동보조히며 4년 연속 ESG 평가 최고 등급을 달성 중임 – 비상장 자회사들 지분을 보유하며 풀무원은 지주회사로 전환
CJ 제일제당	CJ CHEILJEDANG	– 식품업체 최초로 대리점 공정거래 협약을 체결함 – 2021년 초, 준법경영 국제 표준 컴플라이언스 경영시스템(SD/DIS 37301)을 국내 기업 최초로 인증 받음

the bell, "'ESG 우등생' 풀무원, 이사 숫자만큼 많은 '소위원회'", 2021년 1월 29일
데일리임팩트, "CJ제일제당, '컴플라이언스 경영시스템'인증...'준법경영문화 강화'", 2021년 1월 14일

그림 1-44 국내 ESG 기업 [Government] 사례[34)]

2. 외식산업 변화

외식산업은 크게 변화하고 있다. 앞에서 외식산업 패러다임을 변화시킬 요인으로 코로나 19, 메타버스, 세대변화 그리고 ESG를 설명하였다. 지금부터 이런 변화요인이 외식산업에 어떤 영향을 미치고 외식산업은 이에 어떻게 대응하고 있는지를 살펴보기로 한다. 본 장은 [KREI 한국농촌경제연구원]이 실시한 조사를 바탕으로 요약 및 보충 설명하였다.

34) aTFIS, 식품시장 뉴스레터: 식품 ESG 경영, 2021년 9월 2주.

1) 소비형태 변화

(1) 간편식의 일반화

앞장에서 소개했듯이 한국농촌경제연구원 '식품산업 정보분석 전문기관'은 식품산업 정보를 수집 · 가공 · 심층 분석하여 수요자에게 효과적으로 제공하는 것을 목적으로 「식품산업진흥법」에 의거하여 운영되고 있다. 특히, 식품산업 정보분석 전문기관 사업의 일환으로 추진되고 있는 '가공식품 소비자태도 조사'는 국가승인통계로 가구의 가공식품에 대한 소비동향 파악 등을 목적으로 매년 전국 약 2,000가구를 대상으로 실시되고 있어 학습자들에게 큰 도움을 주고 있다. 이와 더불어 가공식품 소비 관련 트렌드 분석 및 정책이슈 파악을 위해 소비자 약 2,000명을 대상으로 온라인 조사를 병행한다. 〈표 1-3〉은 조사개요를 요약하고 있다.

표 1-3 분석대상 자료인 가공식품 소비자태도 조사 개요

구분	주 구입자 대상 가구조사 (통계청 승인통계)	일반소비자 대상 조사 (미승인통계)
목표표본 (조사표본)	2,000가구 (2,193가구)	2,000명 (2,000명)
조사설계	2015년 등록센서스 '인구주택 총조사' 조사구에 속한 일반가구를 모집단 선정((사)한국통계학회 위탁)	지역별, 연령별 할당 고려 - 응답대상 온라인 소비자 정보를 별도로 제공하지 않으므로 자체 패널 등을 이용
조사방법	대면면접조사	온라인조사
조사연령	만 19세~17세	만 19~74세

출처: 한국농촌경제연구원, 2021년 가공식품 소비자 태도조사 심층분석 보고서, 일반소비자(온라인) 조사결과 (N=2,000)

이번 조사에서는 가공식품 중에서 증가추세가 지속되고 최근 소비트렌드가 빠르게 변화하고 있는 HMR을 대상으로 하였다. 2021년 '가공식품 소비자태도 조사'의 2,193가구를 대상으로 조사된 원시자료를 활용하여 간편식 구입 행태 및 소비 결정요인 분석을 실시하였으며, 일반소비자 2,000명을 대상으로 조사된 자료를 활용하여 소비자들의 간편식 이용 경험 및 만족도가 재구매 확대에 미치는 영향을 분석하였다.

일반소비자 대상 온라인 조사결과 지난 1년간 약 86.6%의 응답자들이 대부분 HMR 제품을 구입해 본 적이 있는 것으로 나타났다. 종류별로 구분하면 즉석조리식품(단순 가열 등의 비교적 손쉬운 조리과정을 거쳐 먹을 수 있는 간편식)의 경우 응답자의 80.1~95.4%가 구입 경험이 있고, 즉석섭취식품(가열, 조리 과정없이 섭취할 수 있는 간편식)의 경우 88.1%의 응답자들이 구입 경험이 있는 것으로 나타났다.

[그림 1-45] 간편식 구입경험에서는 즉석조리식품 중 만두/피자/떡볶이/면류는 95.4%의 응답자들이 구입 경험이 있다고 응답하여 경험률이 가장 높았으며, 이어서 육류/수산물(90.3%), 소스/양념류(89.5%), 즉석 국/탕/찌개류(88.8%), 즉석 밥류(87.3%)의 순으로 나타났다.

최근 큰 관심을 받고 있는 간편조리세트(정량의 식재료/양념/조리법을 제공하여 직접 조리할 수 있는 간편식; 밀키트)의 경우 응답자의 구입 경험이 82.0%로 나타났으며, 신선편의식품(세척/절단/가공 등으로 신선한 식품을 최소한의 노력으로 먹을 수 있는 간편식)은 이보다 다소 낮은 67.2~79.3% 수준으로 나타났다고 [한국농촌경제연구원]은 밝혔다.

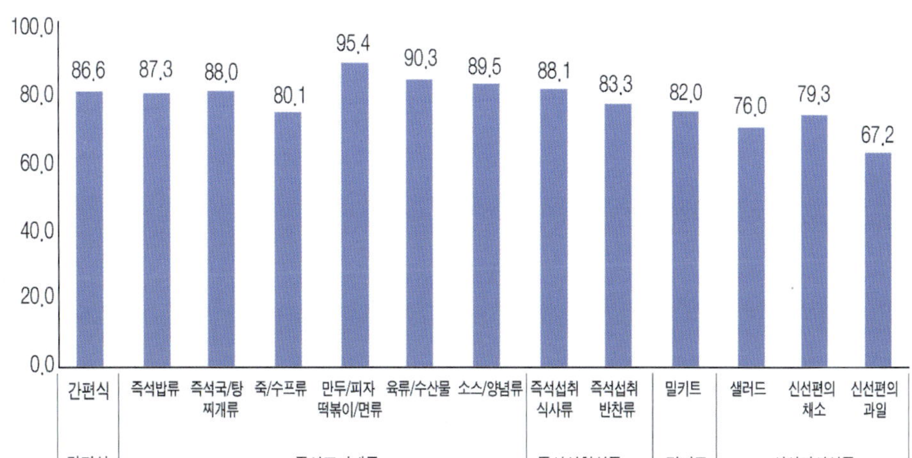

그림 1-45 간편식 구입 경험[35)]

35) 한국농촌경제연구원, 2021년 가공식품 소비자 태도조사 심층분석 보고서, 일반소비자(온라인) 조사결과(N=2,000).

간편식은 지출액 기준에서 상대적으로 온라인 유통채널에서 구입이 많은 품목으로 응답하였다. [그림 1-46]에서와 같이 간편식은 가공식품 20개 중분류 중 전체에서 구입이 많은 품목군 6위(5.1%)를 차지하였으나, 온라인 유통채널에서는 3위(9.5%)를 차지하였다고 [한국농촌경제연구원]은 조사하였다.

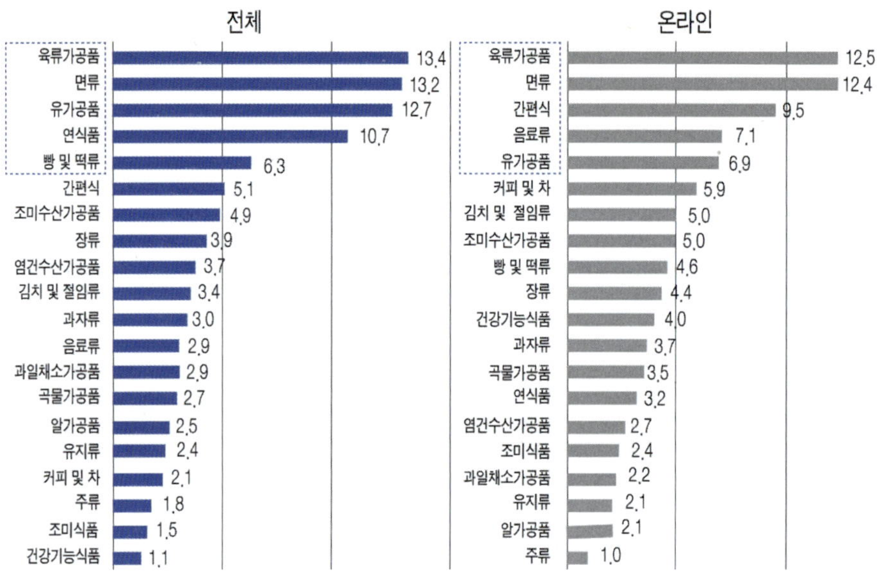

주: 주구입자를 대상으로 가구에서 가공식품 지출액 규모가 큰 순서대로 3순위까지 조사한 후 (1순위×3+2순위×2+3순위×1)하여 백분율로 계산한 수치임.

그림 1-46 지출액 기준 구입 많은 가공식품 품목군(1+2+3 가중평균)[36)]

간편식 유형별로 응답한 구입장소를 구분해 보면, [그림 1-47]과 같이 품목 구색이 많은 대형마트는 모든 간편식 제품 유형에서 구입장소 비중이 가장 높았다. 즉석조리식품과 신선 편의식품의 구매 장소 비중이 동일 순위로 나타났다고 [한국농촌경제연구원]은 조사하였다.

① 즉석조리식품: 대형마트(45.9%), 동네 슈퍼마켓(24.9%), 대기업 운영 중소 슈퍼마켓(12.8%), 전통시장(7.3%)

36) 한국농촌경제연구원, 2021년 가공식품 소비자 태도조사 심층분석 보고서, 일반소비자(온라인) 조사결과(N=2,000).

② 신선편의식품: 대형마트(44.7%), 동네 슈퍼마켓(21.4%), 대기업 운영 중소형 슈퍼마켓(13.3%), 전통시장(11.6%)

③ 밀키트: 대형마트(47.0%), 동네 슈퍼마켓(16.9%), 대기업 운영 중소형 슈퍼마켓(14.5%), 온라인 쇼핑몰(9.9%) 등으로 조사되어 여타 간편식 품목에 비해 온라인 채널 이용 비중이 높은 것을 확인할 수 있다.

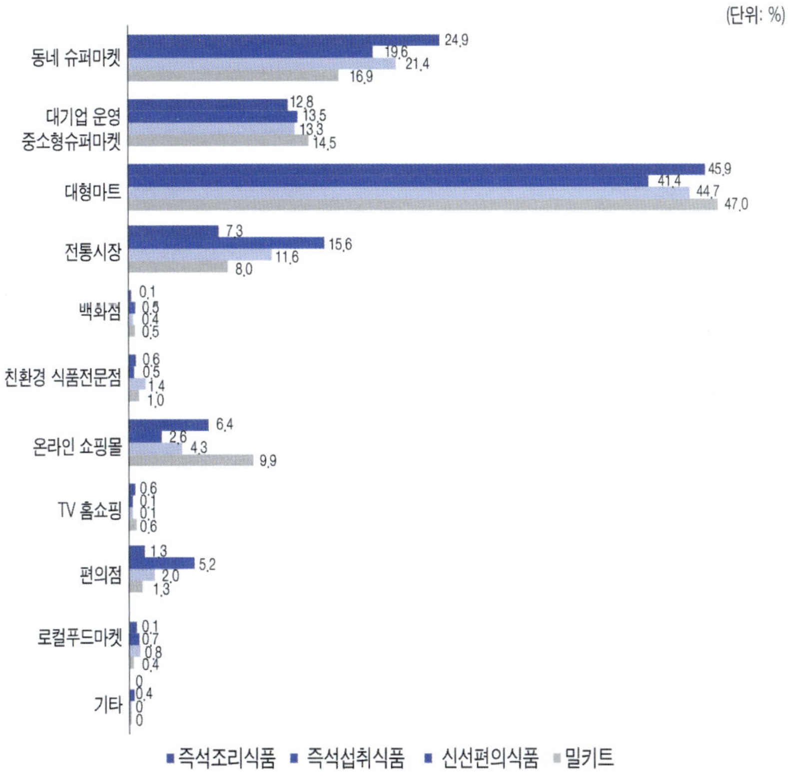

주: 가구 내 식품 주구입자 조사에서 간편식을 구입한 경험이 있는 소비자(즉석조리식품 2,157명, 즉석섭취식품 2,104명, 신선편의식품은 1,862명, 밀키트는 1,878명)의 응답 자료임

그림 1-47 간편식 주 구입장소[37)]

최근 1년간의 간편식 구입은 금번 조사에서 전반적으로 증가한 것으로 파악되었다. 간편식 구입이 1년 전과 비교하여 증가했다는 소비자가 42.1%, 비슷했다는 소비

37) 한국농촌경제연구원, 2021년 가공식품 소비자 태도조사 심층분석 보고서, 일반소비자(온라인) 조사결과(N=2,000).

자가 52.3%인 반면, 감소하였다는 소비자는 5.6%에 불과하였다.

[그림 1-48]에서처럼 즉석조리식품 중 최근 1년 구입이 증가했다고 응답한 비중이 가장 큰 제품류는 만두/피자/떡볶이/면류로 37.9%를 차지했으며, 즉석 국/탕/찌개류(36.4%), 즉석밥류(33.9%), 육류/수산물(29.5%) 순으로 나타났다.

위의 상위 세 제품류를 2019년 조사와 비교한 결과, 만두/피자/떡볶이/면류는 14.3%p, 즉석밥류는 14.4%p, 육류/수산물 12.7%p 증가하였고, 즉석섭취식품의 경우 소비자들의 27.4%가 식사류 구입을, 23.1%가 반찬류 구입을 늘린 것으로 응답하였다. 식사류의 구입이 증가했다고 응답한 비중은 2019년 대비 8.4%p, 반찬류는 5.8%p 증가하여, 식사류의 구입 증가 폭이 큰 것을 확인할 수 있었고, 간편식 분류별로 살펴보았을 때, 밀키트의 경우 38.3%의 소비자가 구입이 증가했다고 응답하여, 조사 대상 가운데 가장 많은 응답자들이 구입을 늘린 분류로 나타났다. [한국농촌경제연구원]은 코로나 19가 계속 이어지면서 밀키트를 구입하여 식사하는 식생활의 변화가 나타난 것으로 분석하였다.

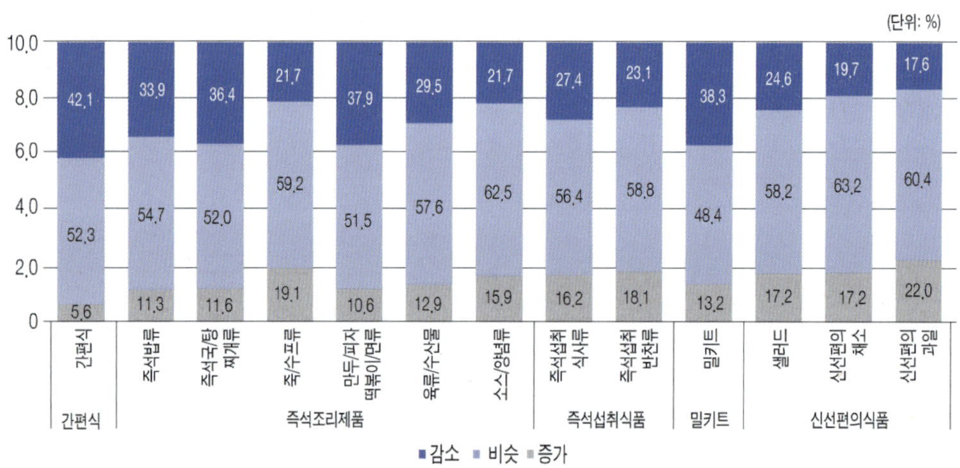

그림 1-48 간편식 구입 변화(증감)[38]

[그림 1-49]에서 보듯이 유로모니터(2020)에서 발표한 국내 밀키트 시장전망에 따

38) 한국농촌경제연구원, 2021년 가공식품 소비자 태도조사 심층분석 보고서, 일반소비자(온라인) 조사결과(N=2,000).

르면, 국내 밀키트 시장규모는 2017년 20억 원에서 2020년 1,880억 원으로 연평균 약 350% 성장했으며, 2025년에는 7,250억 원 규모에 이를 것으로 전망되고 있다.

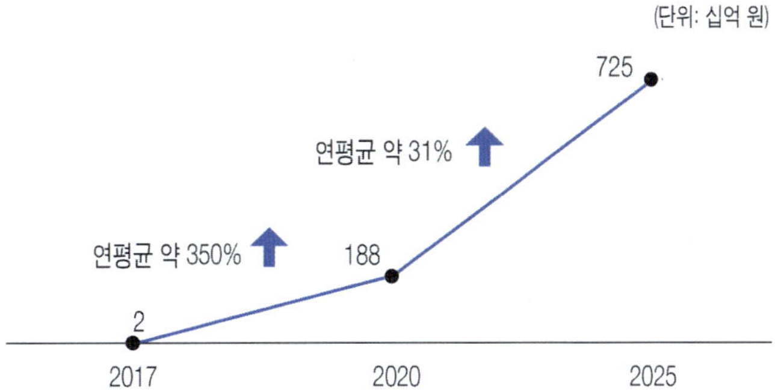

그림 1-49 국내 밀키트 시장전망[39)]

간편식을 구매하고자 하는 응답자는 다양성에 가장 큰 선호를 보였다. [그림 1-50]과 같이 '다양하고 새로운 맛을 낸 제품을 구입하겠다'는 응답자 비중은 무려 38.9%를 차지했으며, '제품의 업그레이드 · 신제품 개발과 관계없이 가격만 저렴하면 구입하겠다'와 같은 가성비 좋은 제품을 선호하는 응답자 비중은 6.1%에 불과했다. 이런 결과는 외식마케팅에서 많은 함의를 준다. 밀키트의 마케팅 콘셉트는 가성비가 아니라 가치라는 것을 의미하기 때문이다.

단위: %

구분	건강(영양)에 좋은 제품	원료의 품질과 안전성이 확보된 제품	다양하고 새로운 맛을 낸 제품	소포장, 사용 및 취식·조리 간편화된 제품	가격이 저렴한 제품	합계
간편식	8.3	27.6	38.9	19.1	6.1	100.0

그림 1-50 구매하고자 하는 간편식 제품의 선호 특징[40)]

39) 유로모니터, Ready Meals in South Korea(2020); aTFIS 식품산업통계정보(2021)에서 재인용. (https://www.atfis.or.kr/).
40) 한국농촌경제연구원, 2021년 가공식품 소비자 태도조사, 일반소비자(온라인) 조사결과(N=2000).

한국농촌경제연구원의 2020년 조사결과에서는 '건강(영양)에 좋은 제품을 구매하겠다'는 비중이 45.2%를 차지하였고, '다양하고 새로운 맛을 낸 제품을 구입하겠다'는 소비자 비중은 19.6% 수준에 불과하여, 코로나 발생으로 인한 질병예방 및 건강에 대한 관심이 소비자 선호에 가장 큰 영향을 준 것으로 파악되었다.

간편식 요소 가운데, 가장 응답자의 만족도가 높은 요소는 [그림 1-51]과 같이 간편성(3.93점)이었고, 이어서 제품 다양성(3.69점), 맛(3.68점), 안전성(3.63점), 영양(3.55점), 원료 원산지(3.48점) 등의 순으로 조사되었다. 인공첨가물 첨가 여부(3.35점)와 가격(3.41점)은 상대적으로 만족도가 낮게 평가되었다고 [한국농촌경제연구원]은 밝혔다.

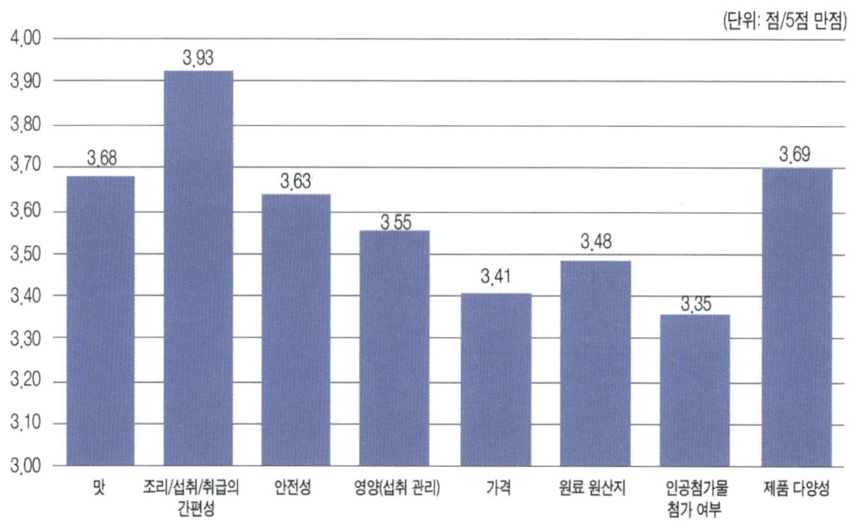

그림 1-51 간편식 요소별 중요도 및 만족도[41)]

지난 1년간(2020~2021) 간편식에 포함되는 제품을 구입해 본 경험이 있는 응답자 비중(86.6%)에 비해서, 향후 1년간의 구입 의향이 있는 응답자는 이보다 3.8%P 높은 90.4%로 나타나 대부분의 응답자가 간편식을 이용할 것으로 판단된다.

[그림 1-52]에서와 같이 간편식 가운데 즉석조리식품의 경우, 응답자의 80.1~95.4%가 구입 경험이 있는 것으로, 81.6~94.6%는 향후 구입의향이 있는 것으로 파악되었

41) 한국농촌경제연구원, 2021년 가공식품 소비자 태도조사 심층분석 보고서, 일반소비자(온라인) 조사결과(N=2,000).

다. 특히, 만두/피자/떡볶이/면류는 95.4%의 응답자들이 구입경험이 있다고 응답하여 경험률이 가장 높았으나, 구입의향(94.6%)은 다소 낮게 나타났다. 이는 다양한 간편식이 시장에 출시되면서 전통적으로 가장 많이 소비되는 간편식 중 하나인 만두/피자 등 대신 다른 제품을 고려하는 것으로 볼 수 있다.

즉석섭취식품에 대한 응답자들의 구입의향은 식사류에 대해서는 87.5%로 구입경험(88.1%)에 비해 낮았으며, 반찬류 구입 의향은 83.5%로 구입경험(83.3%)에 비해 다소 높게 나타났고, 현재는 반찬류보다는 식사류에 대한 수요가 상대적으로 높으나 향후 차이가 줄어들 것으로 파악되었다.

밀키트 제품은 구입 경험(82.0%)에 비해 구입 의향(83.3%)이 1.3%P 높아 제품에 대한 수요가 늘어날 것으로 판단되고, 신선편의식품은 구입 경험이 있는 응답자가 신선편의채소에서 79.3%, 샐러드에서 76.0%, 신선편의과일에서 67.2%로 분석되었다 구입의향은 각각 79.7%, 77.0%, 69.4%로 구입 경험보다 조금 더 높아 향후 신선 편의식품 수요도 늘어날 것으로 기대된다. 특히, 신선 편의과일을 구입해 본 소비자 비율은 다른 간편식에 비해 낮은 수준(67.2%)이지만, 구입 경험 대비 구입 의향이 2.2%p 높은 만큼 관심을 갖고 구매하는 응답자들이 늘어날 것으로 예상된다고 [한국농촌경제연구원]은 해석하였다.

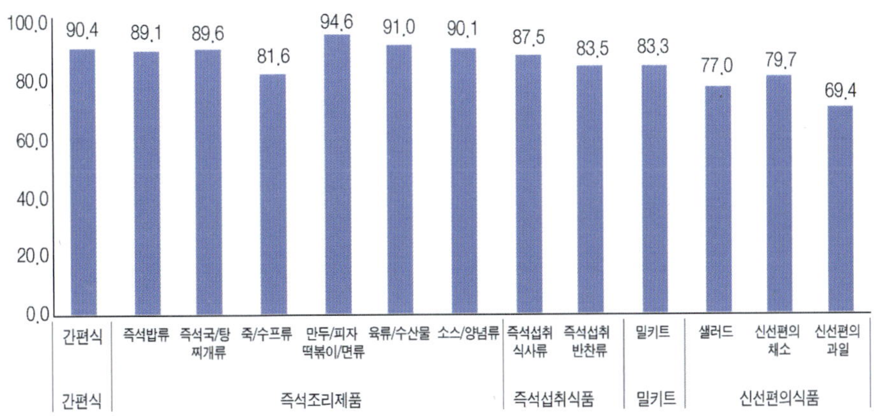

그림 1-52 구입 의향[42]

42) 한국농촌경제연구원, 2021년 가공식품 소비자 태도조사 심층분석 보고서, 일반소비자(온라인) 조사결과(N=2,000).

(2) On-tact[43] 소비

코로나 19의 등장 이전과 이후를 BC(Before Corona), AC(After Corona)로 비유할 만큼 코로나 19는 경제, 사회, 문화 등 전 영역에 걸쳐 큰 영향을 미치며 세계를 뒤바꾸어 놓았다. 새롭게 바뀐 일상을 이끌어갈 키워드로 언택트와 디지털, 헬스케어, 지역경제, 지속가능성 등이 떠오르고 있는 가운데, 식품 분야 또한 온라인배송, HMR, 건강기능식품 등 관련 산업으로의 전환과 확장이 이루어지고 있다.

[aTFIS 식품시장 뉴스레터][44]에서는 이러한 대전환에 주목해, 뉴노멀로 대두되고 있는 식품 구독경제와 지속가능 포장재 등 총 네 가지 주제에 대하여 월간 기획조사를 통해 알아봄으로써 식품업계가 현명하고 발 빠르게 변화에 대응할 수 있도록 인사이트를 제공하였다.

ㄱ) 코로나 19는 판관비도 변동시켰다

맛있는 냄새와 소리로 소비자를 사로잡아 소비를 촉진했던 마트 시식코너인데 코로나 19가 장기화되면서 시식은 엄두도 내지 못했던 시기가 있었다. 이러한 현상은 아이러니하게도 〈표 1-4〉와 같이 오프라인 판촉행사에 필요한 제품 준비비용과 인건비 등 마케팅비가 줄어 단기적으로는 기업의 수익성이 개선되는 결과를 가져왔지만, 직접 소비자와 만나 소통하고 신제품 체험 기회를 제공하는 효과적인 장(Field)이 사라졌다는 점은 업계로 하여금 포스트 코로나 시대에 걸맞은 새로운 마케팅방법들을 시도하도록 만들었다. 시식코너는 강화된 사회적 거리두기로 인해 중단됐던 대형마트 · 백화점 내 시식 · 시음, 화장품 테스터가 2022년 4월 말부터 '리오프닝(Re-Opening) 시대'를 맞아 가능해졌다. 그러나 소비자들은 아직 과거와 같이 활발하게 이에 응하지는 않고 있다.

---

43) 온라인을 통해 외부활동을 거의 항시적으로 연결되어 있는 방식을 의미, 비대면을 일컫는 '언택트(Untact)'에 '연결(On)'을 강조한 개념.
44) aTFIS 식품시장 뉴스레터: 온택트마케팅, 2020년 10월 2주.

표 1-4 식품업계 2019년 2분기 대비 2020년 2분기 실적[45]

구분	2019년 2분기			2020년 2분기		
	매출	판매 관리비	판관 비율	매출	판매 관리비	판관 비율
CJ제일제당(통운제외)	3조 1,864억	1,294억	22.9%	3조 4,608억	7,707억	22.2%(▼0.7%p)
오뚜기	5,670억	631억	11.1%	6,408억	668억	10.4%(▼0.7%p)
대상	7,315억	1,550억	21.1%	7,819억	1,566억	20%(▼1.1%p)
하이트진로	5,244억	2,305억	43.9%	5,815억	2,050억	35.2%(▼8.7%p)
농심	5,681억	1,541억	27.1%	6,680억	1,708억	25.5%(▼1.6%p)

그중에서도 On-tact 소비가 가속화됨에 따라 비대면 디지털 환경에서 소비자와 함께 소통할 수 있는 콘텐츠가 주목을 받고 있다고 [aTFIS 식품시장 뉴스레터][46]는 밝혔다. 특히, 동영상 콘텐츠로 정보를 검색, 습득하고 여가를 즐기는 데 익숙한 MZ세대의 특징이 진 연령대로 전파되면서, [그림 1-53]과 같이 유튜브나 아프리카TV 등에서 먹방(28%), 일상(여행/맛집: 25%), 요리/건강(16%) 등 외식과 관련된 영상을 시청하는 것으로 나타났다. 레시피 영상에서 제품을 소개하고 홍보하는 것을 넘어 최근에는 실시간으로 이야기하며 상품에 대한 정보를 교환하고 구매까지 할 수 있는 라이브커머스(Live-commerce) 시장도 급속도로 성장 중이라고 [aTFIS 식품시장 뉴스레터]는 해석하고 있다.

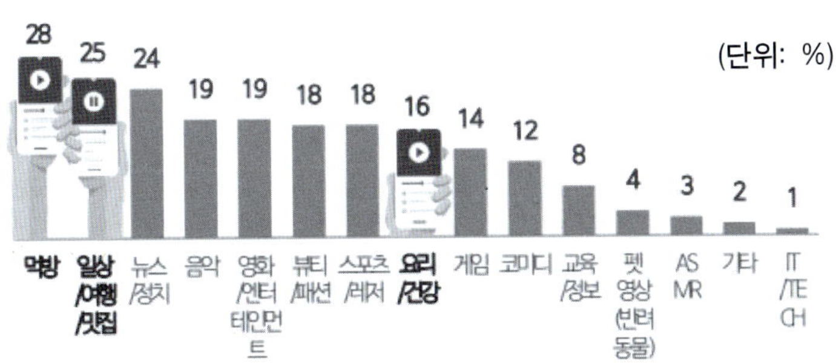

출처: aTFIS, 식품시장 뉴스레터: 온택트마케팅, 2020년 10월 2주

그림 1-53 주로 시청하는 동영상 유형 (복수응답)[47]

45) 뉴스원, '코로나의 역설'…마트서 시식행사 못한 식품업계 "수익성 좋아졌네", 2020년 8월 28일.
46) aTFIS 식품시장 뉴스레터: 온택트마케팅, 2020년 10월 2주.
47) 2019 소비자행태조사(MCR), KOBACO

On-tact 시대에 떠오르는 '라이브방송' 및 '라이브커머스' 시장은 라이브 스트리밍과 커머스의 합성어로 실시간 온라인 방송으로 진행되는 전자 상거래 방식이다. 홈쇼핑과 비슷하지만, 쌍방향 소통이 이루어져 궁금증을 바로바로 해소할 수 있으며, 준비과정이 비교적 자유롭다는 특징이 있어 업체와 소비자들이 주목하는 플랫폼이다. 그야말로 외식마케팅 개인화 시대의 중요한 유통 및 의사소통 수단이 되었다. [그림 1-54]에서 보듯이 코로나 19 이후 라이브커머스 소셜 언급량 추이가 급증하는 것으로 나타나 On-tact 시대는 점점 굳어져 갈 것이다고 [aTFIS 식품시장 뉴스레터]는 진단했다.

(단위: 건)

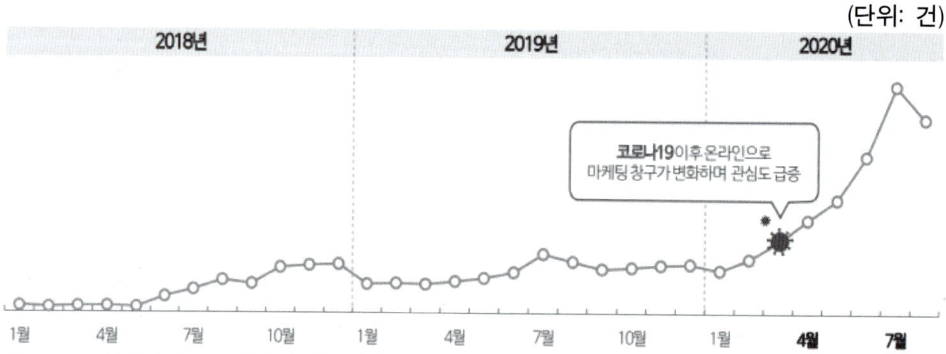

출처: aTFIS, 식품시장 뉴스레터: 온택트마케팅, 2020년 10월 2주

그림 1-54 라이브커머스 소셜 언급량 추이[48]

ㄴ) 사례로 살펴본 비대면 식품 마케팅 트렌드[49]

코로나 19 이후 오프라인을 통한 소비자와의 만남이 통제되었던 상황에서 식품업계는 어떤 방법으로 소비자에게 다가가기 위해 노력하고 있었을까? 여기서는 [aTFIS 식품시장 뉴스레터]의 기사를 인용하여 학습자에게 도움을 주고자 했다.

① 먹방/레시피/언박싱 영상을 활용한 제품 소개

[그림 1-55]처럼 코로나 19 발생 이전부터 인기를 끌어온 온라인 영상 마케팅 방식(PPL:Product Placemet로 대표됨)으로, 소비자들이 주로 보는 먹방이나 레시피 영상

48) 대상: 네이버 블로그, 키워드: 라이브커머스 (2018.1. ~ 2020.8.).
49) aTFIS, 식품시장 뉴스레터: 온택드 마케팅, 2020년 10월 2주.

에 제품을 노출해 궁금증을 자아낸다. 새로운 경험과 정보를 중시하는 MZ세대의 흥미를 자극하며 영상을 이끌어가는 인플루언서(Influencer)의 영향력이나 레시피의 차별성에 따라 홍보 효과의 차이가 크다는 점이 특징이다.

<table>
<tr><td rowspan="2">먹방</td><td colspan="2">오뚜기</td></tr>
<tr><td>• 오뚜기 함영준 회장이 딸 함연지가 운영하는 '햄연지' 채널에 출연
• 오뚜기 '진진짜라'로 만든 철판 돼지 짬짜면과 오뚜기 크림스프를 이용한 크림스프 리조또 먹방을 선보이며 화제</td><td></td></tr>
<tr><td rowspan="4">레시피</td><td colspan="2">쿠캣</td></tr>
<tr><td>• 음식을 쉽고 빠르게 요리하는 영상 콘텐츠인 '오늘 뭐먹지?'를 유튜브, 페이스북, 인스타그램 등 SNS 채널에 게재
• 쿠캣 식품사업 시작의 계기가 되었으며, 제품을 활용한 동영상과 구매좌표를 함께 표기하여 마케팅 효과를 누리는 중</td><td></td></tr>
<tr><td colspan="2">롯데제과</td></tr>
<tr><td>• SNS를 통해 이색 레시피를 제공하여 MZ세대의 이목을 끌고 있음
• 칙촉과 조안나 바닐라리치 아이스크림을 활용한 '칙플러리', 막걸리와 설레임을 섞어 만드는 '막설레임', 레몬에이드 설레임과 라임 민트잎, 탄산수로 만드는 '설레임 레몬에이드 모히또' 등을 공개</td><td></td></tr>
</table>

그림 1-55 식료품 기업 먹방 레시피 사례[50]

② 시식행사를 대체하며 다시 떠오르는 온라인 체험단

[그림 1-56]과 같이 오프라인 시식행사가 사라졌던 당시 소비자들에게 신제품을 경험할 기회를 제공하는 시식단, 체험단을 활용하였다. 소비자들은 구매 전 제품을 미리 맛볼 수 있고, 그들이 작성한 후기를 통해 기업에서는 마케팅 효과와 더불어 제품에 대한 의견을 얻을 기회가 되므로 윈윈이었다.

50) aTFIS, 식품시장 뉴스레터: 온택트마케팅, 2020년 10월 2주.

구분	사례	
체험단	**도미노피자**	
	• 도미노피자 공식 SNS채널에서 '신제품 시식체험단' 모집 • 참여자 중 300명을 선정해 공식 출시 전 새로운 피자를 무료로 맛보고 평가 • 코로나로 인한 안전 안심 캠페인의 일환으로 도미노 30초 비누 제공 • 온라인 주문 시 고객의 문 앞에 피자를 배달한 후 연락하는 비대면 안전 배달 서비스 시행	
시식	**엄선**	
	• 식품 정보 확인 앱 엄선에서 '집에서 즐기는 온라인 서식' 서비스 론칭 • 풀무원, 동원, 아이배냇 등 다양한 브랜드와 소비자를 매칭해 혜택 제공 • 온라인 주문 시 고객의 문 앞에 피자를 배달한 후 연락하는 비대면 안전 배달 서비스 시행	
	CJ제일제당	
	• 시식의 개념을 온라인으로 확장해 랜선시식회, 랜선시식릴레이 등 캠페인 구성 • 랜선시식회는 인플루언서 23명으로 이루어진 '쿡킷패밀리'의 후기를 쿡킷을 직·간접적으로 경험하는 콘텐츠 • 랜선시식릴레이는 SNS에 쿡킷 후기와 함께 지인을 지목해 시식을 이어나가는 캠페인으로 동참한 소비자 중 추첨을 통해 쿡킷 기프트카드 제공	

그림 1-56 식료품 기업 시식행사 체험단 사례[51]

(3) 뉴노멀 시대, 비대면 식품 마케팅의 방향은?

[aTFIS 식품시장 웹진]은 시식행사를 비롯한 식품업계의 오프라인 마케팅이 코로나 19로 인해 온라인 그리고 비대면(Un-Tact) 마케팅으로 빠르게 옮겨가고 있다고 진단했다. 대세로 떠오른 영상 플랫폼을 필두로 다양한 홍보 콘텐츠를 선보임은 물론 실시간으로 소비자와 소통하며 온·오프라인을 넘나드는 흥미로운 시도들이 이루어지고 있다. 식품 마케팅에 있어서 비대면 요소를 적용하는 것은 선택이 아니라 이제는 필수적인 고려요인으로 자리 잡았다.

온라인에서 정보를 얻는 공간이 동영상 플랫폼으로 옮겨옴과 동시에 동영상을 통해 여러 지식과 경험을 습득하는 데서 즐거움을 얻는 사람들이 많아지면서, 레시피·

51) aTFIS, 식품시장 뉴스레터: 온택트마케팅, 2020년 10월 2주.

요리 동영상처럼 소비자가 원하는 정보도 제공하고 상품 홍보와 소통까지 함께 할 수 있는 콘텐츠가 효과적인 비대면 마케팅수단으로 분석되었다. 비영상 콘텐츠인 SNS 사진, 글 등이 구매에 미치는 영향도 높게 나타났다는 점도 식품 비대면 마케팅에 있어서 단순 흥미보다는 정보나 지식을 전달하는 것이 효과적이라는 점을 보여주는 사례이다.

최근 주목받고 있는 라이브커머스는 상품 구매를 목적으로 시청하는 특성이 있으나, 아직까지 실 이용률이나 구매 경험이 많지는 않다. 그러나 이는 향후 신속하게 증가할 것이다. 비교적 쉽게 시도해 볼 수 있다는 장점과 시장의 발전 가능성을 고려하여 도입을 고민 중이라면, 기업에 적합한 플랫폼과 호스트를 선택하고 실제 구매력이 높은 30~40대가 원하는 생방송 혜택과 실시간 정보교환에 차별성을 둔 방송 구성이 필요할 것이라고 [aTFIS 식품시장 웹진]은 밝혔다.

2) 외식 유통변화

외식시장 패러다임 변화의 영향을 가장 크게 받는 것이 바로 외식유통이다. 불과 10년 전만 해도 생각하지도, 구현되지도, 통용될지도 몰랐던 새로운 유통시스템이 외식업계에서 거센 바람을 일으키고 있다. 그런데 문제는 이미 시작된 4차 산업혁명이 일상화됨에 따라 이를 거스를 수 없는 변화로 여기고 학습자들은 철저히 연구해야 할 것이다.

(1) 무인식품 매장

코로나 19와 같은 팬데믹은 이제 반복적으로 나타날 것이라는 대부분의 의료계 전망처럼 유통 · 외식업계가 대면 접촉을 꺼리는 고객을 위해 다양한 무인화 서비스 도입을 시도하고 있어 눈길을 끌고 있다. 로봇을 활용한 서비스가 대표적이다. 서빙로봇 운영, 드론 활용 배송 등은 아직 일부 지역에 한해 시범적으로 도입되고 있지만 안전함, 편리함, 빠른 속도 등 장점을 앞세워 향후 새로운 시대에 주목받는 기술이 될 수 있다는 예상이 지배적이다.

통계청의 발표에 따르면 2000년 전체 가구의 15.6%였던 1인 가구가 2013년 25.9%

에 이를 만큼 큰 폭의 증가세를 보였다. 2035년에는 1인 가구 비중이 전체 가구 중 34.3%로 늘어나 3가구 중 1가구꼴이 될 전망이다. 1인 가구의 증가는 주요 국가에서 공통으로 나타나는 현상이다. 이는 소득과 교육수준 향상으로 개인의 경제자립도가 증가하고, 결혼 연령 상승, 독거노인 급증, 혼인율 감소, 이혼율 증가, 출산율 감소 등 복합적인 요인이 작용한 것으로 볼 수 있다. 앞으로도 1인 가구의 증가는 인구구조 변화와 맞물려 가속화될 전망이다. 1인 가구 시대에 필수적인 외식유통은 무인 매장이다. 이는 카페, 무인 아이스크림 매장, 무인 편의점, 무인 밀키트 매장, 무인 빨래방 등으로 확산되고 있다. [aTFIS 식품시장 뉴스레터][52]는 국내에서 급증하는 무인식품 매장을 사례를 들어 충실히 소개하고 있다.

	[로봇카페 비트(b;eat)] • 푸드테크 기업 비트코퍼레이션의 무인 로봇카페 b;eat • 무인 로봇 매장으로는 노브랜드버거 역삼점, 롯데리아L7 홍대점 등이 있음 • 앱을 이용하여 예약을 하면, 로봇 바리스타가 제조에 들어가고 완료 시각과 테이크아웃 알람을 주문자의 휴대폰으로 전송함
	[이마트24 스마트 코엑스점] • 이마트에서 선보인 Just Walk-Out 형태의 콘셉트 매장 • 같은 유형의 매장으로 세븐일레븐의 DT랩스토어, 안면인식 결제가 가능한 GS25의 마곡 스마트 점포가 있음 • 이 외에도 GS25의 셀프계산 점포, 야간에는 자판기 매점으로 운영되는 이마트24의 하이브리드형 매장 등이 존재함
	[무인 밀키트 이지쿡] • 밀키트 전문점 이지쿡의 프랜차이즈형 무인 밀키트 점포 • 같은 유형의 점포로는 오늘쉐프, 더잇24 등이 존재하며, 국내 무인 밀키트 프랜차이즈는 최소 10곳 이상인 것으로 파악됨 • 키오스크를 이용한 주문이나 셀프계산 방식으로 운영 중임 • 점주는 배송 온 재료를 정량대로 분리하여 용기에 담아 진열만 하는 형태

스포츠조선, '올해도 무인·1인 창업 밀키트 시장 성장지속 전망', 2022년 1월 25일
이데일리, '사람없는 패스트푸드점·카페…임인년 '무인샵' 대중화 원년될까?', 2021년 12월 31일
비즈한국, '주목받는 창업템 '무인 밀키트 판매점'의 명과 암', 2021년 8월 26일

그림 1-57 무인식품매장 사례[53]

52) aTFIS, 식품시장 뉴스레터: 무인식품매장, 2022년 2월 2주.
53) aTFIS, 식품시장 뉴스레터: 무인식품매장, 2022년 2월 2주.

국내 무인식품매장은 진열대나 기계를 놓을 수 있는 최소한의 공간만 확보되면 운영에 문제가 없기에 소자본 창업이 가능하다. 특히 로봇을 이용하는 테이크아웃의 형태이기 때문에 기계를 놓을 수 있는 공간만 있다면 점포를 운영할 수 있다. 특히, 심야영업에 한계를 느낀 편의점 업계는 무인화가 가장 빠르게 진행되고 있는 업종으로 야간에만 무인으로 운영하는 하이브리드 셀프계산, 스마트 점포 등 실현가능한 모든 무인기술이 구현되고 있다. 최근 급증하는 무인 밀키트 점포는 1인 가구의 증가로 인한 솔로 이코노미(Solo Economy: 1인 가구를 겨냥해 제품과 서비스를 집중적으로 개발하고 출시하는 것)의 혜택을 받고 있는 창업 아이템으로 간편한 밀키트와 24시간 운영되는 무인점포의 장점을 통해 편의성이 극대화된 점포이다. 그 좋은 예가 위의 [그림 1-57]이다.

	**[풀무원 출출키친]** • 풀무원에서 출시한 플랫폼 출출박스의 도시락 구독 서비스 • 앱에서 주문하고 근처 출출박스에서 수령하는 서비스 • 풀무원에서 조리한 고품질의 음식을 도시락으로 받을 수 있음 • 10명 이상 구독 시 배달 서비스를 제공함 • 전자 식권, ID카드 후불결제, 정기 지급 포인트 결제 등 구내 식당의 정산방식을 그대로 구현함
	**[아워홈 픽앤조이]** • 아워홈에서 론칭한 구내식당 음식 판매 플랫폼 • 자사에서 운영 중인 즉석도시락 서비스인 '헬로잇박스'와의 차별화를 위해 아워홈 구내식당에서 당일 제조한 메뉴를 테이크아웃 형태로 판매함 • 자사의 앱을 통해 밀키트나 HMR도 정기 구독할 수 있는 서비스를 제공할 예정임

아시아경제, "코로나 19시대' 무인 구내식당 등장...풀무원 '출출키친' 론칭', 2020년 12월 16일
파이낸셜뉴스, '아워홈, 24시간 무인판매플랫폼 '픽앤조이' 론칭' 2021년 11월 4일
출출박스 홈페이지(www.choolchool.kr) 참조

그림 1-58 무인 구내식당 사례[54)]

또한, 무인식품매장도 '플랫폼' 형태로 발전하고 있으며 단순히 주문/배달(Orderout)의 형태가 아니라 조리된 식품을 플랫폼에서 정기적으로 구독하여 소비하는 형태로 발전하고 있다. 무인판매 플랫폼은 별도의 조리시설을 갖출 필요가 없어 공간활용이

54) aTFIS, 식품시장 뉴스레터: 무인식품매장, 2022년 2월 2주.

용이하고, 구내식당이 없는 기업도 구독만 하면 이용할 수 있어 앞으로 수요가 증가할 것이다. 위의 [그림 1-58]에서 풀무원식품의 무인판매(Unmanned Sales) 플랫폼 '출출박스'는 건강한 도시락을 정기 배송하는 무인 구내식당 서비스 '출출키친'을 론칭했다. 출출키친은 스마트폰 앱으로 선주문 받고 도시락을 공급하는 스마트 무인식당 서비스다. 아워홈은 구내식당 내 테이크아웃 전용 24시간 무인판매 플랫폼 '픽앤조이(Pick n Joy)'를 입점(Launching)하였다. 픽앤조이는 구내식당 내부에 설치된 무인판매 플랫폼이다. 당일 구내식당에서 직접 제조한 샐러드, 도시락 등을 테이크아웃 형태로 판매한다. 또 국 · 탕 · 찌개, 떡볶이 등 HMR과 파스타, 감바스, 샤브샤브 등 밀키트도 판매한다.[55]

한편, 네이버 데이터 랩 무인식품매장 관련 클릭양 검색[56] 결과 무인식품매장에 대한 관심도는 2020년 말까지 정체 내지 약간의 상승을 나타내다가 2021년에 접어들어 코로나 19사태가 본격화되고 코로나 19가 장기화됨에 따라 비대면 위주의 정책이 촉발되면서 관심이 높아졌다. 무인식품매장의 관심도가 정점에 달한 것은 서울시장에 출마한 모 후보가 '편의점 무인화 건의' 발언 시점과 일치한다. 이후의 높은 관심도는 미래형 스마트 점포 출점이나 최저임금 상승 등 소비자와 수요자 모두가 체감할 수 있는 이슈로 인해 유지되었다. [그림 1-59]는 무인점포 관심도 추이를 나타내고 있다.

출처: 글로벌리서치, 무인식품매장 소비자 조사(2022.1월 21~24일 시행)

그림 1-59 무인 식품매장 소비자 관심도[57]

55) 아주경제, "아워홈, 24시간 무인판매 플랫폼 '픽앤조이' 론칭", 2021년 11월 4일.
56) 검색어: 셀프계산 아이스크림, 셀프계산, 무인밀키트, 무인식품점포, 무인자판기, 무인편의점 등, 검색기간: 2018년 1월1일~2021년 12월 31일.
57) aTFIS, 식품시장 뉴스레터: 무인식품매장, 2022년 2월 2주.

[글로벌리서치]는 2020년 무인식품매장에 대해 소비자조사를 실시했다.[58] 이 조사는 무인식품매장을 알고 있는 20~50대 소비자 1,602명을 대상으로 설문조사를 중복응답으로 진행한 결과다. [그림 1-60]에서와 같이 무인식품매장 인지도는 '셀프계산매장'이 85.3%로 가장 높았으며, 그다음으로 '자판기 매장'이었다. 무인식품 이용경험에서는 '셀프계산매장'이 가장 많았으며, 아직까지 '로봇식품매장' 이용경험은 13.0%로 낮은 것으로 나타났다.

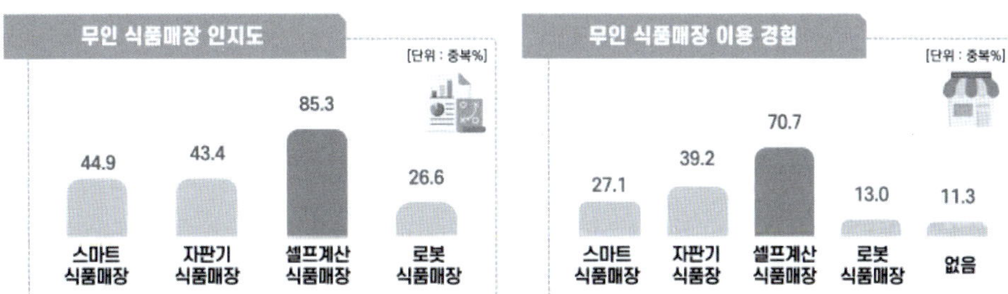

그림 1-60 무인식품매장 인지도 및 이용경험[59]

[그림 1-61]과 같이 무인식품매장을 이용하는 이유 중 가장 큰 비중을 차지하는 것은 '타인과의 상호작용(Interaction with Others)' 관련 이유로 나타났다. 세부적으로는 '부담없이 자유롭게 이용가능(55.3%)', '타인과 대면하지 않아도 됨(48.5%)'으로 나타나 솔로 경제의 중심에 무인식품매장이 있는 것을 확인할 수 있었다. 다음으로는 '편의성(Convenience)'으로 나타났는데 이는 코로나 19 이후 심야 영업이나 종일 영업이 제한됨으로써 24시간 편의점 역할을 대체하는 것으로 보인다. 특히, 최근 유통대기업이 선보이는 IT기술과 일상문화공간의 융합인 '일상 · 문화 기능'도 중요하다고 응답하였다. 이에 대한 세부내용에는 '신기술/유행 체험가능(16.7%)', '함께 제공하는 문화공간 이용(10.3%)', '함께 제공하는 금융서비스 이용(7.05)' 등으로 나타나 무인점포가 향후 외식유통에 미칠 영향은 상당할 것으로 보인다고 [aTFIS 식품시장 뉴스레터]는 밝혔다.

58) 글로벌리서치, 무인식품 매장 소비자조사, 2022년 1월 21일~24일.
59) aTFIS, 식품시장 뉴스레터: 무인식품매장, 2022년 2월 2주.

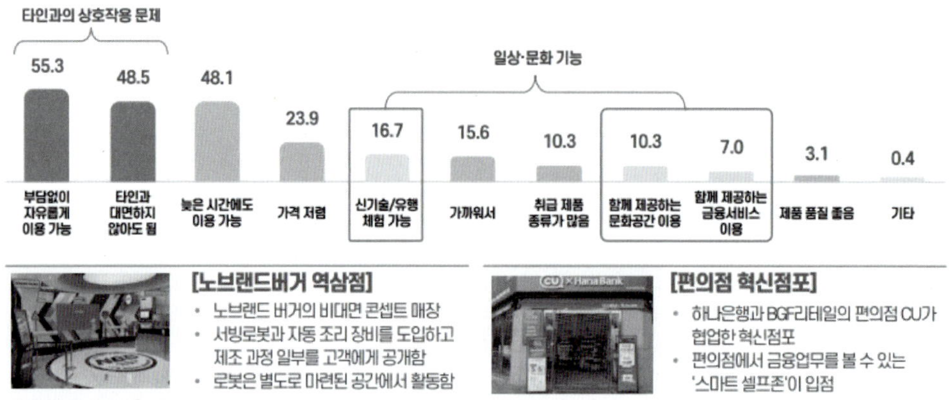

글로벌리서치, 무인식품 매장 소비자조사, 2022년 1월 21일~24일
아주경제, '[르포]로봇이 패티 굽고 서빙…'노브랜드버거'의 새로운 시도', 2020년 9월 8일
한국금융신문, '콘셉트 강조한 편의점 속속 등장…카페, 와인, 은행까지', 2021년 12월 27일

그림 1-61 무인식품매장 이용 이유와 사례[60]

향후 코로나 19 팬데믹 종료 후 무인식품매장의 이용은 어떠할 것인가란 질문에서 응답자들은 '여전히 방문할 것'이라고 답했다. 아래의 [그림 1-62]와 같이 네 가지 무인점포 유형 중 하나라도 이용할 의사가 있다고 응답한 소비자는 77.1%이며 보통/반반이라고 응답한 비율은 20.8%로 나타나 앞으로 더 무인점포는 계속 강세를 유지할 것으로 보인다고 [aTFIS 식품시장 뉴스레터]는 진단했다.

구분	사례수	전혀 없다	거의 없다	보통/반반이다	다소 있다	매우 있다
전체	(2488)	0.2	1.8	20.8	50.1	27.0
					77.1%	
스마트 식품매장	(720)	0.4	2.5	22.2	51.9	22.9
자판기 식품매장	(695)	0.4	2.0	16.4	52.2	28.9
셀프계산 식품매장	(1367)	0.1	1.6	20.8	50.0	27.4
로봇 식품매장	(426)	0.2	2.3	27.9	46.9	22.5

본 조사는 무인 식품매장의 유형을 인지하고 있는 응답자 1,602명을 대상으로 팬데믹 종료 후를 가정하고 방문의사를 조사한 결과임.

그림 1-62 코로나 종결 후 무인점포 방문 의향[61]

60) aTFIS, 식품시장 뉴스레터: 무인식품매장, 2022년 2월 2주.
61) aTFIS, 식품시장 뉴스레터: 무인식품매장, 2022년 2월 2주.

3) 식품배달의 일상화

[한국농촌경제연구원][62]에서는 '외식업 경영실태 조사'에 나타나는 배달서비스 현황을 분석함으로써 코로나 19가 외식업체에 미친 영향을 살펴보았다. 배달서비스 현황분석에서는 배달 앱 및 배달서비스의 사용률, 배달 및 테이크아웃 건수, 판매유형(음식점 내, 배달, 테이크아웃)별 매출 비중, 배달 및 배달대행 수수료의 변화를 검토하였다.[63]

배달 앱 및 배달대행 서비스를 사용하는 업체의 비율이 빠르게 증가하였다. [그림 1-63]과 같이 배달 앱을 사용하는 업체의 비율은 최근 3년간 7.6%(2018), 11.2%(2019), 19.9%(2020) 순으로 빠르게 증가하는 모습을 보였다고 [한국농촌경제연구원]은 밝혔다.

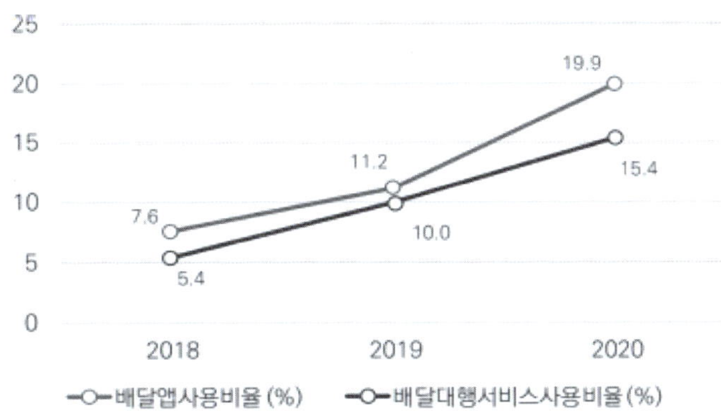

출처: 임정빈, 김관수, 이승훈, 임창식, 최현동, '코로나 19 이후 외식업 배달서비스 및 고용현황분석', KREI 한국농촌경제연구원 외식업 경영실태 조사(2019-2020년)

그림 1-63 배달 앱 및 배달대행 서비스 사용 업체 비율[64]

그러나 개별 업체 입장에서는 방문고객수 감소로 인해 배달서비스 증가에 따른 매출액 증가 효과를 느끼기는 어려웠을 것으로 보고 있다. [그림 1-64]와 같이 2020년

62) 임정빈, 김관수, 이승훈, 임창식, 최현동, '코로나 19 이후 외식업 배달서비스 및 고용현황분석', KREI 한국농촌경제연구원 외식업 경영실태 조사(2019-2020년).
63) 본 연구에서는 배달 앱 고용현황도 연구하였지만 본서의 내용에서는 제외함.
64) 한국농촌경제연구원, 외식업 경영실태 조사(2018-2020년).

외식업체의 1일 평균 방문고객 수는 47.7명으로 전년 대비 6.4명 감소하였지만 배달 및 테이크아웃 수의 증가분은 0.3건에 불과하였다. 업체당 배달 및 테이크아웃 건수는 2019년에는 2018년 대비 크게 증가하였으나(12.3건→18.8건), 2020년에는 2019년 대비 증가폭이 작은 것으로 나타났다(18.8건→19.1건)고 [한국농촌경제연구원]은 밝혔다.

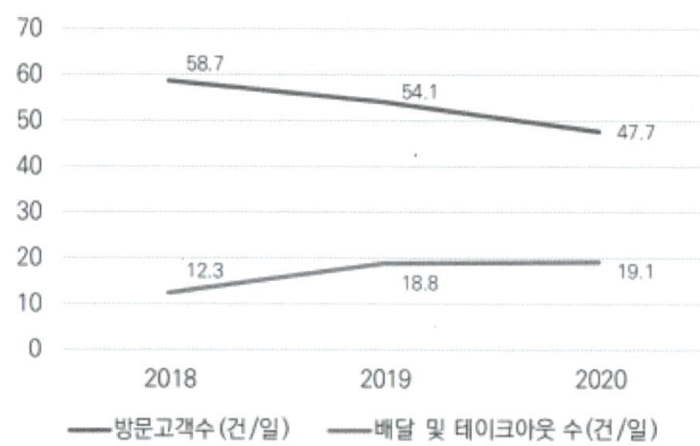

출처: 임정빈, 김관수, 이승훈, 임창식, 최현동, '코로나 19 이후 외식업 배달서비스 및 고용현황분석', KREI 한국농촌경제연구원 외식업 경영실태 조사(2019-2020년)

그림 1-64 일평균 방문고객수와 배달 및 테이크아웃 수[65)]

2019년과 비교하여 2020년에 매출에서 1인 고객이 차지하는 비중이 [그림 1-65]와 같이 평균 12.0%에서 18.6%로 증가한 것을 고려할 때, 코로나 19의 영향으로 모임이 감소하면서 배달 1건당 주문금액이 감소한 것으로 임정빈 등(2021)은 예측하였다.

구분	2019년	2020년
1인 고객	12.0	18.6
2인 이상	88.0	84.4
계	100.0	100.0

출처: 임정빈, 김관수, 이승훈, 임창식, 최현동, '코로나 19 이후 외식업 배달서비스 및 고용현황분석', KREI 한국농촌경제연구원 외식업 경영실태 조사(2019-2020년)

그림 1-65 유입고객 단위별 매출비중[66)]

65) 한국농촌경제연구원, 외식업 경영실태 조사(2018-2020년).
66) 한국농촌경제연구원, 외식업 경영실태 조사(2018-2020년).

결과적으로 판매유형별 매출비중 응답에서 [그림 1-66]과 같이 배달 및 테이크아웃의 2020년 매출비중은 25.0%로 2019년의 23.4%에서 크게 증가하지 않았다고 임정빈 등(2021)은 분석하였다.

구분	2019년	2020년
음식점 내	76.5	75.0
배달	10.8	11.3
테이크아웃	12.6	13.7
계	100.0	100.0

출처: 임정빈, 김관수, 이승훈, 임창식, 최현동, '코로나 19 이후 외식업 배달서비스 및 고용현황분석', 한국농촌경제연구원 외식업 경영실태 조사(2019-2020년)

그림 1-66 판매유형별 매출비중[67)]

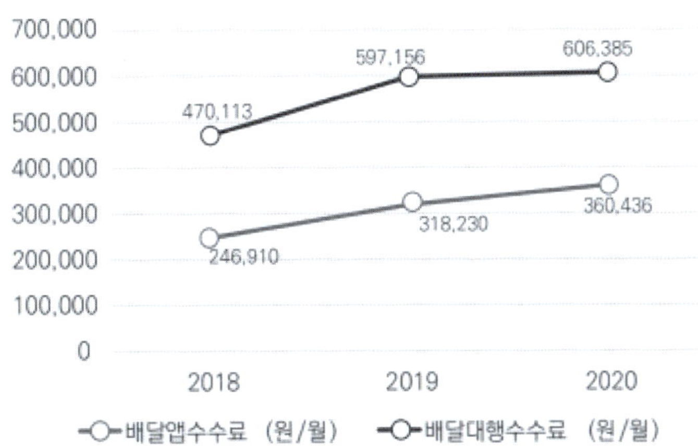

출처: 임정빈, 김관수, 이승훈, 임창식, 최현동, '코로나 19 이후 외식업 배달서비스 및 고용현황분석', KREI 한국농촌경제연구원 외식업 경영실태 조사(2019-2020년)

그림 1-67 월평균 배달 앱 수수료 및 배달대행 수수료[68)]

업체당 배달대행 수수료의 경우, 2019년에서 2020년 사이에 큰 변화를 보이지는 않았으나, 배달 앱 수수료는 해당 기간 동안 크게 증가했다. 업체당 월평균 배달대

67) 한국농촌경제연구원, 외식업 경영실태 조사(2018-2020년).
68) 한국농촌경제연구원, 외식업 경영실태 조사(2018-2020년).

행 수수료는 [그림 1-67]과 같이 2018년도 47만 원 수준에서 2019년 약 60만 원으로 크게 증가하였으나, 2020년도에는 60만 원을 약간 넘는 수준으로 2019년 대비 증가폭이 작았다. 업체당 월평균 배달 앱 수수료는 2018년에 약 25만 원 수준에서 2019년에 약 31만 원으로 증가하였고, 2020년도에는 약 36만 원까지 늘어났다.

업체당 배달 및 테이크아웃 건수가 2019년 대비 2020년도에 크게 늘지 않은 것을 고려했을 때, 이러한 배달 앱 수수료의 증가는 배달 앱 사용 건수 증가보다는 2020년도에 있었던 주요 배달 앱들의 수수료 인상에 크게 기인한 것으로 보인다. 예컨대, 배달의 민족은 2020년 4월부터 월마다 일정액의 광고비를 수취하던 방식에서 배달 매출액의 일정 비율을 수취하는 방식으로 수익모델을 변경하였으며, 이에 따라 업체당 배달 앱 수수료 부담이 증가한 것으로 알려진다. 요기요의 경우 2020년 12월부터 중개수수료를 판매액의 7%에서 12.5%로 인상하였다. 결과적으로 1개 업체당 배달 건수의 정체, 배달 건수당 주문량의 감소, 배달 앱 수수료 인상으로 인하여 코로나 19 사태 이후의 배달서비스 수요 증대가 외식업체들에게 호재로 작용하지는 못한 것으로 파악된다고 임정빈 등(2021)은 밝혔다.

4) 푸드테크

'푸드테크'란 음식(Food)과 기술(Technology)의 합성어로, 식품산업에 바이오, AI, IoT, 3D 프린팅, 로봇과 같은 혁신기술이 접목된 신산업분야를 의미한다. CES 2022 글로벌 5대 기술 트렌드 중 하나로도 선정된 푸드테크는 농축수산물의 생산과 유통, 식음료 제조와 관리, 배달 및 소비, 식당 운영 등 다양한 분야에서 혁신을 일으키고 있으며, 관련 시장 또한 급속도로 성장하고 있다. 우리가 일상 속에서 접할 수 있는 식물성 고기, 스마트 팜으로 재배된 농산물, 모바일 앱을 통한 음식배달, 서빙로봇, 키오스크 주문 등은 모두 푸드테크의 산물이다.[69]

[삼일PwC 경영연구원]은 근래 푸드테크 시장 확대의 주요 배경으로는 첫째, IT 기술 고도화, 둘째, 코로나 19로 인한 비대면 수요 확대, 셋째, ESG, MZ세대 가치소비, Veganism 등으로 친환경 대체식품에 관한 관심 증대 등이 있으며, 넷째, 인구급증으로

69) 삼일PwC 경영연구원, 푸드테크의 시대가 온다. https://www.pwc.com/kr/ko/insights/insight-research/paradigm-shift-03.html

인한 식량안보, 고령화로 인한 건강 및 식품 안전성 관심 증대 또한 장기적으로 푸드테크 시장 성장성을 뒷받침하는 상황이라고 밝혔다. 이를 토대로 보면 본서가 앞에서 다룬 대부분의 내용은 푸드테크를 기반으로 하지 않으면 성립될 수 없을 것이다. 하지만 이 절에서는 [삼일PwC 경영연구원]의 푸드테크 부상의 배경과 주요 사업영역, 관련 정책 및 규제, 시장 동향을 분석하고 향후 글로벌 푸드테크 산업 트렌드 및 국가별 경쟁력 비교를 통한 한국의 기회 및 전략을 참고하여 학습에 도움을 얻고자 한다.

[삼일PwC 경영연구원]은 [그림 1-68]과 같이 미래 인구 증가, 에너지 가격상승, 기후변화로 인한 자원 영향 등을 고려했을 때 식품산업 내 혁신은 불가피하다고 보고 있다. 기후변화에 따른 탄소 중립 이슈, 자동화·로봇화 등의 디지털 전환, 소비자들의 개인화 트렌드 등 세계적 변화를 고려했을 때 향후 푸드테크 산업의 주요 트렌드를 제시하였다.

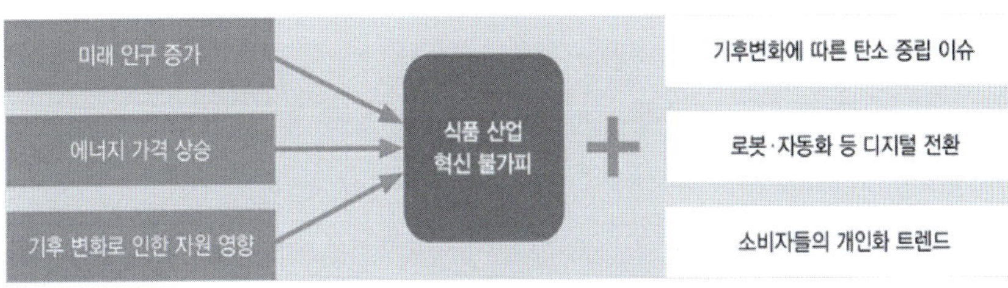

그림 1-68 글로벌 푸드테크 산업 트렌드 전망[70)]

한편, 국내 푸드테크 관련 화제성 이슈를 조사한 것을 [그림 1-69]에서 살펴볼 수 있다.[71)] 이 추세를 보면 푸드테크에 대한 관심은 지속적으로 관심이 증대되고 있다는 것을 확인할 수 있다.

70) 삼일PwC 경영연구원, 푸드테크의 시대가 온다.
71) 2018년 1월 1일~2021년 7월 1일, 네이버 데이터 랩 "푸드테크" 검색결과.

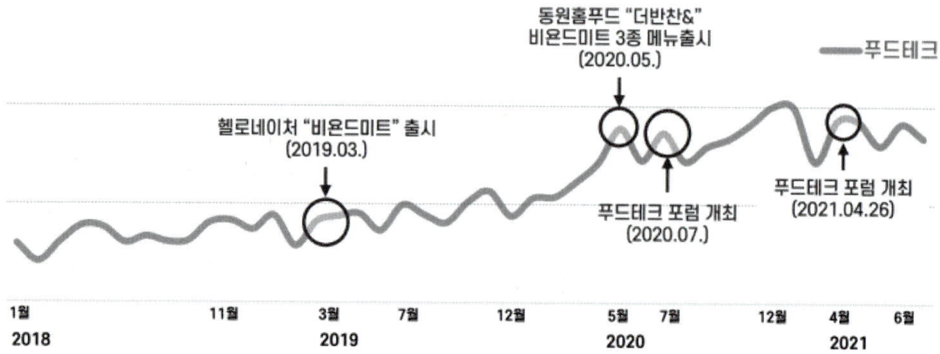

"푸드테크, 채식 돌풍 '비거노믹스'의 견인차 역할"

푸드테크산업은 현재 대체육 식품을 중심으로 초기 시장을 형성하고 있는 가운데, 대체육 식품은 비건식품 산업의 핵심 기술 트렌드로 부각되고 있음. 국내 대표 식품기업 역시 대체육 식품을 속속 출시하고 있으며, 푸드테크 포럼 등 다양한 관련 세미나들을 통해 기업들 간의 기술 및 사례 공유가 활발하게 이루어지고 있음

출처: aTFIS, 식품시장 뉴스레터: 무인식품매장, 2021년 8월 2주.

그림 1-69 푸드테크 검색결과[72)]

이제 외식산업에서 푸드테크의 영향을 받지 않는 곳은 한 곳도 없다고 볼 수 있다. 유통뿐 아니라 주문과 조리를 포함한 전 분야에 걸쳐 로봇 등 다양한 기술에 의해 무인화 자동화가 이뤄질 것이고 '개인 맞춤형(Customized Personalization)' 식품이 발달할 것이다. 이를 통해 소비자는 단순히 식품을 먹는 것에서 벗어나 개인 데이터 분석을 통한 맞춤형 식품을 섭취하면서 질병을 예방하고 관리할 수 있다. 또 가정에서는 소비자의 음식 취향 및 건강 상태 등을 수집한 데이터에 기반해 레시피와 식단을 추천해 주는 개인 맞춤형 스마트 키친도 머지않아 등장할 것으로 점쳐진다. 더불어 대체육(기존 고객 대체 식재료) 등 환경이나 사회적 문제까지 고려한 푸드테크가 점점 새로운 식품산업의 중심이 될 것으로 예상된다.[73)]

결국, 푸드테크는 음식을 주문하면 로봇이 조리하고, 또 다른 로봇이 테이블로 서빙한다. 이것은 지금도 가능하다. 사용된 재료는 식물성 원료를 활용한 고기 즉, 대체육이 될 것이다. 인구문제와 인력시장 미스매칭으로 외식업계의 인력난과 기후변

72) aTFIS, 식품시장 뉴스레터: 무인식품매장, 2021년 8월 2주.
73) 농민신문, [전문가의 눈] 푸드테크의 과거 · 현재 · 미래, 2022년 10월 9일.

화에 따른 식량 위기까지 겹치며 푸드테크를 활용한 외식시장의 변화는 더욱 빨라지고 있다. 국내 푸드테크는 인건비 감축을 중심으로 발전했지만, 최근 대체 식품으로까지 시장이 커지고 있다. 대체식품은 식물이나 곤충에서 단백질을 추출(분리)해 가공하는 기술을 활용한 먹거리다. 식물 추출 단백질을 사용한 식물성 고기 · 계란 · 유제품까지 나오고 있다.[74] MZ세대를 중심으로 환경과 동물 보호 등을 이유로 식물성 대체육에 대한 수요가 늘어나면서, 대체식품 산업은 더욱 각광받을 것으로 보인다.

조선비즈에 따르면, CJ제일제당 등 식품 제조사는 이런 흐름을 반영해 대체식품을 신성장 동력으로 삼아 기술 개발과 사업확장에 속도를 내고 있다. CJ제일제당은 식물성 식품 전문 브랜드 '플랜테이블'을 내고 떡갈비, 스테이크 등을 출시했다. 2025년까지 매출 2,000억 원을 낸다는 목표다. 신세계푸드는 2021년 7월 대체육 '베러미트'를 론칭한 이후 SK텔레콤 등 기업 구내식당과 스타벅스에 자체 개발한 돼지고기 대체육 슬라이스 햄을 납품하고 있다. 가공육 캔햄과 맛과 식감이 유사하고 상온으로 유통, 보관할 수 있는 런천 캔햄도 출시했다.

식품 제조사들이 푸드테크를 활용해 출시한 비건 식품은 일상 속으로 빠르게 파고들고 있다. 한국채식비건협회에 따르면 국내 비건 인구는 2008년 15만 명에서 2018년 150만 명으로 10배 늘었다. 대형마트 정육 코너에서는 소고기, 돼지고기와 함께 대체육(Meat Alternative 혹은 Meat Substitute)을 판매하는가 하면 편의점 세븐일레븐은 지난해 말 채식 전문 브랜드 '그레인그레잇'을 선보였다. 이것은 Plant Based Meat라고 볼 수 있다.

국내 푸드테크 시장은 향후 더욱 커질 전망이다. 로봇과 대체식품을 넘어 식음료 시장 전반으로 기술 활용 시도가 늘고 있기 때문이다. 단체급식 업체 아워홈은 빅데이터 기술을 접목해 날씨와 계절, 요일, 기업별 메뉴 선호도 등을 분석해 당일 특정 메뉴가 얼마나 나갈지 분석하여 제공한다. 국내 푸드테크 산업이 이제 막 걸음마 단계에 접어들었다는 점도 성장 전망을 뒷받침하고 있다. 식품 및 외식산업의 푸드테크는 크게 네 가지로 분류될 수 있다.[75]

74) 조선비즈, [일상이 된 푸드테크]① 서빙은 로봇이, 고기는 식물성…연 400兆 이 시장은, 2022년 9월 20일에서 요약 발췌.
75) IRS Global, CT/정보통신 푸드테크(Food Tech) 최신 트렌드와 시장 전망, 2021년 5월 31일 발췌.

신세계푸드가 대체육 '베러미트'로 만든 샌드위치/신세계푸드 제공
출처: 조선비즈, [일상이 된 푸드테크]① 서빙은 로봇이, 고기는 식물성…. 연 400兆 이 시장은, 2022년 9월 20일

그 첫 번째로는, ICT기술과의 융복합이다. 오늘날 식품기업은 최신 로봇 공학과 인공지능(AI)을 통해 상품과 소비자의 수요를 추적하고, 데이터 분석에 근거하여 생산을 평준화시켜 나가고 있다. 또한, 로보틱스와 AI에 의한 솔루션은 식품 생산자와 제조업자가 대중에게 큰 영향을 미치기 전에, 오염된 식품을 찾아내고 공급체인에서 제외할 필요가 있는지 없는지 판단하는 데도 도움을 준다. 머지않아 인간은 로봇에게 다양한 대상물의 처리 방법을 훈련시킬 수 있게 되고, AI는 식품업계의 효율뿐만 아니라 ESG경영 혹은 ESG마케팅 능력 향상에도 큰 역할을 할 것이다.

최근에는 인공지능(AI: Artificial Intelligence)에 관한 기술이 눈부시게 발전하고 있다. 특히 딥러닝으로 대표되는 실세계 정보를 직접 취급하는 새로운 기계학습을 통해 기존에는 하기 어려웠던, 인간의 기능과 같이 이른바 암묵지(Implicit Knowledge)를 직접 학습할 수 있게 되었다. 또한, 다양한 사물이 인터넷과 연결되는 IoT(Internet of Things)와 빅데이터에 관한 기술개발도 발전하고 있다.

글로벌 유통 · 식품업체인 월마트(Walmart), 네슬레(Nestle) 등에서는 이미 활용하고 있는 블록체인 기술(Supply Chain)은 폭넓은 공급사슬(Blockchain Tech)에서 발생하는 각종 정보를 정확하게 실시간으로 소비자에게 전달하고, 거래의 투명성을 높이는 데 적용되고 있다. 식품산업이 블록체인 기반 공급사슬 프로젝트를 이끌고 있다는 조사 결과가 있다. 유니버시티 컬리지 런던 블록체인 센터(University College London Centre for Blockchain)가 2019년 8월에 발표한 보고서에 따르면, 당시 센터가 조사한 전 세계 블록체인 공급망 프로젝트 105개 중 52개가 식품산업을 기반으로 했다. 거의 절반에 해당하는 비중이었다.

IRS Global(2021)[76]에 의하면 3D 푸드 프린터는 식품의 개발이라는 관점에서 큰 가능성을 갖고 있는데, 현시점에서는 식재료의 토출 기술에 제한이 있기 때문에, 아직 발전 초기 분야에 머물러 있지만, 우주 식품의 3D 프린트 및 기존의 식량 정부를 고려한 곤충식 및 인공배양육을 재료로 하는 식품 프린터 등의 프로젝트 등을 중심으로 한 국가 및 지자체 단계에서 본격적인 연구개발, 실증 검증 실험이 이루어지고 있다. 일각에서는 다양한 제조방식을 통해 실제 수익모델 창출 가능성이 제시되고 있다.

표 1-5 세계 3D 식품 프린팅 기술별 시장규모 전망(2017~2023)

(단위: 백만 달러, %)

구분	2017	2018	비중	2019	2020	2021	2022	2023	CAGR ('18~'23)
FDM, 압출 적층 제조	33.4	50.7	64.3	77.5	116.1	170.4	245.0	347.4	47.0%
선택적 소결	10.0	15.0	19.0	22.8	3.9	49.4	70.6	99.3	45.9%
잉크젯 프린팅	6.1	9.1	11.5	13.6	20.0	28.8	40.5	56.2	44.0%
파우더 베드 바인더 분사	2.8	4.0	5.1	6.0	8.6	12.1	16.7	22.6	41.1%
합계	52.2	78.8	100.0	119.8	178/6	260.7	372.8	525.6	46.1%

자료: BIS Research(2018: 83). Global 3D Food Printing Market: Focus on Technology (Fused Deposition, Selective Sintering, and Powder Bed Binder Jetting), Vertical (Commercial, Government, and Hospital), and Food Type (Confections, Meat, and Dairy) - Analysis and Forecast 2018-2023

76) irsglobal.com/bbs/rwdboard/15028

〈표 1-5〉와 같이 세계 3D 푸드 프린팅 시장은 2018년 7,880만 달러로 추산되며 2019년부터 2023년까지 연평균 46.1% 성장하여 5억 2,560만 달러에 이를 것으로 전망된다. 그중 북미 시장은 3D 프린팅 식품 수용을 위한 식품안전 규정을 개정하고 제과점 및 레스토랑의 맞춤형 식품에 대한 수요가 확대되어 최대의 3D 푸드 프린팅 시장으로 손꼽히고 있다.

두 번째로는 유통 분야에서는 '디지털 마케팅(Digital Marketing)'이 주목받고 있다고 [IRS Global(2021)]은 밝히고 있다. 디지털 마케팅은 Web 사이트에서 얻을 수 있는 사용자 행동뿐만 아니라 스마트폰과 태블릿의 브라우저와 공식 앱 행동 이력, 심지어 제품에 탑재된 IoT를 통한 포괄적인 데이터 등 디지털 정보뿐만 아니라, 실제 이벤트의 반향이나 매장에 내점 데이터, 판매 내역 등 사실적인 활동 데이터도 수집 대상이 되는 것이 특징이다고 [IRS Global(2021)]은 밝히고 있다.

최근 4차 산업혁명 시대로 접어들면서 다양한 정보통신의 신기술은 기존 유통망을 보완하고 나아가 더욱 복잡해지는 유통망을 체계적으로 관리되도록 기술의 개발이 이루어지고 있다. 우선적으로 챗봇을 빼놓을 수 없다. 직원이 모든 문의사항에 직접 응대하는 대신 웹사이트에서 대화 인터페이스 시스템인 챗봇을 활용해 맞춤형 서비스를 제공하는 기업들이 증가하고 있다. 챗봇은 24시간 언제든지 고객 응대가 가능해 고객의 만족도와 디지털 경험을 향상할 뿐만 아니라 회사 입장에서는 소비자의 선호도를 파악하기 용이하며 운영 비용 또한 절감할 수 있어 챗봇을 마케팅 도구로 도입하는 기업들이 늘어나고 있는 것으로 [IRS Global(2021)]은 진단했다.

세 번째로 IRS Global(2021)이 주목한 것은 상기한 ICT 기술과 발전을 식품 원재료 생산에 접목시킨 스마트농업 분야이다. 식품은 좋은 원재료에서 출발한다. 식품의 경쟁력을 위해서는 원재료의 경쟁력이 우선되어야 한다.

사람의 직감과 간접적인 단서들에만 의지해 왔던 농업분야가 ICT기술이 접목되면서, 농지환경의 항상성 유지에서, 농수산 데이터의 클라우드 동기화와 빅데이터를 접목시킨 농법까지 관리와 생산부문에서 매우 큰 효율을 가져오고 있다. 또한, 인적 조작이나 숙련된 기능이 필요했던 농기계들은 자율항법과 같은 로봇기술의 적용으로 사람의 역할이 최소화되거나 필요 없는 수준으로 발전되는 단계까지 도달해 있다. 소규모 영농을 위한 농작업 기계나 도구들은 고령 농업인이나 여성 농업인들이 사용하기에 더욱 단순하고 가벼워지고 노동부하와 건강을 진단하는 헬스케어용 IoT 센서들도 추가되고 있다. 뿐만 아니라, 신경망과 딥러닝 이론을 바탕으로 한 인공지능 생산시스템, 유전자 편집기술을 이용해 환경이나 수요자 맞춤형의 신품종 개발 등이 농업생산에 기대 이상의 변화를 촉진시킬 것으로 예측되고 있다고 [IRS Global(2021)]은 밝혔다.

마지막으로 IRS Global(2021)이 초점을 둔 것은 '대체식품'이다. 대체식품은 크게 대상에 따라 일반인들을 위한 대체육 · 식용곤충과 영 · 유아, 병약자, 노약자, 비만자 또는 임신 · 수유부 등 특별한 영양관리가 필요한 특정 대상을 위한 '케어푸드'로 나눌 수 있다.

식용 곤충과 대체육 산업은 전 세계 인구의 1/7이 기아에 시달리고 있는 상황에서 효과적인 단백질 공급원이 될 수 있으며, 현재 우리 육식 문화가 가져오고 있는 경작지 감소와 지구온난화 촉진을 막을 수 있다.

그중 주목을 받고 있는 대체육 시장은 미국의 조사회사 [Markets and Markets]에 따르면, 2017년에 43.3억 달러(약 4조 8천억 원), 2018년에 46.3억 달러(약 5조 2천억 원) 규모로 추산한 바 있다. 유럽이 가장 큰 시장 점유율을 차지하고, 북미가 그 뒤를 이을 것으로 예측했다. 또한, 아시아 · 태평양 지역은 중국을 이끌어가는 역할을 하여 가장 높은 성장률을 보일 것으로 예측했다.

3. 외식마케팅 미래: 개인화

신한카드는 고객의 소비 데이터와 소셜 데이터 분석을 통해 2023년 소비 트렌드 키워드로 'co-EXIST'를 제시한 바 있다.[77] 'co-EXIST'는 '공존'의 의미를 지닌 단어로, 다가오는 새로운 변화에서 나와 다른 것들을 인정하고 변화를 수용하며 만들어가는 새로운 삶의 방식의 시대상을 담았다. 본서에서는 이 내용을 요약 및 해석하여 학습

77) FOURTUNEkorea, "2023년 소비 트렌드 키워드는 'co-EXIST(공존)'" , 2022년 12월 13일에서 요약 발췌하여 본서에 적용함.

자들에게 도움을 주고자 한다.

[신한카드 빅데이터연구소]는 'co-EXIST'의 글자에 따라 다섯 가지 세부 키워드인 첫째, '소비 디톡스의 시대(Era of Consumption Detox)', 둘째, '밀도 있는 취향 탐구(Xenogenesis of Tastes)', 셋째, '하이브리드 라이프(In the Hybrid Life)', 넷째, '건강 스펙 시대(Spec for the Healthy Life)', 다섯째, '컬러풀 소사이어티(Think of Colorful Society)'를 2023년 소비 트렌드로 전망했다. 이는 외식마케팅에서도 매우 중요하게 생각해야 할 트렌드이다. 왜냐하면, 사회의 전반적인 핵심 트렌드가 어디로 가고 있는지를 고민하는 것이 외식마케팅전략 수립의 출발점이기 때문이다. [신한카드 빅데이터연구소]가 분석한 co-EXIST는 다음과 같다.

첫째, [E: 소비 디톡스의 시대(Era of Consumption Detox)]

첫 번째 키워드인 '소비 디톡스의 시대'는 소비를 무작정 줄이기만 하는 것이 아니라, 다양한 플랫폼을 활용해 더욱 가성비 있고 현명하게 소비하려는 생활 모습을 의미한다. 예컨대, 유통기한이 임박한 식품을 저렴하게 구입할 수 있는 플랫폼의 이용이 증가하고, 필요한 쿠폰을 할인된 가격에 구입하며, 불필요한 쿠폰은 판매해 수익을 올릴 수 있는 모바일 쿠폰 거래 플랫폼의 이용도 증가세에 있다. 신한카드 고객의 2022년도 1~9월, 유통기한 임박 식품몰 이용 현황을 분석한 결과, 전년 동기 대비 이용건수는 22%, 이용회원수는 17%, 이용금액은 10% 증가했다고 밝혔다. 일반적으로 식품은 유통기한에 매우 민감하다고 일반적으로 예상할 수 있지만, 유통기한 임박 할인 식품 메시지를 접한 소비자들은 구매를 증가시켰다. 나아가, 모바일 쿠폰 거래 플랫폼 이용 건수는 2022년 3분기 누적 기준, 전년 동기 대비 183% 증가한 것으로 나타났다. 뿐만 아니라, 2022년 1~9월의 소셜데이터 언급량을 분석한 결과, 전년 동기대비 소비 디톡스와 관련된 단어인 '반값'의 언급은 12%, '앱테크'는 46%, '무지출챌린지'는 무려 864% 증가한 것으로 분석됐다.

둘째, [X: 밀도 있는 취향 탐구(Xenogenesis of Tastes)]

두 번째 키워드인 '밀도 있는 취향 탐구'는 관심 분야를 전문적으로 파고드는 사람들이 많아짐에 따라 일반인에게 어렵게 느껴졌던 전문 분야도 개인의 취향과 취미가 될 수 있다는 인식이 확대되고, 전문 영역을 배울 수 있는 플랫폼의 이용도 늘어나고 있는 현상을 말한다.

특별한 사람들의 고급 취향으로 여겨졌던 미술, 다소 사치스럽게 여겨졌던 프리미엄 주류 역시 누구나 즐길 수 있는 문화로 받아들여지고 있다. 특히, 미술관의 경우 2030세대의 이용이 크게 증가하고 있으며, 희소성 있는 주류를 쉽게 구매할 수 있는 주류 특화 플랫폼도 이용이 지속적으로 늘어나는 추세다. 갈수록 희소한 것에 대한 가치부여 특히 NFT나 심지어 특별한 운동화에 까지 주비하려는 취향을 증대는 이제 특이한 것이 아닌 시대가 된 것이다.

신한카드 고객의 2022년 1~9월 미술관 · 화랑 이용액은 전년 동기 대비 36% 증가했다. 특히, 2030세대는 55%, 그 외 연령대는 26% 증가한 것으로 나타났다. 동일 기간에 주류 특화 플랫폼 이용액은 457% 증가했다.

셋째, [I: 하이브리드 라이프(In the Hybrid Life)]

세 번째 키워드는 '하이브리드 라이프'다. 팬데믹의 영향으로 디지털 · 로봇 기술이 발달하며 인간과 기계가 조화를 이루는 일상 공간들이 많아지는 현상을 지칭한다. 키오스크와 서빙 로봇의 사용이 늘어나고, 아예 무인으로 운영되는 매장도 간편식 · 문방구 등 다양한 업종으로 확대, 전체적인 이용 또한 증가하고 있다. 디지털 기술을 통해 장소와 시간에 얽매이지 않고 근무하는 업무 형태가 늘어남에 따라 휴가지에서 일과 휴식을 병행하는 '워케이션(Wocation: 일(Work) + 휴가(Vacation))'의 언급량도 늘어나고, 필요할 때 전문가에게 단기로 일을 맡기는 '긱워크(Gig Worker: 어느 한 곳에 소속되지 않고 일하는 사람들)'도 확산세에 있다고 [신한카드 빅데이터 연구소]는 분석했다.

신한카드 고객의 2022년 1~9월 무인매장 이용 건수는 전년 동기 대비 48% 증가했으며, 동 기간 동안 세탁소 무인매장은 22%, 아이스크림은 31%, 간편식 86%, 카페 96%, 문방구 무인매장은 623% 늘어난 것으로 나타났다. 신한카드가 2022년 1~9월 소셜 데이터 언급량을 분석한 결과, '워케이션' 언급은 전년 동기 대비 319% 증가했으며, '긱노동'과 관련된 단어의 언급량 역시 동일 기간 '긱워커' 49%, '프리랜서' 29%,

'플랫폼 노동' 19% 증가했다. 본서가 앞에서 새로운 유통으로 다루었던 무인점포의 시대를 입증해 주는 키워드라고 볼 수 있다고 [신한카드]는 보고 있다.

넷째, [S: 건강 스펙 시대(Spec for the Healthy Life)]

네 번째 키워드는 '건강 스펙 시대'로 코로나 19에 놀라 건강에 대해 높아진 관심으로 이제 건강은 단순히 유지하는 것이 아니라, 꾸준히 관리해서 업그레이드시켜야 하는 스펙의 영역으로 넘어가고 있음을 의미한다.

우리의 몸뿐만 아니라 마음도 적극적으로 돌보려는 이들이 많아져 정신건강의학과 이용이 꾸준히 증가하고, 관련 설문조사에서도 정신 건강을 위한 활동이나 진료의 필요성을 2030세대 중심으로 크게 공감하고 있는 것으로 나타났다. 또한, 서핑 · 클라이밍 · 테니스 · 주짓수 등 자신에게 맞는 운동을 찾거나, 새로운 운동에도 다양하게 도전하는 경향을 보이고 있다.

[신한카드 빅데이터연구소]가 정신건강의학과 이용을 분석한 결과, 2022년 3분기 이용 회원수는 코로나 이전인 2019년 1분기 대비 16% 증가했다. 신한카드가 전국 만 20~70세 남녀 1,200명을 대상으로 설문한 조사에 따르면 '코로나 이후 정신건강을 위한 활동을 늘렸다'고 응답한 경우는 세대별로 각각 20대는 17.7%, 30대는 20.1%, 40대 11.1%, 50대 12.9%, 60대 13.7%로 나타났다. 또한, '필요할 때 정신과 진료 의향이 있다'라는 문항에 대한 응답 비율은 20대는 32.5%, 30대는 42.1%, 40대 32.2%, 50대 33.3%, 60대 23.5%로 나타나 젊은 세대를 중심으로 적극적인 마인드 케어의 모습을 보이는 것으로 분석됐다. 결국 우리 조상들도 식의(食醫)를 약의(藥醫)보다 높은 등급으로 생각했다. 그 이유는 약보다 음식이 우선으로서 식치(食治)가 약치(藥治)보다 중요하기 때문이다. '약식동원(藥食同源)'이니 평소에 먹는 음식을 잘 조절하면 병이 생기지 않게 마련이다.

다섯째, [T: 컬러풀 소사이어티(Think of Colorful Society)]

마지막 소비 트렌드 키워드는 '컬러풀 소사이어티'다. 소수 집단이 새로운 소비 계층으로 여겨지며, 이들을 타깃으로 하는 비즈니스가 주목받는 등 개개인의 특성을 다채로운 컬러로 이해하는 사회적 분위가 형성되고 있음을 의미한다. 나노사회가 도래하고 결국 개인화(Personalization) 및 맞춤형 개인화(Customized Personalization)의 시대를 의미하는 것이다.

일례로 '먹방'이 주류를 이루던 식문화 콘텐츠에서도 '소식좌'라는 이름으로 소식하는 이들을 조망하고, 이혼한 이들을 의미하는 '돌싱'에 대한 긍정적 인식이 과거보다 높아지는 등 다양한 취향과 가치관이 존재하고 존중받고 있음을 알 수 있다. [신한카드 빅데이터연구소]가 소셜 데이터를 분석한 결과 2022년 1월 대비 2022년 9월 '먹방' 언급량은 34% 감소한 반면, '소식좌' 언급량은 4,766% 증가했다. 또한, '돌싱' 관련 단어 중, 긍정 감성어 비중은 2019년 3분기 누적 45.9%에서 2022년 동 기간 62.3%로 16.4%p 증가한 것으로 나타났다고 밝혔다.

엔데믹 상황에서 나와 다른 것을 인정하고, 변화를 수용하며 만들어가는 새로운 삶의 방식이 도래하고 있다는 것이고 그 지향점은 개인화이다.

1) 개인화(Personalization)란[78)]

'나'를 중심으로 하는 소비관과 개인화 트렌드가 확산하면서 식품이나 외식업계에도 개인별 생애주기와 취향, 건강상태 등을 고려해 '나만을 위한 식사', '나만을 위한 건강기능식품'을 선택하는 개인화 열풍이 불고 있다.[79)]

최근 식품과 외식의 개인화를 추동한 핵심 배경에는 코로나 19 이후 대세로 자리잡으며 빠른 속도로 성장한 온라인 식품시장이다. 2021년 국내 온라인 식품시장 규모는 사상 최대치인 58조 5,000억 원으로 집계됐다. 2019년(26조 9,000억 원)과 비교해 2년 새 두 배 이상 성장한 수치다.

온라인시장은 단순히 직접 방문하지 않고도 구매할 수 있다는 장점을 넘어 개인의 취향과 관심사, 건강상태 등 데이터를 토대로 고객의 특성과 행동패턴을 분석할 수 있다는 이점이 있다. 이는 초개인화(Hyper-personalization) 마케팅 체제에서 세밀하게 분석된 데이터를 활용해 소비자의 만족도를 높이는 배경이 되고 있다. 식품의 개인화 열풍에는 '푸드테크'의 발전이라는 기술적 배경도 자리 잡고 있다. 푸드테크

78) aTFIS, 식품시장 트렌드 Pick: 식품의 개인화(국내편), 2022년 7월 1주.
79) 아시아경제, "나만을 위한 맞춤형 식사" 식품업계도 개인화 열풍", 2022년 7월 4일에서 요약 및 해석.

는 인공지능(AI)과 사물인터넷(IoT), 3D프린터 등의 기술 고도화를 토대로 온라인 소비행태를 분석한 알고리즘이 맞춤형 상품을 추천하고, 사물인터넷(IoT) 기반 기기로 건강데이터를 수집 · 분석해 소비자에게 실시간으로 필요한 영양성분을 도출하는 등 식품산업의 새로운 패러다임을 제시하고 있다. 이를 통해 외식 및 식품기업은 시장을 시시각각으로 세분화해 예측할 수 있게 됐고, 소비자는 맞춤형 식품을 정확하고 편리하게 구매할 수 있게 됐다.

[aTFIS 식품시장 웹진]은 온라인 식품시장과 외식시장에서의 푸드테크 발전을 토대로 성장하고 있는 맞춤형 식품시장은 필요한 시간과 장소에서 상품을 배송받을 수 있는 구독 및 배달서비스를 통해 더욱 활성화되고 있다. 식단 정기구독은 개인의 생애 단계, 건강상태 등 목적에 따라 적합한 식단을 추천하고 정기적으로 배송해주는 서비스로 건강식단, 식이조절 식단, 어린이 식단 등 다양하게 구성돼 개인별 필요에 따라 식단을 구독할 수 있다는 장점이 있다.

예컨대, [그림 1-70]과 같이 현대그린푸드는 케어푸드 전문 브랜드 '그리팅'의 정기구독형 식단 서비스를 출시했다. '그리팅 당뇨식단'은 당 수치를 관리하는 소비자를 대상으로 만든 간편식 구독서비스로 기존 고령식 급식사업에서 B2C 서비스로 사업을 확장한 것이다. 풀무원도 유아식 등 영유아 및 키즈 맞춤식, 청소년 및 성인용 영양균형식, 고령친화식, 칼로리 조절식, 질환관리식 등 5개 부문을 통합한 개인 맞춤형 식단 사업 플랫폼 디자인밀을 선보였다.

자료: 각 사 홈페이지

그림 1-70 정기구독 식단 사례[80]

80) aTFIS, 식품시장 트렌드 Pick: 식품의 개인화(국내편), 2022년 7월 1주.

여기서 한발 더 나아가 [해양수산 해외산업정보포털]은 식품 마케팅 산업은 지금 '대량 개인화'를 중심으로 자기 자신의 가치를 가장 중시하는 'me세대' 맞춤형 마케팅에 집중하고 있으며 향후 '대량 개인화(Mass Personalization)[81]'는 마케팅을 넘어 식품 R&D 분야의 핵심 가치가 될 것으로 보고 있다. '대량 개인화'란 맞춤화된 상품과 서비스를 대량생산을 통해 비용을 낮춰 경쟁력을 창출하는 새로운 생산과 마케팅 방식을 말한다. 이렇듯 '매스 마케팅'에 국한되어 있던 식품산업의 대량 개인화는 향후 5~10년 동안 보다 구체적이고 각 개인의 건강과 취향에 맞춘 '제품 개발' 측면에서 활발하게 이루어질 것으로 전망된다.

[aTFIS 식품시장 웹진]은 이런 배경에는 소비자 빅데이터 활용으로 대량 개인화 실현이 자리잡고 있다. 식품 구매방식이 점차 온라인으로 이동함에 따라 개인화 제품에 필요한 소비자 빅데이터에 대한 접근이 쉬워질 것으로 보인다. 특히, 젊은 소비층은 개인 데이터를 교환하고 실질적인 개인화 혜택을 받는 것에 거리낌이 없어 향후 개인 소비 데이터를 활용하여 식품을 개인화하는 것이 핵심 경쟁우위가 될 것이다. 한편, 웨어러블 등 빠르게 발전하고 있는 기술로 소비자 개개인의 영양상태와 소비기호 측정이 쉬워질 것으로 보이며, 3D 식품프린팅은 향후 대량 개인화에 드는 비용을 크게 절감할 수 있다. 기술이 향상되고 비용이 저렴해짐에 따라 다양한 소비자의 특성에 맞춘 식품을 3D로 인쇄할 수 있을 것으로 보인다. 현재 식품산업에서의 개인화는 틈새시장 수준이지만 전자상거래 발달, 개인 소비 빅데이터 활용, 개인 기호 및 영양 측정 기술 등으로 가까운 미래에 이루어질 대규모 개인화에서 수행할 역할에 대비해야 한다. 기존의 '일률적인' 접근 방식에서 벗어나 데이터와 기술을 사용하여 민족, 성별, 연령별 기호 및 DNA 등에 따라 제품을 개인화하여야 하며 이를 통해 특정 소비군을 목표로 하는 방식이 필요할 것으로 보인다.

2) 푸드테크와 개인화

개인화는 푸드테크 없이는 실현 불가능하다. [해양수산 해외산업정보포털]은 [그림 1-71]과 같이 빅데이터와 AI를 활용한 맞춤형 상품 제공, 사물인터넷(IoT)를 활용한

81) 해양수산 해외산업정보포털 해외시장분석센터 2022년 5월 11일, https://kfishinfo.co.kr/kor/

건강 데이터 수집, 웨어러블 기기를 활용한 내 건강분석, 3D프린터로 만든 나만의 음식 등 푸드테크와 개인화 사례를 소개하고 있다.

1 빅데이터와 AI가 분석한 나의 취향

❖ 온라인 소비 행태(구매 이력, 관심 상품, 클릭량 등)를 분석한 알고리즘이 맞춤형 상품을 추천하고 AI 챗봇을 활용한 지속적인 소통이 가능함

2 사물인터넷(IoT)으로 어디서든 꼼꼼히

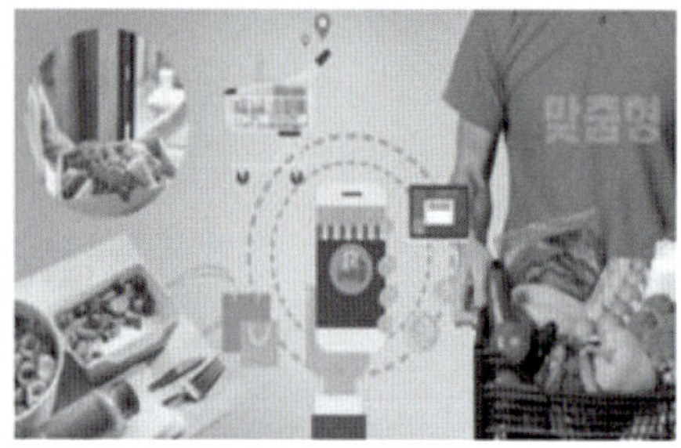

❖ IoT기반의 기기로 지속적으로 건강데이터를 수집하고 분석하여 사용자에게 실시간으로 필요한 영양성분을 도출하고 즉시 배합해 제공함

3 웨어러블 기기가 분석한 나의 건강상태

❖ 시계, 마이크로 센서 등 간편하게 몸에 부착하여 스스로 기록하기 어려운 혈당, 혈압, 운동량 등을 자동으로 기록하고 플랫폼과 쌍방향으로 소통하여 개인별로 다른 건강상태가 반영된 식품을 섭취하고 지속적인 건강관리를 할 수 있음

4 3D프린터로 만든 나만의 음식

❖ 기호에 따라 식자재와 조미료 등을 설정해 다양한 영양소를 가진 요리를 만들거나, 건강상태 및 생애주기별로 질감(식감, 강도)을 다르게 만든 식품을 섭취할 수 있음. 또한 전자레인지처럼 편리하게 음식을 조리할 수 있음

자료: Ai타임즈, 'AI가 조합한 영양제로 전강 챙기세요…. 알고케어, 실시간 개인 맞춤 영양관리 솔루션 선봬', 2022년 1월 14일 IRS Global, '식문화의 혁명으로 다가오는 3D푸드 프린터', 2021년 7월 15일
출처: aTFIS, 식품시장 트렌드 Pick: 식품의 개인화(국내편), 2022년 7월 1주

그림 1-71 푸드테크와 개인화 사례[82)]

82) aTFIS, 식품시장 트렌드 Pick: 식품의 개인화(국내편), 2022년 7월 1주.

앞부분에서 다루었던 환경변화와 여러 연구소나 연구자들이나 기업들의 사례들이나 제안들을 바탕으로 외식마케팅에서 강조하고 싶은 것은 기기를 활용하되 창조는 결국 외식마케터가 한다는 점이다. AI가 미래의 일자리를 뺏는 것은 사실일 수 있지만 외식마케팅에서 가치기반을 만드는 것은 기본에 충실하면서 시장기회를 찾아낼 수 있는 외식마케터의 역할이다. 즉 기기를 활용해 소비자들의 욕구를 외식마케터의 지식과 경험으로 '번역'해 내는 능력이 무엇보다 중요한 것이다. 그러려면 재차 강조하지만 외식마케팅 기본에 충실해야 한다. 시장세분화(Market Segmentation)−목표시장 도출(Targeting)−포지셔닝(Positioning)−재포지셔닝(Re-positioning)의 전략과 외식마케팅 4P(People-Price-Promotion-Place)믹스를 자유자재로 구현할 수 있는 학습이 중요해지는 것이다. 다음 파트에서는 이를 보다 구체적으로 다루고자 한다.

제2장 외식산업의 마케팅 중요성

제1절 외식산업의 경쟁 심화

1. 우리나라 외식기업의 경쟁

우리나라 외식산업의 경쟁강도는 그 어느 나라보다 국내 그 어느 산업보다 심하다고 할 수 있다. 외식기업의 경쟁은 아래의 [그림 1-72]와 같은 복합적인 구도를 가지고 있다.

이런 복잡하고 복합적인 경쟁구도는 외식기업들에 경영전략 특히 마케팅전략을 요구하고 그 전략의 우수성이 외식기업의 생존을 담당하게 된다. 이를 하나씩 살펴보면 첫째 법/정치/경제 환경 등의 거시환경변화는 외식기업 경쟁에 결정적인 역할을 한다. 가장 최근의 거시환경변화 중 2022년 새 정부가 들어서도 개선 방향이 보이지 않는 2017년 7월 급격히 인상된 최저임금제는 외식기업의 경쟁뿐만 아니라 생존에도 지대한 영향을 미쳤다.

한국외식업중앙회 산하 한국외식산업연구원의 외식업계 변화 자료에 따르면 2018년 10월 기준으로 1년 새 문을 닫은 외식기업들은 400개 중 125개(31.3%)가 최저임금 인상에 영향을 받았다고 한다. 급격한 최저임금 인상이 폐업에 상당한 영향을 미쳤을 뿐만 아니라, 생존 외식기업들에게도 큰 부담으로 작용했다는 분석이다.

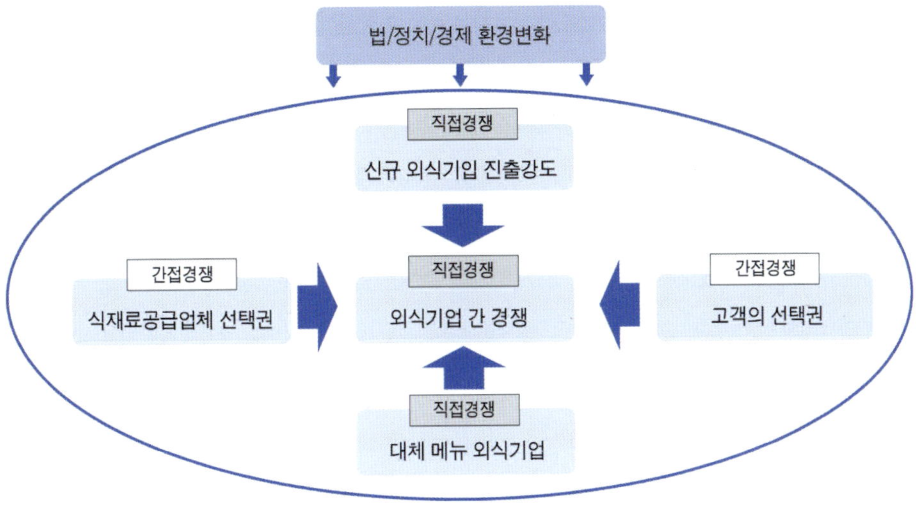

그림 1-72 외식기업 경쟁의 복잡도

둘째, 기존 외식기업 간의 경쟁이다. 이는 유사메뉴 제공 및 유사지역 외식기업 간 경쟁이다. 그야말로 한 집 걸러 한 집의 동일 메뉴 경쟁이다. 이런 경쟁은 코로나 19 상황을 겪으면서 극심한 폐업의 단초가 되었다.

셋째, 푸드테크를 바탕으로 하는 신규 외식기업 진출이 낮은 진입장벽으로 인해 너무 심하다는 것이다. 특히 베이비붐 세대의 은퇴 이후 생활보전 수단이 거의 없는 우리나라에서 신규 외식기업 진입은 전 세계에서 유례를 찾을 수 없을 정도 강한 경쟁을 유발하는 주원인이기도 하다.

넷째, 위의 외식기업 간 다각적인 과당경쟁은 식재료 제공업체들의 선택권을 높여 주어 외식기업의 경쟁을 더 악화시키는 요인으로 작용한다.

다섯째, 결국 외식기업의 경쟁이 과다하면 할수록 고객들의 선택권은 높아질 수밖에 없으므로 우리나라 외식기업은 극심한 경쟁환경에 처해 있어 여기서 생존하기 위한 각별한 전략을 마련해야만 한다. 이제는 그야말로 사생결단 차원에서 외식기업은 표준화, 전문화, 단순화를 기본으로 다양화, 개성화, 차별화 개념이 더 추가된 외식마케팅 전략을 구사할 줄 알아야만 한다.

지금까지의 우리나라 외식산업은 양적인 팽창을 거듭하면서 점점 기업화되고 다양한 푸드테크를 활용한 관리 효율화와 고객 마인드 점유율을 높여 나가고 있다. 외식산업은 일반산업과 달리 다양하고 전문화된 음식과 개개인에게 맞는 독특한 서비스를 고객에게 제공해야 하므로 차별화가 쉽지만도 않다. 왜냐하면, 차별화를 극단화한다면 1:1 차별화를 해야 하는데 이는 경영효율성과 배치될 수 있기 때문이다. 향후 외식소비의 가치에 비중을 두어 먹는 것의 즐거움과 음식업소의 분위기와 원재료의 천연성이 더욱 중시되기 시작할 것이고 여기에 외식업의 국제화로 외식업 경쟁은 더욱 치열해져 갈 것이다. 외국계 패밀리 레스토랑과 국내 토종 음식점의 경계도 무너졌으며 외국계 업체끼리의 경쟁, 국내 토종업체끼리의 경쟁, 지역 밀착형 기업과 거대 자본을 바탕으로 하는 재벌 외식기업들의 경쟁도 극심해지고 있다. 이에 따라 점점 소규모의 외식기업이 설 땅이 좁아지는 현상이 두드러지고 있다. 나아가 이제는 고객유치뿐만 아니라 고객 유지전략도 함께 구사해야만 하는 시대가 왔다. 즉 외식산업에도 고객 관계 마케팅의 시대가 도래한 것이다. 그것도 첨단 ICT(Information Communication Technology)를 활용한 외식마케팅 전쟁의 시대가 이미 왔고 향후 더욱더 급속히 격화되어 갈 것이다.

그런데 2022년 들어 코로나 19가 엔데믹으로 한숨 돌릴까 하는 외식산업에 우리나라뿐만 아니라 전 세계적인 'R의 공포'가 엄습하고 있다. 우크라이나 전쟁상태, 미국의 급격한 금리인상 등 R의 공포는 일반적으로 경기침체(Recession)의 공포를 의미한다. 이런 공포 이전에도 한국경제는 수많은 부정적 경제 문제에 시달리고 있었다. 2022년 무역적자는 약 500억 불로 예상되고 이는 14년 만에 겪는 연간 적자이며 '역대 최대'로 종전 최대 1996년의 2.3배에 이른다. 원자재 가격상승에 수출도 감소세로 2023년에도 적자가 지속될 것으로 보인다. 앞으로 가계부채 시한폭탄, 기업의 투자 위축과 해외 탈출, 가중되는 취업난, 내수 위축에 몰락하는 자영업, 주택 경기 급랭 가능성 등 수많은 지뢰밭 길이 눈 앞에 펼쳐질 것이다. 이 속에서 외식기업의 경영하는 데 가장 필요한 무기는 바로 외식마케팅 전략이다.[83)]

83) 식품외식경제, 국내 식품 · 외식업계 디플레이션에 대비하라, 2019년 9월 6일.

제2절 외식산업에서의 마케팅의 도입 이유

외식산업에서 마케팅적 접근의 필요성에 대한 인식은 아마 외식산업의 탄생과 더불어 있었다고 해도 과언이 아니다. 마케팅이 다루고 있는 연구와 실무대상의 범위는 "교환(Exchange)"이 이루어지는 모든 대상이라고 할 수 있으므로 외식산업이라고 예외는 아니다. 오히려 외식산업이야말로 마케팅에서 정의하는 영역을 가장 복합적으로 그리고 가장 근접해서 살펴보아야 할 마케팅 영역이라고 할 수 있다.

복합적이라는 말은 유형적인 음식과 무형적인 서비스가 거의 동시적으로 만들어지고 제공되고 소비된다는 점에서 제품마케팅과 서비스마케팅의 복합적 성격을 동시에 가지고 있다는 의미다. 또한, 가장 근접한다는 말은 바로 고객과 대면하여 모든 운영활동이 이루어진다는 뜻이다. 생산자와 소비자의 고객 근접성이 이보다 밀접한 산업도 찾기 힘들 것이다. 그러므로 외식산업은 철저하게 마케팅적 접근이 필요하고 마케팅적 연구가 광범위하게 이루어져야 하는 분야이다.

따라서 다음과 같은 구체적인 이유로 외식산업에서 마케팅은 향후 체계적으로, 전략적으로, 전술적으로, 실무적으로, 첨단기술을 활용하는 방향으로 연구되고 학습되고 적용되어야 할 것이다.

첫째, 외식산업의 수요와 공급의 불균형에서 기인한 경쟁 심각성의 인식이다. 특히 앞에서 살펴보았듯이 우리나라의 상황에서는 공급의 과잉이 매우 큰 문제가 된 지 오래다. 은퇴 연령이 빨라지고 노령인구가 증가하고 노후생활에 대한 안전책이 거의 없는 상황에서 너무도 많은 사람이 외식 창업을 시도하는 바람에 공급과잉이 초래된다고 할 수 있다. 물론 이에는 사이비 프랜차이즈의 기승이나 엉터리 컨설턴트들의 부추김도 한몫하지만 기본적으로 외식 사업을 너무 쉽게 보는 데서 기인한다. 하지만 외식사업의 성공은 결코 쉬운 것이 아니다. 외식사업은 지식만으로, 경험만으로, 전문가의 도움만으로 되는 사업이 아니라 오히려 이런 모든 것들의 복합이라고 할 수 있다. 더더욱 중요한 것은 자신의 고객을 찾고, 봉사하고, 끊임없이 학습하고, 고객과의 관계를 유지하기 위한 마케팅적 지식이 없으면 한 발짝도 나갈 수 없다는 점을 반드시 이해해야 한다. 그러므로 외식기업의 엄청난 경쟁강도를 극복해 나가기 위해서는 외식마케팅 전략의 도입과 외식마케팅 전술의 적용과 외식마케팅 전문가가 되기 위한 학습과 연구가 반드시 필요한 것이다.

둘째, 차별화 추구이다. 차별화 추구라는 것이 앞의 경쟁심화와 맞물리지만, 경쟁의 심화만이 차별화를 필요로 하는 것은 아니다. 동일한 고객이라도 상황에 따라 서로 다른 선호 외식이 있고 고객마다 동일 외식기업 내에서도 선호하는 다른 메뉴가 있는 것이다. 그러므로 차별화 추구는 고객에 대한 세밀한 이해를 바탕으로 그 고객에 가장 알맞은 외식을 경쟁사와는 다르게 제공할 수 있는 능력이다. 차별화 추구는 고객에 대한 이해를 바탕으로 고객에게 더욱 적합한 서비스를 제공하며 이를 통한 고객만족도를 높이는 것이므로 차별화는 고객에 대한 외식기업의 의무라고 할 수 있다. 그러므로 이를 수행하기 위해서는 마케팅의 시장조사를 기초로 고객 관계 관리(CRM: Customer Relationship Management)에 바탕을 둔 심층적인 분석과 이해가 필요한 것이다. 나아가 소셜 미디어를 활용한 고객과의 감정이입에 바탕을 둔 상호작용적 의사소통을 충분히 활용해야 한다. 따라서 차별화는 또 다른 외식마케팅의 도입 이유가 된다.

셋째, 외식업종의 다양화로 인한 업종 간 경계의 모호성 인식이다. 이는 고객에게 각각의 외식기업 포지션이 무엇인지 헷갈리는 상황을 의미한다. 우리가 사는 지금은 속도경쟁의 시대이며 이런 속도경쟁은 고객들에게 정보 과잉을 초래하고 이 정보 과잉은 외식기업들이 위험을 수반하면서 투자한 광고나 홍보를 아무 의미가 없어지게 하는 경우가 허다하다. 이런 복잡함 속에서 외식기업의 인지를 효과적이고 효율적으로 전달하기 위해서는 마케팅전략 이해와 그 수단인 촉진 믹스 이해를 응용하지 않으면 안 된다. 결국, 외식기업 고유 업종에 대한 고객들의 인지를 구축하거나 기존 인지를 견고하게 하기 위해서는 마케팅의 포지셔닝 전략을 응용해야 하는 것이 또 다른 외식마케팅의 도입 이유가 된다.

넷째, 원가 상승과 생산성 저하로 인한 채산성 극복의 필요성이다. 외식기업의 수익 감소는 비단 고객들의 수가 감소하거나 고객들의 주문량이 감소해서만 발생하는 문제가 아니다. 더욱 중요한 문제는 외식 식자재를 공급하는 물류를 효율적으로 관리하지 못하면 이는 고스란히 외식기업의 채산성 악화로 나타난다는 점이다. 대부분의 외식기업 입장에서 이런 물류관리에 대해 그다지 신경을 쓰지 않는 경향이 있다. 하지만 이는 외식기업 경영에서 꼭 관심을 두고 관리해야 하는 중요한 부분이다.

식자재 조달관리의 부재에서 발생한 학생들의 집단 식중독 문제가 종종 큰 사회적 이슈가 되고 있다. 이는 외식산업 전반에 피해를 초래할 뿐만 아니라 해당 외식기업에는 회복하지 못할 경영위기를 초래하는 것이다. 본서에서 강조하고 있는 후방 물류관리는 외식기업의 생존과 직결된 차원의 문제로 접근해야 한다고 본다. 다시 말해서 외식 식자재의 우수성으로부터 시장 경쟁력이 나온다는 것이다. 나아가 외식 식자재의 우수성은 향후 웰빙이나 환경 문제의 대두에 따라서는 획기적인 경쟁우위나 절망적인 경쟁열위를 보일 수 있다는 점이다. 따라서 외식 물류관리의 필요성은 중요한 외식마케팅 도입의 이유가 된다.

끝으로, 각종 규제에 대한 대비와 새로운 운영기법의 활발한 출현 등에 대한 대비 차원이다. 외식기업은 거시환경의 변화에 대해 덜 민감하거나 관심을 두지 않는 경향이 많다. 하지만 마케팅에서 중요하게 다루고 있는 환경관리(Environment Management)의 관점과 기법의 도입이 시급한 실정이다. 규제나 기술적 환경은 거시환경에 포함되는 것인데, 이런 변화는 외식기업과 별 관계가 없다고 등한시하면 경영의 어려움을 초래할 수 있다. 급격한 최저임금의 인상이나 근로시간 특례에서 외식업의 배제와 같은 환경변화는 외식기업 생존에 치명타가 될 수 있다. 그러므로 마케팅에서의 환경관리 기법을 외식마케팅에도 반드시 적용해야 한다. 그런데 환경을 꼭 부정적으로만 보는 것은 아니다. 환경을 외식기업이 생존하기 위한 자원의 보고로 보고 접근해야 한다는 점을 강조하고자 한다. 개인이나 기업은 자신의 자원으로만 절대 생존할 수 없다. 개인이든 기업이든 외부로부터 필요한 자원을 끊임없이 선택하고 수용하고 발전시키는 과정에 있기 마련이다. 그러므로 외식기업의 환경은 외식기업 생존의 장으로 자원의 보고로 봐야 한다는 것이다. 따라서 마케팅에서 널리 받아들여지는 환경의 이해에 대한 필요성이 외식마케팅의 도입 이유이다.

본서는 기존의 외식 관련 서적들이 주로 경영 기능적인 면에 초점을 맞추어 기술되어 왔던 점을 넘어서서 외식산업의 핵심적인 분야인 외식마케팅적 관점에서 실무적이고, 전략적이며, 전술적이며, 총합적이고, ICT 활용적인 접근을 시도하고자 하였다. 즉 마케팅이론과 실무를 보다 체계적으로 도입하고, 적용하고, 발전시켜 나가야만 고강도 경쟁상황에서 외식기업의 생존이 보장된다는 관점에서 저술되었다.

외식기업의 전반적인 마케팅체계는 우선 그 외식기업의 경영목표와 방침의 확인에서 출발한다. 이는 다른 경영 분야와 유사한 것으로 어떤 조직이건 그 목표와 방침을 분명히 하는 것이 우선적인 출발점이라고 할 수 있다. 그 다음으로는 그에 따른 외식마케팅의 비전과 사명이 도출되며, 이런 외식기업의 비전과 사명을 바탕으로 외식마케팅의 사업 기회의 탐색과 창출이 이루어진다. 외식마케팅의 사업기회의 탐색과 창출에 영향을 주는 것이 외식기업의 외부/내부의 환경요인이 되는 것이다. 이런 환경변화에 따라 외식마케팅 전략이 조정되어야 한다. 외식마케팅 전략의 조정은 외식마케팅 믹스별 전개와 외식마케팅 CRM의 전개로 나누어진다. 외식마케팅 믹스별 전개는 고객전략, 가격전략, 촉진전략 그리고 물류전략이 포함된다. 그리고 디지털 경제의 도래와 ICT 기술(푸드테크 활용 포함)의 눈부신 발전에 기초한 정보시스템의 활용을 통해 외식마케팅 CRM전략의 이해가 기술되었다. 외식마케팅 과제별 전략은 브랜드전략, 서비스전략, 상권분석전략, 시장조사전략, 그리고 현재 급속히 번져가고 이미 가장 중요한 의사소통 수단의 하나가 되어 버린 SNS(Social Network Service) 미디어를 활용한 외식마케팅 의사소통전략이 포함된다. 그리고 실무적으로 당장 사용될 수 있는 외식마케팅 5대 전술을 기술하였다.

본서의 전반적인 체계는 [그림 1-73]과 같다.

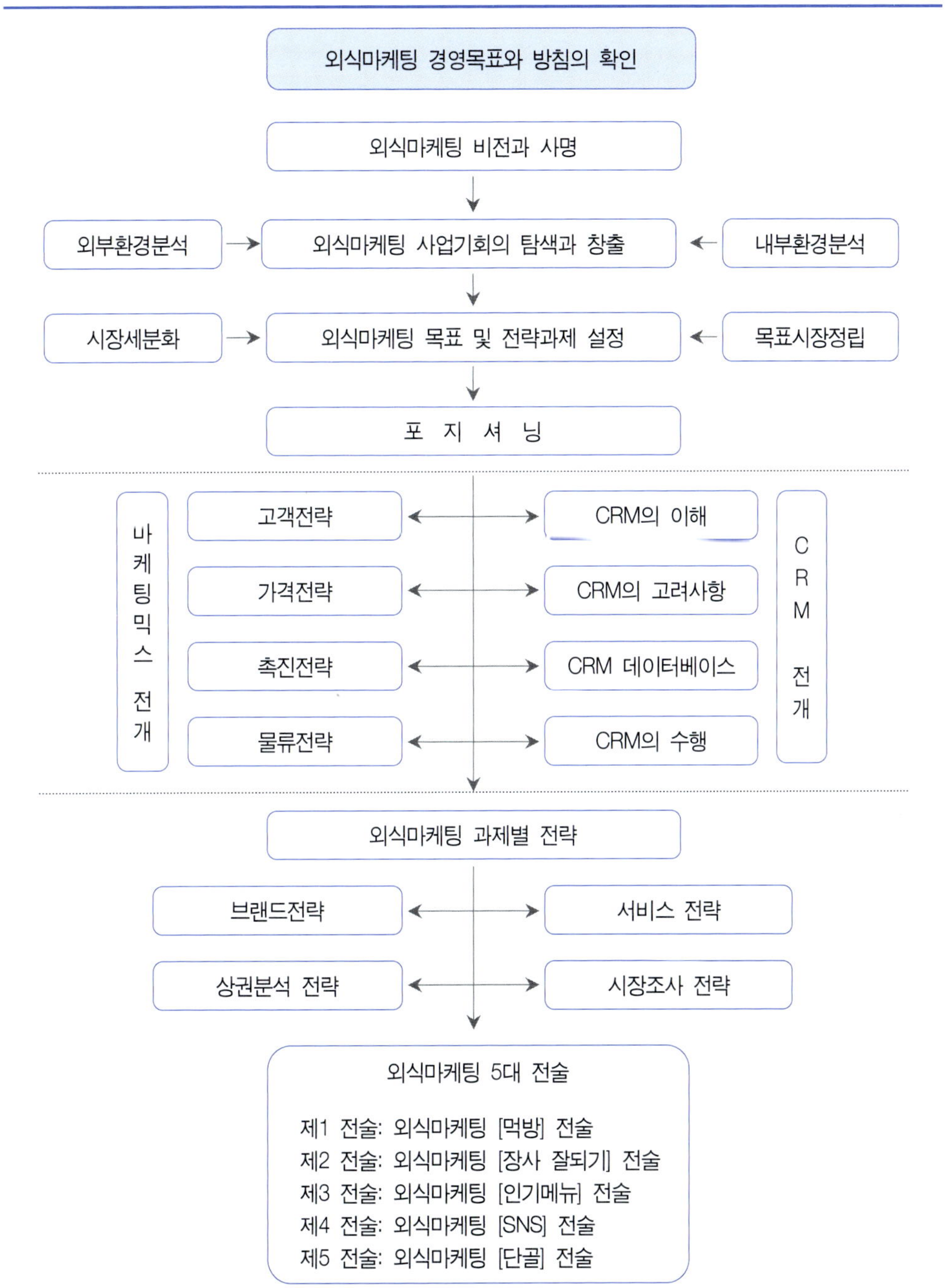

그림 1-73 외식마케팅 전략의 전반적인 체계

제2편

외식마케팅 환경분석

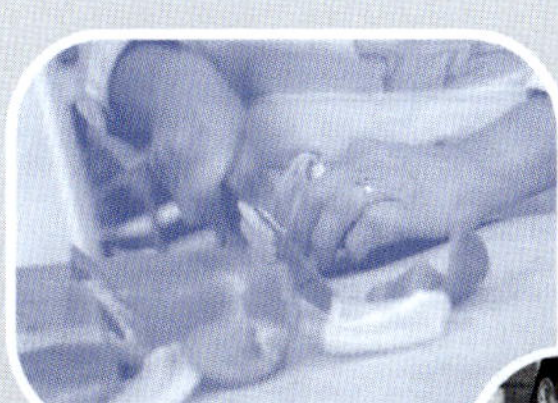

제1장 외식마케팅의 비전

제1절 외식마케팅 비전의 의의

외식기업 마케팅전략의 환경분석은 좁게는 소규모 외식기업에서 넓게는 대규모 프랜차이즈에 이르기까지 다양한 스펙트럼을 보이고 나타나게 된다. 하지만 어떤 외식기업이든지 외식마케팅 환경을 이해하려면 그 업체의 비전(Vision)과 사명(Mission)을 확인하고 그 타당성과 의의를 정립하는 것이 중요하다. 그 이유는 아무리 작은 영리단위 혹은 비영리 단위의 조직이라도 심지어 개인이 혼자 하는 자영업자의 경우라도 미래의 좌표인 비전과 사명의 확고한 뿌리 내림이 없다면 그 조직이 혹은 개인이 어디로 가고 있는지를 알 수 없기 때문이다. 좌표가 없는 경우에는 새롭게 나타나는 환경변화를 스스로 해석하는 것이 불가능하고 무의미하기 때문에 외식마케팅의 전략수립에 있어 외식기업의 비전과 사명의 정립은 필수적인 것이라 할 수 있다. 다시 말해 비전이 없는 개인이 없듯이 비전 없는 조직은 두말할 필요가 없는 것이다.

비전이란 "바람직한 외식기업의 미래 모습과 그 미래 모습을 이룩하기 위한 끊임없는 혁신의 방향을 구체화한 것"을 말한다([그림 2-1] 참조). 하지만 이런 비전은 환경의 변화에 따른 외식기업의 끊임없는 혁신을 전제로 해서 즉 외식기업이 미래에 어떤 모습이 되기 위해서(비전을 달성하기 위해서) 어떻게 혁신을 해 나가는가를 설명하는 것이다. [그림 2-1]에서 혁신의 지속적 이행이라는 것은 사업의 초기부터 혁신을 최우선 과제로 정함으로써 외식기업이 주어진 영향 범위 즉 지역 내에서 혹은 동일 업태 내에서 시장을 주도해 나가는 것을 의미한다. 외식기업은 지역이나 동일 업태 내에서 혁신을 위한 벤치마크(Benchmark)를 만들고, 그들의 비교우위를 정확하게 평가하고, 자사와의 갭 분석(Gap Analysis : 어떤 평가항목에서의 차이의 정도를 분석하는 것)을 통하여 계속적인 수정을 해 가는 것이 혁신의 지속적 이행방법이 된다.

혁신적 조직과 제도를 구축한다는 것은 외식기업의 최고경영자(주인)가 사업의 초기부터 혁신을 지지하고 강화한다는 것을 나타내기 위해 혁신을 위한 구조와 시스템 정립에 집중하는 것이다. 이를 위해 구성원(종사자)에 대한 동기부여는 필수적이다. 구성원의 참여 활성화와 보상이라는 것은 혁신을 위한 가능성의 탐구를 조직의 문화로 정착시키는 것임과 동시에 구성원의 자발성, 포부, 창의성, 정신적 생산력까지도 최고로 추구하는 외식기업이 되는 것을 의미한다.

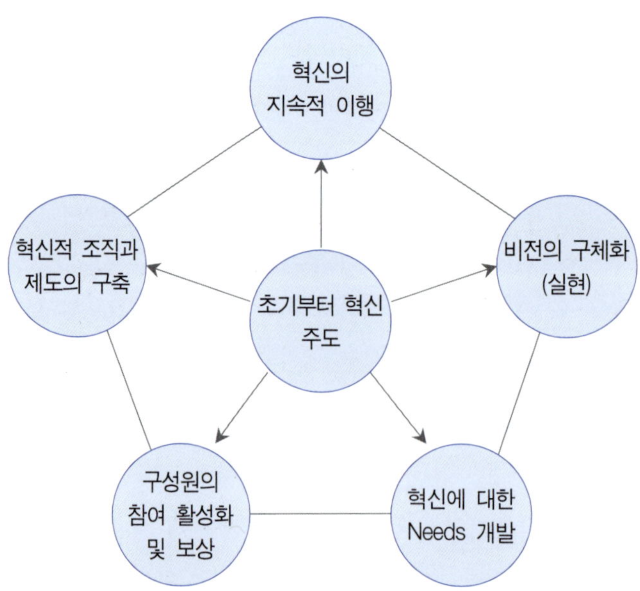

그림 2-1 비전과 혁신의 관계

이런 류의 설명들은 외식산업에는 비교적 소규모의 기업이 많기 때문에 거창한 기업들에나 해당된다고 외면하는 경우가 많은데, 아무리 작은 조직이라도 그 속에서 이루어지는 기능에는 하등의 차이가 없으며, 그보다 중요한 것은 이 기능들을 누가 어떻게 무엇으로 효율적이고 효과적으로 구사하느냐가 경쟁우위을 창출한다는 진리를 깨닫는 것이다.

혁신에 대한 니즈 개발이라는 것은 혁신의 정당성을 내부 구성원과 공급자 그리고 최종 고객, 다시 말해서 외식기업의 모든 이해관계자에게 의사소통하고 이해시키는 데서 출발한다. 이에 대한 이해의 항목으로는 왜 현실적으로 혁신을 하지 않으면

비전의 의의와 중요성

의의

장기적 목표와 미래상

- 비전은 외식기업이 추구하는 장기적인 목표와 바람직한 미래상을 의미함
- 막연한 꿈이 아니라 장기적인 안목에서 미래 목표와 현실을 연결하는 전략적인 구상

사업전략 및 행동방향 제시

- 외식기업의 전략방향을 결정하고 각 사업 단위의 전략수립과 실행을 전체적으로 조정 및 통합
- 조직운영의 행동기준을 제공하며 구성원에게 동기유발과 참여를 유발하여 조직 활성화에 기여

중요성

자원과 역량집중 및 경영성과

- 강한 기업들은 명확한 비전과 목표가 있고 이를 장기간 실천함으로써 높은 경영성과 달성
- 명확한 비전은 구성원에게 확고한 목표의식과 공유가치를 부여하여 조직역량을 집중시킴

조직에 대한 구성원의 몰입

- 조직 구성원들이 공감할 수 있는 명확한 비전은 우리 외식기업이 무슨 목적으로, 왜 존재하는지를 분명히 깨닫게 하고 조직에 대한 강한 정서적 몰입을 유발할 수 있는 환경을 조성해 줌

전략적 방향 결정과 행동기준 제공

그림 2-2 비전의 의의와 중요성

안 되는가의 정당성 확보와 무엇이 우리의 현실인가의 현실 인식과 이해관계자들에게 우리가 가진 비전의 타당성을 공유하는 것이 포함된다.

비전의 구체화(실현)는 외식기업이 미래의 원하는 결과를 확실하게 규정하는 것을 의미한다. "우리는 앞으로 어디로 갈 것인가?"를 구체화하고 모든 구성원이 이것을 공유하는 것은 비전을 공유하는 것에서 출발하는 것이다. 소규모 외식기업 같은 경우에 이것을 일종의 장인정신이라고 보면 된다. 우리나라에서는 조기 퇴직에 따른 생계형 창업이 많아 훈련되지 않았고 전문지식도 경험도 없는 상태에서 막연히 "잘 되겠지"라는 목표를 가지고 창업을 하는 경우가 많은데 이것이 바로 비전의 부재를 의미하는 것이다. 자신의 노후자금을 투자하여 외식사업을 벌이는 경우는 더욱 더 조심해야 하고 상당한 준비를 해서 창업을 해야지, 그렇지 않으면 노후에 기본적인 생계조차 해결하지 못하는 궁지에 처할 위험이 클 것이다.

이런 비전의 의의([그림 2-2] 비전의 의의와 중요성 참조)는 첫째, 기업의 장기적 경영목표와 미래상을 제시하고 공유하는 것이다. 이것은 막연한 꿈이 아니라 장기적인 안목에서 미래 목표와 현실을 연결하는 전략적인 구상이다. 둘째, 비전은 사업 전략 및 행동 방향의 제시로써 외식기업의 전략 방향을 결정하고, 각 사업 단위의 전략수립과 실행을 전체적으로 조정 및 통합하는 역할을 한다. 즉 조직 운영의 행동 기준을 제공하며, 구성원에게 동기유발과 참여를 이끌어 내어 조직활성화에 기여하는 것을 의미한다.

비전의 중요성은 첫째, 한정된 자원과 제한적 역량을 최고의 가능성 있는 곳에 집중시키고 경영성과의 향상을 기대하게 한다는 것이다. 소위 강한 기업들은 명확한 비전과 목표를 가지고 비전을 달성하기 위해 장기간 실천함으로써 높은 경영성과를 달성하는 경우가 많다. 즉 비전은 구성원에게 확고한 목표의식과 공유가치를 부여하여 조직 역량을 집중시키는 역할을 한다는 데 중요성이 있다. 둘째 조직에 대한 구성원의 몰입인데 조직구성원들이 공감할 수 있는 명확한 비전은 기업이 무슨 목적으로, 왜 존재하는지를 분명히 깨닫게 하고, 구성원들로 하여금 조직에 대한 강한 정서적 몰입을 유발할 수 있는 환경을 조성해 주는 의의가 있다.

사례 일본 농산물 생산·유통회사의 사명과 비전: 모쿠모쿠 농장

◆ 일본 농산물생산 · 유통회사의 사명과 비전 ◆

• 모쿠모쿠 농장의 7대 사명

1. 농업진흥으로 지역을 활성화한다.
2. 지역의 자연과 농촌문화를 지킨다.
3. 환경문제를 적극적으로 해결한다.
4. 농산물 안전과 맛을 지킨다.
5. 지식과 생각을 소비자와 함께 나눈다.
6. 마음의 풍요, 미소, 활기찬 직장환경
7. 협동정신을 우선으로 법과 규칙을 준수한다

비전이 액자 속에 담겨져 있을 뿐 실천이 없는 기업들이 부지기수다. 비전은 그 기업이 지향해야 할 방향성을 의미한다. 모쿠모쿠 농장은 "맛과 먹거리 안전", "친환경"이라는 모토(motto)로 7대 사명을 비전으로 제시하고 실천하고 있는 협동조합이다. 자연환경을 보존하고 소비자의 먹거리 안전을 최우선으로 친환경 유기농산물을 생산하고 있다. 농산물 생산과 유통과정에 재미를 더한 농업테마파크로의 변신을 통해 도시 소비자들이 먹거리 생산과정을 직접 체험하게 함으로써 신뢰감을 주고 브랜드 충성도를 높여 다소 비싸지만 먹어야 하는 농산물 브랜드로 자리잡아 판매가 증가하는 데 큰 영향을 주었다. 또한 체험마케팅으로 소비자 인식이 '안심하고 먹을 수 있는 농산물'로 변하여 지인에게 선물 보내고 싶은 농산품으로 명성을 얻게 되었다. 비전의 실천으로부터 얻은 소비자 신뢰로 모쿠모쿠 농장은 생산된 농산물의 재고를 줄이고 소비를 증대시키기 위하여 자체적으로 도시지역에 11개의 유기농산물 직영 레스토랑을 운영하고 있다.

• 모쿠모쿠 농장의 비전 실천

줄을 서서 먹는 맛집은 많다. 물론 그렇지 않은 레스토랑이 더 많다. 전 세계적인 현상이다. 문제는 소비자 신뢰에 있다. 맛과 먹거리 안전이 그것이다. 모쿠모쿠 농장 레스토랑은 농산물 생산과 유통과정에서 소비자들로부터 신뢰를 얻었다. 신선한 식자재로 만들어진 모쿠모쿠 농장 레스토랑은 이미 만들어진 브랜드 신뢰도에 소비자들이 긍정적으로 반응하는 것은 당연하다. 바로 비전의 실천에서 소비자들의 신뢰를 얻었다.

• 모쿠모쿠 농장 레스토랑의 비전 실천 결과

도심에 있는 농장 레스토랑은 농산물을 직접 먹어보고 맛과 안전성을 확인한 도시 소비자들이 인터넷 또는 직접 구매할 뿐만 아니라, 가까운 친인척들한테까지 선물로 보내고 있다. 현재 모쿠모쿠 농장 레스토랑은 일본 전역에 진출해 있어 브랜드 확장전략에 기여할 뿐만 아니라 청년창업과 일자리 창출에서 크게 기여하고 있다.

• 모쿠모쿠 농장 비전의 현실화 과정

친환경 농산물 생산과 먹거리 안전을 모토로 작은 것부터 차근차근 실천해 오고 있다. 소비자들의 의견을 적극적으로 반영하고, 지속적으로 소통을 통해 소비자들의 반응을 모니터링하고 있다. 그뿐만 아니라 소비자들과 직접 대면 접촉하는 직원들의 의견을 적극적으로 반영하여 직원들의 사기를 충족시키고 만족도를 높이기 위하여 많은 지원과 투자를 하고 있다. 모쿠모쿠 농장 레스토랑에서 직원들은 모두가 경영자이자 주인으로 대우 받는다.

(저자가 직접 방문한 현지 모쿠모쿠 농장 레스토랑)

モクモク手づくりファーム
園内MAP
いがた池

제2절 외식마케팅 비전의 역할

한편, 외식마케팅 비전1)의 역할은 아래의 [그림 2-3]과 같다. 비전은 조직의 바람직한 미래 모습으로서 전략적 목표와 조직 구성원의 행동을 일치시키는 장기적인 틀이 되며, 조직 구성원들의 소속감과 사기를 진작시키는 역할을 담당한다. 보다 구체적으로 외식마케팅 비전의 역할은 하향식(Top-Down) 방향으로 규정되는데 첫째, 외식기업의 나아갈 방향을 제공해 준다. 보통 3년의 기간을 두고 즉 경영진과 구성원, 주주 및 기타 이해관계자 사이의 공통 이해 기반의 역할을 한다. 둘째, 비전을 달성하기 위한 경영목표를 정하는 것이다. 보통 2~3년의 기간을 두고 비전달성을 위한 핵심목표를 수립한다. 셋째, 사업 포트폴리오의 자원배분 방침을 제공해 준다. 보통 1~2년의 기간을 두고 외식기업이건 다른 기업이건 간에 경영자원은 항상 한정되어 있으므로 이를 어떻게 최적의 방법으로 할당할 것인가가 경영의 관건이 되는데, 비전은 이런 할당의 우선 순위나 그 우선 순위 내에서의 할당 정도를 결정하는

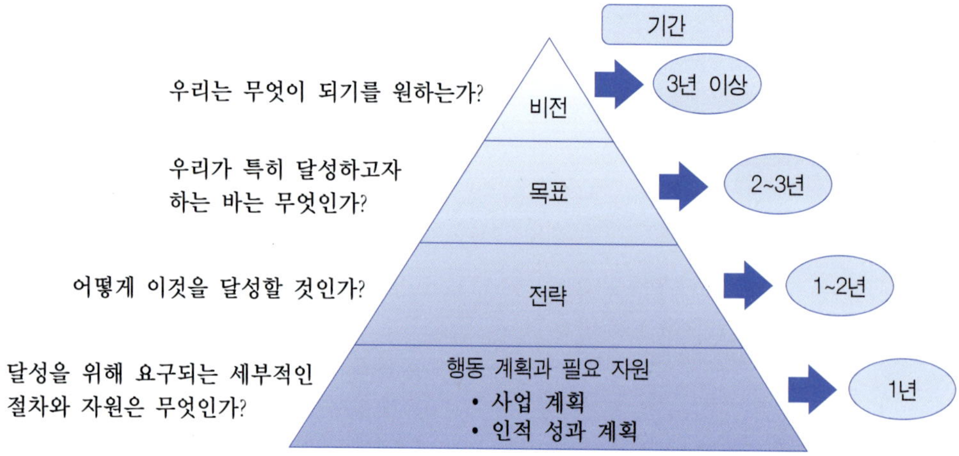

그림 2-3 외식마케팅 비전의 역할

1) 시오야 미치, 기업비전 만들기, 명진출판, 1994.

방향타 역할을 하는 것이다. 넷째, 보통 1년 전후의 기간을 두고 경영자원뿐만 아니라 그 외식기업의 마케팅전략 방향, 마케팅믹스 의사결정, 마케팅 전술 실행 및 평가를 수행해야 한다.

제3절 외식마케팅 사명의 역할

외식기업의 사명(Mission)은 외식기업이 비전달성을 위해 반드시 수행해야 하고 달성해야 하는 목표이며, 비전 구현의 바람직한 방향을 제시하는 역할을 하게 된다(〈표 2-1〉 참조). 이는 앞의 비전 목표와 맥락을 같이하는 개념이다. 우선 사명의 정의는 첫째, 그 외식기업의 비전을 달성하기 위해 꼭 이룩해야 하는 지상 과제를 명확히 한 것으로 사내 · 외에 일관되게 알려 나가는 그 어떤 것이 된다. 둘째, 누구나 쉽게 이해할 수 있어야 하고 2~3년 안에 달성할 수 있어야 한다. 또한, 조직 내의 다양한 가치관을 포함할 수 있어야 하고 개개인의 다양한 가치관을 인정할 수 있어야 하며, 나아가 조직 구성원뿐만 아니라 주주, 고객, 관계사, 협력회사 등과 균형 있는 상호관계를 유지해야 한다. 특히 오늘날에 와서 강조되는 것으로서 사회와의 관계, 지역사회에 대한 배려, 사회에 대한 공헌, 환경에 대한 책임도 사명에 포함해야 한다. 즉 이익 추구가 기업의 지상 과제라 하더라도 자사를 위해서만이 아니라 사회의 공동선을 도모해야 할 필요가 있는 것이다.

사명을 설정할 경우 검토해야 할 몇 가지 사항이 있다.

첫째, 우리 외식기업의 사명은 향후 어떻게 변화시켜 갈 것인가에 대한 로드맵(Road Map)이 있어야 한다.

둘째, 우리 분야에서 혹은 다른 외식산업 분야에서 잘하고 있는 다른 업체의 사명은 어떠한가를 검토해 보아야 한다.

셋째, 경영환경의 변화를 고려해 볼 때 우리 사업체의 사명은 어디에 초점을 맞추어야 하는지를 검토해야 할 것이다.

표 2-1 사명(Mission)의 정의, 조건, 그리고 검토사항

외식기업 사명의 정의
• 외식기업의 비전을 달성하기 위해 꼭 이룩해야 하는 지상 과제를 명확히 한 것으로 사내 · 외에 일관되게 알려 나가는 것

외식기업 사명이 가져야 할 조건
• 누구나 쉽게 이해할 수 있어야 함 • 2~3년 안에 달성할 수 있고 10년 후에도 영향을 줄 수 있어야 함 • 다양한 가치관을 포함할 수 있어야 하고, 개개인의 다양한 가치관을 인정할 수 있어야 함 • 조직 구성원뿐만 아니라 주주, 고객, 관계사, 협력 회사 등과 균형 있는 상호관계를 유지해야 함 • 사회와의 관계, 지역사회에 대한 배려, 사회에 대한 공헌, 환경에 대한 책임을 다해야 함 • 적정 이익을 추구하는 경영철학, 자사를 위해서만이 아니라 사회의 공동선과의 균형 위에서 적정 이익을 추구해야 함

외식기업 사명수립 시 검토사항
• 외식기업의 사명은 어떻게 변화시켜 갈 것인가? • 우량 외식기업들의 기업 사명은 어떠한가? • 경영환경의 변화를 고려해 볼 때 어디에 초점을 맞추어야 하는가? • 외식기업의 사업 도메인을 어떻게 변화시키고 싶은가?

* 사업 도메인(Business Domain) : 기업의 사명을 달성하기 위한 핵심 사업영역.

사례 일본 레스토랑의 비전: Gyu-Kaku

1. Gyu-Kaku의 비전: Your smile is everything for us!
   고객의 미소, 즐거움, 만족에 경영의 핵심을 담았다.
2. Gyu-Kaku의 현황: 일본 Rex-Holding Co., Ltd사에서 운영, 연 매출 1250억엔(1조 2582억 원, 2006년 기준), 규모로는 세계 5위인 레스토랑 체인
   17개 자회사, 3개 계열사: 레스토랑, 가맹점 체인, 레스토랑 건축 및 인테리어, 식자재 유통업, 편의점 및 슈퍼마켓 등 수직계열화, 기업형 자본을 앞세워 세계로 진출하고 있다.

3. **Gyu-Kaku의 주요 특징**: 일본의 '기업형 자본'이 한식을 '일본 것'으로 만들고 있음.
일본에 직영점 74개, 체인점 664개 총 738개의 점포를 운영하고 있다.
1995년 도쿄 1호점 이후 불과 8년 만에 일본 전체 야키니쿠 시장에서 13%의 시장 점유율(Market Share)을 차지했을 만큼 성장속도가 폭발적이다.

4. **Gyu-Kaku의 마케팅 차별화**: 한식 Healthy Image + 일본식 서비스
기업형 자본투자와 고객 Needs 충족, 지속적인 R&D 투자로 맛의 현지화, 표준화, 신메뉴 출시, 물류 개선으로 비용을 절감했다.

5. Gyu-Kaku 마케팅 성과
   - 타국의 식 문화를 세계화시킨 대표적 사례: Gyu-Kaku in Beberly Hills 뉴욕, LA, 하와이, 대만, 인도네시아, 싱가포르 등 해외 지점을 다수 운영하고 있다. 숯불갈비, 돼지고기, 김치, 나물, 비빔밥, 냉면, 육개장 등 한식 메뉴를 판매하고 있다.
   - 음식은 한식이나 인테리어 및 서비스는 철저하게 일본식으로 하고 있어 한식이 일본의 식문화로 오인되어 전파되고 있다.
   - 남의 食문화를 자기 食문화로 재창조하고 있는 일본의 사업적 수완을 잘 보여주고 있다.
   - 매장 분위기와 메뉴 차별화: 백인, 흑인, 인도네시아인, 태국인, 티베트인 등 다양한 인종의 종업원이 "이랏샤이마세!"를 외침. 고객의 90% 이상이 현지인이다. 메뉴 중 50~80%가 한국 음식임. 한식 메뉴를 일본식 발음으로 표기하고 있다. Karubi(갈비), Bibimba(비빔밥), Kimuch(김치), Chapu Che(잡채), Namuru(나물), Kuppa(국밥)

6. Gyu-Kaku의 시사점
   - Gyu-Kaku의 성공비결은 비전을 모든 직원이 공유하고 실천한 것이다.
   - Gyu-Kaku의 마케팅 능력이 음식 메뉴의 태생적 한계를 극복하고 있다.
   - 한식 메뉴 외 모든 서비스와 술 그리고 실내 인테리어에 일본문화를 입혀 세계로 진출시키고 있다.
   - Gyu-Kaku의 마케팅 능력이야말로 한식의 세계화를 외치다 만 우리에게 좋은 사례가 될 것이다.

(저자가 직접 방문한 현지 Gyu-Kaku)

제2장 외식마케팅 환경분석의 체계

외식마케팅에서 환경에 대한 분석은 외식기업의 규모가 작다고 등한시하는 경향이 많이 보이는데 환경변화 분석을 등한시한다면 이는 큰 낭패를 초래하기에 십상이다. 아무리 작은 기업의 경영주라도 그 사업을 싸고 있는 환경의 변화에 민감해야 하며 이런 환경의 변화를 나와 상관없다고 치부해 버리는 것처럼 위험한 일도 없다.

환경은 크게 두 가지 차원으로 나눌 수 있는데, 외부 환경과 내부 환경이 그것이다. 환경을 바라보는 관점은 외식기업이 환경을 통제할 수 있거나 예측 가능한 정도가 중요한데 외부 환경은 그 정도가 낮으며 내부 환경은 그 정도가 높다고 볼 수 있다.

다만, 외식마케팅의 관리자나 기업주가 명심해야 할 것은 외부 환경이라서 관리할 수 없다는 사고와 내부 환경이라고 통제할 수 있다고 생각하는 사고를 탈피해야 한다는 점이다. 외식 경영자나 외식마케터의 관점이나 능력에 따라서는 환경을 얼마든지 관리할 수 있다는 사고를 수립하고 계속적인 연구 관찰을 하는 자세가 바람직하다고 하겠다. 본 장에서는 [그림 2-4] 외식마케팅 환경분석의 전반적인 흐름을 제시하고자 한다.

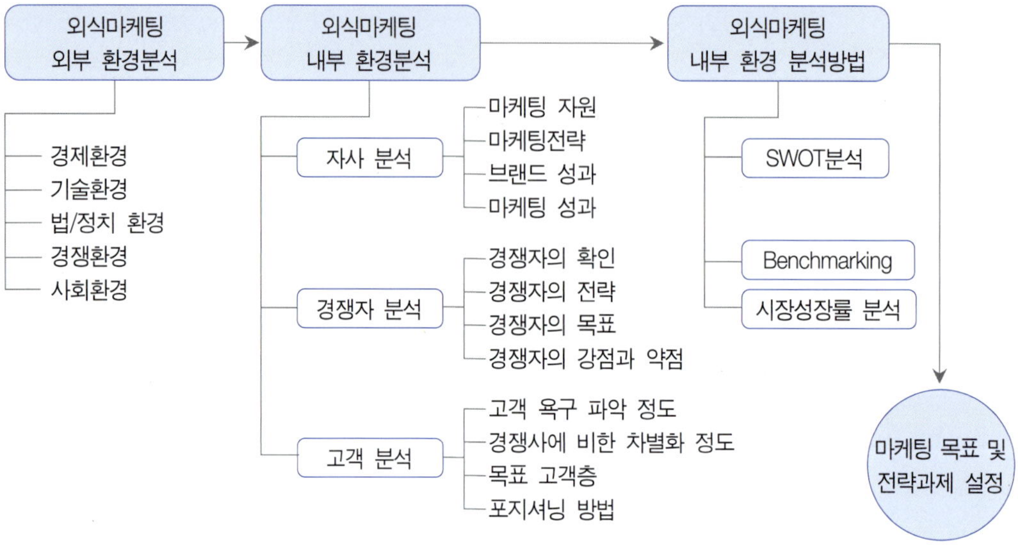

그림 2-4 외식마케팅 환경분석의 전반적인 흐름

제1절 외식마케팅 외부 환경분석

외식마케팅의 외부 환경은 크게 경제, 기술, 법/정치, 경쟁, 그리고 사회 환경으로 나눌 수 있다([그림 2-5] 참조).[2] 외부 환경의 변화는 때때로 새로운 외식 업태의 기회나 새로운 메뉴의 기회를 제공하거나 고객의 외식메뉴 선호도의 변화를 가져온다. 예컨대 경기가 불황일 경우 똑같은 삼겹살이라도 가격에 민감한 의사결정을 할 수 있으며, 경기가 호황이라면 이와는 반대의 의사결정을 할 것이고 삼겹살이 아닌 차돌박이와 같은 것이 더 선호될 수 있기 때문에 외부 환경 변수는 고객들의 소비패턴과 밀접한 연관관계를 가지고 있다고 보아야 한다.

2) 박충환 · 오세조, 마케팅 관리, 박영사, p.133, 1995년.

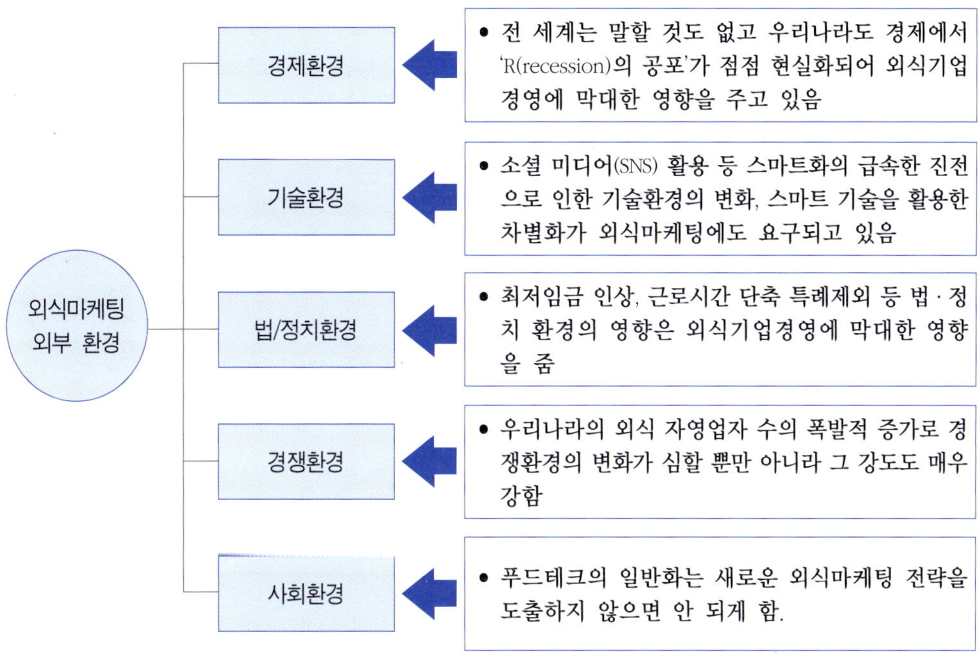

그림 2-5 외식마케팅 외부 환경

여러 가지 외부 환경 중 첫째 경제환경은 경기 주기가 번영기, 쇠퇴기, 불황기, 그리고 회복기로 나누어 주기를 반복한다는 점에 초점을 맞추고 있다([그림 2-6] 참조). 하지만 경기 주기적인 경제환경 접근은 그 의미를 상실하지는 않았으나, 고전적인 접근법이고 이제는 동일한 시기에 업태나 산업에 따라 복합적인 주기가 동시에 존재한다고 보는 것이 합리적일 것이다.

그러나 경기 주기는 변화를 더욱 가속화시키며, 경제환경의 분석이나 예측을 더욱 힘들게 하는 것이 사실이다. 따라서 외식기업들은 자신이 속한 업태나 지역에서의 경기 주기를 보다 짧게 예측하고 관리하는 것이 바람직하다. 즉 경기변화를 아무리 길어도 분기별 즉 3개월 단위로 예상하여 대응하고 마케팅 전술을 수립하는 것이 타당할 것이다. 이러한 이유는 디지털 경제의 속도와 환경 변화의 속도는 서로 높은 상관관계를 가지고 있어 그만큼 고객의 욕구도 변화가 빨라 과거의 고전적인 경기 주기

론으로는 대응하기가 불가능하기 때문이다. 그리고 2019년 현재와 향후 매우 오랫동안 경제환경의 핵심변수는 바로 [그림 2-7]과 같은 경기침체의 3대 공포다.

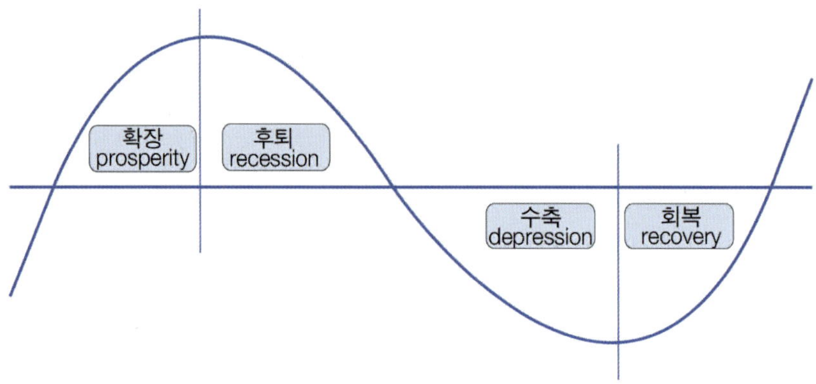

그림 2-6 경기 주기

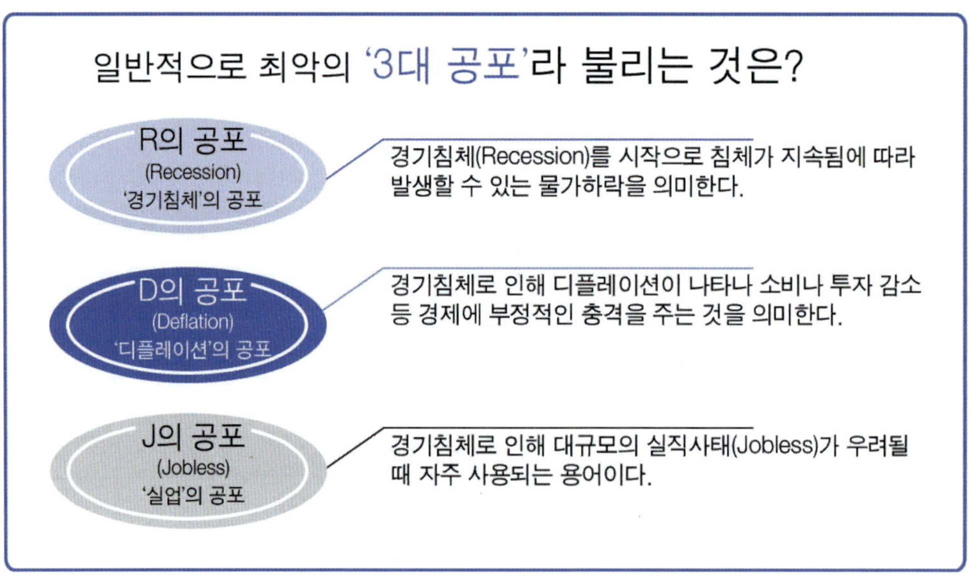

자료: 미래에셋대우

그림 2-7 2019년 경제의 핵심: 3대 공포

이 3대 공포는 외식마케팅 전반에 걸쳐 결정적인 역할을 할 가능성이 매우 크므로 반드시 면밀히 고려하고 외식마케팅 전략수립이나 전술 실행에 참고해야 한다.

둘째, 기술환경으로써 이제 스마트폰은 공기와 같이 되어 스마트기술환경이 외식마케팅에 미치는 영향이 실로 막대하다. 스마트폰 보급률의 증가와 더불어 소셜 미디어의 중요성이 부각된 지 이미 오래 전이다. 이제는 SNS 미디어(식품 및 외식 앱 포함)가 새로운 외식마케팅의 수단이고 과정이고 수익모델로서의 외식기업 가치 창출의 필수조건이 되었다. SNS 미디어를 통하여 외식기업의 메뉴를 홍보하고 방문경험이나 맛, 감성적·정서적 가치를 공유하는 것이 일반화되었다. 이제 많은 외식기업이 SNS 미디어 마케팅을 이용하여 매출증대를 꾀하지 않을 수 없다. 경쟁이 치열해지고 있는 외식 산업에서 세분화된 집단의 고객이나 잠재고객들이 서로 연결되어 지속적으로 의사소통할 수 있는 SNS 미디어는 다수의 의견을 바탕으로 최적의 대안을 찾는 효과적인 방법으로 자리 잡고 있다. SNS 미디어가 소비자의 의사결정 과정 중 정보·의견·경험의 공유나 태도 형성, 식당방문 의도에도 많은 영향을 주기 마련이다. 소셜 미디어나 앱을 통해 다양하고 신뢰성 있으면서 고객이 필요로 하는 정보를 실용적으로 획득할 수 있기 때문에 SNS 미디어는 중요한 정보 원천으로 인식되고 있다. 특히 스마트 모바일 디바이스가 발달하면서 언제 어디서나 SNS 미디어를 통해 활동이 이뤄지는 환경이 조성됨에 따라 이를 통해 생산되고 전달되는 정보의 양이 급격하게 증가하고 있다. 최근에는 외식업체에서 고객과의 관계 형성에 있어 스마트한 비즈니스 모델을 구축하며 안정적인 매출증대를 이루는 사례들을 매우 많이 접할 수 있다.

사례 외식업과 SNS[3)]

SNS가 음식 문화를 정립하는 시대… 음식점도 소비자도 SNS로 정보 주고 받아 먹스타그램, 인스타그래머블, 얼리어먹터, 모디슈머 등 신조어 인기

개그우먼 이영자씨가 최근 재전성기를 맞았다. 한 공중파 방송에서 하는 먹방 프로그램 덕분이다. 시청자들 사이에선 그녀가 소개한 맛집을 '순례'하는 것이 유행처럼 번지고 있다. 요즘 인스타에서 유행하는 해시태그 중 하나가 '영자로드'일 정도이다. 14일 기준 인스타에서 '영자로드'를 치면 검색되는 게시물은 260개에 달한다.

과거엔 TV 맛집 프로그램이 외식을 부추기는 요인 중 하나였지만 요즘엔 소셜네트워크서비스(SNS)가 외식의 진화를 앞당기고 있다. '먹다'와 '인스타그램'의 합성어 '먹스타그램'. 특이한 음식이나 출시한 지 얼마 안 된 제품에 도전하는 '얼리어먹터'라는 신조어가 해시태그를 달고 무한 검색되는 것만 봐도 알 수 있다.

SNS가 음식 문화를 주도적으로 이끌면서 생겨난 현상 중 하나는 사람들이 먹는 김에 사진을 찍는 것이 아니라 인증 사진을 찍으려고 먹는다는 것이다. 요식업계 종사자 사이에서는 '인스타그래머블'이란 신조어까지 생겼다. 소셜 미디어 '인스타그램'과 '할 수 있는'이라는 뜻의 영어 'able'을 합친 말로, 인스타그램에 올릴 만한 메뉴가 없으면 식당도 망한다는 의미다.

맛집에 대한 욕구가 커지자 백화점과 편의점도 이를 적극적으로 활용하고 있다. 백화점 바이어부터 인스타그램으로 해외 맛집을 찾는 것이 주요 업무의 하나일 정도이다. 신세계백화점 강남점 지하 1층. 지난달 문을 연 디저트 전문점 '라플' 앞에는 오전부터 긴 대기행렬이 이어진다. 이곳에서 파는 단일 메뉴는 애플파이로 우리가 늘 먹어왔던 애플파이처럼 달지 않고 맛있어 30, 40대 여성들에겐 물론 남성들에게까지 인기가 있다.

이 디저트를 들여온 바이어가 아이템을 찾는 곳은 주로 SNS이다. 일본의 디저트계 인플루언서(영향력 있는 개인)들을 팔로우해서 매일매일 정보를 얻는다. 바이어는 "자다 가도 아이디어가 생각나면 인스타그램이나 홈페이지에 들어가길 반복한다"며 "일본 교포 출신이라 지인들에게도 정보를 얻긴 하지만 핫한 디저트 소식은 아무래도 SNS가 가장 빠르다"고 전했다. 백화점 관계자는 "애플 파이를 먹으러 오는 고객들도 SNS를 통해 알고 온 경우가 대부분"이라며 "SNS가 식음료 문화를 이끌고 있

3) 아시아경제, 'SNS가 바꾸는 食문화'… 인스타에 입소문 나면 '대박', 2018년 5월 14일.

다고 해도 과언이 아니다"라고 설명했다.

롯데백화점 부산 본점에서는 지하 1층과 2층에 홍대개미, 스마스시, 폴바셋, 살바토레쿠오모, 카페마마스, 마이타이 등 50여 개의 국내 및 세계 유명 맛집을 스트리트 형태로 조성한 '고메스트리트'를 선보였다. 이곳 역시 모두 SNS에서 유명한 음식점들로 구성됐다.

먹거리 신제품을 수시로 선보이는 편의점 역시 SNS를 통한 홍보에 열을 올리는 것도 이와 같은 맥락이다. 편의점 업계 관계자는 "1인 가구들은 보통 SNS를 통해 먹거리에 대한 정보 검색에 치중한다"며 "편의점 도시락을 페이스북이나 인스타그램에서 알리는 데 주력하는 이유"라고 말했다. 덕분에 편의점 3사 도시락 1분기 매출도 지난해 같은 기간 대비 19~31.4%의 성장세가 이어지고 있다. 신제품을 개발하자마자 SNS로 검색하고 댓글로 제품을 '검증'할 수 있는 것과 동시에 외식 물가가 치솟는 와중에도 가장 '저렴하게' 한 끼를 해결할 수 있기 방법이기 때문이다.

외식을 부추기는 데 SNS에 인증 사신과 후기를 올리며 활동하는 '얼리어먹터'들도 한몫한다. 남들보다 '먼저' 도전해야 하기 특성상 이들은 먹기 전 먹을 음식이나 음료 선정을 중시한다. 이들의 평가에 따라 다수의 팔로워가 움직여 영향력도 만만치 않다.

'크리스피 크림'이 내놓았던 매운맛 도넛인 '매운 오리지널'이나, 투썸 플레이스의 '리얼 토마토 빙수', 본죽의 '육개장죽', 프링글스가 출시한 태국 전통요리 '똠양꿍' 맛 과자 등은 얼리어먹터들의 대표적인 표적들이었다. 식품업계 관계자는 "제품 출시 초기, 트렌드에 민감한 얼리어먹터 소비층을 사로잡아 입소문 효과를 거두는 것이 중요해지고 있다"고 강조했다.

새로운 메뉴를 만들어내는 '모디슈머' 역시 외식업계를 휘젓는 한 축이 됐다. 자신만의 차별화된 조리법으로 즐기는 소비자를 의미하는 모디슈머는 영어 'Modify(수정하다)'와 'Consumer(소비자)'의 합성어다. 기존 음식을 재창조해서 소비하는 것이 특징이다. 모디슈머로 화제가 된 사례로는 인스턴트 짜장 라면과 라면을 섞어 만든 '짜파구리'가 있다. 짜파구리 조리법은 SNS상에서 다양하게 만들어졌다. 아이스크림 위에 진한 에스프레소를 얹어 내는 디저트 '아포가토'처럼 맥주에 아이스크림을 넣어 만드는 '맥포가토'도 마찬가지다.

소비자 반응에 민감한 식품업계에서 얼리어먹터와 모디슈머가 SNS를 통해 기업과 소비자 사이의 '연결고리' 역할을 하며 식품, 외식 업계에 톡톡히 역할을 하고 있다.

SNS 미디어 고객들이 급속하게 증가함에 따라 SNS 미디어상에서의 외식마케팅 활동이 외식기업의 전체 마케팅활동에서 차지하는 비중도 함께 높아질 수밖에 없다. SNS 미디어 마케팅은 SNS 미디어 이용자들의 관계망에 접목된 마케팅으로서 블로그, 마이크로 블로그, 트위터, 페이스북 등 SNS를 활용하여 기업, 브랜드, 상품 등을 광고, 선전하거나 홍보하는 계획과 활동들을 통트는 개념이다. 따라서 외식기업은 현재 상승하고 있는 프로필 기반의 SNS의 유형에서 페이스북, 인스타그램, 트위터에 공식 홈페이지를 만들어 외식기업의 정보와 새로운 메뉴를 소개하고 고객이 참여할 수 있는 이벤트와 혜택 등을 제공하여 소비자와 친근한 이미지를 형성해야 한다. 그리고 쌍방향 커뮤니케이션을 통해 마케팅을 활발히 진행해야만 한다. 이것이 기술환경의 커다란 변화에 따른 외식마케팅 영향의 좋은 예이다. 즉 기술의 변화가 외식마케팅의 현실이 된 것을 보여준다.

셋째, 법 · 정치 환경으로써 일반 기업들과 비교하여 외식기업에서는 큰 영향을 줄 수 있다. 특히 문제가 되는 것은 법 · 정치 환경이 가지고 있는 근본적인 속성인 규제 활동으로서 외식마케팅에 직접적인 영향을 줄 수 있다. 외식마케팅은 대부분 먹거리와 관련이 되는 것으로 이는 위생적인 문제를 수반하며 결국은 국민의 건강과 직결되기 때문에 법 · 정치의 영향을 가장 많이 받는 산업분야라고 할 수 있다. 최근 시급한 문제가 되고 있는 것은 급격한 최저임금 인상과 강제 근무시간 단축은 법 · 정치 환경 변화의 좋은 예이다.

외식업에서 최저임금의 급격한 인상은 사업의 지속 여부를 고민할 만큼 직접적인 영향을 미친다. 매출액을 늘려서 비용 부담을 줄여보자고 목표를 세워보지만, 매출액을 늘리자니 투입되는 인원도 늘려야 하는데 최저임금의 급격한 인상으로 감히 엄두를 내기 힘들다. 게다가 근로시간도 1주일에 52시간 이내로 줄이고 공휴일도 유급으로 보장해야 하는 상황에 맞닥뜨린 것을 생각해 보면 영업방식을 그대로 유지할 수 있을지, 외식기업은 생존의 기로에 내몰리게 된다.

결국, 법 · 정치 환경의 변화는 외식기업의 전략경영 및 마케팅활동에 직 · 간접적인 영향을 미치며, 이러한 환경의 변화에 민감하게 대처하는 외식기업만이 생존할 수 있을 것이다.

넷째, 경쟁 환경으로써 경쟁 환경은 한마디로 극심하다고 보아야 한다. 외식산업 경쟁강도는 앞에서 지적한 바 있지만 다시 한번 구체적으로 살펴 보자. 2016년 통계청 자료에 의하면 외식산업의 폐업률은 23.8%로 전체 산업평균 13.2%보다 2배가량 높았다. 2016년 기준 신규 외식 사업자는 약 19만 명, 폐업신고자는 17만 명에 달했다. 지역별로는 강원도와 제주도에 외식업체가 과도하게 밀집해 있다. 관광이 활성화되어 있는 곳일수록 과잉공급된 외식업체들의 경쟁 강도가 세다. 한국외식산업연구원에 따르면 경기도의 외식업체당 인구수가 92.1명으로 가장 많았다. 이어 인천 91.1명, 광주 81.4명, 서울 80.9명, 부산 71.2명 등이 뒤를 이었다. 강원도와 제주도는 외식업체당 인구수가 50.5명이었다. 외식업체당 인구수가 적을수록 지역 내 외식업체가 많다는 것을 의미한다(〈표 2-2〉 참조).

표 2-2 외식업 경쟁실태[4)]

외식시장의 흐름을 전망해보고자 식품외식경제는 외식업 경영주 364명을 대상으로 월간식당과 공동으로 설문조사를 진행했다. 불황이라는 단어가 새롭지 않을 만큼 장기 침체에 빠진 외식업계의 실태를 진단해 보고자 한 것이다. 사회경제적 변화에서부터 소비자의 라이프스타일 변화까지 다양한 측면에서 원인이 제시되는 가운데 실제 외식업 현장에서 느끼는 불황의 원인은 무엇인지 물었다.

조사결과 응답자의 65.9%가 '내수경기 침체로 인한 소비심리 위축'이라고 답했다. '음식점 수 증가로 인한 과당경쟁'을 꼽은 응답자도 45.5%에 달했다. 이외에 '정치 · 경제정책의 불안정'과 '편의점 · HMR 증가'를 원인으로 보는 이들도 각각 20%가 넘었다. 음식점 간 과당경쟁은 17.7%로 운영난을 가중시킨다고 지적했다.

지난 2014년 실시한 동일한 조사와 비교하면 당시에도 불황의 원인으로 내수경기 침체(64.4%)와 음식점 수 폭등(17.8%)이 꼽혔다. 다만 음식점 증가로 인한 과당경쟁을 꼽은 응답자가 17.8%에서 45.5%로 약 1.5배 이상 증가했다. 이는 연평균 8.9%에 달하는 외식산업의 급성장세로 국민 78명당 1개꼴로 음식점이 증가한 현실을 외식업 경영주들이 피부로 체감하고 있는 것으로 보인다.

구체적으로 외식업 경영을 가장 어렵게 만드는 원인으로는 인건비 상승(57.1%)과 인력난(47%)을 꼽았다. 이외에도 소비심리 위축(29.2%)과 임대료와 원재료비 상승이 각각 25.6%로 높게 나타났다. 다만 음식점 간 과당경쟁(14.3%)이나 청탁금지법시행(7.1%) 등은 낮았다.

지난 2014년 조사에서는 소비심리 위축(25.9%), 원재료비 상승(22.6%), 음식점 간 과당경쟁(17.7%), 인력난(14%) 등으로 집계됐다. 외식업 운영난의 주범이 소비심리위축에서 인력난을 옮겨간 것으로 최근 4년 사이 외식업 인력난과 임금인상으로 인한 압박이 거세졌다는 것을 의미한다.

따라서 외식마케팅 전략을 수립할 때 경쟁환경분석은 필수 중의 필수가 된다는

4) 한국외식산업연구원, 산업인력 현황분석 보고서- 음식서비스 산업 -, 2018년.

점을 반드시 명심해야 한다. 직접적인 경쟁자와 간접적인 경쟁자의 상황을 필히 파악해야 하고 잠재경쟁자도 반드시 생긴다는 전제하에서 경쟁환경을 분석해야 할 것이다.

끝으로 사회환경으로서 이 환경변화에 가장 영향을 많이 받는 것이 패션이라고 생각할지 모르지만, 외식산업도 사회환경의 영향에 매우 민감하다. 2019년 현재 외식산업에서 가장 뚜렷하게 나타나는 사회환경의 영향 중에는 1인 가구는 물론 시간이 부족한 맞벌이 부부 · 워킹맘 등 모두가 외식과 배달음식 · 간편식 등을 즐기고 있다는 것이다. 현재 우리 사회는 합계출산율의 급격한 감소로 아이없는 가정과 결혼하지 못하는 1인 가구가 세계에서 유례를 찾을 수 없을 정도로 급격하게 증가하고 있어 이제 가정식이 점점 사라지는 사회적 변화 속으로 빠져 들고 있다. 또한 다른 한편으로는 저출산에 따른 자녀들에 대한 과보호 현상으로 인해 가정 내에서 자녀들의 발언권이 강해짐에 따라 외식 종목의 선택에 있어서도 이런 사회적인 현상을 무시할 수 없게 되었다. 사회적 환경변화는 외식산업과 외식마케팅에 뚜렷한 영향을 주는데 첫째, 경기침체에 따른 역설의 한 형태로서 식재료 비용의 급상승으로 가정식의 비용이 증가하여 외식이 더 일반화되고 있다. 둘째, 취업난으로 인해 결혼에 어려움을 겪는 젊은 층이 1인 가구화 되어 외식이 일반화되고 있다. 셋째, 사회 고령화와 세계 최악의 노인빈곤율로 인해 외식산업이 젊은 층 주도로 움직이고 있다.

사례 맥모닝–편의점 도시락–배달음식으로 끝난 매화 씨의 하루 食[5)]

"해 먹는 게 더 맛있고 싸지!" 이제 이 말은 옛말이 됐다. 지금은 "사 먹는 게 더 맛있고 싸다"다. 먹거리 가격이 하늘 높은 줄 모르고 치솟고 있다. 그런데 외식 먹거리는 더욱 다양해지고 맛있어지고 있다. 거기다 각종 배달 앱에는 가성비(가격 대비 품질) 높은 다양한 음식들이 많아 그야말로 먹거리 천국이다. 다양한 가정간편식(HMR) 제품이 쏟아지면서 간편하게 먹을 수 있다는 점도 식(食)문화 트렌드를 바꾸고 있다. 1인 가구는 물론 시간이 부족한 맞벌이 부부 · 워킹맘 등 모두가 외식과 배달음식 · 간편식 등을 즐기고 있다.

#혼자 산 지 올해로 10년 차인 직장인 김매화(32)씨. 3년 전까지만 해도 매끼 집에서 해 먹고, 도시락을 싸서 다녔지만 이제 그는 '요리'에는 손을 놨다. 다양한 간편식 제품이 많이 출시됐고, 가격 대비 해 먹는 것보다 경제적이란 판단에서다.

회사에 출근할 때 꼭 인근의 맥도날드를 찾아 아침 메뉴 '맥모닝'을 사 먹는다. 점심에는 동료들과 식사를 할 때도 있지만 일주일에 3번은 편의점에서 도시락이나 샐러드를 사서 먹고 남는 시간에는 산책을 하거나, 회사 내 마련된 휴게실에 10분가량 잠을 청한다. 퇴근 후 유난히 고단할 때 배달음식을 시켜 먹는다. 각종 할인을 적용하면 재료를 사서 해 먹는 것도 훨씬 이득이다.

그러나 대부분은 온라인몰을 통해 주문한 간편식으로 끼니를 해결한다. 혼자 사는 1인 가구를 위한 소용량의 다양한 제품이 잘 나와서 가격 대비 만족 100%다.

주말에는 늦은 아침에 눈을 떠 간편식으로 아점(아침과 점심 사이)을 즐긴다. 늦은 오후에는 저녁 식사를 위해 배달음식을 자주 이용한다. 1인 가구가 많아지다 보니 이제 웬만한 식당들도 1인분 주문할 때 배달을 해주며, 오피스텔이 밀집된 곳이다 보니 시켜 먹을 배달 맛집도 많다.

#서울로 대학을 와 혼자 자취 생활을 하는 대학생 박지윤(22)씨. 2년 전까지만 해도 하숙 생활을 했지만, 비용 부담으로 월세 원룸을 얻어 생활하게 됐다. 하숙보다 식비 지출을 줄일 수 있어 만족스럽다는 그는 '편의점 도시락'을 강력히 추천했다. 편의점 4사의 모든 도시락을 섭렵했다는 그는 질릴 틈이 없다고 엄지를 치켜세웠다. 저녁에는 친구들과 패스트푸드점을 자주 찾거나 여러 명이 모여 피자나 치킨을 함께 시켜 먹는다.

5) 아시아경제, 맥모닝-편의점 도시락-배달음식으로 끝난 매화씨의 하루 食, 2018년 5월 4일

주말에는 온라인몰에서 주문한 간편식으로 끼니를 해결한다. 냉동 피자도 잘 나오고, 데우기만 하면 한 그릇 뚝딱 만들어지는 냉동밥도 잘 나와 만족스러운 한 끼가 된다. 게다가 국과 즉석밥이 함께 들어있는 제품 종류도 많아 든든하게 배를 채울 수 있다.

#유치원에 다니는 7살 딸을 둔 워킹맘 박미선(40)씨는 주말에 한끼 정도만 요리를 해 식사를 하는 편이고, 평소에는 외식을 즐겨한다. 평일에는 온라인몰에서 미리 주문한 각종 간편식 밑반찬으로 아이와 남편의 식사를 챙긴다. 배달음식도 자주 시켜먹는다.

즐기는 배달음식은 백반과 보쌈, 치킨, 피자 등이다. 주말에는 아점으로 주로 김치찌개나 된장찌개를 먹는다. 이마저도 밀키트(RTC(Ready TO CooK)제품)를 주문해 그냥 데우거나 끓이거나 하는 편이다. 오후에는 아이 데리고 키즈카페나 쇼핑몰 등을 방문해 시간을 보내고 오후에 함께 외식하고 집에 들어온다.

박씨는 "청소는 남편과 함께 하는 편이지만 둘 다 요리에는 소질이 없어 외식을 자주 한다"라며 "일을 하고 육아까지 해야 하는 상황에서 직접 해 먹는 것보다 훨씬 경제적이라고 생각한다"라고 말했다. 이어 그는 "최근에 간편식 제품들을 사려고 마트에 가서 보니 감자나 무 등 가격이 너무 올랐고, 오징어 등의 수산물 가격도 만만치 않더라"라면서 "비싼 식재료에 나의 시간까지 투자해 한 끼를 해 먹는 것보다는 오히려 외식이 피곤하지 않다"라고 전했다.

#전업주부 이선화(44)씨는 마트에 갈 때마다 한숨이 절로 나온다. 집어 든 감자 한 개에 2500원이고, 오징어 한 마리에 1만 원이다. 반찬으로 감자볶음이나 오징어볶음을 하자니 한 달 생활비가 부족할 것 같다. 감자나 오징어뿐만이 아니다. 제철이라 남편과 아이들이 좋아하는 주꾸미 볶음을 해주고 싶어도 가격이 만만치 않아 고민하게 된다.

식재료를 사놓고 음식을 해놔도 평일에 거의 야근을 하는 남편이나 밖에서 친구들과 자주 끼니를 해결하고 들어오는 아이들 때문에 상하고 버리는 양이 너무 많다. 그러다 보니 남편이 일찍 퇴근하거나 아이들이 저녁 식사시간에 맞춰 들어오게 되면 배달음식을 즐겨 먹고, 집 근처 식당에서 외식을 자주 하는 편이다. 게다가 아이들이 자주 이용하는 배달 앱을 보니 정말 먹거리 천국이 따로 없다. 시켜먹는 음식마다 가족 모두가 만족스러워해 어느새 가족의 식문화 트렌드가 바뀌었다.

이씨는 "집안에 음식물 쓰레기도 없고, 남은 식재료나 음식물 등을 버려야 하는 수고로움까지 없는 것을 생각하면 외식이나 배달음식이 더 좋은 것 같다"라며 "게다가 요즘 뭐 하나를 사려고 해도 가격이 너무 비싸서 해 먹는 게 더 비싸다"라고 하소연했다.

식품업계 관계자는 "업체들이 간편식 사업에 속속 뛰어들면서 더욱 더 맛있고 차별화된 간편식 제품을 출시하는 것이 바로 식문화 트렌드가 바뀌고 있다는 것을 증명하는 것"이라며 "식문화의 변화로 인해 식품업체들은 이를 겨냥한 간편식 · 밀키트 제품에서 성장동력을 찾고 있다"고 전했다.

이상으로 우리는 외식기업의 거시환경의 여러 변수와 그것들의 특성들을 알아보았는데, 이 절에서 우리가 알아야 할 것은 첫째, 거시환경의 변화는 각 변수의 단독적인 변화로 이루어지지 않는다는 점이다. 이는 각 변수가 서로 상호관계가 강하며, 한 변수의 변화가 또 다른 변수의 변화를 촉진할 수도 있고 지연시킬 수도 있다는 점이다. 예컨대 법 · 정치 환경에서 환경오염을 방지하기 위해 비닐 포장을 규제한다면 이는 문화 · 사회 환경에서 환경주의에 관한 관심을 강화하는 결과를 낳아 그만큼 외식경영자에게는 다각적인 영향을 끼치게 되는 것이며, 또 선거철의 규제완화와 봐주기 식은 이런 문화 · 사회 현상의 강도를 낮추는 또 다른 다각적인 영향을 초래하게 되는 것이다. 따라서 다른 모든 마케팅 변수들도 그러하지만, 거시환경 변수도 단독적으로 변화되지 않는다는 점이 거시환경 변수의 관리를 어렵게 하는 요인이 된다.

둘째, 거시환경 변수는 변화의 속도가 다소 더디게 느껴지지만 한번 변화가 일어나면 2017년부터 시작된 최저임금의 급격한 인상과 근로시간의 단축과 같이 그 영향은 사업의 존폐를 좌우할 수 있는 결정적인 역할을 하는 경우가 많다. 아직도 우리나라의 기업은 대기업이건 중소기업이건, 업태가 제조업이건 외식업이건 간에 환경의 변화에 대해서는 임기응변식 후속 대응식 접근을 하는 경우가 많은데, 향후 이런 접근법은 기업경영에 치명적인 영향을 줄 수 있다. 특히 외식산업의 경우 외부환경을 항상 주도면밀하게 신경 써서 관리하고 예측하고 유연하게 대응한다면 외부환경의 변화는 위기가 아니라 새로운 경쟁기회를 창출하는 기회요소로 작용할 수 있다. 다만, 이는 외식경영자가 어떤 접근법으로 외부 환경을 다루는가에 달려 있는 문제이다.

제2절 외식마케팅 내부 환경분석

내부 환경분석은 외식기업 내부의 여러 경영기능을 분석하는 것으로서 회사의 규모와 관계없이 외식기업이 수행해야 하는 기능은 모두 포함되어 있다. 다만, 그 업무의 넓이와 깊이에 차이가 있을 뿐이지 어느 기능이 없어도 된다는 접근은 올바르지 않다. 외식기업의 입장에서 보자면 음식의 조리능력, 조리과정의 합리성 내지 효율성, 새로운 메뉴 개발을 위한 R&D, 식자재 공급자의 관리, 정확한 회계처리, 재무관리를 통한 안정적인 투자계획 등 모두 기업의 내부 환경에 포함되는 내용들이다.

1. 자사 분석

자사 분석[6]은 외식기업의 자기 역량을 정확히 진단하는 것을 말한다. 가장 중요한 것은 앞에서 제시된 외식기업의 비전과 사명을 바탕으로 현재 자사의 사업목표를 분석하는 것을 출발점으로 한다. 사업목표는 세부적으로 첫째, 외식마케팅 자원에 대한 분석으로 물적 자원과 인적 자원을 포함한다. 물적 자원은 외식기업이 위치하고 있는 상권 분석, 건물의 외형, 그리고 인테리어와 같은 주로 외형적인 요소들의 강점과 약점을 분석하는 것이다.

인적 자원은 가장 중요한 것이 경영자 스스로의 능력을 객관적으로 평가하는 것으로 특히 규모가 작은 외식기업의 경우에 이는 매우 중요한 자사 분석의 요소라고 할 수 있다. 그리고 외식사업은 서비스사업이므로 서비스에서 핵심적인 요소의 하나인 외식기업 종사자들의 서비스에 대한 이해와 고객에 대한 태도나 자신의 일에 대한 헌신정신 등은 중요한 마케팅 자원이 된다.

둘째 외식마케팅 전략 분석은 대(對) 고객 의사소통전략과 마케팅 믹스전략, 그리고 브랜드전략을 포함한다. 내부 분석에서 외식마케팅 전략은 본서의 모든 부분에

6) 이경주, 마케팅 4p mix, 미간행 강의안을 재구성 편집함.

서 총괄적으로 다루는 내용들이다. 의사소통전략은 마케팅전략의 체계에서 포지셔닝 전략과 외식마케팅 믹스 전략 중 촉진전략에서 주로 다룰 것이며, 브랜드전략은 외식마케팅 과제별 전략에서 자세하게 다룰 것이다.

외식마케팅 활동을 함에 있어서 어느 특정한 마케팅적 전략과 전술만으로는 최대의 효과를 내기가 힘들다. 그러므로 여러 가지 마케팅적 수단들의 상호 연관성에 맞추어 통합적으로 마케팅활동을 수행해 나가야만 좋은 결과를 얻는다는 점이 이해되어야 한다.

셋째, 마케팅 의사소통의 일환과도 관계를 가지고 있지만, 기업의 무형적 능력 분석이다. 이는 좁게는 그 외식기업이 보유하고 있는 브랜드 즉 메인 메뉴와 그와 보조를 이루는 메뉴의 이미지 요소를 포함하여 외식기업이 보유하고 있는 기업 이미지 내지 기업 정체성(Corporate Identity)과 관련되는 무형적인 내적 자산의 중요성이다.

이런 보이지 않는 자산들은 외식기업의 의사소통전략과도 밀접한 관계를 가지며 보이지 않는 자산들의 의사소통 결과가 경쟁력을 좌우한다고 해도 과언은 아니다. 또한, 외식기업의 이미지는 외식기업의 시설이나 종사자들의 서비스 태도나 제공되는 메뉴의 특성이 고루 반영되는 외식기업 문화와도 밀접한 관련을 가지는 것이라 하겠다.

끝으로 경영기능(Management Functions)으로서 이는 재무, 인사, 기술, 생산이라는 일반적인 경영의 능력을 모두 포괄하는 것들이다. 경영기능들의 효율적인 관리와 연계는 외식기업 경영의 필수적인 것들이라고 할 수 있다. 다만, 본서는 외식기업의 경영차원 중 주로 외식마케팅에 초점을 맞추어 기술되는 바 외식기업의 경영기능 차원의 자세한 기술은 생략하도록 한다.

2. 경쟁사 분석

외식산업은 경쟁이 치열한 산업 중 하나라고 이미 여러 번 확인하였다. 특히 한국의 경우는 직장인들의 은퇴 시기가 앞당겨지고 고령화가 급속히 진행되어 감에 따라 외식소비인구는 감소하는데 외식기업 창업은 늘어 창업 외식기업의 상당수가 폐업에 직면하는 상황이 계속 반복되고 있다. 또한, 2010년대에 들어서면서 우리 경제는 활력을 잃고 소비가 급격히 줄어드는 양상을 보이고 이는 시간이 갈수록 심화되고 있는 양상이다. 세계뿐만 아니라 우리나라도 'R'의 공포에 빠져들지 않을 수 없다는 점은 외식기업 경영과 마케팅을 매우 힘들게 할 것이다. 전 세계적인 경기의 침체는 수출기업들의 실적악화로 이어지고, 기업들의 실적 악화는 조직의 구조조정으로 이어지고, 그로 인한 급격한 실업의 증가를 초래한다. 실업의 증가는 실직의 증가와 창업의 증가로 이어지는데, 실직의 증가는 가처분소득의 감소로 이어지고 실업에 따른 생계형 창업은 바로 외식기업의 경쟁 격화로 이어진다. 고객들의 가처분소득의 감소는 외식기업의 매출 감소로 이어지고 새로운 외식기업의 창업은 '제 살 깎아 먹기(Cannibalization)' 식의 경쟁으로 이어진다. 이런 외식기업 수의 증가는 자연히 경쟁의 강도를 높이고 경쟁의 차원을 다각화시키는 현상을 초래하여 외식기업의 안정적인 경영과 장기적인 존속에 많은 영향을 주고 있는 것이 사실이다.

여기서는 외식기업들이 경쟁자를 분석하는 방법을 제시하여 어떻게 자사의 경쟁우위를 창출하고 지키는지를 알아보고자 한다. 경쟁자 분석은 자사의 경쟁자들이 누구이며, 그들은 무엇을 하고 있는가를 분석하는 것이다. 이는 경쟁자 분석의 기초라고 할 수 있다. 또한, 경쟁자를 총체적인(포괄적인) 의미에서 파악하는 것이다. 예를 들어 자사가 한식을 전문으로 하는 외식기업일 경우 동일한 한식집과의 경쟁뿐만 아니라 그 주위에 새로 생기는 일식집이나 혹은 젊은이들을 상대로 하는 퓨전 한식 전문점이 생길 경우도 그 경쟁의 범주에 포함시켜야 하는 것이다.

경쟁환경은 외부 환경 변화의 가시적인 결과라는 관점에서 검토해야 하며, 경쟁환경의 변화는 고객들의 변화를 포함하는 것이다. 물론 하나의 새로운 외식업의 진출이나 새로운 업태의 도입을 위해 막대한 판촉을 벌인다고 해서 모두 성공하거나 고객의 욕구를 반영하는 것은 아니지만, 외식마케터들은 적어도 이런 변화가 주는 시장에서의 의미, 자사에 대한 의미, 고객들에 대한 의미 정도는 항상 파악하고 민감해야만 한다.

그리고 자사의 경쟁사라고 생각되는 경쟁 외식기업에 대한 정보수집 활동을 꾸준히 펼쳐야 한다. 이는 앞에 지적된 경쟁의 범위 내에서 어떤 정보수집의 방법이 있는지 그리고 그 정보수집의 정확성과 유용성에 대해 외식마케터들은 파악하고 있어야 하기 때문이다.

3. 고객분석

외식마케팅의 내부 분석 중 가장 핵심적인 요소는 바로 고객분석이 된다. 외식마케터들은 서비스 종사자건 경영자건 간에 모두 고객분석을 가장 중요한 요소로 보고 있지만, 이는 단지 감각적 혹은 경험적 느낌만으로 분석하는 경우가 대부분이고 보다 체계적으로 자사의 고객을 분석하는 경우는 그리 많지 않다. 외식마케팅의 대부분의 업무가 사실 고객분석으로부터 출발하고 궁극적으로 고객분석으로 마무리되는 것이라 해도 과언이 아니다.

고객분석의 핵심은 고객에게 자사의 메뉴가 어떻게 인지되어 어떻게 이용되며 이용 후 어떻게 기억되고 있는지를 파악하는 것이다. 이를 위해 첫째, 고객분석을 위한 문제 제기로서 외식마케터들은 고객이 자사의 메뉴에 진정으로 바라는 것이 무엇인지를 분석하고 있어야 하며, 둘째, 자사가 고객에게 제공하는 것은 무엇이고, 경쟁자는 고객에게 무엇을 주고 있는가를 파악하며, 셋째, 자사의 고객들은 어떤 욕구의 집단들로 구성되는가를 파악해야 하며, 넷째, 자사가 목표로 정해야 하는 기존의 고객층과 신규 고객층은 누구인지를 파악해야 하며, 다섯째, 자사의 메뉴 개념 혹은 이미지가 어떻게 포지셔닝 되어야 하는가를 규명하는 일련의 과정들이 필요하다. 이는 외식마케팅의 전략 과제인 시장세분화, 목표시장 전략, 포지셔닝전략과 맥을 같이하는 것이며 외식마케팅의 근간이라고 볼 수 있다. 끝으로 이와 같은 전략을 실행할 구체적인 전술이 있어야 한다.

제3절 내부 환경분석 방법

외식마케팅에서 내부 환경분석 방법은 다양하게 있을 수 있지만 본 절에서는 가장 일반적으로 사용되는 자사의 시장에서의 경쟁사 속성분석으로서 SWOT분석, 경쟁사 분석으로서 벤치마킹분석(Benchmarking Analysis), 그리고 시장성장률 분석을 다루고자 한다.

1. SWOT 분석

외식마케팅 담당자들이 가장 많이 사용하는 내부 환경분석 중 하나가 바로 SWOT 분석일 것이다. SWOT 분석이란 강점(Strength) · 약점(Weakness) · 기회(Opportunity) · 위협(Threat)을 기본으로 하여 내외에서 발생하는 긍정적인 그리고 부정적인 내용을 분석하여 사업의 방향성을 잡고 대처하기 위해 쓰이는 분석방법이다. SWOT의 가장 큰 활용 가치는 내부와 외부의 영향요인들을 동시에 판단할 수 있다는 점이다. 강점은 경쟁 외식기업과 비교하여 고객으로부터 강점으로 인식되는 것은 무엇인지, 약점은 경쟁 외식기업과 비교하여 고객으로부터 약점으로 인식되는 것은 무엇인지, 기회는 외부 환경에서 유리한 기회요인은 무엇인지, 위협은 외부 환경에서 불리한 위협요인은 무엇인지를 찾아낸다.

SWOT 분석은 분석 자체가 간단명료하게 정리되기 때문에 쉽게 문제점을 파악할 수 있다. 최고경영진들은 긴 설명문보다 짧고 명료한 요약문을 선호하듯이 SWOT 분석은 필수적인 사업환경의 변화요인과 내부환경 변화요인들을 하나의 표로 명료하게 볼 수 있다.

하지만 항상 SWOT 분석이 유리한 것만은 아니다. SWOT 분석을 정확하게 이해하기 위해서는 제반 사항에 관한 지식이 필요하다. 그 이유는 SWOT 분석이 장황한 설명문 형식이 아니라 짧은 문장으로 끝이 나고 추가 설명이 들어 있지 않기에 기초적인 지식이 없는 상태에서는 분석 자체를 이해하지 못할 수가 있으며, 이해하더라도 부분적인 면에서 그릇된 해석을 할 수 있기 때문이다.

외식마케터나 외식 경영자의 입장에서도 SWOT 분석을 준비하기가 쉽지 않다. 일단은 문장을 명료하게 만들기도 쉽지 않으며, 외식기업의 환경 영향을 한 두 줄로 정리하는 일도 만만한 것은 아니다. 또한, 보다 중요한 문제로 네 가지 요소 간의 관계를 규명하는 작업이 쉽지 않은 문제이다. 즉 위협과 기회와의 관계, 위협과 강점과의 관계, 위협과 약점과의 관계, 그리고 기회와 강점과의 관계, 기회와 약점과의 관계, 그리고 강점과 약점과의 관계를 고려하여 전략을 도출할 경우 이는 매우 복잡한 문제가 되고, 설령 도출된 전략 간에도 상충이나 갈등이 일어날 수 있는 가능성도 함께 가지고 있다.

외식기업 내부의 강점과 약점을, 외부의 기회와 위협을 대응시켜 기업의 목표를 달성하려는 SWOT 분석에 의한 마케팅전략의 특성은 다음과 같다.[7)]

① SO전략(강점—기회 전략) : 시장의 기회를 활용하기 위해 강점을 사용하는 전략을 선택한다.

② ST전략(강점—위협 전략) : 시장의 위협을 회피하기 위해 강점을 사용하는 전략을 선택한다.

③ WO전략(약점—기회 전략) : 약점을 극복함으로써 시장의 기회를 활용하는 전략을 선택한다.

④ WT전략(약점—위협 전략) : 시장의 위협을 회피하고 약점을 최소화하는 전략을 선택한다.

이를 외식마케팅에 적용시킨 것이 아래의 〈표 2-3〉 대규모 육류 외식업의 SWOT 분석의 예이다.

사업에는 빈틈이란 있을 수 없다. 분석상에서 약점과 위협이 있다면 먼저 이 점을 명확하게 해결하고 넘어가야 한다. 만약 약점과 위협을 해결할 수 없다면 이 사업은 출발부터 문제가 있는 것이다. 약점과 위협은 SWOT 분석 문제해결을 통해 명확하게 해결해야 한다.

7) 최운선, 경영환경분석기법, 미간행 강의안을 재구성 편집함.

하지만 고질적인 약점과 위협에 관해서는 상황이 조금 다를 수 있다. 이는 업태의 문제일 수 있고, 경영자의 자질 문제일 수도 있고, 메뉴 경쟁력의 문제일 수 있기 때문에 마케팅전략 전반적인 차원에서 구조적인 분석이 필요할 것이다.

표 2-3 대규모 육류 외식업의 SWOT 분석의 예

내부능력 / 외부환경	강점(Strength)	약점(Weakness)
기회(Opportunity)	SO : Maxi–Maxi • 넓은 주차장→주차편의성 적극 전달 • 고급 고기 소싱의 파워→고기질에 관한 한 우리가 최고 • 집에서 가까운 거리→내 생활에 가까운 외식공간	WO: Mini–Maxi • 경기 침체로 인해 주문 단가 감소가 나타나지만 이에 대한 해결책을 우리가 못 주고 있음 해결책이 있다면 기회임 • 경기 침체에 따른 거대 외식공간에 대한 거부감을 극복할 방법을 못 찾는 약점이 있음
위협(Threat)	ST : Maxi–Mini • 경기 상황과 우리의 업력을 고려해 볼 때 근처에 향후 새로운 위협은 없으므로 고기의 질을 강력 의사소통 단서(power communication cue)로 하여 승부를 걸어야 함 • social media의 적극적 활용이 요구됨 • 경쟁 우위 메뉴 재강화 전략이 필요함	WT: Mini–Mini • 새로운 위협은 예상되지 않으나 비교적 큰 규모의 외식업이므로 경기의 영향을 많이 받는 약점을 단체 손님의 적극적 유인으로 극복해 나가야 함 • social media의 적극적 활용으로 repositioning도 시도해야 함 • 배달 앱 활용도 적극적으로 고려해야 함

SWOT 분석은 외식마케팅의 분석을 돕는 부분적인 분석방법이다. 그러므로 너무 SWOT 분석을 맹신하는 것도 문제가 있으며, 모든 외식마케팅 문제를 SWOT 분석만으로 해결하려고 하는 것도 어리석은 방법이다. 하지만 분명한 것은 현재 우리가 사용하고 있는 환경분석 방법 중 가장 효과적이고 간편하고 다른 사람들이 이해하기 쉬운 분석방법 중의 하나가 바로 SWOT 분석이라는 것이며, 외식기업들에게 요긴하게 사용될 것이라는 것이다. 특히 외식마케팅의 내부와 외부의 환경을 동시에 고려하여 분석하는 방법은 그리 많지 않으므로 일반적으로 SWOT 분석이 널리 사용되고 있다.

즉 어떤 외식기업의 내부 환경을 분석하여 강점과 약점을 발견하고, 외부 환경을 분석하여 기회와 위협을 찾아내어 이를 토대로 강점은 살리고, 약점은 보완하고, 기회는 활용하고, 위협은 억제하는 마케팅전략을 수립하는 것이 SWOT 분석이다.

2. 벤치마킹(Benchmarking)

내부 환경 분석방법 중의 또 다른 하나가 벤치마킹이다. 어떤 외식기업이 가지고 있는 내부의 강점이나 경쟁우위를 파악하며, 그 외식기업과 직접적인 경쟁관계에 있거나 경쟁관계가 없더라도 경영상의 배울 점이 있다면 이는 곧 벤치마킹의 대상이요 영역이 되는 것이다. 또한, 벤치마킹을 통해 자사를 객관화할 수 있으므로 벤치마킹의 대상만을 분석하는 것이 아니라 벤치마킹의 또 다른 핵심적인 부분은 우리 외식기업의 상황도 같이 비교해 보는 것이다. 이런 차원에서 보자면 앞의 SWOT 분석을 함께 하거나 벤치마킹 대상기업 선정 후 SWOT분석을 보완 실시하는 것이 바람직하다.

한 외식기업의 강점이나 경쟁우위는 그 외식기업의 여러 가지 경영자원 중 경쟁기업에 비하여 가지고 있는 훨씬 우월적인 능력, 즉 경쟁우위를 가져다 주는 외식기업의 능력이라고 정의될 수 있다. 이러한 강점을 파악하는 가장 쉬운 방법은 경쟁외식기업을 벤치마킹하여 자사의 경쟁우위/열위 요인을 파악하는 것이다. 외식시장은 경쟁이 치열하고 창업과 폐업이 빈번히 이루어지기 때문에 항상 기존의 경쟁사나 신규 경쟁사를 벤치마킹하는 자세를 취해야 한다.

벤치마킹의 단계[8]는 첫째, 벤치마킹 대상 선별로서 외식마케팅에서의 시장 선도자(Market Leader)나 전략적으로 중요한 의미를 가지는 대상을 선정해야 하며 시장 선도자가 가지는 특성을 면밀히 파악해야 한다. 둘째, 선별된 벤치마킹 대상 외식기업에 대한 파악이 이루어져야 한다. 이는 벤치마킹 대상 외식기업의 사업 위상을 분석해 보는 것을 포함해서 외식사업 서비스 위상에 대한 분석과 재무성과도 분석해 보아야 한다. 셋째, 벤치마킹 대상 외식기업의 핵심 사업모형과 메뉴의 구성분석(Menu Portfolio Analysis : 주메뉴의 강점과 약점 파악 그리고 주메뉴와 보완 메뉴의 시너지효과 정도 파악)을 파악하는 단계이다. 끝으로 벤치마킹 대상 기업의 전략을

8) http://www.gi.mogaha.go.kr/demo 참조 후 재편집함.

중장기 관점에서, 메뉴 포트폴리오 관점에서, 신규사업(메뉴)진출 전략 관점에서, 그리고 조직 · 자원의 관점에서 검토해 보아야 한다.

벤치마킹 방법은 자사가 '배울 만한 것이 있는'이라는 접근에서 대상을 찾아야 한다. 벤치마킹은 배울 만한 대상을 선정해 그 회사의 강점을 조사하고 분석하는 과정이다. 벤치마킹 대상 기업은 최고의 성과를 보이고 있는 경쟁 업체일 수 있지만 동종 업종이나 업태가 아니어도 좋다. 특히 기업문화나 경영전략 등과 같은 무형의 탁월한 경영자산을 지닌 타 업종 기업이 좋은 대상이 될 수 있다. 예컨대 삼성 이건희 회장의 "천재경영"의 의미나 GE의 잭 웰치 회장의 "선택과 집중" 전략을 벤치마킹하여 우리 외식기업에 맞게 재해석이나 응용하는 것도 좋은 벤치마킹이라 할 수 있다.

벤치마킹은 꼭 제품이나 서비스가 아니어도 되고 과정도 대상이 될 수 있다. 대상 기업이 제공하는 제품이나 서비스에서 벤치마킹을 실시한다면 경쟁적인 분석에 그 무게가 실리겠지만, 그렇지 않다면 자사의 내부 역량을 강화하는 데 도움을 받을 수 있게 된다.

마지막으로 벤치마킹은 지속적이어야 한다. 지속성은 모든 경영혁신 활동과 개선 활동의 필수적 전제이다. 가끔 자신들이 실시하고 있는 기법이나 방법이 잘못된 것인지 의문을 제기하게 된다. 한번 시행해 봤는데 성과가 없는 것으로 보아 방법상의 문제가 있는 것이 틀림없다고 생각하여 회의를 품는 경우가 흔히 있다. 이런 경우에는 대부분 방법에는 문제가 없다. '방법'은 충분한 유연성을 발휘할 수 있기 때문이다. 문제는 지속성에 있다.

지속성은 어떠한 핵심보다 중요하다. 지속성은 일련의 지식경영 과정(Knowledge Management Process)이라고 할 수 있다. 지식은 외부로부터 빌려 쉽게 사용할 수 있지만, 그렇다고 그것이 내 것이나 우리 기업의 지식이 바로 되는 것은 아니다. 그 지식을 조직에 체화시키기 위해서는 조직이 가지고 있는 과거의 지식과 경험을 바탕으로 현재 상황에 가장 적절한 접근방법으로 새롭게 꾸려 가는 것이어야 한다.

이것이 바로 그 외식기업의 전문력이고, 경쟁차별화의 바탕이며, 지식경영을 통한 부가가치 창출의 원천이 되는 것이다. 그러므로 벤치마킹은 일회성 행사가 아닌 지속적이고 순환적인 과정이다. 끊임없이 변화하는 경영환경과 경쟁을 이해하기 위해서는 지속적인 벤치마킹 활동이 필요하다. 물론 그대로 따라 하라는 것이 아니다.

미래에 전개될 경쟁과 시장의 구도를 이해하기 위한 것이다.

특히 외식 경영자나 마케터들이 명심해야 할 것은 벤치마킹이 복제(Copying)나 따라하기(Me Too)가 아니라는 것이다. 즉 벤치마킹은 참조를 통해 자사의 지식이나 경험을 바탕으로 창조적 혁신을 할 수 있을 경우 진정한 의미를 가지게 된다. 흔히 벤치마킹을 했는데도 우리는 왜 안되지 하는 고민에 빠지는 외식 경영자나 마케터들이 많은데, 이는 앞에서 지적한 벤치마킹을 잘못 이해하거나 창조적 혁신을 위한 각고의 노력을 기울이지 않아서 발생되는 것에 지나지 않는다. 다시 한번 강조하지만 벤치마킹은 복제과정이나 따라 하기가 아니라 지식창출과정이라는 것을 이해하는 것이 급선무이다.

이런 벤치마킹의 유형은 지식과 정보를 습득하는 일련의 과정이므로 그 지식과 정보의 원천에 따라 세 가지의 활동유형으로 나뉜다. 첫째, 내부 벤치마킹으로, 이는 서로 다른 위치의 사업장이나 부서, 사업부 사이에서 일어나는 벤치마킹 활동을 말한다. 프랜차이즈 가맹점이 전국에 분포하는 경우에 흔히 적용된다. 당연한 애기이지만 정보를 수집하기에 용이하다는 장점이 있다. 반면에 자사 내에서의 활동이기 때문에 근시안적인 조사와 분석활동이 될 수 있다는 한계를 가지고 있다.

하지만 외식산업의 특성상 대부분 단일 조직으로 움직이는 외식기업이 많으므로 이런 내부 분석은 외식 프랜차이즈에서 많이 활용될 수 있다. 외식 프랜차이즈의 경우 직영점이 아니라면 각 지역의 독립 가맹 점주의 역량에 따라 경영성과의 차이가 크므로 이런 내부 벤치마킹은 필수적이며, 최소한 분기에 한 번은 그 프랜차이즈 내의 성공과 부진의 세미나를 개최하여 서로의 지식과 정보와 노하우를 교류하는 과정이 반드시 필요할 것이다. 가맹본부(Franchiser)들은 근시안적인 가맹점 수의 증대를 목표로 하는 접근보다 내부 가맹점(Franchisee)들의 경쟁력을 높이는 데 초점을 맞추어야 할 것이며, 이에 필요한 것이 내부 벤치마킹이다.

둘째, 경쟁적인 벤치마킹[9]으로서 '경쟁적'이라는 단어에서 알 수 있듯이 동일한 고객을 대상으로 외식마케팅을 수행하는 직접적인 경쟁자 사이의 벤치마킹 활동을 말한다. 동종 업종이기 때문에 우리와 직접 관련 있는 정보를 얻을 수 있고 비교도 가

9) http://www.mentorsnote.com/archiver/93

능하다는 장점이 있다. 반면에 정보를 수집하기 어렵고 서로 적대적인 관계라면 활동이 사실상 불가능한 단점이 있다.

이 경우에는 자기가 직접 하기보다는 외부 전문가의 조언을 받는 것이 바람직하다. 외식 경영자나 마케터가 이를 단독으로 수행하게 되면 벤치마킹의 폭이 좁아질 뿐만 아니라 그 깊이도 얕아져 소기의 성과를 거두기가 쉽지 않다. 그리고 더 경계해야 할 것은 대상 기업의 성공과 그것을 배우려는 자신이 스스로 자가당착에 빠질 위험이 있다는 것이다. 굳이 전문가에게 비용을 지급하기보다는 또 다른 유사 외식기업의 의견을 참조하고 약식으로라도 공동 토론을 해 보는 것도 하나의 좋은 방법이다.

셋째, 경영기능적인 벤치마킹으로서 최신의 제품, 서비스, 프로세스를 가지고 있는 것으로 인식되는 조직을 대상으로 굳이 외식기업이 아니더라도 벤치마킹하는 것을 말한다. 이는 새롭고 혁신적인 기법을 발견할 수 있다는 장점이 있지만, 서로 다른 업종이기 때문에 방법을 이전해 올 수 없는 한계가 있다. 이런 문제들로 인해 벤치마킹 활동에 많은 시간이 걸리는 단점도 발생한다.

여기서 주의할 점은 이런 경영기능 벤치마킹은 유사한 업종이나 전혀 다른 업종을 대상으로 하기 때문에 이를 자사가 처한 환경에 맞추는 과정을 거치지 않으면 크게 낭패를 보는 경우가 많다는 점이다. 만약 다른 업체에서 대대적인 IT 투자를 통해 크게 성공을 거두었다는 점에 착안하여 벤치마킹해서 우리 외식기업에 적용한다면 굳이 많은 투자를 하지 않아도 되는 것을, 혹은 3년 후나 5년 후에 해도 되는 IT 투자를 성급하게 하여 큰 비용을 초래할 수 있으므로 반드시 경영기능 벤치마킹에는 자사의 외부 환경이나 내부 환경과의 적절성을 고려해야만 한다.

3. 시장성장률 분석

일반적으로 기업전략이란 어떤 기업에 주어진 자원을 효과적이고 효율적으로 활용하여 타 기업보다 경쟁우위를 창출하는 방법을 의미한다. 이때 여러 사업부를 갖고 있거나 하나의 사업부서라도 여러 제품을 취급하고 있는 조직에서는 조직의 자원을 기업 차원에서 어떻게 최고의 성과가 날 수 있게 배분하는 것이 유리한가를 결정하는 것은 매우 중요한 의사결정이다.

이는 외식기업에도 마찬가지이며, 외식기업의 경우 제공되는 제품 혹은 서비스라고 할 수 있는 메뉴가 다양하거나 메뉴가 소수라고 해도 제공되는 서비스가 여러 가지일 경우 이들의 여러 종류와 외식기업의 성과와의 관계를 분석하는 것은 중요한 문제가 된다. 이를 분석하는 대표적인 모델이 BCG 매트릭스(Boston Consulting Group Matrix)다.

BCG 매트릭스는 여러 사업을 수행하는 기업들의 전략수립을 위한 모델로서 사업부서 간의 자원배분 문제를 해결하는 데 이용되는 모델이다. 외식기업의 경우 메뉴의 종류가 많을 경우 제조기업에서의 생산제품의 종류가 많은 것과 유사하므로 이 모형을 외식기업의 경영전략 분석이나 마케팅전략 수립의 기초 자료로 활용해도 큰 무리는 없을 것이다. 우선 BCG 매트릭스에 관해 설명하자면 BCG 매트릭스는 두 가지 주요한 개념을 바탕으로 하고 있는데, 하나는 시장성장률이고, 다른 하나는 전략적 사업단위의 시장점유율이다. 수평축에는 시장점유율을, 수직축에는 시장성장률을 표시하여 전체를 네 개의 사업집단으로 나누고 있다. 시장점유율은 전체 시장에서 차지하는 판매액의 비율로 나타낼 수 있으며, 높은 시장점유율을 가지고 있다는 것은 그 사업이 리더라는 것을 의미한다.

본서에서는 시장성장률을 특정 메뉴의 성공률로 파악하고 시장점유율을 그 외식기업 메뉴 중 그 메뉴가 차지하는 매출기여율로 파악하고자 한다. 외식기업의 경우 수많은 메뉴와 주류, 음료 등 매우 많은 제공물로 구성되는데, 이런 다양한 제공물을 BCG 매트릭스로 분석하면 많은 시사점을 준다.

1) 현금 젖소(Cash Cows)

현금 젖소 사업단위는 시장성장률은 낮지만, 상대적 시장 점유율은 높다. 이 경우 시장의 성장속도가 느리기 때문에 신규 투자를 위한 자금이 많이 필요하지 않고 시장점유율은 크기 때문에 판매량이 많아 높은 이익을 가져다 줄 수 있다. 따라서 여기에 속한 사업단위는 기업에 많은 유동자금을 공급해 줄 수 있다. 또한 여기에 속한 사업단위를 젖소라고 이름 붙인 이유도 젖소가 우유를 공급하는 것과 같이 기업에 자금을 공급하기 때문이다.

외식기업의 입장에서 보자면 그 외식기업이 제공하는 메인 메뉴가 현금 젖소에 포함된다고 할 수 있다. 예를 들어 대표적으로 간판에 표기하고 있는 메뉴를 일컫는데 여기서 외식기업이 중요하게 분석해야 할 것은 자신의 주된 메뉴가 꼭 현금 젖소가 아닐 수 있다는 점이다. 이 말은 메인 메뉴가 아닌 다른 메뉴가 오히려 현실적으로 많은 현금을 창출해 줄 수 있다는 것이다. 따라서 자사의 메뉴 중 진정한 현금창출 메뉴가 무엇인지 파악하고 있어야 한다.

2) 별(Stars)

별에 속한 사업단위는 시장성장률과 시장점유율이 모두 높아 기업들에게 바람직한 희망을 주는 사업이라고 해서 별로 표시한다. 그런데 별 사업은 수익률은 높으나 성장률도 높기 때문에 시장점유율을 유지하기 위해서는 적극적인 투자가 필요하다. 지금 당장은 기업에 자금을 공급하지는 못하지만, 현금 젖소로 이행될 가능성이 큰 사업이다.

외식기업의 입장에서 새로운 메뉴의 도입은 사실 쉬운 것은 아니다. 왜냐하면, 외식업은 제조업과 달리 시장에서 판매가 부진하다고 메뉴를 쉽게 전환할 수 없기 때문이다. 외식업에서 업종이나 메뉴를 전환한다는 것은 심각한 문제이기 때문에 조심스럽게 생각해야 한다.

그러나 자신의 주된 메뉴와 함께 제공되는 부가 서비스나 부가 메뉴를 통해서 새로운 별(Stars)을 끊임없이 만들어 가야 하고 때로는 신규 메뉴를 과감하게 도입하여 변화가 심한 오늘날 고객들의 욕구를 맞추어 나가야 한다. 더 나아가서는 외식업의 전문력을 가진 경영자나 마케터들의 판단으로 고객 자신은 알지 못하지만, 잠재적으로 가지고 있을 욕구를 새롭게 끄집어내거나 창출할 수 있는 능력이야말로 향후 외식마케팅에서 중요한 포인트라고 할 수 있다.

3) 물음표(Question Marks)

물음표 사업단위는 시장점유율이 낮으므로 그 특성상 수익성은 그리 크지 않으나 성장률은 높기 때문에 시장점유율 유지와 확대를 위하여 많은 자금 투자가 필요하다. 물음표는 사업이 발전되거나 도태될 수 있기 때문에 매우 신중한 마케팅 의사결정을 해야 하는 특성이 있다.

외식마케팅에서 새로운 재료로 새로운 메뉴를 개발하여 고객에게 제공할 경우 조리방법이나 재료의 보편화가 안 되어 있어 새로운 메뉴의 단가가 비싸지게 마련이다. 이 새로운 메뉴가 특정 고객층에 인기를 끌어 많은 고객이 찾게 되면 외식기업 경영자나 마케터들은 이런 물음표의 의문에 빠지게 된다.

즉 수익성은 떨어지지만, 성장 가능성이나 실제의 성장성이 높아 이를 계속 가져가야 할지 그렇지 않을지를 판단해야 한다. 이럴 경우 가장 좋은 전략으로 새로운 저가의 원재료를 찾아야 하고 또한 조리방법의 간편화를 이룰 방법들을 찾아내야만 한다.

4) 개(Dogs)

개에 속하는 사업은 시장점유율과 시장성장률이 모두 저조하기 때문에 수익성이 낮고 자금의 유출도 적다. 장래성이 없는 사업으로서 조건이 나빠지면 점차 처분되어야 하는 사업이다.

외식마케팅에서 가장 중요한 전략적 판단이 요구되는 것이 바로 이 개에 해당하는 메뉴이다. 외식마케팅의 주된 가치 제공 수단인 메뉴는 창업 초기부터 정해져 있는 경우가 대부분이다. 고객들은 외식업체를 선택할 때 꼭 주메뉴만 보는 것이 아니라 함께 고를 수 있는 메뉴도 중요하게 생각한다. 하지만 이런 초기의 메뉴가 장기적으로 모두 성공적일 수는 없는 것이다.

그러므로 기존에 가지고 있는 메뉴를 부분적으로 수정하거나 새로운 것으로 대체해야만 한다. 그러나 이를 잘못하게 되면 고객들이 생각하는 메뉴가 갑자기 없어지거나 그 외식기업의 점포 개념(Store Concept)의 혼란을 일으킬 수 있기 때문에 세밀한 주의를 기울이지 않으면 안 된다. 이 네 가지의 관계를 그림으로 나타내면 아래의 [그림 2-8]과 같다.

성장률 \ 점유율	고	저
고	스타(★)	물음표(?)
저	현금 젖소 (Cash Cow)	개(×)

그림 2-8 BCG 매트릭스

이러한 BCG 매트릭스는 기업의 모든 사업단위나 상품을 BCG 매트릭스에 표시하면 그 기업의 전반적인 현 상태의 사업건전도와 자금조달 능력을 직관적으로 파악할 수 있는 특징이 있다. 예를 들면 외식마케팅의 경우 대부분의 메뉴가 현금 젖소에 위치하고 있다면, 그 외식기업의 자금동원 능력이 상당히 좋은 상태에 있다는 것을 알 수 있으며, 대부분의 메뉴들이 개에 위치하고 있다면 그 외식기업의 유동자금이 부족하고, 기업 전체가 상당히 어려운 국면에 있다는 것을 알 수 있다.

일반 기업이건 외식기업이건 가장 이상적인 상태는 젖소에 큰 사업(또는 메뉴)이 몇 개 있고 별에 다수의 사업 또는 메뉴가 존재하는 경우이다. 그러한 이유는 아무리 현금흐름을 창출하는 메뉴라도 일정 기간이 지나가면 개의 위치로 가는 경우가 많기 때문에 30년, 50년을 내다보는 장기적 성공을 거두기 위해서는 반드시 스타 메뉴군이 끊임없이 창출되어야 하고, 그 스타의 대부분은 아니더라도 50% 이상은 현금 젖소로 발전해 나가야만 하는 것이다.

또한, BCG 매트릭스는 외식기업 경영자에게 각 메뉴의 자원배분(고객에 대한 권고 강도, 새로운 재료의 추가 여부 등)에 대한 지침을 제공하며, 존속시킬 메뉴, 처분해야 할 메뉴, 외식기업의 목표를 달성해 줄 수 있는 메뉴 등 외식기업의 이상적인 균형을 알 수 있게 해준다. 하지만 외식기업은 한 메뉴만으로도 충분히 장수기업으로 존재하는 경우도 흔하다는 점은 염두에 둘 필요가 있다. 이를 그림으로 정리해 보면 〈표 2-4〉와 같다.

표 2-4 BCG 매트릭스의 사업 대안과 전략

사업 대안의 종류	시장 위치	전략 지침
스타	새로운 메뉴 중 리더	새로운 메뉴 중 지배적인 위치를 유지 향상시킴
물음표	새로운 메뉴 중 추종자	투자를 확대하여 새로움을 강화시키거나 가능성이 낮을 경우 투자를 철회함
현금 젖소	기존 메뉴 중 리더	메뉴의 내용에 약간의 부분 수정을 가하는 정도로 지배적 위치를 유지하여 현금창출을 극대화함
개	기존 메뉴 중 추종자	메뉴를 삭제함(divesting), 마케팅 노력을 점차 감소시킴, 메뉴를 재포지셔닝함

이런 BCG 매트릭스도 한계점을 가지고 있는데 이는 다음과 같다. 첫째, 상대적인 시장점유율과 현금흐름 간 정(+)의 관계가 있다는 주장은 설득력이 약하다. 항상 이에 정의 관계가 있는 것은 아니다. 다시 말해 시장점유율—외식마케팅의 경우 메뉴 점유율 : 메뉴 중 잘 나가는 비율—이 높다고 현금창출이 많아지는 것은 아니라는 것이다. 외식기업의 경우 신규로 도입한 스타 메뉴가 계속해서 잘 나가는데 여기에 투입되는 원재료가 고가일 경우 이를 대체하는 저렴한 원재료를 못 찾으면 이는 시장점유율이 높아도 오히려 현금창출에 문제가 생길 수 있다.

둘째, 기업의 전략 선택에 영향을 주는 요인으로 시장점유율과 시장성장률 이외의 다른 요인이 더 많이 있을 수 있다. 이는 매우 중요한 BCG 매트릭스의 한계점으로 기업경영은 생물과 같아서 매우 다양하고 복잡한 변수들이 상호 작용한다. 외식기업의 경우 메뉴 점유율과 메뉴 성장률로만 메뉴를 조절하는 것은 문제를 발생시킬 수 있다. 특히 외식기업의 성장에는 외식마케팅의 역할이 중요한데, 이런 BCG 매트릭스는 마케팅의 노력을 간과하는 측면이 크다고 보아야 한다.

셋째, 특정한 메뉴의 점유율과 성장률을 측정하기가 어렵다. 외식마케팅에서 보자면 고객의 입맛은 항상 일정한 것이 아니다. 고객들이 선호하는 외식기업이 그때그때 다르고 그 외식기업에서 선택하는 메뉴가 다양하기 때문에 이런 메뉴의 점유율과 성장률을 어느 기간 어느 시간대로 볼 것이냐에 따라 메뉴가 처하게 되는 BCG

매트릭스 상의 위치가 달라지는 것에 주의해야 한다.

넷째, 모든 메뉴가 BCG 매트릭스 상의 네 개의 이름이 붙여진 메뉴군으로 분류하기가 어렵다는 것이다. 즉 중간에 위치하는 메뉴가 있을 수 있다. 어떤 메뉴는 시즌에 따라서는 현금 젖소였다가 어떤 시즌에는 개로 전락하고 또 다음 시즌에는 현금 젖소가 되는 경우는 외식마케팅에서 허다하므로 이 분석법을 적용할 때에는 많은 주의가 요구된다.

BCG 매트릭스를 이용하여 외식마케팅의 메뉴군을 분석할 경우 성공의 프로세스와 실패의 프로세스가 있는데, 다음의 [그림 2-9]는 성공과정을 나타낸 것이다.

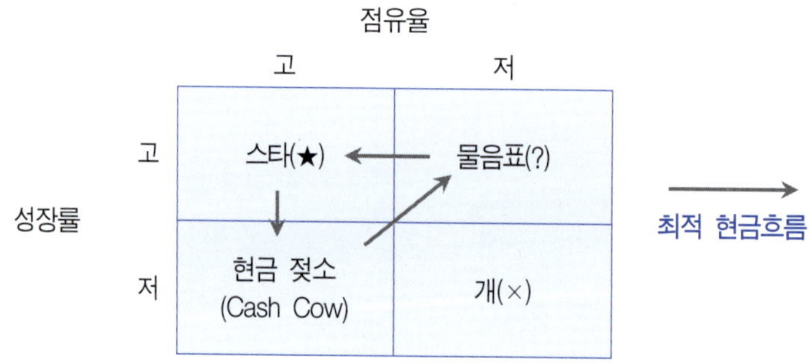

그림 2-9 성공 과정(Success Process)10)

성공의 전형적인 과정은 새로 도입한 메뉴가 초기에는 물음표의 단계에 머물다가 외식마케팅의 성공에 힘입어 점차 스타 메뉴로 옮겨가도록 해야 한다. 이에는 반드시 유형적 무형적 노력이 뒤따라야 하고 이런 노력은 성공으로 이어지지 못하면 즉 현금 젖소로 이어지지 못하면 그 투자만큼의 손실을 감소해야 하는 위험도 함께 있으므로 투자의 수행 여부에 주의를 기울여야 한다.

특히 외식기업은 기업 이미지가 매우 중요하고 구전효과(Word of Mouth)가 큰 산업이기 때문에 자칫 반짝 효과만 있고 장기적인 효과가 없는 유행 메뉴에 마케팅 비용을 과다하게 투자하다가 투자금과 기업 이미지의 손상을 가져오면 치명적인 것이

10) 이수동, 마케팅환경분석, 미간행 강의안.

된다.

스타 메뉴 중에서는 고객들이 그 메뉴를 수용하는 임계치(Critical Mass) 즉 “이 정도면 좋아”라는 수준에 도달하는 메뉴는 현금 젖소가 되며, 이런 메뉴가 곧 그 외식기업의 마케팅 성공을 좌우하는 핵심이 되는 것이다. 하지만 이런 현금 젖소도 언젠가는 또는 마케팅관리의 오류로 개로 전락할 수 있다.

어쩔 수 없는 상황 즉 외부 환경의 변화나 내부 마케팅전략의 변화로 인해 개로 이동하는 것은 차치하고 항상 개로 이동하는 징후를 추적하고 이런 징후를 극복해 나가는 지속적인 마케팅 노력만이 현금 젖소가 개로 전락하는 것을 막을 수 있다는 것을 주지할 필요가 있다.

다음의 [그림 2-10]은 전형적인 실패의 과정(Failure Process)을 보여주는 것이다. 이는 두 가지 과정이 있는데 스타 메뉴에서 마케팅 노력이 부족하거나 잘못된 마케팅 노력으로 인해 다시 물음표로 전락하는 메뉴가 되어 버리는 경우와 둘째, 현금 젖소에서 오래 지속하지 못하고 개로 전락하는 경우이다. 이는 대부분 외식마케팅 정책 실패의 결과라는 것을 알아야 한다. 지금 현재 스타 메뉴라도 시간이 경과함에 따라 혹은 마케팅비용의 투자만으로 현금 젖소로 갈 것이라고 예상하는 것은 바람직하지 않다. 왜냐하면 스타 메뉴는 마케팅적인 노력이 없는 한 결코 현금 젖소로 발전되지 못하며 스타 메뉴에 엉뚱한 마케팅전략, 예를 들어 과도한 비용을 지급하여 마케팅하는 경우 그에 수반되는 현금 흐름을 창출하지 못하면 다시 물음표의 자리로 옮겨지기 때문이다.

또한, 현금 젖소에 있는 메뉴들은 환경의 변화에 따라 어쩔 수 없이 개로 전락하는 경우를 제외하고 현금 젖소로 장기간 유지되기 위해서는 외식마케팅적인 노력이 필요하다. 한번 현금 젖소로 메뉴가 자리매김했다고 그대로 방치한다면 그 메뉴는 고객들로부터 외면을 당하거나 식상해질 수 있다. 따라서 계속적인 관심으로 부분적인 수정이나 개선의 노력을 기울여야 장기적으로 현금 젖소의 위치에 머물 수 있다. 외식마케터들은 이런 실패의 과정도 성공과 함께 있다는 점을 상기해서 외식마케팅 전략을 수립하도록 해야 한다.

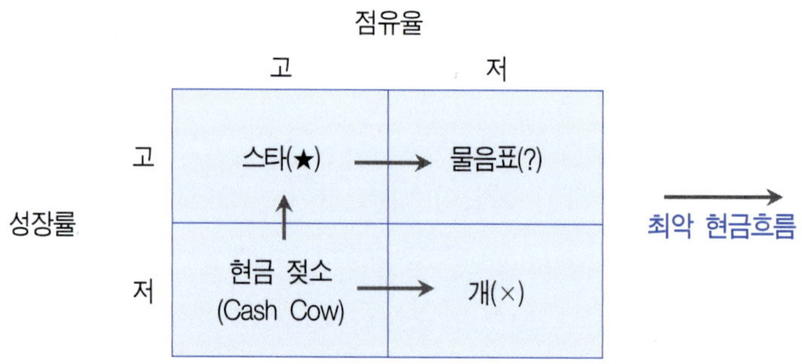

그림 2-10 실패 과정(Failure Process)

제3편

외식마케팅 전략

제1장 외식시장 세분화

마케팅이라고 하는 용어는 현대의 경제활동에 있어 필수적인 용어라고 모두 인식하고 있지만, 그 용어의 개념이나 정의가 너무 광범위하고 모호해서 외식 경영자나 외식마케터들이 혼돈에 빠지고 그에 따라 외식마케팅에 과학적으로 접근하는 방법을 모르거나 개념의 체계를 잡지 못하여 외식마케팅의 발전을 저해하는 하나의 요소로 작용하고 있다.

마케팅이라는 개념을 확실히 이해하기 위해서는 본서가 계속해서 강조하고 있듯이 마케팅을 한 단어로 정의할 수 있는 “교환(Exchange)”이라는 단어를 이해할 필요가 있다. 즉 마케팅을 다른 한마디로 정의하라고 한다면 바로 교환이 되는 것이다. 마케팅이론으로 보면 교환이 이루어지는 모든 대상이 마케팅의 대상이 되며, 이에는 무형적 교환이건 유형적 교환이건 차이가 없다. 그러므로 마케팅의 영역은 한마디로 어느 부분이고 무엇이다라고 정의하는 것 자체가 의미 없는 것이라고 할 수 있다. 하지만 마케팅이 가지고 있는 전략은 어떤 형태의 산업에서도 동일한 설명력을 가지고 있기 때문에 모든 사업의 밑바탕이 되고, 그 사업의 성공적 열쇠를 쥐고 있는 핵심적인 경영수단이 되는 것이다.

이러한 관점과 맥락을 같이하여 외식산업에서도 외식마케팅이라는 용어가 전혀 낯선 것이 아니라 오히려 더욱 그 적용이 절실한 분야가 된다. 해외의 문헌들은 이미 외식산업에서 마케팅전략을 어떻게 수행하는가가 그 사업의 사활이 걸린 문제가 된 지 오래되었다.

본서에서는 이런 중요한 마케팅을 외식산업에서 어떻게 활용할 것인가, 그리고 그 전략수립은 어떻게 이루어지며, 그 전략의 실행을 위한 수단들은 무엇이며, 그것을 어떻게 현실에 연결시킬 것인가를 다루고 있다.

외식산업의 마케팅전략의 체계는 [그림 3-1]과 같다. 흔히 STP 전략이라고 일컬어지는 시장세분화(Market Segmentation)전략, 목표시장(Target Market)전략, 그리고 포지셔닝(Positioning)전략으로 나누어진다. STP 전략은 세분화된 고객의 욕구를 만족시키기 위해 도입된 마케팅전략 개념으로, 몇 개의 기준으로 시장을 분류한 후, 이러한 세분시장에서 표적시장을 선택, 그리고 자사의 개념 즉 외식마케팅에서는 넓게는 점포 개념, 좁게는 메뉴 개념을 마케팅믹스를 통해 외식기업의 고객에게 인식시켜 주는 과정이라고 할 수 있다.

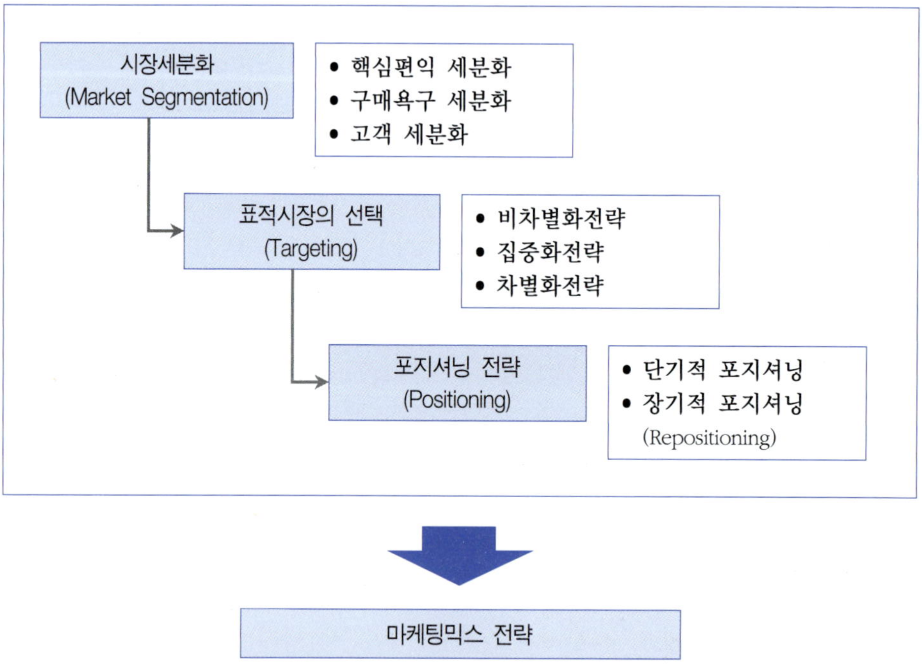

그림 3-1 외식마케팅의 핵심전략 체계

제1절 외식시장 세분화의 의의

외식시장 세분화란 다양한 욕구를 가진 고객을 욕구가 유사한 동질적 집단으로 구분하는 것을 기본으로 한다. 외식시장을 세분화하는 이유는 고객들의 특성이 다양하기 때문인데 특성의 차이는 구매행위에도 차이를 보이므로 구매욕구, 구매동기의 변화를 조사하여 외식마케팅 기회를 포착하기 위해서이다.

외식시장의 세분화를 하는 이유는 첫째, 고객들의 욕구는 너무나 다양해서 전체의 욕구를 규정하는 것 자체가 불가능하기 때문이다. 심지어 한 고객이 하나의 세분시장(Market Segment)이라고 볼 수도 있다. 그러므로 고객들은 자신의 욕구를 충족시키는 방법과 행동방식이 모두 다르게 나타난다. 다시 말해 세밀하게 보면 욕구가 완전히 같은 고객은 없다는 것을 의미한다. 이러한 다양한 욕구에 의해 외식기업이나 외식 메뉴 그리고 그 외식기업 내의 메뉴 선택에 따른 요구사항과 구매방식이나 습관이 다를 수밖에 없다.

외식기업이 개개인의 개별적 욕구를 만족시키려면 각각의 욕구를 수용할 수 있는 엄청나게 많은 형태의 메뉴나 서비스 그리고 제공되는 방법의 조합이 필요하게 된다. 이럴 경우 비용은 계속 증가하고 그 효용은 정체되어 비용-효과가 균형을 이룰 수 없게 된다. 그리고 그렇게 할 필요도 없다. 아무리 욕구가 가지각색이라고 해도 어떤 욕구에 있어서 유사한 고객그룹은 존재할 수 있다. 그래서 외식기업은 욕구가 비슷한 성향이 있는 고객그룹을 묶어서 그 욕구에 대응하는 메뉴를 만들고 제공하기 위해서 시장을 세분화하는 것이다. 이렇게 함으로써 외식기업은 각각의 동질성 있는 욕구에 맞는 메뉴와 마케팅믹스를 개발해야 성공 가능성이 높아지게 된다(각각의 세분시장은 욕구의 유사성에 의해 분류된 집단이라고 할 수 있음).

둘째, 외식시장 세분화를 해야 하는 이유는 외식기업 경영자원의 한계 때문이다. 외식기업은 시장에 존재하는 다양한 욕구에 모두 대응하기 위해서 마케팅뿐만 아니라 거의 모든 영역에서 엄청난 자원(물적/인적 자원)을 소모해야 한다는 부담을 지게 된다. 그러나 다른 기업들도 마찬가지지만 외식기업들에게도 외식마케팅 의사결정에 투입될 수 있는 자원은 언제나 한정적일 수밖에 없다. 자원의 양이 많고 적음이 문제가 아니라 마케팅자원은 상한선이 없는 의사결정이므로 항상 자원결핍 상황에서 효과의 극대화 결과를 도출하는 의사결정이 그 근본 속성이기 때문에 투입자원은 한계가 있다.

그러므로 한계적인 투입자원을 가장 필요한 시장에 투입해서 자원이 헛되이 낭비되지 않게 하는 것은 절대적인 명제에 해당한다. 따라서 외식기업의 시장을 분석하여 자사의 목표에 맞는 시장을 선정하여 한정적 자산을 투입하기 위해 시장세분화는 반드시 전제되는 것이다.

셋째, 시장에는 항상 경쟁자가 존재하기 때문이다. 현재는 독점적이라서 경쟁이 없는 시절도 있을 수 있지만, 우리나라의 외식시장은 아무리 새로운 아이디어나 메뉴를 가지고 시장에 진입했다 하더라도, 그 아이디어나 새로운 메뉴에 대한 직접적인 경쟁자는 없더라도 간접적 외식이라는 범주 내의 경쟁은 존재하고 있기 마련이다. 시장은 항상 경쟁이 존재하는 곳이고, 경쟁자는 당연히 무언가 경쟁우위에 있는 것을 바탕으로 시장을 장악하려고 한다.

하지만 외식마케팅에서 자사가 모두 잘할 수는 없고, 모두 잘하려고 덤비다가는 한 가지만 잘하는 경쟁자에게 당해 낼 재간이 없는 것이 사실이다. 경쟁자는 이러한 약점을 항상 공격하려는 존재이고, 외식기업의 무 전략적 시장진입이나 확대는 필연적으로 이러한 약점을 내포하게 된다.

다시 말해 전체 시장을 대상으로 하는 마케팅은 필연적으로 약점을 경쟁자에게 제공할 수밖에 없게 된다. 그래서 외식기업은 경쟁범위를 스스로 선택하고 그곳에 자원을 집중하여 결전을 벌이게 되는데 그것이 외식마케팅에서의 시장세분화의 이유가 된다.

위와 같은 이유에 의해 외식기업은 기본적으로 다양한 세분시장에서 가장 적절한 세분시장의 한 개 혹은 몇 개를 선택해야 하는 문제에 직면하게 되고, 이는 다른 한편으로는 일정한 부분에 대한 포기를 의미하기도 한다.

이러한 전략적 사고 과정에서 외식마케팅의 시장세분화는 다양한 욕구 속에서 초점을 맞추어야 할 시장과 포기해야 할 시장들을 구분해 내는 데 유용하게 된다. 때로는 여러 가지 중에서 최선의 하나를 선택하는 것보다 하나씩 버려 나가는 게 더 쉬울 수 있다. 기업전략적 사고의 대가인 마이클 포터의 "전략적 마케팅전략의 본질은 자사가 하지 말아야 할 것을 선택하는 것"이라는 명언을 명심할 필요가 있다.

제2절 외식시장 세분화 방법[1]

시장세분화의 방법에는 지금까지 수많은 논의와 사례들이 있었지만, 어느 것이 정확하고 유용한지는 주장하는 학자마다 대상이 되는 산업마다 대상이 되는 제품이나 서비스마다 다르게 나타나 왔다. 하지만 한 가지 중요한 것은 시장세분화에서의 마케팅 개념의 문제이다.

마케팅(메뉴) 개념이라는 것은 무형적인 마케팅자산이라고 불리는 것으로 손으로 만질 수 없지만, 고객들이 느끼는 의식적인 그 무엇이 된다. 이것은 그 외식기업이 들이는 마케팅 노력의 총체로 고객에게 인식되는 것이며 점포 이미지, 브랜드 아이덴티티, 메뉴 개념으로 나타나는 것들을 총체적으로 이르는 말이다.

그동안 여러 마케팅 교과서나 마케팅 전략서에서 마케팅 개념을 등한시해 왔지만, 마케팅전략에서 가장 우선적이고, 가장 장기적이고, 가장 가치 있는 자산은 바로 마케팅 개념의 힘(브랜드의 힘)이라는 점을 간과해서는 안 된다. 특히 외식마케팅에서 마케팅 개념은 아직 많이 연구되고, 응용되고, 실천되어 오지 않았지만, 이것의 중요성은 이제 현실적으로 받아들여야 한다. 본서는 이런 외식마케팅의 개념을 앞으로 전개되는 여러 전략에서 강조하고자 한다.

1) 박충환 · 오세조, 마케팅관리, 박영사, p.215, 1995년.

1. 세분화에 대한 편익(Benefit) 접근방법

외식마케팅 세분화에 대한 편익접근방법은 외식마케팅의 개념 분류로부터 시장세분화의 출발점으로 보고 접근하는 것이다. 외식마케팅 개념이 고객의 관점에서 수용되는 것이 바로 편익(Benefit : 고객이 특정 대상의 소비를 통해 얻게 되는 이익)이 된다. 다시 말해서 편익이란 고객이 어떤 외식기업에서 소비(식사)를 통해 느끼는 혜택이라고 할 수 있다. 이것은 좁게는 그 고객이 가지고 있는 해결해야 할 문제를 해소하는 것이며, 더 나아가서는 자신의 품위 표현과 같은 욕구도 함께 포함하는 단어이다.

외식마케팅에서의 편익이라는 것은 한마디로 왜 특정 고객이 경쟁 외식기업을 방문하고 혹은 왜 우리 외식기업을 방문하고 왜 어떤 메뉴를 선택하는가를 설명해 보는 것이고 규명하는 것이다. 인간의 행동에는 생각의 양이 많고 적건, 가격이 높건 낮건, 노력의 정도가 크건 작건 간에 그 행동을 설명할 수 있는 '왜'라는 이유가 존재하기 마련이다. 이는 외식마케팅에서도 마찬가지다. 단골 고객이건 지나가는 고객이건 간에 그 외식기업의 점포를 선택하는 이유가 반드시 있기 마련이다.

따라서 외식마케팅에 있어 고객들의 외식기업 선택의 기본이 되는 왜(핵심 편익 : Key Benefit)를 규명하는 것이 시장세분화의 출발점이요, 여기서부터 외식마케팅의 개념(Concept)이 도출되는 것이며, 이 개념이 외식마케팅의 전반적인 체계의 디딤돌이 되는 것이다.

하지만 외식마케팅의 개념이 무형적이듯이 이 '왜'라는 핵심 편익도 무형적이라서 과학적인 접근을 통해 개념을 정의해야만 하고 또한 무형적인 고객들의 사고 속의 그 어떤 것인 만큼 항상 변화할 수 있다는 점을 중요하게 생각해야 한다. 시장세분화 이론이 그렇듯이 한번 시장세분화를 해서 우리의 목표시장과 그에 맞는 외식마케팅 개념을 포지셔닝했다고 그것이 영원한 것이 아니라 항상 변화하고 그 변화가 자사가 원하는 방향만으로 가지 않는다는 것을 주지할 필요가 있다.

이런 편익에는 기능적 편익(Functional Benefit), 감각적 편익(Sensible Benefit), 그리고 상징적 편익(Symbolic Benefit)이 있다. 첫째, 기능적 편익은 외식기업의 메뉴를 소비함으로써 자신이 가지고 있는 욕구 즉 인간이 외식을 통해 가장 기본적으로 해결할 수 있는 배고픔의 해결 등과 같은 것이 외식마케팅에서의 기능적 편익에 해당하는 것이다. 이는 배고픔의 해결만 아니라 그 욕구 해결의 편리성과 합당한 가격 그리고 습관적 구매도 기능적 편익의 한 부분이다.

둘째, 감각적 편익으로서 고객들의 오감을 자극하는 요소로 고객들의 오감 즉 차별적인 맛, 독특한 냄새, 부드러운 촉감 등을 말하는 것이다. 더 나아가서는 외식기업의 익스테리어나 인테리어나 심지어 종사자들의 복장에 내재된 감각적인 요소로 선택하는 것도 포함한다.

셋째, 상징적 편익으로서 특정 외식기업의 메뉴를 소비함으로써 고객들이 지니는 자아 이미지를 나타내고자 하는 욕구를 충족시키는 것에 해당하는 편익이다. 어떤 외식기업의 방문이나 소비를 통해 특정 준거집단(Referent Group)의 소속감을 표현하고자 한다면 이는 상징적 편익을 위한 소비라고 볼 수 있고 시장세분화의 중요한 기준 중의 하나이다. 다음의 〈표 3-1〉은 외식마케팅의 편익 세분화의 변수들을 보여주는 것이다.

표 3-1 외식마케팅 편익 세분화의 예

구분	기능적 편익	감각적 편익	상징적 편익
편익의 예	• 신속한 배고픔의 해결 • 가까운 곳 • 신속한 주문처리 • 신속한 배달 • 저렴한 가격 • 한 곳에서 다양한 메뉴의 주문 가능 • 편리한 주차시설	• 우아한 점포 인테리어 • 독특한 맛 • 은은한 아로마 • 맛깔스러운 음식형태 • 산뜻한 간판 • 우아한 음악 • 종업원들의 세련된 복장 • 종업원들의 친절도	• 세련된 접객 스타일 • 최고급의 인테리어 • 조용한 분위기 • 고객들의 수준 • 내 동료에게 맞는 외식문화

사례 시장세분화 편익의 예: Hooters Restaurant

1. Hooters의 등장

1983년 Flolida 해변가에서 시작하여 새로움을 즐기는 사람들에게 해변의 비키니를 변형한 탱크탑 유니폼으로 서빙하는 아가씨들이 있는 레스토랑으로 유명하다. 현재 미국내 400여 개의 대형 체인으로 성장하여 세계 15여 개국에 진출하였고 항공사, 호텔카지노까지 사업영역을 확장하였다.

감각적 세분화전략: Hooters Girl
20,000여 명의 종업원 중 15,000여 명이 Hooters Girl
Hooters Girl은 Hooters의 기본 이념

Hooters Girl의 유니폼	
오렌지 색 반바지	흰 탱크톱
짧은 팔 또는 긴 팔 티셔츠	
팬티 스타킹과 브래지어 착용	

2. 핵심편익(감각적) 세분화 포인트

- Hooters Girl, Tank-Top: sexy Uniform, 맛있는 음식, 차가운 맥주,
- 튀는 마케팅, 후터스 매거진-후터스 회사 내외 소식 전 세계에 소개, 고객 참여
- Hooters Girl Model Contest를 통한 홍보 및 등용문 역할
- Hooters Air, Hooters Casino Hotel 등 다양한 사업영역 확대

3. 혜택 포인트:

- 패밀리 레스토랑의 개념보다는 근처의 편안한 식당개념 추구
- 비치테마 중심의 1950~60년대의 주크박스, TV 스포츠, 씨푸드, 샌드위치, 샐러드, 매운 닭 날개를 포함한 메뉴
- 매출구성은 음식 70%, 잡화 5%, 맥주와 와인 25% (그 외의 알코올 판매 안 함)
- 고객구성은 70%가 남성. 대부분이 25~54세

(저자가 직접 방문한 현지 Hooters Restaurant)

메뉴 구성

2. 세분화에 대한 선택상황(Choice Status) 접근방법

외식마케팅 시장세분화에는 선택상황도 중요한 세분화의 기준이 된다. 고객들이 어떤 외식기업을 선택하거나 특정 외식기업에서 어떤 메뉴를 선택하는가를 따져 보면 시간(계절) 차이에 따라 혹은 장소에 따라 그리고 선택 방법에 따라 상당한 차이를 보이게 된다. 외식마케팅에서는 이런 선택상황에 따라 많은 차이를 보이는데, 외식기업들은 이런 선택상황에 초점을 맞춘 판촉 이벤트와 광고나 홍보를 상당히 많이 하고 있다.

선택상황 중 언제/어디서(When/Where)는 특정 외식기업의 선택에서 시간과 장소에 따라 달라지는 변수를 말한다. 서울 시내에서 느끼는 패스트푸드의 선택과 해변에서 느끼는 패스트푸드의 선택은 달라질 수 있는 것이다. 또한 시간대에 따라 동일한 메뉴라도 선택되고, 선택되지 않는다는 것을 고려해야 한다. 선택상황 중 어떻게(How)는 외식기업을 선택하는 데 있어서 영향을 주는 영향자가 중요한데, 특히 외식마케팅에서 이런 영향자의 분석은 필수적이라고 볼 수 있다.

외식기업의 구매자들은 홀로 선택하는 것이 아니라 대부분 가족과 친구와 애인과 동료들과 함께 즉 복수적으로 구매하는 특징이 있다. 복수인 구매자는 상호 영향 관계 속에서 의사결정을 하기 때문에 외식마케팅에서 이런 영향자를 염두에 두는 시장세분화는 어렵지만 중요한 문제라고 할 수 있다. 또한 선택 노력의 정도도 어떻게에 포함되는 변수로서 어떤 특정 외식기업의 선택이나 메뉴의 선택에 얼마나 많은 구매 노력을 기울이는가도 중요한 변수가 된다.

선택 노력의 정도에는 매우 중요한 마케팅적 이론이 바탕이 되는데 바로 관여도 이론(Involvement Theory)이다. 관여도란 선택 결정 과정에서 고객이 관여하는 정도에 따라 시장을 분류하는 것으로 관여의 수준에 따라서 기업의 마케팅 계획을 차별적으로 수립하는 것을 말한다. 일반적으로 고관여(인지나 감정 이후에 선택 행동이 마지막으로 나타남) 상황과 저관여(구매 행동이 인지나 감정보다 앞서 나타남) 상황으로 나누어진다.

또 다른 중요한 시장세분화 기준변수는 대체 메뉴의 존재이다. 즉 자사의 메뉴를 어떤 이유에서 선택하지 못하는 혹은 선택하지 않는 고객들이 대안으로써 어떤 메뉴를 선택하는지 혹은 어떤 외식기업을 선택하는지를 검토해 보는 것도 외식마케팅에서 중요한 변수가 된다. 이는 외식기업의 잠재적인 경쟁자를 확인해 볼 수 있는 기준변수가 된다. 이런 선택상황 세분화의 예는 다음의 〈표 3-2〉에 나타나 있다.

표 3-2 선택상황 세분화

구분	언제/어디서	어떻게
선택상황의 예	언제 • 집안 행사 시 • 친구 모임 시 • 출퇴근 시 • 직장 동료 회식 시 • 고객 접대 시 어디서 • 집 근처에서 • 야외에서 • 명소에서	영향자 • 자녀 • 집안 어른 • 아내 • 직장 동류 • 애인 • 친구 구매노력 정도 • 고관여 : 외식 메뉴 선택에 많은 생각과 정보 탐색을 하는가? • 저관여 : 항상 구매하거나 많은 정보 탐색이 없어도 쉽게 선택결정을 하는가? 구매형태 • 주로 혼자서 • 주로 애인과 • 주로 가족과 • 주로 동료와 • 주로 동호회와

3. 세분화에 대한 고객 특성(Customer Characteristics) 접근방법

가장 흔히 사용되는 외식기업 시장세분화의 접근방법 중의 하나로 주로 고객의 특성에 따른 세분화를 들 수 있다. 이에 포함되는 것으로 지역별, 인구통계적 그리고 심리통계적 세분화가 있다.

1) 지역별 세분화(Geographic Segmentation)

고객이 살고 있는 거주지역을 기준으로 시장을 세분화하는 방법으로 외식마케팅의 시장세분화는 세밀한 지역별 접근이 필요하다. 외식기업의 핵심 상권 범위는 그리 넓지 않기 때문에 어떤 행정구역 내의 한 동네라고 해도, 번화가인가 이면 도로변인가에 따라서도 지역세분화는 달라질 수 있다. 지역별 구분은 그 기준에 따라 다양하게 내려질 수 있다. 예컨대, 대학가, 사무실가, 유통가, 주택가 등등 매우 다양하다. 이는 상권분석과 밀접한 연관을 가진다. 따라서 지역세분화는 뒤에 나오는 상권분석과 많은 상관관계를 가지고 있으므로 상호 비교 분석하여 세분화를 하는 것이 바람직하다.

2) 인구통계적 세분화(Demographic Segmentation)

인구통계학적 시장세분화는 남/녀, 나이, 가정의 라이프 사이클(Life Cycle : 신혼인가, 아이가 학생인가, 은퇴시기인가 등), 가족 수, 직업, 교육 정도 등에 의하여 시장을 세분화하는 방법으로, 가장 보편적이고 구분하기 쉬운 세분화 방법이다.

구체적으로 첫째, 성에 의한 세분화로서 이는 외식마케팅에 있어 그리 중요한 변수는 되지 못한다. 왜냐하면, 외식업이 제공하는 메뉴는 남녀가 따로 있는 경우는 거의 없기 때문이다. 다만, 여성 취향적인 음식과 남성 취향적인 음식은 있으므로 어떤 외식기업이 제공하는 음식의 특성이 성별에 얼마나 큰 영향을 받는지는 검토해 볼 필요가 있다.

둘째, 나이에 의한 세분화로 고객의 외식업에 대한 욕구는 나이에 따라 달라진다. 따라서 같은 음식이라도 나이에 따라 외식마케팅 방법도 달리하여야 한다. 나이에 의한 세분화는 외식마케팅에서 중요한 변수 중의 하나로 젊은 층이 선호하는 외식과 중년층이 좋아하는 외식에는 많은 차이가 있고, 한 외식업에서도 자녀와 부모가 서로 다른 메뉴를 선택하는 경우도 많기 때문에 외식업에서 나이를 고려하는 것은 중요한 것이다. 특히 주목할 것은 일반적 인식으로 나이가 많은 고객이 찾는 정통적인 외식업이라고 할 수 있는 음식이라도 젊은 층에 맞게 재창조하고 분위기를 보다 발랄하고 산뜻하게 하여 젊은 층으로부터 대대적인 호평을 받는 외식업의 형태도 많이 보이고 있다는 점이다. 이를 보면 과거의 도식적인 세분화로 전통음식은 중·장년층, 패스트푸드는 젊은 층이라는 일반적인 등식은 이제 외식마케팅에서 재해석하기에 따라 성공과 실패의 기준변수가 되고 있다.

셋째, 가정 라이프 사이클에 의한 분류로서 가정의 변화에 의한 외식시장 세분화도 많이 이용되고 있다. 즉 가정도 일정한 사이클을 그려 가면서 변화한다는 것을 반영한 것이 가정 라이프 사이클 세분화이다. 미혼-결혼-자녀-자녀성장-자녀결혼-퇴직-퇴직 후 노년 등의 사이클을 그려 가는 것이 한 예이다. 각 단계마다 선호하는 외식문화가 다르고 메뉴가 다를 수 있다.

넷째, 가족의 수에 따라 외식시장을 세분화할 수 있다. 이런 이유는 여러 명이 함께 사느냐, 아니면 혼자 사느냐에 따라 외식문화 소비패턴이 다르기 때문이다.

이와 같이 인구통계적인 변수는 매우 다양하고 각 외식기업들마다 그 중요성도 모두 다르기 때문에 외식기업은 인구통계변수를 면밀히 살필 필요가 있다. 다만, 주의를 기울여야 하는 것은 인구통계변수 단독으로 외식마케팅의 성공을 기대하기는 어렵고 설령 성공을 거둔다고 해도 그것은 단기적인 것인 경우가 대부분이라는 점이다. 왜냐하면, 인구통계변수는 마케팅 의사결정에서 항상 변화되는 하나의 종속변수이기 때문이다.

3) 심리통계적 세분화(Psychographic Segmentation)

심리통계적 세분화는 고객의 마음속 심리에 영향을 주는 변수들을 기준으로 세분화하는 것으로 시간과 환경의 변화 때문에 많이 달라질 수 있다. 그러므로 외식기업의 입장에서는 재빨리 이런 고객들의 심리 변화를 감지해야 성공할 수 있다. 즉 1개월, 6개월, 1년 등의 단위로 생활양식을 분석하고, 외식시장을 세분화해보는 전략이 필요한 것이다.

심리통계에 의한 외식시장의 세분화는 다음과 같이 세 가지로 구분할 수 있다. 첫째, 사회계층으로 사회계층에 따라 외식문화의 소비행태가 다르게 나타날 수 있다. 전문직이거나 소득이 높은 사회계층들이 추구하는 외식문화는 다른 계층과는 차이를 보일 것이다. 이런 사회계층의 차이를 만들어 내는 바탕은 소득도 중요한 요소지만 자기 계층의 표현을 하고자 하는 소비패턴도 강하다.

둘째, 라이프스타일은 개인의 욕구, 동기, 태도, 생각들의 복합체이다. 날씬한 몸매를 추구하는 여성들의 패스트푸드점의 회피라든가 카페인 없는 커피를 선호하는 경향과 같이 약간 모호한 경우도 일종의 라이프스타일에 해당된다. 또한 라이프스타일은 음식문화의 소비에 감각지향적이든가, 가격지향적이든가, 그리고 건강지향적인 형태로 뚜렷하게 구분되어 나타나기도 한다.

셋째, 개인의 성격으로 고객의 성격은 외식문화의 선택과 새로운 메뉴의 개발에 많은 영향을 끼친다. 깔끔한 성격, 털털한 성격, 세련미 추구형, 모임지향형 등에 따라서도 고객집단의 구별이 가능해진다. 또한, 전통음식 추구형의 보수적 성격, 새로운 시도 우선형의 진취적 성격, 그냥 그때 그때마다 달라지는 편의지향형 성격 등으로 나누어지기도 한다.

따라서 자사에 적합한 세분시장을 선정하는 시장세분화를 통해 어느 층을 대상으로 하여 메뉴를 제공할 것이냐가 대단히 중요한 요소가 된다.

위의 시장세분화의 내용을 정리하여 하나의 그림으로 나타내면 〈표 3-3〉과 같다.

표 3-3 시장세분화의 체계

왜(인지요인)	언제/어디서	어떻게	누가
기능적 편익	시간	사용방법	지리통계특성
감각적 편익	계절	사용용도	인구통계특성
상징적 편익	장소	보완메뉴	심리통계특성

제3절 외식시장 세분화전략 수행방법

외식시장의 세분화전략을 실행하기 위해서는 다음의 몇 가지 세분시장을 의미 있는 시장으로 평가하는 기준을 정해 놓는 것이 바람직하다. 앞에서 지적했듯이 외식시장 세분화는 특정 외식기업을 찾아오는 고객 하나하나가 모두 세분시장이 될 수 있다. 하지만 이런 한 사람 한 사람의 고객을 세분화하는 것은 현실적으로 아무런 의미를 가지지 못한다. 그러므로 외식마케팅에서 의미 있는 세분시장을 분석하는 평가 기준을 정하는 것이 바람직하다.

이런 평가기준은 첫째, 세분시장의 내부적 동질성과 외부적 이질성이다. 이는 동일한 집단으로 간주되는 세분시장은 동질성이 가장 많을 것이며, 다른 시장으로 구별되는 세분시장은 이질성이 많아야 의미 있는 세분시장이 되는 것이다. 둘째, 각 세분시장의 측정 가능성으로서 아무리 훌륭한 세분시장이라도 마케팅전략을 수행하기 위한 크기나 존재의 위치 등을 측정할 수 없다면 아무런 의미가 없는 것이다. 셋째, 세분시장에서의 충분한 수익을 얻을 수 있는가에 대한 실제성으로서, 앞의 것이 존재의 측정 가능성이라면 이것은 마케팅전략의 결과를 측정할 수 있어야 한다는 것이다.

끝으로, 그 세분시장에 외식기업의 마케팅자원이 세분시장에서 활용될 수 있는가에 대한 실행 가능성으로서 아무리 좋은 세분시장이라도 지리적으로 상권 밖에 존재한다면 이는 아무런 외식마케팅적 의미를 가지지 못하는 세분시장이 된다. 이런 평가기준을 마련한 다음 시장세분화를 수행하는 방법은 다음과 같다

1. 제1단계: 고객의 핵심 편익 확인단계

고객의 핵심 편익을 바탕으로 한 세분화는 현대의 마케팅에서 매우 중요한 의미를 지닌다. 이는 고객들의 무형적인 의사결정이 어떤 유형적인 기제를 바탕으로 한

의사결정보다 더 중요한 것으로 받아들여지고 고객들의 외식기업 선택과 선호도에 대한 무형적 개념이 더 중요한 역할을 할 수 있기 때문이다.

가령 어느 외식기업의 점포 개념(기업 이미지와 메뉴 이미지를 포함함)이 기능적인 것인가, 감각적인 것인가, 상징적인 것인가를 파악하는 것이다. 물론 대부분의 외식기업은 이것이 뚜렷하게 구분되지 않을 것이다. 이런 이유는 무형적인 핵심 편익들의 중요성을 간과하거나 외식기업에 무형적인 편익을 뚜렷이 구분하지 않고 한꺼번에 제공하는 데서 기인한다. 즉 핵심 편익이 기능적이면서도 감각적이고, 감각적이면서도 상징적이고, 상징적이면서도 기능적이라는 것이다.

하지만 본서에서 중요하게 지적하고 싶은 것은 세 가지 핵심 편익이 동시에 존재하는 것이 사실이라도 외식마케팅에서는 이 중 한 가지에 초점을 맞추는 것이 무엇보다도 중요하다는 점이다. 가령 주차장이 넓고 현대적인 감각의, 유명한 사람들이 많이 찾는 외식기업이라고 해도 그 기업이 강조하는 전통적인 손맛이라는 매우 감각적인 맛에 소구해서 성공했다면 이는 바로 여러 가지 핵심 편익 중 한 가지인 감각적 개념에 집중하고 있는 것이다. 그러므로 외식시장 세분화전략의 첫 번째 단계는 여러 핵심 편익 중 가장 중요한 한 가지의 세분화 변수를 찾아내는 것이다.

2. 제2단계: 고객의 선택상황 확인단계

이는 특정 외식기업을 선택하는 상황을 확인하는 단계로 어떤 고객이 어떤 상황에서 어떤 외식기업을 선호하는가를 확인하는 것이다. 외식마케팅에서 이런 선택상황을 확인하여 시장을 세분화하는 것은 매우 중요하다. 앞의 핵심 편익을 확인했다면, 예를 들어 만약 어떤 외식기업의 핵심 편익이 기능적 편익(배고픔 해결 편의, 장소 접근 편의, 가격 대비 포만감 편의 등)이라면 선택상황이 다를 것이다(아침 시간, 간식으로, 야외에서 혹은 실내에서 등). 이는 감각적인 편익, 상징적인 편익에서도 마찬가지다.

3. 제3단계: 고객의 인구통계변수 확인단계

위의 두 단계를 거치고 난 다음 외식기업이 내부적으로 가지고 있는 자료를 바탕으로 우리 고객들의 모습을 확인하는 방법이다. 물론 1, 2단계에서 선택한 기준변수의 자료 확인뿐만 아니라 선택되지 않는 기준변수의 자료도 함께 확인하는 절차도 반드시 포함해야 한다.

이는 시장은 항상 변하고 전체 매출을 높이기 위해 보완적인 마케팅전략을 수행하기 위한 준비단계의 작업이라고 할 수 있다. 우리나라 외식마케팅의 저서들에서 보통 고객 통계변수를 매우 중요한 시장세분화의 변수로 제시되고 있는데, 본서에서는 약간의 입장 차이를 보인다.

본서가 견지하고 있는 고객 통계변수에 대한 접근법은 고객 통계변수는 앞의 핵심 편익과 사용상황에 맞는 고객들을 확인하는 과정의 일종이지 고객 통계변수가 외식마케팅의 세분화의 첫 번째 기준변수가 될 수는 없다는 것이다. 왜냐하면, 고객 통계변수는 인간의 무형적 평가기준을 담아 낼 수 없으며, 현대에서 고객의 내면적 의사결정은 고객 통계변수의 영향을 거의 받지 않는 경우가 많다는 것이다. 이것은 고객의 구매 의사결정이 경우의 수(수치로 나타나는 인구통계변수)를 나타내는 빈도의 문제가 아니라 의사결정의 중요도를 나타내는 질적인 문제(무형적 가치인 편익)로 보는 것이 바람직하다는 점을 강조할 것이다.

제2장 표적(목표)시장 전략

표적시장 전략이란 외식시장의 세분화를 실행한 후에 세분된 세분시장들에 대해 외식기업의 한정된 자원을 투여하기 위한 목표수립, 세분시장을 선정하는 방법과 전략에 관한 것을 말한다. 특히 외식마케팅에서 이런 표적시장 전략을 간과하여 마케팅계획을 수립하는 경우가 많은데, 표적시장 전략이 이루어지지 않으면 한정된 자원의 분산과 잘못된 시장에 아까운 자원을 투입하는 결과를 초래할 수 있으므로 외식마케팅에서 주의를 기울여야 한다.

제1절 표적시장 선정의 기준변수

시장세분화와 마찬가지로 세분시장들 중 표적시장을 선택하는 기준도 명확히 정해져야 하는데, 이에는 첫째, 외식기업의 마케팅자원의 정도인데 모든 기업은 자원이 제약되어 있기 마련이고 외식기업도 이는 마찬가지이다. 따라서 표적시장의 선택에 있어 외식마케팅 자원의 정도는 중요한 기준변수가 된다.

둘째, 제공되는 메뉴의 수용 가능성으로서 세분시장 중 어느 시장이 우리의 메뉴를 수용하는 데 부담이 없는가를 기준으로 하는 것인데, 여기서 주의를 기울여야 할 것은 현재의 수용 가능성만 중요한 것이 아니라 잠재적 수용 가능성도 함께 고려해 보아야 한다는 점이다. 이는 새로운 시장을 목표로 하는 마케팅전략의 경우 중요한 세분시장 선정의 기준이 된다.

셋째, 제공하고자 하는 메뉴의 수명주기(Menu Life Cycle)로서 처음 신메뉴를 시장에 도입한 경우와 성장기 메뉴, 성숙기 메뉴, 그리고 쇠퇴기 메뉴에 따라 표적시장을 선정하는 방법이 달라져야 한다.

넷째, 경쟁 외식기업의 마케팅전략으로서 경쟁 외식기업이 자사가 선정하고자 하는 목표시장과 중복되거나 그 세분시장에 집중적인 마케팅전략을 수행하고 있다면 이는 중요한 표적시장 선정의 변수가 될 수 있다.

마지막으로 기존 메뉴와의 연관성으로서 서비스하고 있는 메뉴나 업태와 얼마나 연관성을 가지고 표적시장을 선택할 것인가, 아니면 전혀 상관이 없는 표적시장을 선택할 것인가에 따라 표적시장의 기준은 달라진다. 이를 정리하면 〈표 3-4〉와 같다.

표 3-4 표적시장 전략 개요

정 의	자사의 경쟁우위가 확보될 수 있는 세분시장의 평가 및 선택	
평가요인	세분시장 요인	• 시장규모 : 외식기업 규모와 경쟁 강도 고려 • 시장성장률 : 외식시장 성장률과 경쟁 강도 고려 • 메뉴수명주기 : 단계별 특성 고려
	경쟁요인	• 현재의 경쟁자 : 자사의 경쟁우위와 경쟁자의 능력 고려 • 잠재적 경쟁자 : 미래의 경쟁 양상과 수익률에 영향
	자사와의 적합성	• 기업목표 : 시장매력성과 자사 목표와의 일관성 • 자원 : 목표시장 소구 가능성(메뉴, 식자재 물류 등) • 마케팅 시너지 : 기존 마케팅 믹스 활용(이미지, 식재료 등)

제2절 표적시장전략 방법론

표적시장전략 방법론은 세분시장 전략과 밀접한 연관을 가지는 것으로 전략 대안은 차별화, 비차별화, 집중화전략이 있는데, 이는 시장세분화에서 제시한 시장세분화의 세 가지 차원 즉 핵심 편익차원, 선택상황차원, 고객 특성차원에 따라 달라질 수 있다.

다시 말해 핵심 편익에 따라, 선택상황에 따라, 그리고 고객 특성에 따라 표적시장의 전략이 차별화될 수 있고, 비차별화 혹은 집중화될 수도 있는 것이다. 또한, 표적시장 전략에 따라 외식마케팅의 재무적 성과도 달라지는데, 이런 재무적 성과에는 외식기업의 수익성, 외식기업의 매출액, 그리고 외식기업의 재무적 잠재력 등이 포함된다. 이를 그림으로 나타내면 [그림 3-2]와 같다.

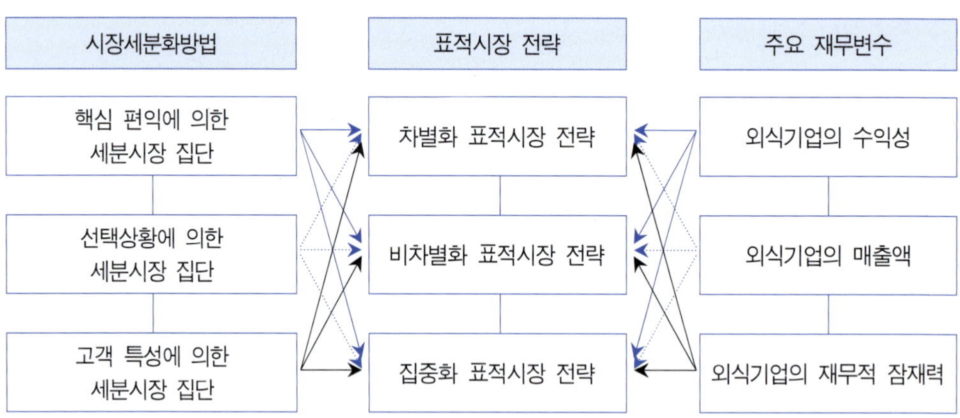

그림 3-2 시장세분화와 표적시장 전략과 재무변수의 관계

1. 차별화전략

표적시장전략에서 차별화전략은 각 세분시장들이 수익성 면에서 비슷한 매력을 가지지만 세부적인 외식마케팅 변수(가격, 메뉴, 촉진, 물적 흐름 등)에서 뚜렷한 차이를 보이는 복수의 시장을 선정하여 세분시장별로 차별적인 외식마케팅 전략을 수행하는 것이다.

이런 차별화전략은 생산 및 마케팅활동에서 규모의 경제 실현이 가능하고, 높은 판매량, 고수익, 지배적 시장점유율 유지가 가능하나, 복수의 시장에 동시에 마케팅을 수행함으로써 고비용을 초래할 수 있는 경우 채택되는 전략이다. 그러나 차별화가 뚜렷하지 않을 경우 세분시장들 간에 제 살 깎기(Cannibalization) 현상이 초래될 수도 있다. 이를 그림으로 정리하면 [그림 3-3]과 같다.

적용시장의 성격	적용방법	적용결과
• 각 세분시장의 구분이 명확할 것 • 복수의 세분시장 간에 수요의 교차 탄력성이 거의 없는 경우 • 생산, 마케팅, 개념 등에서 긍정적인 시너지가 있을 것 • 만족할 만한 수익이 보일 것	• 앞의 조건들에 부합하는 2개 또는 그 이상의 시장을 선정함 • 각 시장에 맞는 메뉴생산비용, 물류비용, 촉진비용 산정 • 각 시장에 대한 일정 기간의 예상수익 산정 • 일정 기간의 예상수익이 비용을 초과할 경우 전략 수행	• 서로 다른 각각의 시장에 접근함으로써 전체 매출과 이익의 증대가 가능함

그림 3-3 차별화전략

사례 2018 일본 외식 트렌드: 조리법 차별화[2)]

일본 경제지 닛케이 트렌디가 2018년도 일본 외식업계 트렌드를 발표했다. 올해 트렌드는 4가지로 축약되는데 조리법 차별화, SNS 동영상, 지역명물요리, 건강지향 등이다. 이 중 조리법 차별화를 살펴본다.

1) 리트머스 드링크

색깔이 변하는 리트머스 드링크가 차세대 인스타 메뉴로 주목받고 있다. 최근 일본의 젊은 층 사이에서 색과 모양이 변하는 메뉴를 동영상으로 찍어 SNS에 올리는 것이 인기를 끌고 있다. 지난 2017년 치즈닭갈비가 인스타 붐을 주도했다면 올해는 색이 변하는 허브티 등 음료가 주목받는 추세다.

리트머스 드링크

2) 레인보우 푸드

인스타에 최적화된 무지개 색깔의 베이커리와 디저트의 인기가 치솟고 있다. 화려한 색깔의 메뉴가 업종을 불문하고 확산되어 울금과 시금치, 오징어먹물 등으로 색을 낸 컬러풀한 교자까지 등장했다.

대표적인 리트머스 드링크는 모스버거가 지난 3월 기간 한정으로 출시했던 라벤더 레몬에이드이다. 허니레몬시럽을 섞으면 보라색에서 핑크색으로 변한다. 화려한 색깔을 자랑하는 레인보우 푸드로는 뉴뉴욕클럽베이글이 있다.

2) 외식경제, 2018 일본 외식 트렌드: 조리법 차별화, 2018년 6월 25일.

레인보우 푸드: 뉴뉴욕클럽베이글

3) 우드 프랑크 그릴

고기 붐이 계속되는 가운데 조리법의 차별화를 꾀하려는 흐름이 가속화되고 있다. 특히 주목받고 있는 것이 우드 프랑크 그릴이다. 점포에 따라 방법은 다르지만, 물에 적신 벚나무 줄기 등을 그릴에 얹어 그 위에 스테이크 등을 그을려가며 굽는 방법이 일반적이다.

4) 하카다 닭껍질꼬치

야키토리 장르에서는 '지역명물'이 히트의 키워드로 떠올랐다. 닭껍질꼬치는 후쿠오카의 소울 푸드 중 하나이다. 간장소스를 발라 구운 뒤 숙성하는 작업을 수일간 반복해 기름기가 빠지고 겉은 바삭바삭 속은 부드러운 식감이 특징이다.

5) 1인 나베

육수에서 소스, 건더기 재료까지 일행의 취향에 맞출 필요 없이 좋아하는 것을 골라 먹는 나베요리가 인기다. 지난해 11월 도쿄 메구로에 오픈한 '샤브샤브 레터스'가 대표적으로 '1인 1냄비'를 제공해 취향껏 샤브샤브를 주문할 수 있도록 했다.

2. 비차별화 전략

표적시장 선정의 비차별화 전략은 수요의 강도, 구매패턴에서 전체 시장의 동질성이 강한 경우에 행하는 전략으로서 외식기업의 마케팅활동이 어떤 특정한 집단을 겨냥한 것이 아니라 전체적인 시장을 아우르는 마케팅전략을 수행할 경우 적합한 표적시장 전략이다.

이럴 경우 외식마케팅 메뉴의 생산 및 마케팅비용의 절감효과가 있으며, 제공되는 메뉴에서나 고객들에서 차별하지 않아도 되므로 전략 수행에 편리하지만, 경쟁사의 진입에 대한 뚜렷한 진입장벽을 설정하기도 힘든 것이 사실이다. 이를 그림으로 정리하면 [그림 3-4]와 같다.

적용시장의 성격	적용방법	적용결과
• 수요의 강도, 메뉴수용 패턴 등에 있어 동질적인 세분시장일 경우 • 어느 특정 집단을 겨냥하는 경우보다 전체 시장을 겨냥하는 것이 보다 나을 경우	• 동일 범주의 세분시장들에 내한 고객들의 유사성 반응도 평가 • 유사성 반응도가 높게 나타날 경우 본 전략을 실행함 • 단, 이 경우 포지셔닝전략(위상정립전략)은 직접적인 메뉴나 점포에 관한 것보다는 무형적인 이미지와 같은 것으로 포지셔닝되어야 함	• 시장선도메뉴(Leading Menu)로 위상이 포시셔닝되면 높은 매출과 이익의 증대가 가능함

그림 3-4 비차별화 전략

3. 집중화전략

어떤 외식기업이 자사가 목표로 하기에 적합한 하나의 세분시장을 찾아낸 경우 이에 집중적인 마케팅자원을 쏟아붓는 표적시장전략을 말하는 것이다.

이를 통해 자원의 집중화가 가능하여 성공 가능성을 높일 수 있고, 시장의 욕구에 더욱 부합할 수 있으며, 소규모 외식기업이 대규모 외식기업에 대응하여 경쟁할 수 있게 하며, 한 가지 세분시장에 집중함으로써 강력한 포지셔닝을 구축할 수 있다.

하지만 하나의 세분시장에 집중함으로써 지나치게 외식기업의 이미지 고착화나 협소화를 초래할 수 있는 단점도 아울러 가지고 있다. 이를 그림으로 정리하면 [그림 3-5]와 같다.

적용시장의 성격	적용방법	적용결과
• 자사 점포개념이나 메뉴 개념을 쉽게 전달할 수 있는 시장일 것 • 현재의 세분시장과 새로운 시장 사이에 시너지가 낮을 것 • 하나의 세분시장으로도 외식기업의 이익을 충족시키기에 충분할 것	• 시장의 잠재적 매출액이 크다고 판단되는 명확한 근거를 검토함 • BCG 매트릭스를 이용하여 특정 세분시장의 성장률과 외식기업의 성장률을 비교할 것 • 세분시장의 성장률도 높고 외식기업 성장률도 높을 경우 본 전략을 실행함	• 외식기업의 규모가 작을 경우 위험도 크지만, 세분시장의 성장률이 높을 경우 압도적인 시장 위상의 확보가 가능함

그림 3-5 집중화전략

제3장 외식마케팅 포지셔닝전략

제1절 포지셔닝전략의 개요

포지셔닝(Positioning)전략이란 시장세분화와 표적시장 전략의 결과에 따른 고객들의 욕구를 근거로 경쟁 외식기업에 비해 차별적인 메뉴를 개발하고, 이러한 메뉴 특성을 고객들에게 차별적으로 정확하고 확고하게 인식하도록 알려주는 일련의 과정이라고 할 수 있다.

포지셔닝은 고객의 인식 속에 외식기업의 이미지나 메뉴나 브랜드의 위치를 잡아주는 것이다. 포지셔닝의 기본적인 접근은 이미 잠재고객의 머릿속에 들어있는 기존의 연결고리를 다시 엮는 데 있다. 다시 말해서 기존의 어떤 외식메뉴 또는 외식기업에 대한 고객들의 인지를 자사나 자사의 메뉴에 대한 인식으로 재구성해 나가는 작업이다.

인식이라는 것은 어떤 인식이 고객들의 머릿속에 박히게 되면, 그것을 바꾸는 것은 거의 불가능에 가까운 특성이 있다. 즉, 한번 인식된 어떤 것을 바꾸려는 작업은 결코 쉬운 것은 아니다. 왜냐하면, 고객들은 자신이 가지고 있는 어떤 것에 대한 인식이 틀렸다거나 수정해야 한다는 것을 대체로 또 다른 의식적 · 무의식적 추가 노력을 해야 하기 때문이다. 고객은 자신이 언제나 옳다고 생각하는 경향을 지닌다.

그것이 진실이다. 따라서 포지셔닝을 위한 효과적인 접근은 외식기업의 총체적인 노력과 자원의 투여가 뒤따르지 않으면 매우 힘든 작업이고 만약 이런 노력으로 고객의 머릿속에 강력하게 인식되는 데 성공했다면 이는 강력한 구매로 이어져 그 외식기업 성공의 원천이 된다.

포지셔닝을 위한 외식기업의 노력이란 고객의 인식 속의 인지도(Perceptual Map)에 우리 외식기업의 위치가 어디이며, 경쟁 외식기업의 위치는 어디이며, 그리고 고객들의 인식 속에 욕구는 있지만 빈 곳은 메뉴상으로, 외식기업 이미지상으로 어디인가를 항상 고민하고 원하는 방향으로 이끌고자 하는 것이다.

사례 규가츠의 포지셔닝 맵

일본 도쿄 한적한 뒷골목에 위치하고 있는 〈규가츠〉는 포지셔닝 맵 사례다. 〈규가츠〉는 돈가스라는 기존 메뉴에 착안하여 쇠고기 가츠 요리를 선보여 기존 돈가스의 포지셔닝을 새로운 위치로 변경하여, 음식문화에 규가츠라는 뉴 포지셔닝 진입 전략으로 아주 성공적인 성과를 거두고 있다.

〈규가츠〉의 포지셔닝 전략은 좋은 상권보다 쇠고기 가츠라는 뉴 포지셔닝과 뒷골목의 아주 작은 공간에서 요리사가 고객과 대화를 하면서 요리하는 것이다. 〈규가츠〉는 맛있고 신뢰할 수 있는 식재료로 만든 요리를 먹는 특이한 경험을 할 수 있는 레스토랑으로 포지셔닝되어 성공한 작은 레스토랑이다. 타깃 고객은 특이하고 맛있는 음식문화에 도전을 즐기는 젊고 충성도 높은 고객으로 〈규가츠〉는 외국 관광객에게까지 인기 있는 외식공간으로 자리매김하고 있다.

(저자가 직접 찾은 도쿄 규가츠)

지금까지 목표고객을 설정하기 위해 시장을 세분화하고, 세분화된 고객군 중에서 외식기업이 추구하는 목표에 부합하는 고객을 선택하는 방법에 대해 살펴보았다. 고객은 외식기업의 경영자가 선택한다고 해서 나의 고객이 되는 것은 아니다. 경영자는 충성도 높은 고객을 만들기 위해 목표 고객을 명확하게 해야 하고 포지셔닝 맵을 만들어야 한다. 충성도 높은 고객을 창출할 수 있는 포지셔닝 맵을 갖는다면 경쟁자의 위치를 고려할 필요는 없다.

이런 인지도는 다양한 각도에서 경쟁사업자와 비교할 수 있는데 쉽게 이해되고 그 활용 가능성이 크므로 외식마케팅 성공을 위해 매우 중요한 것이다. 이를 표로 정리하면 〈표 3-5〉 외식마케팅 포지셔닝의 개요와 같다.

표 3-5 외식마케팅 포지셔닝의 개요

정의	• 경쟁 메뉴 대비 자사 메뉴가 고객 인식 속에 차지하는 상대적 위치
인지도 (Perceptual Map)	• 고객이 어떤 메뉴와 관련하여 중시하는 속성에 따라 경쟁 메뉴들이 차지하는 상대적 위치를 나타내는 그림
유용성	• 시장기회 파악 가능 • 이상점(Ideal Point) 파악 가능 • 자사 메뉴 포지션 평가 • 경쟁 메뉴 파악 가능 • 경쟁 강도 파악 가능 • 외식마케팅 믹스의 효과 측정 가능

제2절 외식마케팅 포지셔닝전략의 유형

외식마케팅 포지셔닝의 방법은 첫째, 고객에 대한 핵심 편익(Key Benefit)이나 핵심 속성(Key Attribute)에 따른 것으로, 표적 고객들이 중요하게 생각하는 메뉴 편익 혹은 속성에서 자사의 메뉴가 차별적 우위를 갖고 있음을 직접적으로 강조하는 방법으로서, 가장 흔히 사용되는 포지셔닝 방법의 하나이다.

둘째, 선택상황에 따른 포지셔닝으로, 외식기업의 메뉴를 선택상황에 맞게 적합화시키는 것을 말하는 것이다. 적절한 상황(시간대, 계절적, 또는 함께 하는 동반자에 따라)과 자사 메뉴를 연계시키는 방법이다.

셋째, 경쟁 외식기업에 의한 포지셔닝으로, 고객의 마음속에 강하게 인식하게 있는 경쟁 외식기업에 비해 자사의 메뉴 차별점 예를 들어 맛에서의 차별점, 재료에서의 차별점, 가격에서의 차별점 등을 인식시켜 나가는 것이다.

끝으로, 고객 특성에 따른 포지셔닝으로서 표적시장 내의 전형적 고객을 겨냥하여 자사 메뉴가 그들에게 적절한 메뉴라고 소구하는 방법 등이다. 이를 표로 정리하면 〈표 3-6〉과 같다.

표 3-6 포지셔닝의 유형과 접근방법

유형별	접근 방법
메뉴 속성에 의한 포지셔닝	• 메뉴의 편익이나 속성을 경쟁 메뉴와 차별화하여 고객에게 인식시키는 방법 • 상징적, 감각적, 기능적 편익이나 속성에 의해서 포지셔닝함
선택상황에 의한 포지셔닝	• 메뉴를 구매상황에 적합화시킴으로써 포지셔닝하는 방법
경쟁 외식기업에 의한 포지셔닝	• 고객이 인식하고 있는 경쟁 외식기업과 비교함으로써 자사 메뉴의 편익 강조 • 이는 경쟁 외식기업의 메뉴로써 욕구 충족이 되지 않는 시장기회를 이용하는 방법
고객에 의한 포지셔닝	• 메뉴가 특정 고객 계층에 적합한 것으로 포지셔닝하는 방법

이러한 포지셔닝의 유형별로 포지셔닝 소구방법을 함께 고려하는 것이 중요하다. 포지셔닝을 위해서는 고객들의 인식 속에 심어줄 소구수단(단서)이 필요한데, 이런 소구수단은 시장세분화의 기준변수가 사용될 수 있고, 굳이 시장세분화의 변수가 아니더라도 촉진수단의 어떤 한 변수가 될 수 있다. 여기서는 몇 가지 소구방법을 설명하고자 한다.

첫째, 전통에 호소하는 방법으로서, 우리 외식기업이 전통성을 계승했다는 것을 통해 일종의 권위의 효과를 누리려는 전략이다. 이는 우리나라만의 재미있는 현상으로 원조경쟁 논란이 대표적인 것이라고 할 수 있다. 특히 이런 현상은 외식마케팅에서 심하게 나타나는데, 원조 옆에 원조 그 옆에 진짜 원조라는 간판을 보는 것은 이제는 식상한 일이 되었다. 하지만 이제는 이런 외식마케팅은 시장에서 먹히지 않을 뿐더러 마케팅자원 낭비의 일종이다.

하지만 제대로 전통에 소구하는 외식마케팅 포지셔닝의 힘은 실로 대단하다. 50년이 넘는 어떤 외식기업이 전통에 호소하여 고객이 줄을 서고, 저녁에는 아예 영업을 안 해도 항상 사업이 잘되는 경우는 바로 이런 전통 호소 포지셔닝전략의 결과이다.

둘째, 일등 효과로서 일등으로, 인식됨으로써 더 많은 혜택을 누리려는 전략이다. 이런 일등 포지셔닝은 일등이라는 믿음의 포지셔닝으로 고객들의 입장에서 외식기업의 선택에서 판단기준이 되는 정보는 일정하기 마련이기 때문에 남들이 선호하는 것은 큰 무리가 없다고 단정지으려는 심리적 면이 있어 이런 일등효과는 상당히 중요한 포지셔닝의 효과를 누리기도 한다.

셋째, 선점효과로서, 새로운 메뉴, 새로운 외식 서비스 제공 형태, 새로운 외식문화의 선두 주자라는 점을 강조하여 시장에서 좋은 위치를 확보하는 방법이다. 이는 주로 젊은 층에 대한 새로운 맛의 외식마케팅에 흔히 사용되는 포지셔닝전략이다.

넷째, 유명인 편승소구로서, 자사에 들러 외식 서비스를 받은 유명인의 사인이나 사진이나 혹은 방송에 나왔던 것을 홍보하여 고객의 마음에 소구하는 것으로 우리나라에서 대유행을 일으켰고 일정한 성공도 거두었다. 하지만 너무도 지나치고 지저분하게 이런 유명인들의 행적을 나타내는 것은 오히려 거부감을 줄 수 있기 때문에 외식마케팅에서 주의를 기울여야 한다.

다섯째, 제품속성 표시에 의한 소구로서, 특정 메뉴의 주재료가 어느 지방의 것이라든지, 우리나라에는 없는 독특한 것이라든지, 전 세계에서 가장 유명한 곳의 재료와 같은 것을 통해 포지셔닝하는 것을 말하는 것이다.

끝으로 대비효과로서, 경쟁사에 비해 우리의 위상을 고객의 인식 속에 심어주는 포지셔닝전략이 된다. 즉, 경쟁자(시장 선도자)와 강한 대비를 통해 빨리 포지셔닝하는 전략이다. 즉 가끔 보게 되는 "우리는 2등입니다"와 같은 문구는 전형적인 대비효과 포지셔닝에 해당된다. 이외에도 포지셔닝을 위한 소구수단은 매우 많을 수 있다.

하지만 외식마케터가 중요하게 생각해야 하는 것은 고객의 인식 속에 우리의 메뉴나 기업 이미지를 심어 주는 하나의 소구에 초점을 맞추어 장기적인 노력을 기울여야 한다는 점이다. 이는 미래에도 가장 중요한 포지셔닝의 철학이 될 것이다. 그리고 미래에는 아래의 사례와 같은 개념 포지셔닝(Concept Positioning)의 중요성은 매우 확대되고 중요해질 것이다.

제3절 외식마케팅 포지셔닝 절차

외식마케팅의 포지셔닝은 뒤에 나오는 브랜드전략과도 밀접한 관계를 가지고 있으며 외식마케팅의 성공과 실패의 갈림길이 되는 매우 중요한 것이다. 어떻게 보면 외식마케팅의 궁극적인 목표가 바로 브랜드 가치이고 이 브랜드 가치를 결정짓는 외식마케팅적 노력이 바로 포지셔닝이다. 포지셔닝전략은 장기적인 관점을 가지고 총체적 노력을 기울여 나가는 것이 무엇보다 중요하며 그 절차는 다음과 같다.

1. 제1단계: 고객욕구 파악

우선적으로는 고객욕구 파악 및 이를 근거로 한 시장의 세분화가 우선되어야 한다. 포지셔닝은 유형적인 메뉴를 무형적인 개념으로 고객의 인식 공간에 위치시키는 것으로 고객들의 핵심 편익에 의한 시장세분화가 우선되어야 한다. 이런 고객의 핵심 편익이 포지셔닝의 핵심 소구 단서가 되어야 한다.

2. 제2단계: 포지셔닝의 적합성 평가

포지셔닝 맵을 통해 자사의 이미지나 메뉴가 고객들에게 지각된 각 경쟁 외식기업(메뉴)들의 상대적 위치에 비해 제대로 포지셔닝되었는지를 판단한다. 인지도는 한 상권 내에서 외식시장의 경쟁구도를 파악하고, 자사의 메뉴나 업태와 경쟁관계에 있는 업태들을 파악하는 것이다. 경쟁 포인트나 새로운 시장기회의 포착에 유용하게 사용된다.

고객들이 원하는 이상점(가장 이상적인 외식기업의 이미지나 메뉴)과 각 상표의 상대적 위치의 분석을 통해 시장기회를 파악하는 것이다. 인지도의 작성은 매우 중요한데 인지도 작성은 첫째, 고객들이 외식기업(메뉴) 선택 시 중요하게 생각하는 속성을 파악하고, 둘째, 표적시장에 속한 고객들로부터 외식기업(메뉴)에 대한 정보를 수집하고, 셋째, 선정된 외식기업(메뉴)의 주요 속성을 축으로 공간을 구성하고 이 공간상에 고객의 외식기업(메뉴)별 속성 평가 점수와 고객들이 자사와 경쟁사의 이미지나 메뉴를 평가하는 점수를 바탕으로 위치를 평가하는 것이다.

여기서 이상 방향과 이상점은 고객에 대한 설문조사를 바탕으로 한 고도의 통계분석으로 구해진다. 고객의 인식을 조사하면 어떤 외식군에서 자신이 생각하는 이상적인 방향 즉 아래의 예에서는 새로움 추구와 상징추구 방향을 찾아낼 수 있다. 그리고 그들이 생각하는 인식강도의 정도가 바로 이상점이 된다.

3. 제3단계: 재포지셔닝(Repositioning)

포지셔닝의 노력 결과 고객의 인지 속에 포지션을 구축했다고 하더라도 그 포지션이 영구적인 것이 아니라 때로는 약간씩, 때로는 크게 변화하게 된다. 이런 변화에 영향을 주는 변수는 경쟁자의 마케팅노력 정도, 환경의 변화, 고객들의 선호도 변화, 자사의 포지셔닝 전략의 실패 등 실로 많은 변수들의 영향이 존재할 수 있다.

따라서 외식마케팅에서 외식기업이 원하는 경쟁상의 포지션을 계속적으로 유지하기 위해서는 끊임없는 시장조사를 통해 자사의 포지션을 확인하고, 이 포지션이 자사가 원하는 포지션인가를 확인하고, 만약 원하는 포지션이 아니라면 이를 원하는 포지션화하는 작업들이 바로 재포지셔닝이다.

재포지셔닝은 외식기업이 지속하는 한 계속되어야 하는 노력의 일환이다. 이런 포지셔닝에 대한 계속적인 시장조사는 부수적인 효과도 거둘 수 있다. 즉 새로운 시장의 출현을 미리 감지할 수 있고 기존 고객들이 원하는 새로운 이상적인 메뉴 지향점을 알아내어 이를 적극적인 메뉴 개발과 연결시켜 앞의 시장-성장률 모형에서 제시된 물음표의 메뉴를 개발해 내는 효과도 거둘 수 있는 것이다.

사례 맥도날드의 재포지셔닝[3)]

맥도날드(McDonald's)는 어떻게 다시 실적을 회복하였나?

2014년 11월에 McDonald's는 체인 전체 매출액이 지난 10년간 최저 수준으로 떨어졌다. 이러한 매출하락이 2015년 가을에서야 회복될 조짐을 보이기 시작하였다. 매출이 증가한 것은 2013년 이후 처음 있는 일이다.

V자회복에 이르기까지 몇 년 동안 전 점포에서 하루 종일 아침식사를 제공하거나, 사용하는 모든 계란을 'Cage-Free(닭장에 안 넣고 풀어서 키운 닭)'로 전환하는 등의 고객서비스를 위한 노력의 결과이다.

그러나 2015년 3월 McDonald's 사장 겸 CEO에 취임한 Steve Easterbrook은 10월 3분기 실적 발표 석상에서 더 집중해야 할 두 가지가 있다고 말하였다.

첫 번째는 "패스트푸드 나아가 외식산업에서 McDonald's를 보다 현대적이고 진보적인 햄버거 기업으로 재포지셔닝 하는 것"이며 두번째는 "회사 제품의 품질에 대한 고객의 인지도를 강화하는 것" 이 두 가지는 기존 McDonald's에 전반적인 혁신이 필요함을 의미한다.

2015년 McDonald's는 고객의 "I'm Lovin it"을 되찾기 위한 4가지 포인트로 전략을 전개하였다. 2015년 초 McDonald's의 CMO, Deborah Wahl은 "10억 식사를 서비스하는 기업에서 10억 명의 목소리를 들을 수 있는 기업(billions served "to" billions heard)"이 되기 위한 경영철학의 전환이 필요함을 인식하였다. 그래서 고객의 피드백에 귀 기울인 결과, 먼저 아침 메뉴를 종일 제공하기로 결정하였다.

Wendy's와 같은 경쟁 업체가 혁신연구소를 설치한 가운데 기술 방면에 고전을 면치 못하고 있던 McDonald's는 2015년에 혁신을 단행하였다. 미국인들은 개인화된 경험을 기대하는 것이 높아지고 있음을 인식하고 디지털 키오스크에서 자신이 좋아하는 햄버거를 주문할 수 있는 "Create Your Taste" 프로그램을 발표하였다.

McDonald's는 디지털에서 고객경험을 향상시킬 수 있도록 매장찾기, 메뉴 및 영양정보 표시, 쿠폰기능을 가진 모바일 App을 발표하였다. App은 2015년 10월 기준으로 200만 번 이상 다운로드되었으며, 150만 개 이상의 쿠폰이 사용되었다.

맥도날드의 가장 큰 강점 중 하나는 세계 최대의 마케팅 예산을 가진 기업이라는 것이다. 젊은 고객에게 디지털은 매우 친밀한 존재임을 이해한 맥도날드는 빠르게 디지털 전환을 시도하고 있다.

3) Digital Retail Trend, 맥도날드(McDonald's)는 어떻게 다시 실적을 회복하였나?, 2016년 4월 8일.

제4편

외식마케팅 믹스 전략

제1장 고객(People)믹스 전략

외식마케팅에서도 마케팅 4P믹스 전략은 매우 중요하다. 하지만 일반적으로 마케팅 4P믹스는 제품(product), 가격(pricing), 촉진(promotion) 그리고 유통(place)을 이야기하지만, 외식마케팅에서는 일반적인 마케팅 분야의 4P믹스와는 다른 새로운 접근방법이 필요하다. 외식마케팅은 메뉴와 서비스를 바탕으로 개별 고객과의 상호작용이 어느 산업보다 더 강조되는 마케팅이다. 그러므로 외식마케팅에서는 제품(product)을 고객(people)으로 해석할 것을 제안한다. 전통적 마케팅의 제품믹스는 제조업체의 개념 그리고 생산자 위주의 마케팅 개념, 즉 생산자는 제품을 생산하고 고객은 제품을 소비한다는 고전적 마케팅에 적합하다. 그러나 외식마케팅에서는 생산자와 고객이 함께 있는 상황에서 고객의 요구가 즉각적으로 반영될 여지가 충분하고(예컨대 단품으로 맞추는 일, 반찬의 추가, 맵게 짜게 달게 등) 고객과의 상호작용이 매우 중시되는 마케팅이기 때문에 제품을 고집할 수 없는 것이다.

또한, 마케팅 4P믹스 중 유통(place)은 외식마케팅에서 물류(physical flow)로 재해석할 것을 본서에서는 제안한다. 전통적 마케팅에서 말하는 유통은 생산으로부터 중간상을 거쳐 소비로 이어지는 유통경로를 형성하고 그 경로구성원의 역할과 경로성과를 연구하고 실행하는 마케팅 4P믹스 중 하나지만, 외식마케팅에서는 생산과 소비가 한자리에서 이루어지므로 경로구성원의 관여가 거의 없다고 할 수 있다. 전통적인 마케팅의 유통개념에 억지로 맞춘다면 생산자는 주방이고 중간상은 서비스전달자이고 최종소비자는 고객이라고 할 수 있으나, 이는 큰 의미를 지니지 못한다.

그러나 외식기업에서 생산(조리)에 이르기까지 중요한 것이 바로 식자재 공급의 문제가 된다. 식자재는 외식기업 메뉴의 질을 결정하는 중요한 요소이고 우리나라의 뛰어난 IT 능력으로 매우 빠르게 진화하고 있어 물류관리가 마케팅 믹스관리가 되는 것은 어찌 보면 당연하다 하겠다. 향후 건강에 대한 인식이 높아질 것이므로 식자재의 투명하고 효율적인 관리는 당연히 외식마케팅의 연구와 실무의 한 분야로 자리 잡아야 한다. 이상의 본서에 주장하는 내용을 바탕으로 마케팅 4P믹스를 정의하면 외식마케팅의 4P믹스는 People, Pricing, Promotion 그리고 Physical Flow이다. 외식기업에서 왜 전통기업의 4P 중 Product를 People로 해석해야 하는가는 〈표 4-1〉에 나타내었다.[1)]

표 4-1 전통기업의 마케팅과 외식기업 마케팅 패러다임의 변화

	전통/제조중심 마케팅	외식/고객중심 마케팅
누가 왕인가?	기업	고객
핵심 마케팅전략	매스 마케팅	1 : 1 마케팅
점유율의 기준	시장	고객의 마음/경험
제품과 서비스	표준화 제품	개인화 메뉴
가치기준	현재의 기업가치	미래의 평생 고객가치

1) Peppers, Don and Martha Rogers(1993), The One to One Future Building Relationships One Customer at a time, Currency Double Day, 요약 발췌

제1절 외식마케팅 고객 패러다임

외식마케팅 패러다임은 첫째, "누가 외식기업의 왕인가?"라는 질문에 답하는 것으로부터 출발한다. 이에 대해 제조업 기반의 기업들도 고객이라고 하지만, 사실은 고객의 욕구를 반영하는 제품개발이 거의 이루어지지 않는다는 점에서는 엄연히 기업이 왕이라고 볼 수 있다. 어떤 제품이나 서비스의 생산에 고객들의 욕구를 얼마나 반영하는가는 누가 그 기업의 왕인가를 판단하는 중요한 기준이 된다.

외식마케팅에서는 항상 고객과의 접촉을 통해 고객이 받아들이지 않는 메뉴는 즉각적으로 도태될 뿐만 아니라 가지고 있는 메뉴도 고객의 욕구를 반영하여 부분적이라도 계속 수정해 나가는 그야말로 고객이 왕인 마케팅이다.

둘째, 핵심 마케팅전략을 보면 제조업 기반의 마케팅은 인터넷 마케팅의 고객 관계관리 전략(CRM)을 제외하고는 대부분의 마케팅 핵심전략은 매스 마케팅이다. 그러나 외식마케팅은 항상 고객과의 대면 접촉 속의 1:1 마케팅이 핵심 마케팅전략이 될 수밖에 없다.

셋째, 시장점유율의 기준을 보자면 전통 마케팅은 시장점유율(Market Share)이 기준이 되는 변수이지만, 외식마케팅에서는 고객의 마음 점유율(Mind Share)이나, 최적 경험(Optimal Experience)이 중요한 점유율의 기준이 되어야 한다. 외식마케팅은 고객의 마음을 사로잡지 못하면 아무 의미가 없는 마케팅이고, 고객에게 최적 경험의 가치를 심어주지 못하면 단골화는 불가능한 것이다.

넷째, 전통 마케팅에서는 표준화된 제품이나 서비스를 그 대상으로 하지만, 외식마케팅에서는 개인화 메뉴가 중시된다. 다시 말해 외식마케팅은 어떤 메뉴나 서비스를 파는 것이 아니라, 메뉴와 서비스가 전달되는 과정을 판매하는 것이라고 볼 수 있다.

끝으로, 기업 경영가치의 기준은 전통 마케팅에서는 현재의 기업가치에 치중하지만, 외식기업은 미래의 평생가치(Lifetime Value)에 더 치중한다. 이는 한마디로 단골의 중요성을 의미하며, 우리 외식기업이 고객의 입맛을, 사랑을, 경험을 지속적인 외식마케팅관리를 통해 사로잡는다면 그 고객들은 평생 고객화되고 이것이 곧 그 외식기업의 경영가치가 되는 것이다.

이상에서 본 바와 같이 외식마케팅에서 고객(People)의 중요성은 아무리 강조해도 지나치지 않다.

1. 외식기업 고객전략

외식마케팅 고객전략을 실행하기 위해서는 외식마케터가 다음과 같은 질문에 항상 답할 수 있어야 한다. 그래야만 그 외식기업의 마케팅이 고객 중심적으로 이루어지고 있는지를 알 수 있다.

1) 제1단계: 누가 우리의 고객인가?

이는 앞의 시장세분화와 바로 이어지는 표적시장 전략과 같은 맥락이다. 외식마케팅에서 자사의 고객이 일정하고 향후 별 변화가 없을 것으로 생각한다면 이는 가장 큰 실패의 원인이 될 것이다. 고객을 둘러싸고 있는 환경의 변화는 갈수록 증대되어 이제는 고객변화가 하루가 다르다는 점을 명심할 필요가 있다.

특히 SNS 미디어의 발달로 고객들이 외식기업이나 외식마케팅에 대한 정보나 지식이 많아 이런 변화를 긍정적이든 부정적이든 간에 증폭시키는 요인이 되고 있다. 그러므로 고객전략의 출발점은 바로 누가 우리의 고객인가를 파악하는 것이다.

2) 제2단계: 고객이 무엇을 원하고 있는가?

누가 우리의 고객인가를 파악하였다면 그 고객들이 우리에게서 무엇을 원하고 있는가를 분석하는 것이 중요하다. 여기서도 마찬가지로 우리의 단골 고객조차도 요구하는 어제의 서비스와 오늘의 서비스가 같을 것이라고 하는 안이한 사고를 버려야 한다.

단골 고객이면 어느 정도 우리의 실수나 서비스 차질에 대해 인내심을 가지게 되지만—이들도 실수나 서비스전달에 문제가 발생하면 언제 떠날지 모른다—처음 오거나 몇 번 온 고객에게 서비스의 실패는 치명적인 결과를 가져오므로 그들이 원하는 것을 하루하루 개발하는 연구자의 자세가 중요하다.

3) 제3단계: 고객의 가치가 무엇인가?

앞의 제2단계에서 고객이 원하는 것이 무엇인가가 좁은 의미의 고객들이 가지고 있는 문제해결에 초점을 맞춘 것이라면 이 단계에서는 장기적인 관점에서 고객이 우리 외식기업과 맺고자 하는 가치가 무엇인가를 파악하는 것이다.

고객의 가치공식은 {가치(Value)=혜택(Benefit)—비용(Cost)}이다. 특히 마케팅에서는 이 공식의 항목에 각각 인지(Perception)라는 의미가 들어간다. 즉 가치는 인지된 가치(Perceived Value), 혜택은 인지된 혜택(Perceived Benefit), 그리고 비용 역시 인지된 비용(Perceived Cost)이 된다.

이것은 외식마케팅에서 다시 한 번 더 고객의 중요성을 강조하는 이유가 된다. 즉 고객의 인지 상황에 따라서 가치인지가 달라진다는 것이다. 또한, 가치공식에 따른 고객가치 제고 전략은 첫째, 가치를 증가시키기 위해서는 비용이 같다면 혜택을 증가시키거나, 둘째, 혜택이 같다면 비용을 감소시키거나, 셋째, 비용을 높이더라도 가치를 더 높인다면 고객의 가치는 증대될 것이다. 외식마케팅에서 고객가치의 증대에 대한 많은 시도가 이루어져야 한다.

4) 제4단계: 고객으로부터 무엇을 얻을 것인가?

일반적인 마케팅이든 외식마케팅이든 간에 마케터들은 고객에게 무엇을 해줄 것인가에 집착하는 경향이 많이 있다. 하지만 우리가 한 가지 간과해서는 안 되는 것은 고객도 우리에게 끊임없는 자기의 마음을 전하고자 하며, 실제로 그렇게 하고 있다는 것이다.

다만, 마케터들이 그것을 감지하지 못할 뿐만 아니라 안다고 해도 그것을 반영하는 마케팅전략을 수립하거나 기존 마케팅전략을 수정하려는 노력이 부족하다는 문제가 있을 뿐이다. 외식마케팅은 특히 고객과의 대면 접촉이 많으므로 외식마케터는 고객들로부터 암묵적으로 혹은 명시적으로 정보를 수집하는 노력을 기울여야 한다.

결국, 이러한 노력이 고객가치를 아는 노력임과 동시에 고객가치를 높이는 노력이 된다. 안타까운 것은 마케팅 담당자나 경영자가 고객에 대해 알고 있는 것을 지식화하여 고객의 가치를 높이는 노력을 등한시하는 경향이 있다는 것이다. 단지 고객에 대해 정보를 아는 것으로 만족하고 마는 경우가 많은데 이를 지식으로 승화시켜 마케팅전략화 해야 한다.

5) 제5단계: 고객에게 무엇을 줄 것인가?

이 단계는 제3단계의 가치공식과 같은 맥락으로 이해되어야 하는데, 고객에게 우리는 단지 메뉴만을 제공하는 것이 아니라 서비스와 무형의 혜택을 제공하고 있다. 이 단계는 앞에 설명된 포지셔닝전략과 밀접한 관계가 있는데 고객이 느끼는 가치는 유·무형의 외식마케팅 노력의 총체로서 이해해야 한다.

비록 포지셔닝에서 핵심 편익을 기능적 편익이라고 해도, 그 외 감각적 편익과 상징적 편익도 함께 제공되어야 할 필요가 있다. 어떤 외식마케팅의 기업 이미지나 메뉴나 서비스도 세 가지 핵심 편익(기능적/감각적/상징적)은 다 가지고 있지만, 다만 고객과의 효과적인 의사소통을 위해 한 가지 혜택만을 강조하는 것이지 나머지 혜택이 중요하지 않다거나 간과해도 된다는 것은 아니다.

6) 제6단계: 고객에게 가치를 어떻게 줄 것인가?

이 단계는 제5단계에서 고객에게 제공할 그 무엇이 정해지면 전달의 수단이 되는 것으로 꼭 물질적인 것만을 포함하는 것이 아니다. 오히려 물질적이지 않은 것이 외식마케팅에서는 가치제고의 수단이 된다.

고객의 e-mail을 안다면 그 고객이 계산한 카드를 통해 재방문 여부를 확인하고, 감사메일을 전달하거나 혹은 방문이 뜸한 고객들에게 새로운 메뉴나 새로운 방문 시 사은행사 등을 알릴 수 있게 된다. 따라서 이 단계에서는 고객과의 의사소통경로가 중요한 문제인데 외식마케터들은 고객과의 의사소통경로의 확보에 모든 노력을 기울여야 한다. 그것이 e-mail이건 SNS 미디어건 관계없이 고객과의 접촉점(Contact

Point)을 다양하게 확보할 필요가 있다. 다만, 이런 경로를 통해 고객들이 불쾌하게 생각할 수 있는 메일이나 연락을 보내는 것은 극히 자제해야만 한다.

7) 제7단계: 고객과의 관계는 무엇인가?

향후 고객과의 관계 관리(CRM)는 일반적인 마케팅뿐만 아니라 외식마케팅의 핵심적인 화두가 될 것이다. 특히 이는 뒷장에서 자세히 다루겠지만, 이제는 소셜 CRM(Social CRM)을 통해 고객과의 장기적인 관계를 정립하고 개발하고 유지하는 것이 모든 외식마케팅 활동의 초점이 되어야 한다. 외식마케팅만큼 환경변화의 영향을 많이 받는 마케팅 분야도 없다는 것을 반드시 알아야 한다.

외식마케터의 입장에서 항상 파악해야 하는 것은 우리 고객들과의 관계의 수준은 어느 단계이고, 이를 어떻게 관리해야 하고, 향후 관계유지를 위해 어떤 일을 해야 하는지를 명확하게 정립해 놓아야 한다는 점이다.

제2절 고객전략의 핵심 역량

외식마케팅은 대인 서비스의 역량에 따라 그 성공이 좌우된다. 외식마케팅의 고객전략 역시 이런 대인 서비스 역량을 어떻게 개발할 것인가가 가장 중요한 의사결정변수의 하나이다. 이에는 고객에 대한 이해가 중요하다. 이는 정확한 경청, 고객이 표현하지 않거나 부분적으로 표현하는 의견, 감성, 관심사를 이해하는 것을 말한다. 그리고 다양한 의사소통 수단이 항상 열려 있고 접촉하고 있고 소통하고 있어야 한다.

고객전략에서 고객이란 "개인 혹은 같은 감정과 관심을 가진 개인들의 집단"을 말한다. 이런 고객에 대한 이해능력을 높이기 위해서는 첫째, 고객의 기분과 감정을 파악할 줄 알아야 한다. 외식마케팅에서 고객의 현재의 기분이나 감정을 파악하는 것은 서비스의 출발점이다.

둘째, 경청과 관찰을 통해 고객의 반응을 예측하고 대비해야 한다. 이는 다분히 훈련된 종업원들만이 가능한 것으로 외식마케터들은 이런 전문력을 길러야 하고, 외식 경영주는 이런 역량을 높이기 위한 아낌없는 투자를 해야만 한다.

셋째, 고객의 선호도나 주 관심사 및 욕구를 파악해야 한다. 외식마케팅에서 무엇보다도 중요한 것이 바로 고객의 욕구 파악이라고 할 수 있다. 이러한 욕구들의 외면적 표현이 바로 태도, 관심 및 요구가 됨을 이해해야만 한다(〈표 4-2〉 참조).

표 4-2 고객전략상 버려야 할 접근태도

버려야 할 태도	내 용
고객을 부정적으로 생각한다.	고객에게 부정적인 견해를 표시하며, 부정적 결과에 대한 책임을 고객에게 전가한다.
명확하지 못한 태도를 보인다.	고객의 욕구와 마케터가 개입하고 있는 세부적인 사항을 잘 모르고 있다. 불명확한 상황을 확인하기 위한 조치를 취하지 않았다.
자신의 능력에 초점을 둔다.	고객의 욕구에 주의를 기울이기보다는 자신이나 외식기업의 능력을 과시한다.
필요한 최소한의 서비스만을 제공한다.	고객의 근본적인 욕구나 문제점을 조사하기보다는 전후 상황을 고려하지 않고 즉각적으로 대응한다.
후속 조치를 취하지 않는다.	고객의 문의, 요청, 불만사항을 즉각 처리하지 않거나 사후 처리한 후에도 경과를 알려주는 데 게을리한다.
상호 기대사항에 대해 지속적으로 의사소통하지 않는다.	고객만족을 지속적으로 점검하지 않거나 고객에게 유용하다고 생각되는 자료를 제공하지도 않는다.
언제든지 고객의 욕구에 대응할 준비를 갖추지 않는다.	고객이 작은 사소한 위험에 처할지라도 도움을 줄 준비를 하지 않는다.

※Lyle M. Spencer, Jr. Ph. D. and Signe M. Spencer, Competence at Work, 1993에서 요약 발췌

넷째, 고객의 지속적이고 근본적인 태도, 행동양식이나 문제의 원인을 파악한다. 이는 특히 단골 고객에게 중요한 것이고, 이를 위해서는 장기적인 관점에서 고객에 대한 관찰이 필요하다. 또한, 고객전략에서 마케터가 버려야 할 것은 위의 〈표 4-2〉 고객전략상 버려야 할 접근태도와 같다.

1. 고객전략의 핵심 수단

1) 메뉴(점포)전략

외식마케팅에서 고객(People)전략의 핵심 수단은 메뉴의 경쟁력이다. 어떤 메뉴와 어떤 점포 분위기의 마케팅을 할 것인가. 즉 메뉴와 점포인테리어는 그 입지에 맞도록 하는 것이 고객전략의 출발점이라고 할 수 있다.

외식기업을 실제로 창업하여 솜씨 좋은 셰프가 있어서 문제가 없고, 점포도 일류 점포인테리어 업체에게 의뢰하여 훌륭한 디자인의 점포로 지역주민에 화제가 되어 있는데도 그 외식기업에 고객이 생각만큼 와주지 않는 경우는 종종 나타난다. 이런 원인은 틀림없이 그것들이 고객의 눈높이와 크게 빗나갔기 때문이다. 그러므로 외식기업의 입지와 고객층에 맞는 메뉴전략을 만드는 것이 중요하다.

메뉴개념의 개발은 세장세분화를 전제로 하는 고객분석으로부터 시작된다. 고객들의 핵심 혜택(Key Benefit)은 무엇이고, 우리 점포에서 욕구를 해결하는 상황은 어떤 것이고, 또 그들의 인지를 이해하는 것이 그 출발점이다. 외식마케팅의 4P믹스(People, Pricing, Promotion, Physical Flow)는 대전제가 되는 시장세분화와 표적시장전략에 바탕을 두어야 하고 포지셔닝전략의 구현수단이라는 것을 주지해야만 한다. 특히 포지셔닝은 메뉴나 점포를 통해 의사소통된다. 그러므로 메뉴나 메뉴개념(메뉴가 고객에게 주는 총체적 느낌이나 이미지)의 설정 자체가 고객전략의 일환이 되어야 하며 이를 위해서는 〈표 4-3〉을 참고할 필요가 있다.

표 4-3 메뉴 점검표

메뉴 점검표
메뉴가 고객의 욕구를 만족시킬 수 있는가
메뉴가 현재의 서비스 오퍼레이션으로 무리 없이 전달되는가
메뉴가 고객에게 기쁨을 줄 수 있는가
메뉴가 고객에게 이익을 줄 수 있는가
메뉴가 제공되는 가격에 합당한가
메뉴가 고객편의 입장에서 만들어져 있는가
메뉴가 고객의 오감에 어필하고 있는가

2) 신메뉴전략

고객전략을 계속해서 개선하고 외식마케팅의 장기적인 성공을 거두기 위해서 고객의 욕구에 맞는, 고객이 원하는, 고객의 구매에 합당한 신메뉴를 개발하는 것이 무엇보다 중요하다. 외식마케팅에서 고객전략의 일환으로 새로운 메뉴의 개발을 등한시하거나 새로운 메뉴를 개발하였더라도 외식기업 입장에서 개발하여 고객에게 일방적으로 제공하는 경우가 많은데 이는 외식마케팅 실패뿐만 아니라 기존 고객들의 충성도에도 문제를 일으킬 수 있기 때문에 많은 주의를 기울여야 한다. 물론 외식기업이 전통성에 호소하는 메뉴라면 이는 신중한 선택을 해야 한다. 그러나 계절별로 한 가지 혹은 두 가지의 관련성이 뚜렷한 메뉴를 도입해 가면 새로운 느낌을 줄 수 있으므로 고객에게 선택의 재미를 줄 수 있다는 면도 있다.

이런 신메뉴 개발전략의 체계는 아래의 [그림 4-1]에 나타나 있다. 가장 핵심적인 신메뉴 개발전략 접근방법은 고객의 입장에서 메뉴를 개발하는 것이다. 우선 신메뉴 개발을 위한 데이터의 수집이 이루어져야 한다. 데이터는 시장데이터(Market Data)와 시장조사 데이터(Survey Data)로 크게 나눌 수 있다. 우선 시장데이터에는 외식기업이 시장에서 직접 경영하면서 발생되는 데이터로 매출자료, 마케팅 자료, 환경변수 자료 등이 포함된다. 과거 매출 자료는 어떤 메뉴가 고객들의 입맛에서 가장 잘 수용되는가를 분석하기 위한 것으로 새로운 메뉴를 개발하여 고객의 욕구에 부응하기 위한 메뉴의 개발에 많은 의미를 전달해 준다. 예컨대 매출이 높은 메뉴의 맛과 색깔과 모양과 그리고 그에 알맞은 반찬 등을 파악하여 새로운 메뉴에 기본적으로 포함시키는 것이 중요하다.

집행된 마케팅비용 자료의 경우는 기존의 메뉴들의 마케팅비용을 메뉴별로 파악할 수 있다면, 새로운 메뉴를 개발하여 메뉴에 추가할 경우 어떤 촉진수단이 중요한지 가격은 얼마로 해야 하는지에 대한 혜안을 찾을 수 있을 것이다. 그리고 중요한 것 중의 하나가 환경변수인데 일반적인 고객의 욕구 변화 추세(Needs Variation Trend)를 읽어 보는 것도 신메뉴 개발전략의 중요한 수단이 된다. 이는 고객들의 기본적인 욕구는 일정하더라도 그때그때의 유행이라는 추세가 있으므로 외식마케터들은 이런 추세에 민감할 필요가 있다. 점점 더 감성이 이성보다 강조되는 오늘날의 외식마케팅에서 감성적 변화 추세에 외식기업은 민감할 필요가 있다. 이런 감성변화나 유행 추세를 추적하다 보면 신메뉴의 개발 기회를 찾을 수 있다.

그림 4-1 신메뉴 개발전략의 체계

다음으로 필요한 데이터는 시장조사 데이터로 신메뉴를 개발하기 위해 직접 고객에 대한 조사를 실시하는 것이다. 이에는 기존의 자사 메뉴에 대한 만족 정도부터 불만족의 원천, 부족한 부분 그리고 원하는 부분 등을 조사하는 것으로 기존 메뉴에 대한 것도 포함하는데 기존 메뉴 중 맛의 변경 여부, 색깔의 변경, 가격의 적합성 등에 대해서도 조사를 하는 것이다. 이는 고객의 입장에서 새로운 메뉴를 개발하는 가장 효과적인 수단이 된다. 이 때 고객들이 SNS미디어에 대한 검색과 관리와 활용은 매우 중요하다.

다음으로 경쟁기업의 데이터로서 앞 장에서 설명된 벤치마킹과 경쟁기업에 대한 SWOT 분석의 일종이다. 경쟁기업이 어떤 메뉴로 성공하고 있고, 어떤 메뉴로 실패하고 있는가를 분석해 본다면 이는 자사의 신메뉴 전략의 커다란 지침이 되기도 한다.

다음으로 전문가 데이터인데, 외식마케팅의 전문가에게는 학자와 유명한 외식기업의 창업자, 외식경영 컨설턴트 그리고 외식마케팅 실무 종사자까지도 포함한다. 이들을 조사하기 위해서는 전문가조사방법(Delphi Method)을 사용할 수 있는데 몇몇 전문가들을 일정한 장소에 모아서 심층면접(Depth Interview)을 실시하는 것을 말한다. 일반적으로 전문가들은 해박한 지식과 경험을 소유하고 있으므로 그들이 제시하는 새로운 메뉴는 성공 가능성이 그만큼 높기 마련이다.

신메뉴 개발 관리시스템은 외식기업이 새로운 메뉴를 개발하기 위해 갖추어야 할 일종의 개발과정으로 이에는 외식마케팅 전략이 모두 포함되는 것이다. 즉 시장세분화, 표적시장 선정 그리고 포지셔닝전략의 수립과 실행과정이 바로 신메뉴의 개발과정이라고 볼 수 있다.

이 과정에서 새로운 메뉴의 개발이나 기존 메뉴의 변경기회를 포착할 수 있다. 여기에 더하여 신메뉴 예비시험(Pretest)방법도 포함된다(뒷장 외식마케팅 [장사 잘 되기] 전술 참고). 이는 신메뉴 설계를 위해서 여러 가지 원재료를 합성한 메뉴들에 대한 맛과 모양과 가격 등을 결정하는 중요한 과정이 된다. 여기서는 다양한 점검이 이루어져야 하는데, 실험 대상자들에 대한 시식마케팅을 벌여 반응을 보거나 맛보기 세트를 제공해 주는 것도 하나의 방법이다. 고객들의 입장을 더욱 정확히 정리하기 위해 반드시 신메뉴 개발 반응카드를 작성해 둘 필요가 있는데 이때 지적된 좋은 점과 개선점을 바탕으로 신메뉴를 수정해야만 한다.

다음으로 시험마케팅(Test Marketing)으로서 신메뉴 개발에서 정의된 외식마케팅 전략을 모두 적용하고, 개선을 마친 후에 본격적인 메뉴에 포함시키기 전에 이 메뉴가 실제 고객들에게 어떻게 받아들일지를 평가하기 위해 시험 마케팅을 하게 된다. 여기서 고객들의 수용 태도가 어떠한지를 파악해 보면 그 메뉴의 성공 가능성을 고객의 입장에서 평가해 볼 수 있기 때문이다. 그리고 대략적인 수요예측도 가능하다.

외식마케팅의 고객전략에서 이런 시험 마케팅이 간과되는 경우가 많은데 실제 시장에서 신메뉴를 성급하게 도입하여 마케팅비용을 투입할 경우 실패에 따른 비용을 고스란히 부담해야 하고 고객이 그 신메뉴를 받아들이지 않을 때 수정을 해도 이미

때가 늦은 경우가 많다. 따라서 반드시 시험마케팅 과정을 거치는 것이 바람직하다.

2. 개인화(Personalization) 전략

외식마케팅은 고객의 목적, 욕구, 필요 등을 반영할 책임이 있다. 외식마케팅은 고객과의 대면 접촉이 많은 마케팅이다. 고객의 개인화는 외식마케팅의 메뉴의 차별화의 특수한 형식이다.

개인화는 기본적인 메뉴 혹은 서비스를 고객에게 맞는 유일한 메뉴나 서비스로 전환시키는 것을 그 목표로 하는 전략이다. 개인화는 메뉴의 형태를 고객의 문제해결이나 혜택 제공이나 이익증가를 포함한 고객의 취향에 맞게 제공하는 과정으로 변환시킨다. 개인화라는 단어는 전통적으로 항상 사치와 부의 상징이었다. 부자들만 특정 개인을 위해 설계된 메뉴나 서비스를 요구하는 비용을 치렀다는 의미이다. 하지만 이제는 메뉴의 대량생산과 메뉴 제공 및 서비스능력의 향상으로 일반 고객들도 개인화의 혜택을 누릴 수 있게 되었다.

특히 외식마케팅에서 중요한 것은 외식마케팅의 대상이 되는 메뉴와 서비스는 경제학에서 정의되는 탐색재(Search Goods)가 아니라 경험재(Experience Goods)라는 것이다. 탐색재의 기본적인 특성은 개인이 직접 체험하지 않아도 외양만으로도 쉽게 그 선호도를 평가할 수 있는 것을 말한다. 즉 탐색재는 특이한 점이 없기 때문에 고객들이 보다 정확하게 그 탐색재의 가치와 이익을 예측할 수 있다.

이와는 반대로 경험재는 고객 자신이 직접 소비를 하거나 경험을 하지 않으면 그 선호도를 평가할 수 없는 것을 말한다. 이런 이유는 경험재는 제공되는 방식이 복잡하고, 고객들이 분명한 판단을 내리기 어렵기 때문에 이해하기도 평가를 내리기도 쉽지 않다. 외식마케팅의 메뉴나 서비스가 바로 경험재이다.

메뉴는 같은 재료를 사용해도 그때그때 맛이 다를 수 있고, 고객의 상황마다 받아들이는 맛이 다를 수 있기 때문에 경험재의 전형이라고 할 수 있다. 바로 개인화는 고객들이 이러한 경험재 구매상황에 도움을 주고자 하는 전략이다.

3. 종사자의 내부역량 강화전략

외식마케팅에서 고객전략의 가장 중심에 있지만 간과하고 있는 것이 바로 종사자의 영역이다. 본서에는 이런 종사자는 피고용자가 아니라 또 하나의 외식기업 고객이라는 점을 강조하며 종사자의 고객화야말로 중요한 고객전략이라고 주장한다.

외식마케팅에서 종사자는 공동 고용주(Co-Employer)가 되어야 한다. 외식기업 종사자는 지식근로자로 보아야 하며, 공동운명체이며, 고도의 서비스직에 종사하는 역할이라고 인식해야 한다. 이들은 체계적이건 비체계적이건 간에 고객에게 감정이입(Empathy)을 하거나, 감정이입하려고 노력하며, 고객의 소리를 경청(Listening)하려고 한다. 나름대로 교육을 받았건 안 받았건 간에 경청의 방법을 알고 있으며 고객감수성을 가지고 서비스를 제공하며, 진단적 이해 즉 고객이 요구하는 것을 총체적인 어떤 것으로 판단하는 능력을 갖추고 있는 고도의 지식근로자들이다. 다만 이를 최고경영자가 얼마나 중요하게 생각하고 그들을 공동경영자로 대우해 주고 그들의 헌신을 이끌어낼 수 있는가가 중요하다.

그동안 외식마케팅에서는 이런 외식기업 종사자의 중요성에도 불구하고 종사자는 그저 근무하는 소모적인 임시직이라고 생각하는 경향이 많았다. 이는 매우 위험한 접근법이다. 외식마케팅 성공의 핵심적인 역할은 바로 외식기업 종사자들의 역량과 자발적 참여에 달려 있다고 해도 과언이 아니다.

이런 종사자의 역량을 높이기 위해 교육과 훈련은 당연히 필요한 것이다. 종사자에 대해 고객전략 차원에서 종사자가 갖추어야 할 핵심역량을 제시하고, 이를 바탕으로 외식마케팅의 고객전략의 하위요소로 종사자 교육이 이루어져야 한다. 종사자에게 교육 및 훈련해야 할 핵심역량은 〈표 4-4〉와 같다.

〈표 4-4〉에 나타난 내용들은 아무리 소규모의 외식기업들이라도 모두 필요한 종사자의 역량이므로 이에 대한 교육과 훈련은 반드시 필요하다.

종업원이 가지고 있는 능력을 그 외식기업의 내부 역량으로 볼 수 있다. 이런 내부 역량의 강화를 위해 무엇보다도 아래의 사례와 같이 '사장처럼', '주인처럼', '내 일같이' 일하게 해야 한다.

표 4-4 종사자 구비 역량군

역량군	내용
고객 이해 역량	• 고객의 문제에 귀 기울이기 위한 시간을 갖는다 • 고객의 감정상태를 파악하고 신체 언어를 이해한다 • 고객의 배경, 관심, 요구를 인식한다 • 고객과의 장기적인 관계를 심도 있게 이해한다
자기 자신감 역량	• 종사자 자신의 능력과 판단을 믿는다 • 자신이 행한 어떤 문제나 실패의 책임을 기꺼이 진다 • 자기보다 상급자에게 의문을 표시하거나 제안을 한다
자기 조절 역량	• 일에 종사자 개인의 감정이 끼어들지 않도록 한다 • 고객에게 지나치게 개입하지 않는다 • 스트레스에 대한 내성, 활력, 유머를 기른다
고객지향적 능력	• 고객의 근본적인 욕구를 발견하고 충족시키기 위해 노력한다 • 질문, 제안, 불만에 대해 사후 조처를 하고 결과를 알려준다
주도성	• 고객이 요구하는 것 이상의 일을 한다 (신속하게 반응하고 위기상황에 과감하게 대처한다)

제2장 가격(Price)믹스 전략

제1절 가격의 개념

외식마케팅의 가격전략은 크게 두 가지 관점에서 접근해 볼 수 있다. 첫째, 고객의 관점으로서, 시장에서 외식기업이 제공하는 음식이나 서비스를 고객이 평가하고 그 전체적인 품질의 가치에 대해 금액을 지급하는 것이며, 둘째, 외식기업의 관점으로서, 메뉴나 서비스를 생산하기 위해 투입한 자본과 노동력에 대한 원가를 회수하고 메뉴의 편익을 통해 고객의 효용 증대에 대한 대가를 얻는 것이라고 할 수 있다. 이런 가격의 역할은 외식기업에게는 수익의 원천으로서 최적 수익을 얻을 수 있게 한다. 그러므로 가격결정은 외식마케팅에서 매우 중요한 역할을 한다.[2)]

가격의 결정에 따라 수요가 결정되며, 정보제공의 한 형태로서 가격이 곧 메뉴의 품질지표로도 사용되며, 외식마케팅 경쟁전략의 주요 도구가 되기도 한다. 하지만 본서에서 강조하고 싶은 것은 가격전략은 외식마케팅의 최종적인 경쟁제고의 수단으로 사용해야지 걸핏하면 가격의 조정을 통해 경쟁력을 높이려고 한다면 곤란하다는 것이다. 가격전략은 고객의 선택 의사결정에 많은 영향을 주지만, 이 가격은 중

2) 박충환 · 오세조, 마케팅관리, 박영사, p.451, 1995년.

독이 강해서 한번 저가에 익숙해진 고객은 계속 그 저가만을 떠올리게 되므로 가격을 경쟁의 도구로 사용하면 상당한 위험에 처할 가능성이 있다.

1. 가격결정 요인

가격을 결정하는 중요한 요인은 크게 다섯 가지가 있는데, 이는 수요 상황적 결정요인, 공급 상황적 결정요인, 경쟁기업 대비 결정요인, 고객인지 결정요인, 그리고 기타 결정요인으로 나눌 수 있다.

1) 수요 상황적 결정요인

(1) 인구통계적 요인

인구통계적 요인으로는 첫째, 잠재구매자의 수를 들 수 있는데, 잠재구매자의 수가 많을수록 고가의 전략을 구사해도 가격저항은 크지 않을 것이다. 둘째, 구매장소가 한정된 곳이라면 고가의 전략을 사용해도 고객들은 그 장소로 와야만 구매할 수 있기 때문에 고가전략을 사용해도 가격저항은 그리 크지 않을 것이다. 셋째, 맛의 수용 가능 범위로서 특정 메뉴나 점포가 남녀노소 누구나 선호하는 것이라면 외식기업이 책정한 가격에 대한 저항감은 줄어들게 된다.

(2) 심리적 요인[3)]

가격결정의 심리적 요인에는 첫째, 가격을 메뉴의 질을 판단하는 기준으로 삼는 경우 양질의 식자재를 사용하고, 그 외식기업만의 노하우로 가공하여, 메뉴를 제공하는 경우에는 고가전략이 메뉴의 질을 보장해 주는 하나의 심리요인으로 사용될 수 있다.

둘째, 제공 받는 혜택과 가격의 비교로서 고객이 제공 받는 혜택에 비해 비용이 싸다고 심리적으로 인지하게 되면, 이는 가격이 높더라도 가치 있는 구매라고 인정될 것이며, 고객이 받는 혜택보다 비용이 비싸다고 느껴지면 가치 없는 구매라는 심리적인 상태가 된다([그림 4-2] 참조).

3) 유필화, 가격정책론, p.234, 1998년.

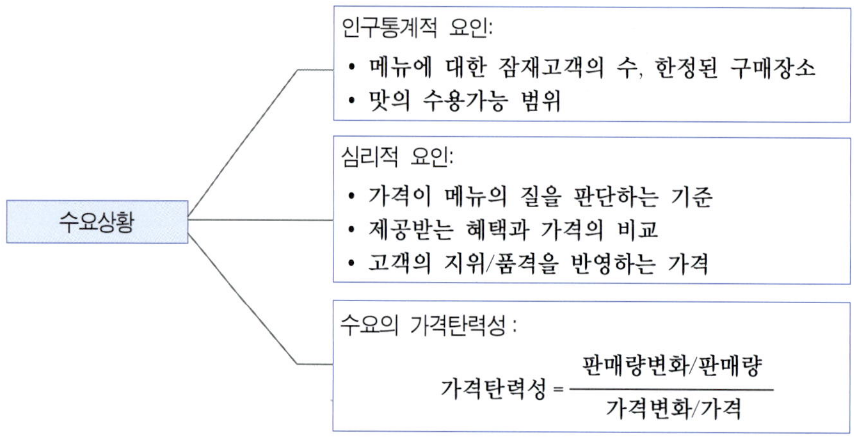

그림 4-2 수요상황적 가격결정요인

셋째, 고객의 지위 · 품격을 반영하는 가격결정으로서 이는 주로 시장세분화의 핵심 편익에서의 상징적 편익의 경우에 해당되는 것으로 고가정책을 사용하더라도 자신의 지위를 상징하거나 자신의 준거집단이 허용하는 고가라면 자신도 기꺼이 지급하고자 하는 가격의 심리적 요인을 말하는 것이다.

(3) 가격의 수요탄력성

가격의 수요탄력성이란, 가격의 변화에 대한 판매량의 변화관계를 나타내는 공식으로 가격변화의 정도가 크더라도 수요의 변화가 적다면(가격의 수요탄력성이 낮다면) 가격결정에 대한 유연성을 많이 가지게 된다. 예컨대 꼭 구매를 해야만 하는 외식 메뉴(직장인의 점심 메뉴, 학생의 분식 메뉴 등)는 이런 가격탄력성이 낮다고 하겠다. 주로 이런 메뉴는 기능적인 핵심 편익을 가진 메뉴가 해당된다.

그러나 가격의 변화에 따라 수요의 변화가 크다면 외식마케터들은 이런 가격결정에 매우 주의를 기울여야 한다. 이는 주로 감각적인 핵심 편익을 가진 메뉴에 적용되는 것으로 가격이 높아진다면 굳이 자기 감각에 맞추어 그 메뉴를 소비하지 않으려는 경향이 나타날 수 있다.

2) 공급상황적 결정요인

가격결정 요인 중 공급상황적 결정요인은 외식기업의 입장에서 주로 가격결정하는 것을 말하는 것으로, 외식기업의 마케팅전략 수단으로 가격을 활용하는 경우이다. 이에는 첫째, 외식기업이 정한 가격목표로서 어떤 가격수준을 유지하거나 달성하고자 하는 것을 외식기업이 결정해 놓는 것이다. 이런 가격목표를 결정하는 주요 변수는 목표투자 수익(투자금액의 금융이자율 이상), 목표시장 점유율(경쟁 외식기업 대비 시장에서의 위치), 장기이익 극대화(고객과의 장기적 관계 관리를 통한 이익극대화), 단기이익 극대화(단기적인 투자회수를 목표로 하는 이익극대화), 시장의 안정화(초기 혹은 일정 기간 고가나 저가의 정책을 시장이 인정하는 안정적인 가격대로 복귀시켜 유지하는 것), 가격선도력의 유지(경쟁 외식기업에 비해 저가든 고가든 가격에서의 경쟁우위를 확보해 가는 것), 진입 방해(신규 경쟁 외식기업의 출현을 방해할 수 있는 저가정책이 해당됨) 등이 있다([그림 4-3] 참조).

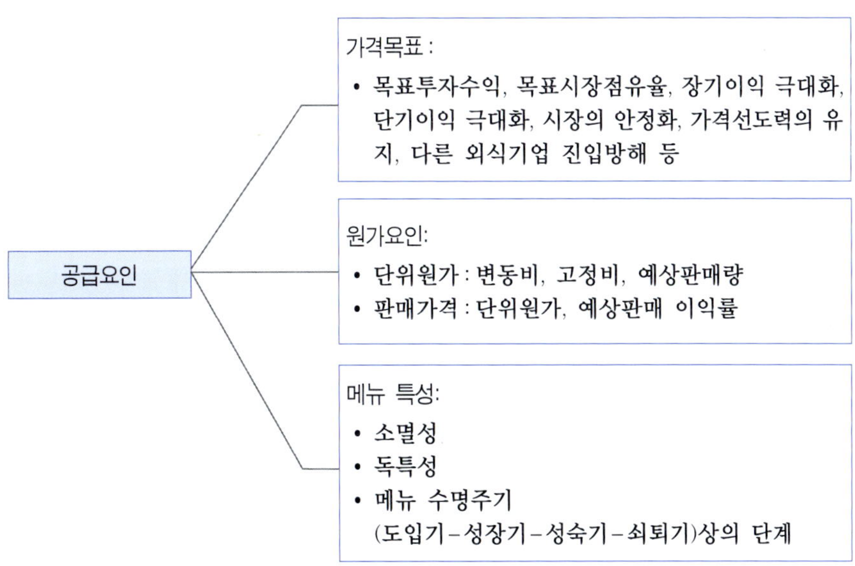

그림 4-3 공급상황적 가격결정 요인

둘째, 원가요인으로서 외식기업이 제공하는 메뉴의 원가에 바탕을 두고 이루어지는 가격결정이다. 단위원가요인은 변동비, 고정비, 예상 판매량의 정도가 해당되고 판매가격 요인은 단위 원가의 수준, 예상 판매 이익률의 정도가 해당된다.

셋째, 메뉴 특성으로서 메뉴가 소멸성이나 독특성이 강할수록 고가책정이 가능하고 제품 메뉴 수명주기상의 단계에 따라서도 가격결정이 달라질 수 있다. 즉 초기의 시장 진입기에는 저가의 침투가격 전략을 사용하다가 성장기부터 가격상승을 유도하여 성숙기에는 전체 투자수익을 극대화하는 가격결정을 할 수 있는 것이다.

3) 경쟁 외식기업 결정요인

가격믹스에서 가격을 결정하는 또 하나의 접근법은 경쟁 외식기업을 고려한 가격결정이다. 가격믹스는 그 내용이 매우 복잡하고 외식마케팅 의사결정에서 경쟁 외식기업의 가격 의사결정과 바로 영향을 주고 받는 믹스 중의 하나이다. 그것도 단기적으로 서로의 영향이 나타나는 외식마케팅 믹스인 것이다. 그러므로 가격믹스에서의 가격결정이나, 가격관리에서 경쟁 외식기업의 변화는 매우 중요한 요소가 된다.

이에는 첫째, 한계가격 결정방법으로 잠재적인 경쟁 외식기업이 시장에 진입할 것이 예상되면 기존의 가격을 낮추어 경쟁 외식기업에 대한 고객들의 기대이익을 없애거나 작게 하여 새로운 시장진입을 봉쇄하려는 가격결정 방법의 하나이다.

이 방법은 외식마케팅에서 잘 사용되지는 않는 가격전략이다. 왜냐하면, 외식마케팅에서 메뉴가격은 외식기업별로 가격의 변화 범위가 그리 넓지 않고, 만약 기존 외식기업의 가격을 변경할 경우 고객들의 혼란에 따른 비용이 훨씬 클 수 있기 때문이다.

하지만 새롭게 시장에 진입할 경쟁 외식기업이 획기적인 메뉴나 월등한 자본력을 가지고 진입하여 경쟁하기에 힘든 외식기업일 경우에는 이런 가격결정 방법도 고려해 볼 필요가 있다. 다만, 이럴 경우 식자재 공급업자와의 관계의 강도나 질이 중요한 고려 변수가 된다. 그들과의 관계가 좋지 않을 경우 일시적인 가격인하에 대한 그들의 반발을 초래하여 자칫 외식기업만이 홀로 위험을 감당하는 일이 벌어지기 때문이다.

둘째, 약탈적 가격결정 방법으로 이는 경쟁 외식기업이 일단 시장에 진입하게 한 다음 기존 외식기업이 메뉴의 가격을 인하하여 새롭게 진출한 외식기업을 퇴출시키는 가격전략이다. 이런 가격결정이 효과를 발휘하는 이유는 새롭게 진입하는 경쟁 외식기업은 많은 출점 비용을 지급하기 마련이기 때문에, 기존 외식기업의 가격인하에 대한 저항력이 거의 없다고 보고 시행하는 가격결정 방법이다.

셋째, 변형 메뉴가격 결정방법으로 메뉴의 주 기능은 동일하게 하고, 보조 메뉴나 서비스를 더 해서 고객이 가격비교를 어렵게 하여 가격경쟁을 회피하는 전략이다(〈표 4-5〉 참조).

표 4-5 경쟁 외식기업 대비 가격결정 요인

한계가격결정	경쟁 외식기업이 시장에 진입할 것이 예상되면 가격을 낮추어 기대이익을 없애거나 작게 하여 새로운 시장진입을 봉쇄하려는 가격전략
약탈적 가격결정	새로운 외식기업이 시장에 진입하도록 허용한 다음 기존 외식기업이 가격을 인하하여 새로운 외식기업을 퇴출시키는 가격전략
변형 메뉴 가격결정	메뉴의 주 기능은 동일하게 하고, 보조 메뉴를 변형시킨 유사 메뉴를 출시하여 고객이 가격비교를 어렵게 하여 가격경쟁을 회피하는 전략

4) 고객 인지 결정요인

가격의 결정에는 단지 산술적인 계산만이 모든 것이 아니다. 가치 공식에서 중요한 것이 바로 고객들의 인지(Perception)가 된다. 즉 동일한 가격이라도 경우에 따라서 그 가격을 높게 인지할 수도 있고, 오히려 낮게 인지할 수도 있는 고도의 인지적인 요소가 가미된다는 점이다. 또한, 가격이 높고 낮음에 따라 동일한 메뉴도 그 품질이 높고 낮음을 평가하는 기준으로 작용하는 경우도 흔히 있는 일이다. 그러므로 가격의 결정에는 반드시 고객의 인지적인 측면이 고려되어야 한다.

우리나라의 일반적인 고객들은 다음과 같은 가격에 대한 인지적 통념을 가지고 있다. 첫째, 낮은 사회계층에 속하는 고객일수록 가격에 대해 더 잘 알고 있다. 둘째, 검소한 고객일수록 가격에 대해 더 정확히 알고 있다. 셋째, 대체로 고객들은 외식 메뉴의 가격에 대해 상당히 잘 알고 있으며, 그들이 말하는 예상 지급가격은 상당 부분 실제 가격과 일치한다. 넷째, 어떤 경우는 비록 고객들이 가격을 정확하게 기억하지 못한다고 할지라도 고객들은 가격이 어느 정도일 것이라는 데에 상당히 정확한 감을 갖고 있다. 다섯째, SNS 미디어의 다양한 활용으로 가격은 실시간으로 비교되고 평가되고 있다.

따라서 위의 통념을 외식기업의 가격믹스 관리에 활용할 필요가 있다. 즉 자사의 메뉴가 위의 어느 계층의 통념에 해당하며, 그 통념이 가지는 가격은 무엇인지 고려해야 한다.

또한, 가격—품질 연상에 대해 고려해 볼 필요가 있다. 가격과 인지된 메뉴의 질과의 관계에 대해서는 명확한 결론을 내릴 수는 없다. 그러나 어떤 특수한 상황에서는 고객들이 메뉴 가격을 메뉴 품질의 지표로 사용하는 것은 틀림없다.

그러한 특수한 상황의 대표적인 경우는 고객들이 가격 이외에 메뉴의 품질을 평가할 수 있는 정보를 거의 갖고 있지 않은 경우이다. 대체로 고객들은 메뉴의 품질을 객관적으로 평가하기 위하여 그들이 부담해야 하는 비용이 필요 이상으로 크다고 생각하는 경우에는 가격을 품질의 지표로 사용하는 경향이 있다.

그런데 이러한 비용은 고객들이 메뉴에 대해서 잘 알게 됨에 따라 떨어지는 경향이 있다. 따라서 외식마케터는 고객들의 메뉴에 대한 지식과 경험이 쌓여 감에 따라 품질의 지표로서의 가격의 중요성은 상대적으로 떨어진다는 것도 고려해야 한다.

5) 기타 결정요인

가격믹스를 전략적으로 어떻게 활용하는가에는 수많은 방법이 존재한다. 하지만 본서의 가격믹스에서 강조하고 싶은 것은 가격믹스를 통한 외식마케팅에서의 경쟁우위의 창출은 매우 신중하게 접근해야 한다는 것이다. 이는 가격전략은 전가의 보도가 아니라 외식마케팅 최후의 수단이라는 인식을 가져야 함을 말하는 것이다.

누구나 경쟁상황에서 가격조정을 통한 일시적 위기를 탈출하고자 하는 욕구는 생기게 마련이다. 이 말은 가격이 그만큼 고객들에게 민감한 사항이라는 것을 알고 있다는 것이다. 다시 말해 고객의 반응이 즉각적이라는 점을 말함과 동시에 한번 변경

된 가격에 대한 고객들의 인지도 즉각적으로 발생되어 고착화되어 버리는 믹스라는 점이다. 민감한 만큼 인지의 관여도 그만큼 깊다는 것을 말하는 것이다.

외식마케터는 가격결정에 대한 다양한 이해를 하고 있어야 한다. 외식마케팅은 항상 변화하는 환경에 적응해야 하고 때로는 그 환경을 주도적으로 변화시켜야 하는 역할을 해야 하기 때문에 그러하다. 가격결정에 대한 다음의 언급은 외식마케팅의 가격믹스전략에서 결정적인 것은 아니라도 때로는 유용할 수 있으므로 제시하고자 한다.

첫째, 단수가격정책(Odd Pricing)으로 가격의 끝자리가 0으로 끝나지 않고 단수로 끝나게 가격을 책정하는 것이다. 이는 고객으로 하여금 가격이 원래 가격에서 할인된 것이라는 생각을 하게 하는 것이다. 물론 우리나라의 외식마케팅에서는 이런 단수 끝자리 가격정책을 잘 사용하지는 않는다. 이는 고객들의 이해 편리와 외식마케팅 가격결정의 관행의 문제에서 기인되는 것일 수 있다.

둘째, 관습가격정책(Customary Pricing)으로 고객들이 관습적으로 그러하다고 인정하는 가격으로, 일반적인 사회 관행으로 인정된 가격을 따르게 되는 경우이다. 이는 외식마케팅의 가격믹스에서 가장 흔히 받아들이는 가격결정정책 중의 하나이다. 가격을 낮게 책정하여도 매출증가는 미미한 반면 높게 책정하면 매출이 격감하는 외식마케팅의 메뉴 속성에 가장 어울리는 가격정책이라고 할 수 있다. 그러나 이런 관습가격의 범위를 파괴할 수 있는 새로운 창의적 메뉴라면, 외식기업의 수익성을 급격히 증대시킬 수 있는 또 다른 면도 함께 이해해야 한다.

셋째, 묶음가격정책(Bundling Pricing)으로 다수의 메뉴를 묶어 판매하는 것이다. 서로 보완관계에 있는 메뉴를 묶어서 판매하는 가격정책도 여기에 속한다. 이를 통해 개별 메뉴가격을 쉽게 파악하지 못하게 하여 가격민감도를 완화할 수 있다. 이는 단일 메뉴의 경쟁력을 묶여진 타 메뉴로 전이하는 효과를 노리는 것이다.

넷째, 옵션형태 가격정책(Option Feature Pricing)으로 기본 메뉴에 선택 메뉴 및 서비스를 부여하여 가격을 다소 높게 책정하는 것이다.

다섯째, 유인가격정책(Captive Pricing)으로 본 메뉴의 가격을 낮게 책정하고, 종속 메뉴(고가의 반찬 : 보쌈 집의 생굴)의 가격을 높게 책정하여 수익을 획득하는 방식이다.

여섯째, 손실가격정책(Loss Leader Pricing)으로 소수의 메뉴를 파격적인 가격(예: 삼겹살 1인분 2,200원)으로 할인해서 전체 매출액을 증가시키는 가격정책을 말한다.

일곱째, 이미지가격정책(Image Pricing)으로 메뉴들 간의 실질적인 차이(원가 차이)보다는 각 메뉴의 이미지나 고객들의 지각 위치(꽃등심은 그냥 등심보다 훨씬 가격이 비싸다는)에 따라 가격을 책정하는 것이다.

끝으로 프리미엄 가격정책(Premium Pricing)으로 한 종류의 메뉴 안에서 여러 가지 원산지에 따라(한우, 수입육에 따라 다르게) 다른 가격을 책정하는 방법 등이다. 즉 한우를 수입육에 비해 50% 이상 비싸게 가격책정하는 방식이다.

제2절 가격결정 절차

위에서 언급된 다양한 가격정책 방법들이 외식마케팅에서 사용된다. 하지만 어떤 가격믹스 전략이라도 항상 일정한 절차를 따르는데 그것은 아래의 [그림 4-4]와 같다. 물론 가격정책에 따라서는 아래의 각 절차 중 어떤 부분은 생략되거나 축소될 수 있지만, 그렇다고 이런 절차를 무시해서는 안 된다. 다시 한번 강조하지만, 가격정책은 매우 신중해야 하며, 가급적 아래의 절차를 따라 가격의사결정을 내리는 것이 바람직하다.[4)]

이런 가격결정 절차는 첫째, 목표 외식시장의 도출이 우선적으로 이루어져야 한다. 외식마케팅 시장세분화를 통해 자사에 적합한 목표시장을 도출하는 것이 가장 우선적인 가격결정의 과제이다. 외식시장 세분화의 궁극적인 이유는 자사에 적합한 시장의 선정이 되며, 이런 외식시장을 선정하여 한정된 외식마케팅 자원을 투여하고자 하는 것이며, 이런 외식마케팅 자원의 투여전략이 외식마케팅 4P믹스 전략이기 때문에 반드시 시장세분화를 전제로 한 표적시장의 도출이 가격결정의 최우선 절차가 된다.

4) 맥그로우 컨설팅그룹, 마케팅전략 지식 DB 참조.

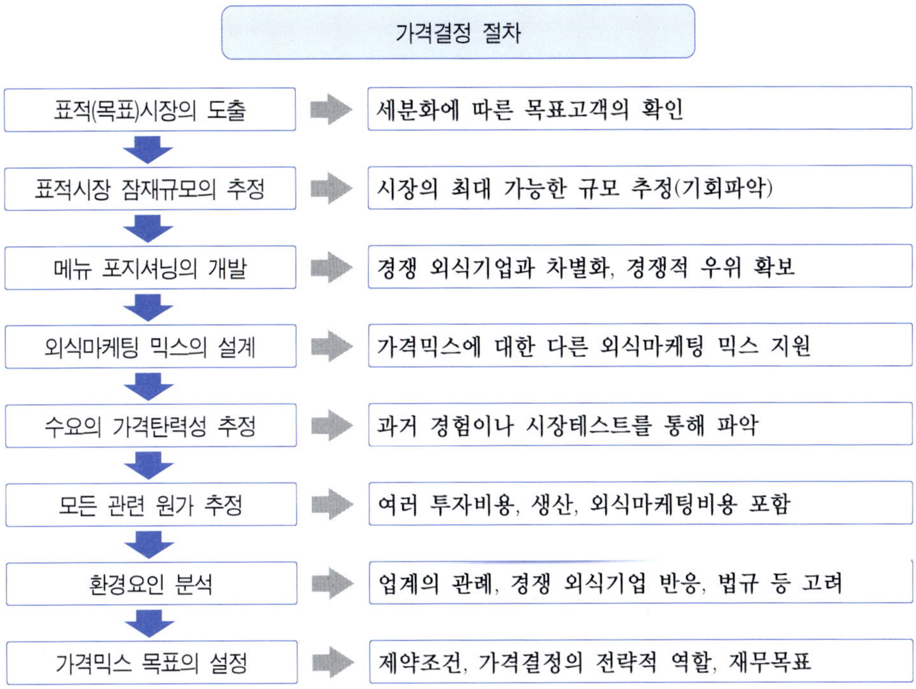

그림 4-4 외식마케팅 가격결정 절차

둘째, 표적시장의 잠재규모 추정으로 선정된 표적시장은 앞에서 언급된 표적시장 전략, 즉 집중화전략, 차별화전략 그리고 비차별화전략 중 하나를 선택하는데, 이때 각 전략의 대상이 되는 시장의 규모를 추정하여야 올바른 가격정책이 이루어진다. 이는 외식기업의 수익구조와도 관련을 가지는 것으로 표적시장의 규모에 따라 매출 구조와 그에 따른 수익구조를 파악할 수 있기 때문이다.

셋째, 메뉴 포지셔닝의 개발로서 이는 가격 의사결정에서 중요한 의미가 있는데, 가격 의사결정이 메뉴의 포지셔닝과 관련을 가진다는 의미이다. 이에는 경쟁 외식기업의 포지셔닝전략이 고려되어야 하는데 시장은 어떠한 경우도 독점이 이루어질 수 없거니와 설령 독점이 존재한다고 해도 그리 오래 가지는 않는다. 따라서 경쟁 외식기업의 가격에 대비한 자사의 가격정책의 상대적 위치를 파악하는 것이 중요한 절차가 된다.

넷째, 외식마케팅 믹스의 설계로서 다른 외식마케팅의 믹스 즉 고객믹스, 촉진믹스, 그리고 물류믹스와의 연관 속에서 가격의사결정이 이루어져야 한다. 이는 믹스 간에는 장기적인 포지셔닝을 위해 상호 보완적인 관계에 있어야 한다는 점을 의미한다. 즉 믹스 간에 갈등이 일어나서는 안 된다. 예를 들어 최고급 고객들을 상대하는 메뉴의 가격이 고객들의 관습적인 인식범위보다 현저히 낮으면 이는 바로 품질에 대한 평가로 이어질 수 있다. 또한, 가격이 너무 높게 책정되면 소위 바가지 상술이라는 이미지를 주기 때문에 주의를 기울일 필요가 있다.

다섯째, 수요의 가격탄력성(Price Elasticity) 분석으로 이에는 인지 문턱(Perceptual Threshold)을 고려해야 한다. 가격탄력성은 가격의 변화율에 대한 수요의 변화율을 말하는 것이 일반적이다. 그러나 외식마케팅에서 수요의 변화율의 핵심을 이루는 것은 고객의 인지이므로 외식마케팅의 가격탄력성에는 인지 문턱을 고려해야 한다. 인지 문턱이란 어떤 메뉴의 가격이 일정한 선을 넘어서면 매출이 급격히 떨어지는 선을 말하는 것이다.

이를 반영한 가격정책은 앞에서 언급된 단수가격정책(Odd Pricing)이 대표적이다. 이런 가격정책은 외식마케터의 과거의 경험이나 실제 고객들을 대상으로 한 실험이 중요하다. 즉 어떤 메뉴에 대한 가격을 외식마케터가 일방적인 짐작으로 조정하기보다는 사전에 소수의 고객들을 대상으로 간단한 설문조사를 통해서라도 고객들이 받아들일 수 있는 가격대를 알아보는 것이 고객들의 인지 문턱이 어느 선인가를 파악하는 중요한 요소가 된다.

여섯째, 가격정책 관련 원가를 추정하는 것으로 이에 대해서는 여러 투자비용, 메뉴 생산비용, 외식마케팅 비용 등이 포함된다. 이는 가격결정의 최소한의 조건으로 원가를 철저히 검토해 보는 것은 당연한 일이다.

일곱째, 환경요인분석으로서 외식업계의 관례, 경쟁 외식기업 반응, 법규 등을 고려해야 한다. 근래에는 외식업계의 관례를 따르는 가격결정은 많이 없어지고, 오히려 관례를 깨는 가격정책이 고객으로부터 호평을 받고 있다.

하지만 경쟁 외식기업의 반응이나 법규와 관련해서는 주의를 기울여야 한다. 만약 다른 마케팅믹스의 지원을 받지 못하는 상황에서 가격인하 정책을 사용하게 되면 필요 없는 경쟁사의 저항을 받아 오히려 가격인하로 인한 그 기업 혹은 메뉴의 평판만 떨어뜨리는 결과가 될 수 있다. 그리고 새로운 경쟁 외식기업의 진입을 저지하고자 가격단합을 하는 경우는 공정거래 법규의 규제를 받아야 하는 점에서 가격결정에 환경적인 변수를 고려해야 한다.

끝으로, 가격믹스 목표의 설정으로 가격정책의 내적 · 외적 제약조건, 외식마케팅의 전략적 역할, 외식마케팅의 재무목표를 고려하여 최종적으로 가격결정이 이루어져야 한다. 위에서 언급한 여러 단계는 외식마케팅의 가격결정에 중요한 절차이다.

사례 외식기업 '가격 책정 전략'[5)]

외식기업 경영의 목적으로 이윤 추구가 빠질 수 없다. '사명감 하나로 바른 먹거리를 전파하고자 한다. 손님이 맛있게 먹어주면 그만'이라고 하는 사람들도 있지만, 식당은 돈을 벌어야 한다.

가격 책정은 매출, 즉 외식기업의 이익과 직결돼 있다. 외식기업의 수익성을 결정하는 데 매우 중요하게 작용한다. 무엇보다 고객의 의사결정에 큰 영향을 미치는 요인 중 하나가 바로 '가격'이다. 여기서 중요한 것은 가격이 낮다고 해서 고객이 선택할 확률이 높은 것은 아니라는 점이다. 저렴하면 오히려 '품질이 좋지 않다'는 인식을 줄 수 있다. 또 그와 반대로 '비싼 만큼 맛나다'고 생각할 수 있다. 가격 책정은 꽤 복합적이어서 고려해야 할 사항이 많다. 대다수 외식기업은 가격 책정이 중요하다는 사실을 놓치고 있다. 메뉴에 맞는 최적의 가격을 단 하나로 결정짓는 일은 잘 없지만 대부분 남들과 유사하게 한다는 주먹구구식으로 가격을 책정하고 있는 실정이다. 물론 완벽한 가격을 찾기란 불가능하다. 하지만 추측이나 경험에 의존하는 태도는 이제 지양해야 한다.

5) 매일경제, 외식업소 '가격 책정 전략', 2014년 7월 18일

• 손님은 기대하고 수용하는 가격 기준이 있다.

서울 양재동에 있는 두부 전문 식당 〈두부야〉는 주메뉴에 비해 김치 맛이 좀 떨어진다. 반찬의 질도 조금 아쉽다. 그럼에도 불구하고 국산 콩으로 직접 만든 순두부찌개가 5,000원이라 손님들은 큰 불만 없이 방문하고 있다. 하지만 가격을 1,000원 더 올리더라도 반찬의 품질을 조금 더 높이면 어떨까. 주변 사람들에게 물어본 결과 6,000원을 받는다 해도 가격에 대한 저항은 크게 없을 것이라는 긍정적인 답변을 들을 수 있었다.

6,000원에도 기꺼이 사먹겠다는 것은 고객이 받아들일 수 있는 가격 범위 내에 있다는 뜻이다. 이처럼 고객은 해당 메뉴를 선택할 때 수용 가능한 '가격 범위(Acceptable Price Range)'를 따로 설정해놓고 있다. 이를 적절하게 활용한 곳이 수제 버거 전문점 〈밸런스 버거〉다.

〈밸런스 버거〉는 브랜드 론칭 전 수제 버거의 적정 가격 선을 찾기 위해 고객 설문조사를 실시했다. 2009년 당시에는 패스트푸드 버거가 2,000원대였다. 조사 결과 고객이 수용할 수 있는 가격 선은 4,000~5,000원으로 나왔다. 버거는 4,000원으로 책정했다. 지금은 가격이 조금씩 올라 4,900원이다.

5,000원을 넘기지 않은 이유가 고객 수용 가격 범위 때문이다. 〈밸런스 버거〉 수용관 본부장은 당분간은 5,000원을 넘기지 않을 생각이라고 했다. 조사 당시 3,000원대는 '제품의 질이 좋지 않을 것'이라는 인식에 사람들의 선호도가 낮았다. 이처럼 가격이 낮다고 해서 고객이 다 선택하는 것은 아니다.

사람들은 메뉴에 대해 기대하는 기준 가격이 있다. 낮지도, 높지도 않은 적정선, 이를 바로 '준거가격(Reference Price)'이라고 한다. '가격 대비 만족도', '가격 대비 성능비'라는 말이 나온 것이 바로 이 기준이 있어서다. 준거가격 때문에 할인 제도를 조심해야 한다.

가격이 할인됐다가 다시 본래 가격으로 돌아왔을 때 사람들은 '비싸다'고 인식하는 경향이 있다. 준거가격이 할인된 금액 기준으로 낮아졌기 때문이다. 가격 할인 제도는 장기적으로 생각해서 세심하게 계획해야 한다.

• 일단 주문하는 데 부담 없어야 한다.

가격 책정 시 고객 심리와 인식이 크게 작용한다. 그래서 '심리적 가격 전략'을 사용한다. 고객의 심리나 일상적인 구매패턴을 활용해 가격을 조정하는 것이다. 그중 가장 대표되는 것이 '단수가격(Odd Pricing)' 전략이다. 이미 많은 업소에서 흔하게 활용하고 있다.

예를 들어 1만 원이 아니라 9,900원 등으로 책정하면 할인된 느낌을 줘 고객이 조금 더 수월하게 받아들이게 된다. 실질적인 금액 차이는 크게 나지 않지만, 고객이 받아들이는 가격은 훨씬 더 저렴한 느낌이다. 가격을 올려 받을 수도 있다. 1만 900원과 같은 경우인데 1만 1,000원에서 할인했다고 생각하기 쉽기 때문이다. 단수에는 주로 5, 7, 9와 같은 홀수를 많이 쓴다.

가격 책정은 '주문하는 데 부담이 없어야 한다'는 것을 기본으로 끌고 간다. 일본에 그런 음식점들이 많다. 특히 이자카야에 가면 국내보다 음식이 훨씬 저렴하다. 메뉴당 적게는 300엔부터 보통 500~600엔 정도 한다. 물론 양은 적은 편이다.

하지만 가격이 저렴해 부담 없이 막 시키게 된다. 그러다 보면 결국 금액이 많이 나온다. 저렴하다는 인식을 이용해 추가 주문을 부르는 가격 책정 전략이다. 반면 국내 이자카야는 메뉴 하나당 적으면 1만 2,000원이고 보통 1만 원대 중반에서 2만 원대를 훌쩍 넘긴다.

일본과 한국 음식 가격 차이는 얼마 전 한국에 진출한 일본의 이자카야 프랜차이즈 〈와타미〉만 봐도 알 수 있다. 일본에 있는 〈와타미〉는 유기농 콘셉트이지만 비싸지 않다. 프랜차이즈 브랜드의 강점인 '구매력(Buying Power)' 덕에 원가를 줄일 수 있었다.

반면 국내에 있는 〈와타미〉는 양은 적고 가격은 비싼 곳으로 소문이 나 있다. 최근 일본은 유통 마진을 줄이면서 쥐어짜기 전략을 펼치고 있다는 소식이 들린다. 산지나 제조업체와 직거래를 통하면 아무래도 식재료 원가를 낮출 수 있고 가격을 책정하는 데 도움이 될 것이다.

일본 센다이에 있는 〈한다야〉는 음식을 손님이 직접 골라 담아 먹는 카페테리아 스타일 식당이다. 이곳은 저렴한 가격 책정을 통해 차별화에 성공했다. 유명세를 탈 당시 밑반찬 한 접시가 40엔이고 푸짐한 스몰 사이즈 공깃밥이 80엔이었다. 가볍게 먹으면 400엔 내에서 한 끼 식사가 거뜬할 정도였다.

그러면서도 초밥이나 크로켓 등 손님들이 많이 찾을 만한 상품에 주력해 그쪽에서 이윤을 남겼다. 계산된 전략인 셈이다. 〈한다야〉처럼 모든 가격에서 이윤을 남기지 않고도 수익을 올릴 수 있다.

• 가치는 점점 더 높이고 원가는 낮추고

가격 책정 시 가장 힘들 때가 바로 가격을 올리는 일이다. 업주에겐 굉장히 부담스럽게 느껴진다. 그렇다고 오르는 원가를 외면할 수는 없는 일이다. 특히 대중적인 아이템은 그 영향이 더 큰 것처럼 다가온다. 사람들이 자주 찾는 외식 아이템은 오랜 기간 일정 금액을 습관적으로 지불해 왔기 때문에 당연하다고 생각하는 가격 수준이 있다.

이를 심리적 가격 결정 중 '관습가격(Custom Pricing)'이라 한다. 이런 경우 가격 인상 폭이 다른 메뉴에 비해 크게 느껴지기 때문에 가격을 높이는 것보다 양을 줄이는 경우가 더 많다.

사람들은 '가격이 높으면 메뉴의 품질이 좋을 것이고 가격이 낮으면 품질이 좋지 않을 것'이라고 생각하는 경향이 있다. '싼 게 비지떡'과 같은 맥락이다. 메뉴를 판단할 수 있는 정보가 없거나 파악할 만한 환경이 되지 않을 때 사람들은 가격을 품질의 지표로 사용하는 경향이 있다. 이것이 심리적 가격 결정 중 '명성가격(Prestige Pricing)'이다.

이는 '고급스러운 집에서 비교적 합리적인 메뉴를 맛볼 수 있다'는 인식을 주기 위해 활용할 수 있다. 비싼 메뉴를 넣으면 전체적으로 고급스러운 인식을 풍긴다. 하지만 판매하고자 하는 메뉴는 제일 비싼 메뉴 바로 아래 것이다. 사실 고급 식당 메뉴판에서 제일 높은 가격의 메뉴는 거의 팔리지 않는 메뉴라고 보면 된다. 그 아래 메뉴가 비싸지 않다는 것을 보여 주기 위한 하나의 전략적인 메뉴다.

이는 백화점 명품샵에서 많이 쓰는 전략이다. 400만 원짜리 명품 가방 옆에 1,000만 원짜리 수제 명품 가방을 가져다 놓으면 브랜드와 매장의 질이 매우 높다는 인상을 주면서 상대적으로 400만 원 가방은 저렴하다는 인식을 준다.

소비자는 고급스럽고 비싼 물건만 있는 매장에서 400만 원짜리 가방을 살 수 있다는 것을 굉장히 뿌듯하게 여길 수 있다. 그런 경우 400만 원짜리 가방의 수익은 높고 1,000만 원짜리 가방은 마진율이 낮아 팔리지 않아도 되는 상품일 경우가 높다. 팔리지 않을수록 더 좋은 상품이라는 것이다.

음식점에서 고가 메뉴를 구성해 고급스러운 분위기를 추구한다면 서비스에 조금 더 신경 써야 한다. 고객은 비싼 가격일수록 메뉴 품질이 좋다고 생각하는 만큼 훌륭한 서비스와도 연계된다고 인식한다. 그 기대를 충족시켜줘야 고객이 인식하는 가치를 높일 수 있을 것이다.

'가치〉가격〉원가' 생존 공식에 따라 가치는 높이고 원가는 낮춰야 한다. 고객이 인식하는 가치를 높이기 위한 전략이 필요하다. 고객이 지불할 수 있는 객단가를 파악해 1인당 쓸 비용에 해당하는 최적의 방안을 마련해야 한다.

• 결국, 소비자가 인정하도록 만들어야!

누군가 '장사를 제일 잘하는 것은 능력껏 싸게 가지고 와서 비싸게 파는 것'이라고 했다. 다만 획기적인 기획이거나 상품의 질이 뒷받침돼야 한다고 단서를 달았다. 결국, 소비자가 인정해야 한다는 뜻이다. 가격 책정에 있어 가장 중요한 것은 소비자가 얻는 혜택과 지불하는 가격이 상응해야 한다는 것이다.

고객의 비용을 최소화하면서 내 가격을 최대한 받을 수 있도록 상품을 포장하고 판매하는 것, 거기다 편익을 제공해 소비자가 추구하는 가치까지 높이는 것. 그것이야말로 현명한 가격 전략이다.

• "손님이 선택하기 쉬워야 한다"

〈사례 1〉

50대 남성 김씨는 일행과 함께 낙지볶음을 먹으러 갔다. 낙지볶음은 1인분에 1만 원이었다. 낙지볶음을 달라고 하니 직원이 주문을 받으면서 '냉동은 2인분에 2만 원이고 산낙지는 3만 5,000원인데 무엇으로 드릴까요?'라고 물었다. 순간 부담이 확 들며 기분이 상했다. 메뉴판에는 1인분에 1만 원만 표시돼 있었는데 주문할 때 그 자리에서 대놓고 냉동과 산낙지 선택 여부를 묻는 것은 고객에게 부담을 주는 주문방법이라고 생각한다. 맛이나 상품력도 별로였다. 다시는 오지 않겠다고 마음먹었다.

〈사례 2〉

30대 남성 이씨는 아내와 친구 두 명과 함께 해물찜을 먹으러 갔다. 그동안 여러모로 도움을 준 두 친구에게 한턱내기로 한 것이다. 메뉴를 결정하려고 보니 해물찜 중(2~3인용)이 3만 8,000원, 대(3~4인용)가 4만 7,000원이었고 '접대용'이라고 붙어있는 것은 5만 9,000원이었다. 성인 4명이 먹기에 '대'가 부족할 것 같아 부담스러운 마음을 애써 감추고 '접대용'을 시키자고 했다. 친구들은 왠지 접대할 때 먹어야 할 것 같다며 부담스러워 했고 알아서 '대'를 주문했다. 체면 때문에 내심 걱정했는데 '접대용'이라는 단어가 고마웠다.

손님이 선택하기 쉽게 메뉴나 가격을 표시하는 것도 하나의 가격 전략이다. 일단 고객이 불쾌함이나 불만을 느끼면 영업에 악영향을 끼칠 수 있다. 특히 메뉴명에 급수나 등급을 표시하는 것은 역효과를 준다. 초밥집에서 급수로 메뉴를 나눠놓은 것이 하나의 예다. 그럴 경우 가치 단계가 아닌 가격으로 표시하면 조금 더 효과적일 것이다.

앞에 소개한 〈사례 1〉의 경우도 '냉동낙지'와 '산낙지'라는 품질 혹은 가치를 나타내는 직접적인 단어를 사용해 주문받을 때 대놓고 물어본 것은 굉장히 노골적인 주문방법이다. 반면 〈사례 2〉와 같이 '접대용'이라는 단어 하나 써 붙여 놓는 업주의 센스가 있다면 손님은 체면도 차리고 돈도 적게 쓸 수 있어 기분 좋게 식사할 수 있을 것이다.

• 가격 책정, 역지사지 자세 필요

가격 책정 시 가장 우선돼야 할 것은 역지사지의 자세다. 손님의 마음을 모르고 설정한 가격은 소용이 없다. 가격 대비 만족도가 음식점 선택에서 가장 중요한 요소인 만큼 품질은 물론 푸짐함까지 갖추면 좋다.

캔 음료를 하나 내더라도 푸짐하다는 인식을 던지자는 것이다. 원가가 얼마 차이 나지 않는다면 190ml 보다는 350ml를 제공하는 게 훨씬 낫다. 원가 조금 더 들여 좋은 인식과 고객의 신뢰를 얻는 것이 더 중요하다.

글 월간외식경영 취재팀

제3장 촉진(Promotion)믹스 전략

외식마케팅에서 촉진믹스는 고객과의 의사소통의 수단이 되는 것이다. 마케팅의 본질은 한마디로 교환(Exchange)이며, 교환은 항상 고객에 대한 의사소통을 수반하기 마련이다. 외식마케팅에서 촉진믹스는 이런 고객 의사소통을 얼마나 효과적으로 그리고 효율적으로 할 것인가를 다루는 것이다.

의사소통이라는 것은 외식기업이 가지고 있는 비전으로부터 마케팅 목표를 고객에게 전달하는 일련의 과정을 의미하는 것으로서 의사소통은 무형적인 개념의 전달과정이다. 여기서 우리는 외식마케팅의 시너지효과(Synergy Effects)에 대해 언급하고자 한다.

시너지효과를 고려해야만 하는 이유는 의사소통은 근본적으로 무형적인 것으로 고객에게 전달되는 수단이 다양하고 각 수단 간의 목표가 서로 다르므로 이들 간에 긍정적인 시너지가 창출되도록 조화를 만들어 내는 것이 성공적인 외식마케팅의 일환이기 때문이다. 우리는 흔히 시너지라는 말을 많이 사용하는데 과연 시너지를 어떻게 창출하느냐는 물음에 대해서 얼마나 답할 수 있을까? 시너지 창출의 원리에 대한 명확한 답은 일관성과 보완성의 원리(The Principles of Consistency & Complementary)라고 할 수 있다. 즉 상위개념(비전이나 마케팅목표)과의 일관성 있는 의사소통 개념(Communication Concept)이 되어야 하고, 이런 의사소통의 개념을 전달하는 의사소통 수단(Communication Tools) 간에 상호 보완성이 있어야 시너지가 창출되는 것이다.

여기서 짚고 넘어가야 할 것은 시너지효과는 원래 결합 효과로서 그것이 긍정적인 방향이나 부정적인 방향을 의미하지는 않는다. 즉 "시너지가 있게"라는 말을 긍정적인 것으로만 생각하지만 부정적 시너지도 존재한다. 우리는 시너지를 창출한다는 말은 많이 사용하지만, 긍정적 시너지 창출이라고 말하는 것이 보다 정확한 말이 된다. 본서에서 시너지 창출의 의미는 긍정적 시너지 창출만을 의미한다.

제1절 촉진믹스의 목표

촉진(Promotion)은 의사소통의 일환이고 촉진믹스는 고객과 외식기업을 잇는 의사소통의 수단이므로 고객의 욕구에 메뉴의 정보를 제공하거나 외식기업의 이미지를 호의적으로 조성해 단기 혹은 장기적으로 판매를 유도하는 것을 그 목적으로 한다.

보다 구체적으로는 다음의 네 가지의 역할이 있다. 첫째 정보전달로서, 외식기업의 존재와 무엇을 하는지, 그리고 어떻게 하는지에 대한 정보를 전달하는 것이 가장 기초적인 목적이다.

둘째, 설득으로서, 자사의 비전과 포지셔닝 목표와 메뉴 개념을 고객에게 가장 적합한 것으로 설득하기 위한 것이다.

셋째, 주의환기로서, 이미 앞의 두 가지 목적에 의해 알게 된 것을 고객들의 구매시점에서 회상할 수 있게 하는 것을 그 목적으로 한다.

넷째, 비교로서, 경쟁 외식기업의 메뉴나 점포나 가격과 비교하는 촉진을 말한다. 촉진믹스 목적의 하부 단위인 유형별 목표는 아래의 〈표 4-6〉과 같다.

촉진믹스의 유형별 목표는 첫째, 정보 제시형 촉진목표의 경우 신메뉴에 관한 설명, 메뉴의 새로운 개념 제안, 그리고 가격변동의 정보 등을 전달하는 것이다. 정보제시형 촉진의 목표는 이용 가능한 메뉴와 서비스를 안내하고, 메뉴에 대한 잘못된 이미지를 교정하며, 고객 우려의 해소를 목표로 한다.

표 4-6 촉진믹스 유형별 목표

촉진 메시지의 유형별 목표

유 형	내 용	목 표
정보 전달	• 신메뉴에 관한 설명 • 메뉴의 새로운 개념 제안 • 가격변동의 정보	• 이용 가능한 메뉴와 서비스 안내 • 메뉴에 대한 잘못된 인상 교정 • 고객 우려의 해소 • 기업의 이미지 구축
설득	• 메뉴 선호도 구축 • 자사 메뉴로의 전환 유도 • 지각된 메뉴 속성 변화	• 구매 설득 • 구매 주문 설득
주의 환기	• 메뉴의 필요성 주의 환기 • 구매장소의 주의 환기	• 비수기에도 잊지 않도록 • 고객이 염두에 두도록
비교	• 경쟁 메뉴와 비교	• 상대적 우위 입증

둘째, 설득형 촉진목표로서 자사의 메뉴 선호도 구축과 자사 메뉴로의 전환 유도가 내용이 되며, 구매 설득과 구매 주문 설득을 목표로 한다.

셋째, 주의 환기형 촉진목표로서 메뉴의 필요성에 대한 주의를 환기시키며, 구매장소가 어딘지를 알게 하는 것을 그 내용으로 하며, 비수기에도 잊지 않도록 하거나 고객이 항상 염두에 두도록 하는 것을 목표로 한다.

끝으로, 비교형 촉진목표로서 경쟁메뉴와 혹은 경쟁메뉴의 재료와 비교하는 것을 내용으로 하며 그 목표는 상대적 우위 입증이 된다.

제2절 촉진믹스 전략

촉진믹스는 광고, 홍보, 인적 판매, 그리고 판매촉진으로 구성된다(그림: 촉진의 의미와 구성요소 참조). 본서에서는 외식마케팅 전략을 다루고 있으므로 촉진믹스의 구성요소 중 광고와 홍보에 대해 집중적인 조명을 하기로 한다.

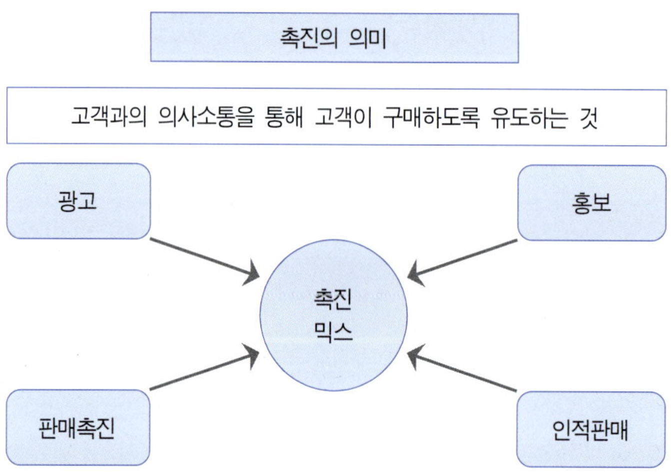

그림 4-5 촉진의 의미와 구성요소

왜냐하면, 외식마케팅 의사소통에서 가장 많이 사용하는 것이 광고와 홍보이고 인적 판매나 판촉은 거의 사용하지 않으므로 광고와 홍보에 초점을 맞추어 자세한 전략을 수립하는 과정을 설명하는 것이 바람직하기 때문이다([그림 4-5] 참조).

하지만 요사이는 판촉의 수단으로 개업 시나 리모델링 후 일명 "판촉 도우미"를 통해 판촉하는 경우가 많은데, 이것은 주로 일시적인 관심 끌기에 지나지 않아 주기적 판촉으로 보기는 어렵다.

1. 광고믹스 전략

광고믹스 전략에는 광고단서 믹스전략과 광고매체 믹스전략이 있다. 전자는 무엇을 핵심내용으로 해서 광고를 할 것인가를 결정하는 것이고, 후자는 그 핵심 내용을 어떤 수단을 통해 전달할 것인가를 결정하는 것을 말한다. 광고는 특정 광고주(외식기업)가 아이디어나 메뉴, 서비스를 사람이 아닌 매체를 통해 전달하는 광고주 주도적 의사소통의 수단으로 메뉴 개념을 가장 손쉽게 이해하도록 하는 믹스다.

1) 광고단서 믹스전략

광고단서 믹스에는 광고주제, 광고문안, 청각적 단서, 시각적 단서에 대한 의사결정이 포함된다. 광고주제는 메뉴 개념과 그 위상을 전달하기 위해 만들어진 것으로 이는 메뉴가 가지고 있는 핵심 편익들인 기능적, 감각적, 상징적 편익 중 하나에 초점을 맞춰 설명하는 것이 된다.

광고주제와 광고문안의 예로서 기능적 편익을 강조하는 광고주제는 "손쉽게, 빨리, 저렴하게, 푸짐하게"와 같은 광고문안이 되며, 감각적 편익을 강조하는 광고주제는 "보다 맛깔스럽게, 예쁘게, 앙증맞게"가 광고문안이 될 것이며, 상징적 편익의 광고주제는 "보다 우아하게, 세련되게, 격식 있게"가 될 것이다.

청각적 단서는 메뉴개념과 일관성을 가지고 청각적으로 제시되는 것으로 고객의 주의를 끌고, 메시지를 전달하거나, 분위기를 유도하는 데 도움을 주는 것을 말한다.

시각적 단서는 고객의 주의를 끌고, 광고주제를 효과적이고 신속하게 전달하는 데 도움을 주며, 때때로 광고문안보다 쉽게 기억이 되고, 고객들의 관심을 보다 쉽게 유도하는 역할을 한다. 광고믹스의 구성요소는 [그림 4-6]과 같다. 광고믹스전략 결정의 핵심 사항은 일관성과 보완성의 극대화라는 점을 항상 이해해야 한다.

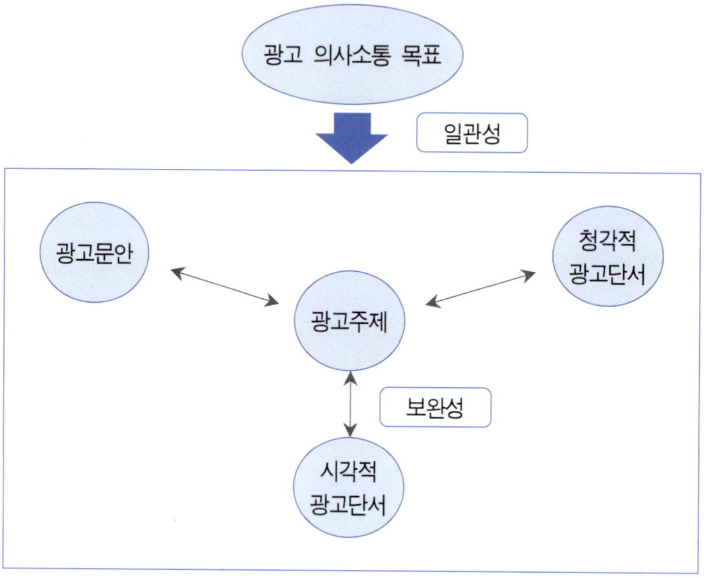

그림 4-6 광고믹스의 기본 구성요소

(1) 광고주제

외식기업의 의사소통 목표를 반영할 수 있는 광고주제를 선정해야 한다. 외식 서비스의 경우 광고주제에는 기능적인 요소, 감각적인 요소, 그리고 상징적인 요소가 함께 내재되어 있다는 점을 이해해야 한다. 다만, 이 중 한 가지만을 중심으로 광고주제를 정하는 것이 올바른 접근방법이다(〈표 4-7〉 참조). 그 이유는 비록 세 가지 주제라고 해도 모두 무형적인 것이기 때문에 각 주제 간의 물질적 기반의 구분이 어려워 두 가지만 되어도 고객들은 구별하여 인지하기가 매우 어렵기 때문이다.

표 4-7 외식마케팅 광고주제의 예

상징성	신촌 최고의 한식집, 명동 최고의 젊은 퓨전 음식점, 가장 앞서가는 미식가의 선택 등
감각성	세련된 종업원의 서비스, 산뜻한 인테리어 등
기능성	언제 어디서나 손쉽게 욕구 해결, 한자리에서 다양한 맛의 충족 등

그리고 무형적이므로 광고주제에 대한 자기 확신을 굳게 하기에는 두 가지 개념이 동시에 전달되면 매우 힘들어지기 때문이다.

〈표 4-8〉은 외식기업이 전달하고자 하는 광고주제의 핵심내용에 따른 전략을 정리한 것이다. 외식마케팅 광고주제 전략은 첫째, 광고 도입기의 경우, 상징성을 핵심 개념으로 하는 광고주제는 상징적 주제를 매우 강하게 전달해야 한다. 왜냐하면, 상징성은 쉽게 고객의 머리에 심어지지 않으므로 의미전달이 강하게 되지 않으면 여러 다른 정보들에 묻혀 상징성을 부각하기 어렵기 때문이다.

감각성의 경우, 위의 상징성을 지원하는 정도에 머무르는 것이 바람직하다. 즉 상정적인 의미는 어떠한데 거기에 감각적으로 어떠한 면도 있다는 식이면 좋다. 광고 도입기에는 기능성은 될 수 있으면 부각하지 않는 것이 바람직하다.

둘째, 광고 확충기에는 상징성이 이미 고객의 머릿속에 어느 정도 심어져 있으므로 상징성은 부차적이거나 배경적으로 처리하고 오히려 감각성을 강하게 강조한다. 즉 자사의 감각적 특성이 다른 경쟁 외식기업과 어떻게 다르다는 것을 부각시킨다. 이때 덧붙여 기능적인 우수성도 강조하게 된다.

끝으로 구축기에는 상징성은 가끔 혹은 배경에 언급되는 수준(고객이 굳이 찾지 않는다면 모를 정도로)으로 처리하며 감각성은 떠올리는 정도로 그러나 기능성은 매우 강하게 부각한다. 이는 경쟁사와 차별화하는 동시에 자사의 메뉴선택을 자동화하는 방편이기도 한다.

표 4-8 외식마케팅 광고주제 전략(상징성의 경우)

핵심 개념 \ 일정	의사소통 도입기	의사소통 확충기	의사소통 구축기
상징성	매우 강하게 접근함	보통	회상(recall) 수준의 유지
감각성	보통 (상징성을 지원하는 수준)	매우 강하게 접근함	회상 수준의 유지
기능성	의사소통하지 않음	비교적 강하게 접근함	매우 강하게 접근하여 경쟁사와 차별화함

(2) 광고문안

광고문안은 말이나 글의 형태로 제시되는 정보이다. 광고문안은 외식기업의 비전을 일관되게 반영하고, 광고주제와 보완적 관계를 유지하여 시너지효과를 극대화하는 방안으로 결정되어야 한다([그림 4-7] 참조).

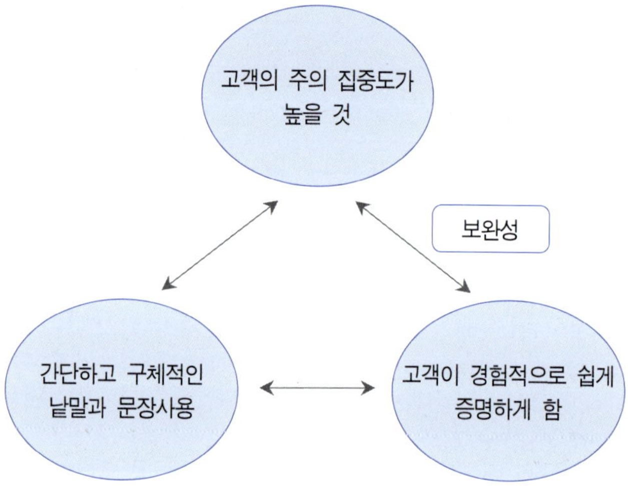

그림 4-7 광고문안의 고려사항

외식마케팅 광고문안 전략은 의사소통 도입기의 경우, 주의집중도를 끌 수 있는 문안을 채택하고 집중하는 것이 바람직하다. 이는 광고문안은 고객의 눈에 쉽게 보이지 않기 때문에 광고문안의 초기에는 주의를 끌 수 있어야 한다. 이 시기에 광고문안의 구체성은 주의집중도를 지원하는 수준에 머물게 하고, 증명 가능성은 언급하지 않는 것이 바람직하다. 이 시기는 일단 고객의 주의를 끄는 것이 목적이지 이해를 시키는 것이 목적이 아니기 때문이다.

의사소통 확충기에는 이미 고객들의 주의를 끄는 것에 성공했다는 가정하에 주의집중도는 보통 정도로 취급하고 구체성 역시 보통으로 처리하는 것이 바람직하지만, 의사소통 문안의 증명 가능성에 대해서는 비교적 강하게 접근하는 것이 필요하다. 이미 광고문안을 알고 있는 고객들을 대상으로 우리 외식기업의 혹은 메뉴의 광고문안이 옳다는 증명을 하는 것이 이 시점에서 필요하다.

의사소통전략 구축기에는 주의집중도와 구체성은 장기적인 관점에서 접근하고, 주로 점포의 이미지에 치중하는 것이 바람직하다. 하지만 증명 가능성은 매우 강하게 접근하여 자사의 광고문안이 틀림없는 사실임을 고객이 확신하게 하여 확신한 고객들이 다른 고객에게 구전효과를 나타낼 수 있는 정도가 되기 위해 증명 가능성을 높일 필요가 있다(〈표 4-9〉 참조).

표 4-9 광고문안 전략

일정 / 핵심 개념의 강도	의사소통 도입기	의사소통 확충기	의사소통 구축기
주의집중도	매우 강하게 접근함	보통	장기적인 수준에서 유지
구체성	보통(주의집중도를 지원하는 수준)	보통	장기적인 수준에서 유지
증명 가능성	의사소통하지 않음	비교적 강하게 접근함	매우 강하게 접근하여 경쟁사와 차별화함

(3) 시각적 단서

시각적 단서는 광고효과의 극대화에 기여한다. 이는 고객의 주의를 끌고, 광고문안을 효과적으로 신속하게 전달하며, 광고주제나 광고문안에 대한 고객의 관심을 유발시켜야 한다.

인간의 오감 중 외부 정보에 가장 민감한 감각기관이 시각이므로 의사소통전략 중 광고믹스 전략수립 시 가장 우선적인 고려가 필요하다([그림 4-8] 참조).

외식마케팅 시각적 단서전략은 의사소통 도입기의 경우, 현저함(Salience)에 초점을 맞추어야 한다. 시각적으로 고객들의 눈에 띌 만큼 현저하지 못한 시각적 단서는 의사소통 도입기에 이미 그 기능을 상실했다고 해도 과언은 아니다. 하지만 생생함(Vividness)은 보통 수준으로 유지하고 지속성(Pertinence)은 부각하지 않는 것이 바람직하다.

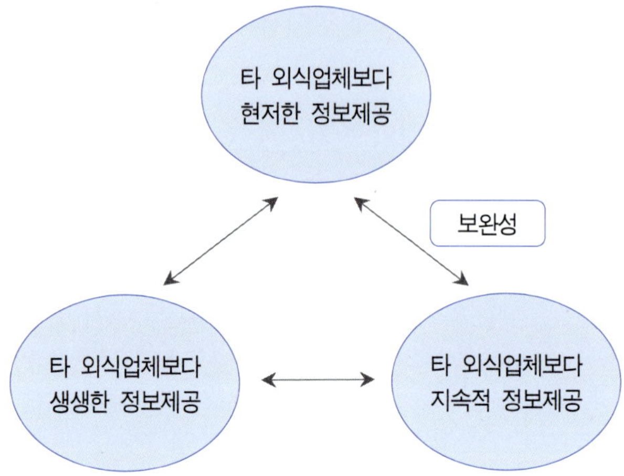

그림 4-8 시각적 단서의 고려사항

의사소통 확충기에는 도입기에 현저함이 성공을 거두었다는 가정하에 현저함은 보통으로, 생생함은 강하게 접근하는 것이 바람직하다. 시각적으로 주의를 끌었으면 그것이 나에게 와 닿게 만드는 데 집중하는 것이 바람직하다. 이 단계에서 지속성은 부각해 나갈 필요가 있다. 시각이 단지 시각적인 것으로 끝나는 것이 아니라 항상 고객의 눈에 띄는 것임을 암시하는 것이다.

표 4-10 시각적 단서전략

일정 / 핵심 개념의 강도	의사소통 도입기	의사소통 확충기	의사소통 구축기
현저함 (salience)	매우 강하게 접근함	보통	광고주제 지원 수준에서 유지
생생함 (vividness)	보통	매우 강하게 접근함	광고주제 지원 수준에서 유지
지속성 (pertinence)	의사소통하지 않음	비교적 강하게 접근함	매우 강하게 접근하여 경쟁사와 차별화함

의사소통 구축기의 시각적 전략은 현저함과 생생함은 앞의 광고주제를 지원하는 수준에서 머물게 하고 지속성은 강하게 부각시키는 것이 바람직하다. 즉 고객들의 시각에 들어오는 것이 곧 우리의 외식기업이요, 우리의 주메뉴라는 것을 각인시키는 차원이다.(〈표 4-10〉 참조)

(4) 청각적 단서

청각적 단서는 소리를 사용해서 고객의 주의를 끌고, 메시지를 전달하는 데 도움을 주고 광고주제와 광고문안에 대한 관심을 유발할 수 있게 해야 한다([그림 4-9] 참조).

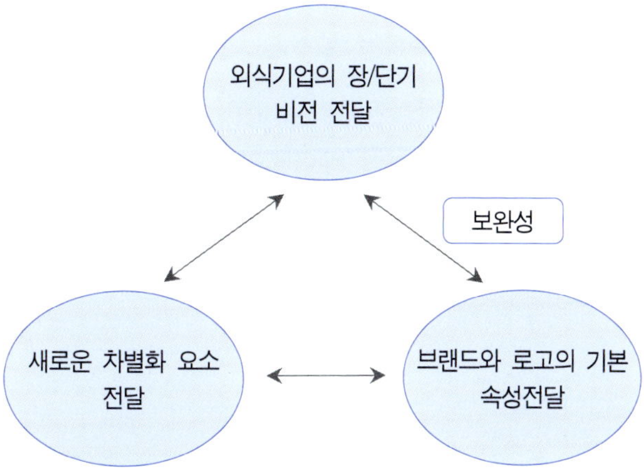

그림 4-9 **청각적 단서의 고려사항**

청각적 고려사항은 첫째, 소리를 통해 외식기업의 장/단기 비전을 전달할 수 있어야 한다. 이것이 광고모델을 통해서건 음악을 통해서건 간에 그 외식기업의 비전을 고객에게 알리는 것이 필요하다.

둘째, 새로운 차별화 요소 전달로서 청각적인 방법을 통해 기존의 외식기업이나 메뉴들과는 확실히 다른 무엇이 있다는 것을 알리게 된다.

셋째, 브랜드와 로고의 기본 속성을 전달하는 것으로 광고음악을 통해 자사 브랜드의 의미와 로고를 반복적으로 전달할 수 있다.

외식마케팅의 청각적 고려사항은 의사소통 도입기의 경우 자사의 비전 전달과 새로운 탄생을 매우 강하게 알리는 것이 바람직하다. 청각은 시각과 마찬가지로 고객의 주의를 끌기에 충분히 좋은 수단이다. 이런 수단을 통해 청각적 호소로 자사의 존재 이유와 새로움을 초기에 집중적으로 알리는 것이 바람직하다.

의사소통 확충기에는 비전의 전달을 여전히 강하게 소구해야 한다. 어느 외식기업이든 자사의 비전은 고객들의 머리에 쉽게 각인되지 않으므로 계속적인 강조를 위해서라도 청각적 단서를 이용하는 것이 바람직하다. 새로운 탄생은 이미 고객들이 알았다고 보고 이때부터 서서히 경쟁 외식기업들과의 차별적인 포지셔닝을 위해 청각적 단서를 이용해 나간다.

의사소통 구축기에는 새로운 탄생은 더 이상 의미가 없으며 비전 전달은 여전히 강조되나 차별적 포지셔닝 즉 경쟁 외식기업과의 비교우위를 집중적으로 부각하는 청각적 단서를 개발하고 전달하는 것이 바람직하다(〈표 4-11〉 참조).

표 4-11 청각적 단서전략

일정 / 핵심 개념의 강도	의사소통 도입기	의사소통 확충기	의사소통 구축기
비전의 전달	매우 강하게 반영한 청각 단서	매우 강하게 반영한 청각 단서	초기 1년간은 강하게 반영되는 청각 단서
새로운 탄생	매우 강하게 반영한 청각 단서	보통	보통
차별적 포지셔닝	의사소통하지 않음	비교적 강하게 접근함	매우 강하게 접근하여 경쟁사와 차별화함

2) 광고매체 믹스전략

광고매체 믹스는 광고단서를 전달하는 수단인 매체들을 어떻게 관리할 것인가의 의사결정이다. 목표시장에 광고단서 믹스를 일관되게 제공하고, 선정된 매체 믹스 간에는 보완적인 관계를 유지하는 것을 그 목표로 한다([그림 4-10] 참조).

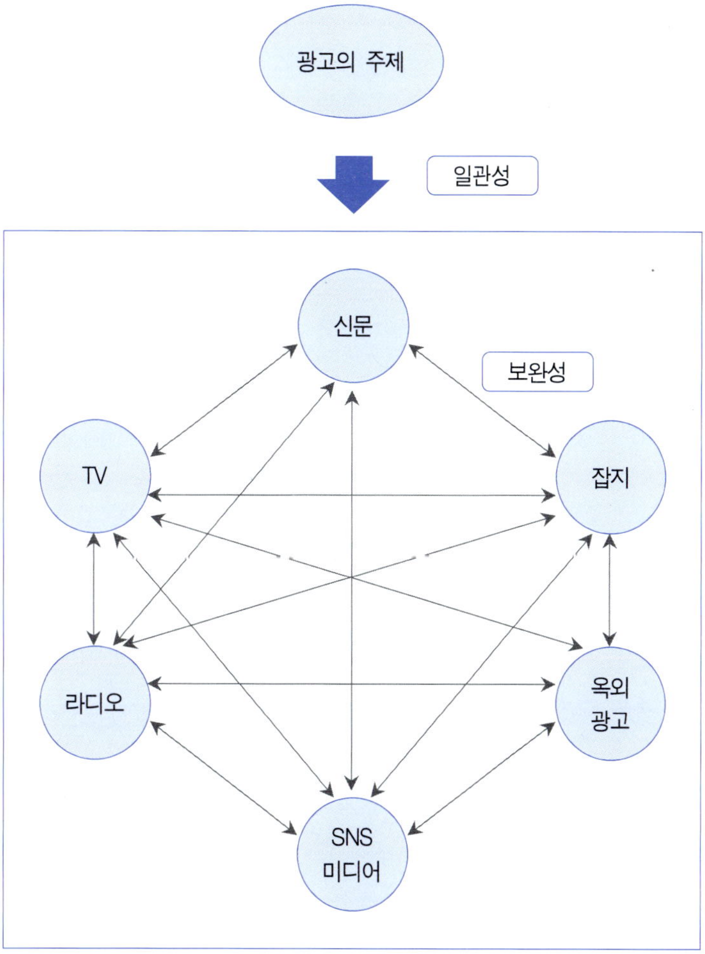

그림 4-10 광고매체 믹스의 기본 구성요소

(1) TV 매체

TV 매체는 가장 비용이 비싼 편이다. 이는 광범위한 커버리지를 가지고 있기 때문이다. 외식마케팅에서는 주로 프랜차이즈의 본부의 기업 이미지 의사소통에 사용되며 그 장단점과 전략은 아래의 [그림 4-11]과 같다.

TV 매체 장점

- 모습/소리/동작의 결합
- 감각에 소구
- 다수 고객과의 접촉 가능

TV 매체 단점

- 일시적 기억
- 광고시간이 짧음
- 많은 비용소모

외식마케팅의 TV 매체 전략

- 초기의 브랜드 및 로고의 인지를 위해 집중적인 접근이 필요함
- TV 매체는 젊은 층의 관심을 반영하는 의사소통에 주력해야 함
- 광고주제 전달자의 이미지가 매우 중요하므로 장기적인 관점에서 메시지 전달자를 선정하는 것이 필요함
- TV 매체의 일시성 때문에 반복적인 반영이 이루어지는 것이 바람직함

그림 4-11 TV 매체 믹스의 장단점과 전략

(2) 신문 매체

신문 매체는 목표 고객층에 대한 집중적 침투가 가능하다. 근래에 와서는 신문 독자층의 분화가 더욱 뚜렷해짐으로써 외식마케터가 목표로 하는 고객에 따라 각각의 신문 선정이 쉽다.

특히 광고만 담고 있는 무가지의 성행은 지역 외식마케터들이 이용하기 편리한 매체이기도 하며 신문에 삽입되는 전단지 광고도 중요한 외식마케팅 매체의 한 요소이다([그림 4-12] 참조).

신문 매체의 장점

- 신축성과 시의성
- 집중적 침투가 가능
- 다수 고객과의 접촉

신문 매체의 단점

- 수명이 짧음
- 고객들이 지나치기 쉬움

외식마케팅의 신문 매체 전략

- 초기의 브랜드 및 로고의 인지를 위해 집중적인 접근이 필요함
- 주로 직장인을 상대로 TV 매체와 차별화해야 함
- 고관여 매체이므로 보다 상세한 설명을 하는 것이 좋음
- 새로운 탄생에 대한 의미에 치중하는 것이 바람직함

그림 4-12 신문 매체 믹스의 장단점과 전략

(3) 라디오 매체

라디오는 가장 저렴한 수단 중의 하나이며 전국적인 커버리지를 가지고 있다. 하지만 시각적인 요소가 없기 때문에 고객의 기억 속에 자리 잡기가 힘든 매체이다. 그러나 청취자의 상상력을 자극하여 메뉴 개념을 전달하고자 할 때 가장 효과적이다([그림 4-13] 참조).

라디오 매체의 장점

- 다수 고객과의 접촉
- 표적 청중의 선택 가능
- 저렴한 비용

라디오 매체의 단점

- 청각으로만 전달
- 주의집중력이 떨어짐
- 광고시간이 짧음

외식마케팅의 라디오 매체 전략

- 초기의 브랜드 및 로고의 인지를 위해 집중적인 접근이 필요함
- 주로 출/퇴근시간의 뉴스시간대에 집중해야 함
- 광고에 사용된 청각적 단서를 그대로 사용하는 것이 바람직함
- 광고에서 사용된 메시지 전달자가 라디오 메세지를 전달하는 것이 바람직함
- 라디오는 저관여 매체이므로 최소한의 정보를 반복적으로 전달하는 것이 바람직함

그림 4-13 라디오 매체 믹스의 장단점과 전략

(4) 잡지 매체

잡지 매체는 메뉴 개념이나 외식기업의 이미지를 자세히 설명하는 데 효과적인 수단이며 미적 · 시각적 소구가 필요한 외식마케팅에서 강력한 매체가 될 수 있다([그림 4-14] 참조).

잡지 매체의 장점

- 고객의 선택적 선택
- 정독가능
- 재독가능

잡지 매체의 단점

- 광고게재의 지연
- 지면상의 광고위치 불확실

외식마케팅의 잡지 매체 전략

- 전문잡지와 일반잡지를 구별하여 접근해야 함
- 전문잡지의 경우 외식기업의 우수성, 미래상 등이 전달되는 것이 바람직함
- 일반잡지의 경우 비전이 강하게 부각되는 것이 바람직하며 한정된 정보에 집중하는 것이 바람직함
- 전문잡지는 고관여 매체이므로 많은 정보를 전달하는 것도 필요함

그림 4-14 잡지 매체 믹스의 장단점과 전략

(5) 옥외광고 매체

옥외광고 매체는 시각적 소구를 갖고 있는 프랜차이즈의 메뉴 개념을 전달하는 데 저렴한 비용 대비 효과가 좋은 매체이다. 고객들에게 다가가는 매체가 아니라 고객들이 다가오는 매체라고 할 수 있다([그림 4-15] 참조).

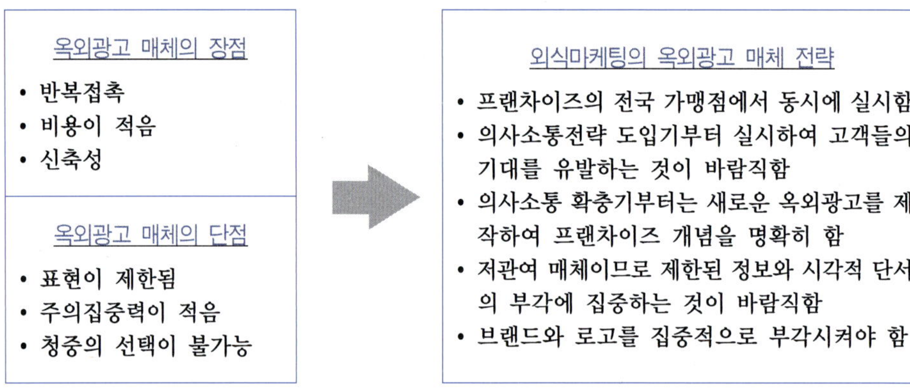

그림 4-15 옥외광고 매체 믹스의 장단점과 전략

(6) SNS 미디어 매체

외식 기업들의 SNS 미디어 마케팅도 다양화되고 있다. 비교적 저렴한 비용으로 넓은 대역폭을 가지고 높은 광고 및 홍보효과를 볼 수 있기 때문이다. 웬만한 식품·외식기업들은 전담 직원을 두면서 효과적인 홍보 마케팅을 하고 있다. 인터넷, 스마트폰, 공유 앱 등을 SNS 미디어로 보고 동영상과 사진 등 다양한 형태의 의사소통 수단들이 포함된다. 외식 고객들이 SNS 미디어를 활용하고자 하는 동기는 다음과 같다. 첫째, 정보탐색적 동기로서 정보획득의 목적으로 SNS 미디어를 활용하게 되고 찾게 되는 동기를 말하는 것이다. 대표적인 것이 외식기업이나 메뉴에 대한 평가, 외식기업 이용 경험 공유 등이다.[6]

6) 이혜성, 남궁영, "외식소비자의 소셜네트워크서비스(SNS) 이용에 관한 연구 - 이용 동기, 이용자 참여, 구매의도의 관계 분석 - 관광학연구 39권 8호, pp.151~168, 2015년 10월.

둘째, 사회적 동기로서 SNS 미디어는 시간과 장소의 제약이 없이 사람들과 거의 항상 연결되어 있는 의사소통 수단이다. 여기서 참여가 나오는데 그것은 댓글과 답글 소통 및 공유와 전달의 형태로 나타나고 호불호의 감정이 함께 묻어 들어가는 것이다. 그러므로 외식기업 입장에서는 기업 이미지나 메뉴 평가에 결정적인 역할을 할 수 있다.

셋째, 사회심리적 동기로서 자신의 주장이나 정체성을 표현하는 도구로써 SNS 미디어를 활용하게 된다. 이제는 외향적 내향적 성격 구분이 없어 내향적인 사람도 SNS 미디어를 통해 충분히 오피니언 리더(Opinion Leader)가 될 수 있는 세상이 된 것이다. 즉, 사회심리적으로 해방된 공간을 공유하게 된 것을 의미한다.

넷째, 오락적 동기로서 이에 고객들은 외식을 단순히 먹고 마시고 즐기는 것을 넘어서서 어쩌면 외식을 통해 오락이나 문화 소비를 추구하는 경향이 짙어지고 있다. 외식의 복합화 진화를 SNS 미디어가 이끌어 가는 경향이 뚜렷이 나타난다.

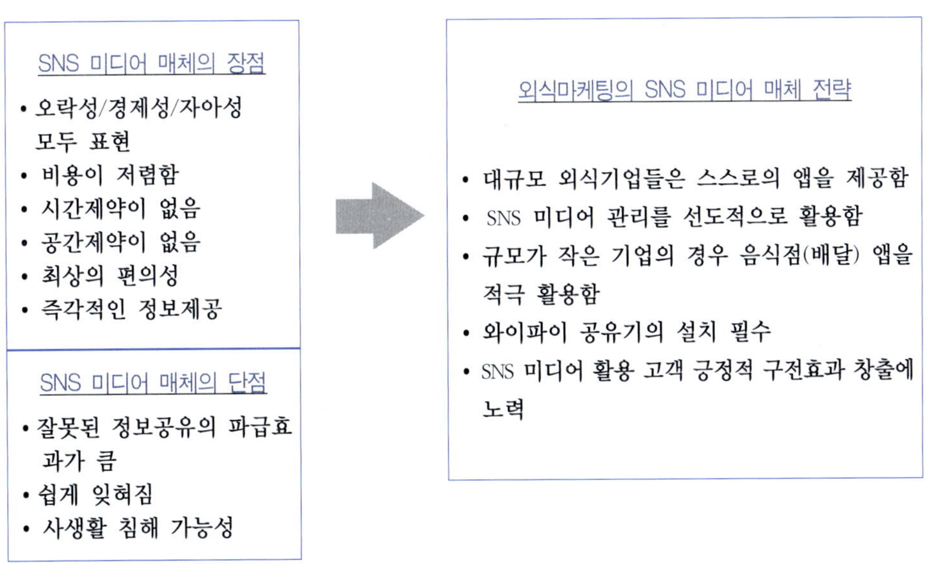

그림 4-16 SNS 미디어 매체 믹스의 장단점과 전략

다섯째, 경제적 요소로서 SNS 미디어를 활용하는 데 비용이 거의 들지 않는다는 것이다. 그만큼 전염성이 강하고 공유비용이 제로에 가까우므로 거의 경제적 부담을 느끼지 않는다는 것이다. 또한, 이벤트에 참여하면서 기프트 카드, 할인쿠폰, 가격할인 등의 혜택은 경제적 이득이고, 심리적 안정이고 오락적 유희를 즐길 수 있는 수단이 되는 것이다([그림 4-16] 참조).

2. 홍보믹스 전략

홍보믹스는 외식마케팅 의사소통전략 중 유일하게 제3자가 어떤 외식기업의 장단점에 대해 알려주는 것으로 광고주 즉 외식기업이 자사의 장단점을 일방적으로 알리는 광고나 인적 판매나 판촉과는 달리 고객들의 거부감을 현저히 떨어뜨리는 수단이다. 그러므로 홍보믹스 관리의 중요성은 상당히 높다고 하겠다.

이를 잘 하기 위해서는 기존 고객과의 관계 유지와 개발이 중요한데, 다음 장의 고객관계 관리(CRM)를 통해 이런 효과를 높일 수 있다. 특히 강조되어야 할 것은 홍보가 제3자가 하는 것이라고 해서 관리의 대상이 아니라고 생각하면 큰 오산이다. 외식마케팅에서 홍보의 철저한 관리만큼 중요한 의사소통전략은 없다고 하겠다. 이를 위해서는 언론과의 계속적인 관계와 고객과의 동반자적 관계를 구축해야만 한다.

한편, 홍보전략의 목표는 홍보가 가지고 있는 특성 즉 고객의 메시지 수용장벽을 낮출 수 있다는 장점을 최대한 살리는 것이라야 한다. 기존의 고객에게는 외식기업과의 거래에서의 자부심 내지 만족감을 증진시키는 것이라야 하고 잠재고객에게는 외식기업의 미래에 대한 기대감을 심어주는 것이 되어야 한다.

1) 홍보믹스 전략

홍보믹스 전략 역시 광고믹스 전략과 마찬가지로 홍보믹스 전략 의사결정의 핵심사항은 시너지효과의 창출원리인 일관성과 보완성을 극대화하여야 하는 것이다([그림 4-17] 참조).

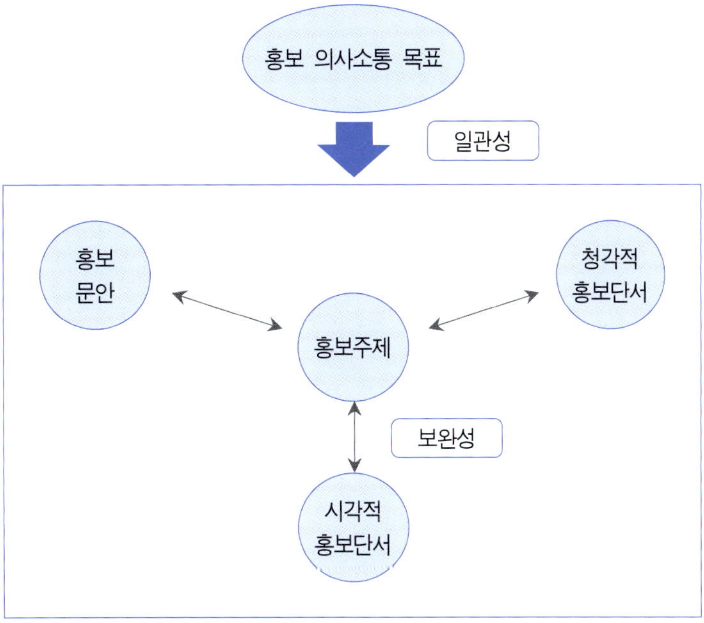

그림 4-17 홍보믹스 구성요소

(1) 홍보주제

홍보주제도 광고주제와 마찬가지로 외식기업의 비전을 반영할 수 있는 홍보주제를 선정해야 한다. 그러나 홍보가 가지는 특성상 외식기업의 비전은 배경적으로 처리하여 고객들의 거부감을 낮추는 방향으로 잡는 것이 바람직하다(〈표 4-12〉 참조). 즉 외식기업이 제공하는 직접적인 메뉴에 초점을 맞추기보다는 보다 더 바람직한 모습에 초점을 맞추는 것이 좋다.

표 4-12 외식마케팅의 홍보주제의 예

구분	예
상징성	자연으로부터의 선물, 성공한 사람만의 여유, 그곳에는 젊음이 있더라 등
감각성	음식문화를 선도하는 패션 메뉴, 내 건강 색깔 메뉴 등
기능성	뉴스에서 새로운 건강음식의 발견, 암 예방에 탁월한 메뉴 등

(2) 홍보문안

홍보문안 역시 광고문안과 마찬가지로 말이나 글의 형태로 제시되는 정보이다. 홍보문안은 외식기업의 비전을 배경으로 하되 홍보주제를 일관되게 반영하여야 한다([그림 4-18] 참조). 이는 고객의 주의집중도를 높이고, 간단하고 구체적인 낱말과 문단을 사용하며, 고객이 경험적으로 쉽게 증명할 수 있는 것으로 해야 한다.

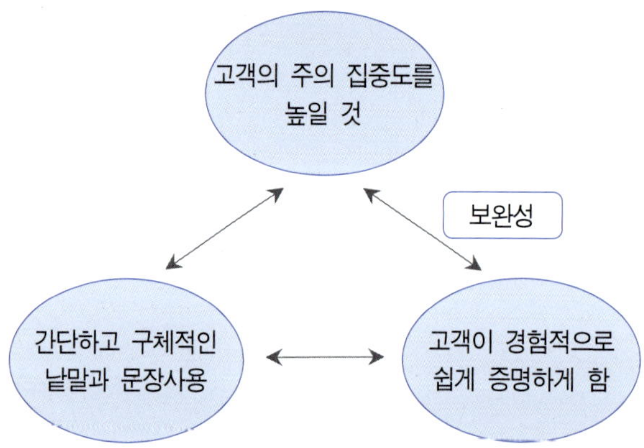

그림 4-18 홍보문안 고려사항

(3) 시각적 홍보 단서

시각적 단서는 홍보효과의 극대화에 기여해야 한다. 이는 고객의 주의를 끌고, 홍보문안을 효과적이고 신속하게 전달하며, 홍보주제나 홍보문안에 대한 고객의 관심을 유발하게 해야 한다([그림 4-19] 참조).

시각적 홍보단서의 속성은 시각적 광고단서 속성(현저함, 생생함, 지속성)과 동일하지만 시각적 광고단서가 정보전달에 주안점을 둔다면 시각적 홍보단서는 보다 가치전달에 주안점을 두어야 한다. 홍보믹스는 정보전달보다는 간접적이며 판단적인 그 무엇을 제공해야 하는데, 그것이 그 외식기업의 고객에 대한 가치가 된다.

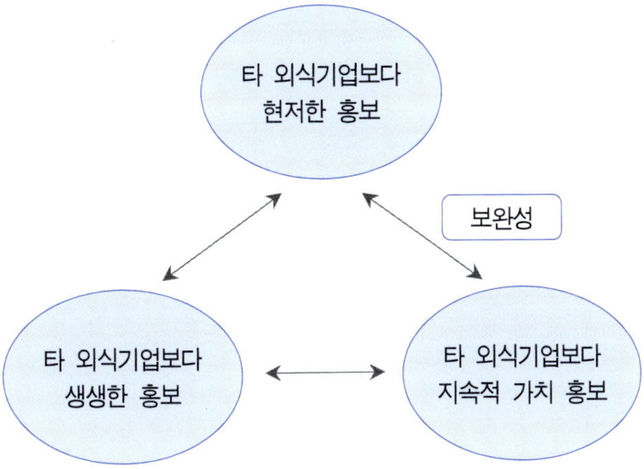

그림 4-19 시각적 홍보단서 고려사항

(4) 청각적 홍보단서

청각적 홍보단서도 청각적 광고단서와 같이 청각적 자극으로 고객의 주의를 끌고, 관심을 유도하여 메시지를 전달하는 데 도움을 주고 홍보주제와 홍보문안에 대한 관심을 유발할 수 있게 해야 한다([그림 4-20] 청각적 홍보단서 고려사항 참조).

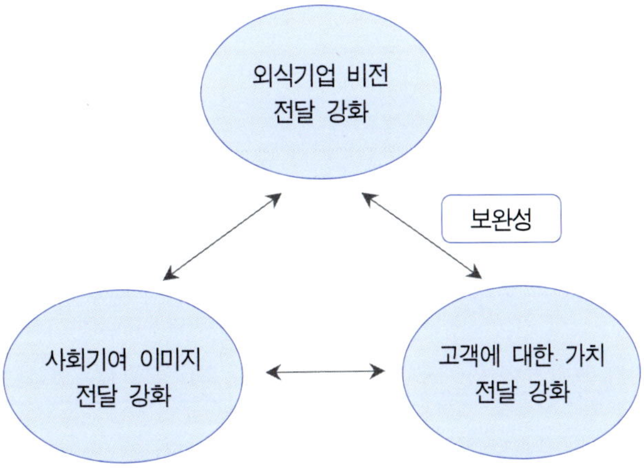

그림 4-20 청각적 홍보단서 고려사항

단, 청각적 광고단서와는 달리 가치전달을 위한 이미지 형성에 도움을 주는 청각적 단서여야 한다. 예컨대 외식기업의 비전을 전달할 수 있는 음향이어야 하고 사회적 기여 이미지를 강화하거나 고객에 대한 가치를 강화할 수 있는 청각적 기제가 되는 것이 보다 바람직하다.

2) 홍보매체믹스 전략

홍보매체믹스 전략은 목표시장에 대해 홍보단서 믹스를 일관되게 제공하고 선정된 홍보매체믹스 간에는 보완적인 관계를 유지해야 한다.

(1) TV 홍보 매체

TV 홍보매체믹스는 광고믹스와 전략 면에서는 큰 차이를 보이지 않지만, 그 내용이 광고가 아닌 홍보라는 점이고 콘텐츠는 주로 방송물 내에 스며들어 있어 일반 고객들은 잘 알지 못하는 면을 가지고 있다. 하지만 요사이는 연속극이나 오락물 등에서 출연자들의 의상이나 비품 등에서 광고와 홍보의 중간 정도의 형태를 띠는 경우도 흔히 보인다.

홍보에서는 본서의 제2편에서 다룬 외식기업의 비전이 주로 홍보개념(Publicity Concept)으로 다루어지는데, 이는 광고개념이 외식기업이 생산한 메뉴나 서비스에 대한 직접적인 의사소통이라면, 홍보는 그 외식기업의 사업 정당성이나 존재 당위성을 통한 간접 의사소통이기 때문에 자사의 비전이나 미래 가치가 중요한 의사소통 개념이 되는 것이다(〈표 4-13〉 참조).

표 4-13 TV 홍보매체믹스 전략

외식마케팅의 TV 홍보매체 전략
• 의사소통전략 도입기까지는 외식기업이 차지하는 외식문화에서의 역할과 비전의 정당성 등이 집중적으로 홍보되는 것이 바람직함 • 특히 우수고객을 상대로 한 홍보가 바람직할 것임 • TV 매체는 저관여 매체이므로 홍보 메시지를 단순화하는 것이 바람직함 • 광고전략에 채택된 메시지 전달자를 동일하게 사용하는 것이 바람직함 • 브랜드 및 로고와 함께 사용되어야 함

(2) 신문 홍보 매체

홍보매체를 이용할 경우는 모두 기삿거리로 처리되는 경우가 대부분인데, 신문의 취재기사도 좋은 홍보거리가 되며 근래에는 기사를 아예 홍보용을 만들어 기업에 할애하는 사례도 많이 나타난다(〈표 4-14〉 신문 홍보매체믹스 전략 참조).

표 4-14 신문 홍보매체믹스 전략

외식마케팅의 신문 홍보매체 전략

- 홍보의 주제를 비교적 자세히 설명하는 것이 바람직함
  객관적 입장에서 외식기업 비전의 의미를 부각시키는 것이 바람직함
- 외식기업 비전의 의미와 외식문화에서의 구체적 역할(예 : 음식문화 새로운 문화공간)을 부각시키는 것이 바람직함
- 브랜드 및 로고와 함께 사용되어야 함

(3) 라디오 홍보 매체

홍보의 라디오 매체도 주로 취재나 기사로 처리되는데 외식기업의 성공사례나 출연진들의 언급 등을 통해 의사소통된다. 주로 짧은 메시지의 전달(어느 지역, 무엇으로 유명, 독특한 느낌 등)에 초점을 맞추는 것이 바람직하다(〈표 4-15〉 참조).

표 4-15 라디오 홍보매체믹스 전략

외식마케팅의 라디오 홍보매체 전략

- 라디오 매체는 외식기업의 홍보전략에서 비중을 많이 차지하게끔 해야 함
  이는 다수의 고객에게 비교적 짧은 메시지를 비용 효율적으로 전달할 수 있기 때문임
- TV 광고 메시지 전달자를 통해 홍보 메시지도 전달하여야 고객들의 혼동을 최소화할 수 있음
- 특히 출퇴근 시간에 집중화시키는 것이 바람직할 것임

(4) 잡지 홍보 매체

외식마케팅의 홍보전략 중 잡지홍보는 외식기업의 이미지를 반복적으로 알리는 데 효과적인 수단이다. 주로 전문잡지가 홍보에 이용되며 성공사례, 사업 설립취지, 사업과정 상의 어려움을 창업자의 수기 형식이나 입지전적인 형태로 구사되면 효과가 높다(〈표 4-16〉 참조).

표 4-16 잡지 홍보매체믹스 전략

외식마케팅의 잡지 홍보매체 전략

- 광고전략과 마찬가지로 전문잡지와 일반잡지를 구별하여 접근해야 함
  특히 홍보전략에 집중할 잡지는 전문잡지여야 함
- 전문잡지의 경우 외식기업의 비전이 강하게 부각되는 것이 바람직함
- 일반잡지의 경우 외식기업의 신선함, 친밀성, 가치성이 전달되는 것이 바람직함
- 전문잡지는 고관여 매체이므로 많은 기업 이미지 정보를 전달하는 것도 필요함

(5) SNS 미디어 홍보 매체

이는 가장 즉각적인 의사소통이 일어날 수 있지만 지나친 SNS는 고객들을 괴롭히게 되고 고객들의 일상생활을 방해하게 된다. 유익한 정보 몇 가지만 단순화시켜 제공하는 것이 가장 바람직한 홍보 수단이 될 것이다(〈표 4-17〉 참조).

표 4-17 SNS 미디어 홍보매체믹스 전략

외식마케팅의 SNS 미디어 홍보매체 전략

- 자사 메뉴의 우수성이나 맛의 우위보다 지역별 사회적 공헌에 초점을 맞춤
- SNS 미디어에 익숙한 자사 만족 고객들의 선의적 평가 활동 유도
- SNS 미디어에 익숙한 자사 만족 고객들의 선의적 이용 경험 공유 활동 유도
- SNS 미디어에 익숙한 자사 만족 고객들과의 '평생동반자관계'의 가치나 의미 홍보

제4장 물류(Physical Flow)믹스 전략

본서에서 제조업 마케팅의 4P믹스 중 유통(Place)을 물류(Physical Flow)로 대체한 것은 일반적 마케팅에서의 유통이 외식마케팅에서 차지하는 의미가 매우 미약하기 때문이다. 엄연한 의미에서 외식마케팅의 유통은 종업원에서 고객까지의 범위에 국한되기 때문에 이것은 외식마케팅의 서비스마케팅 차원에서 다루어야 하고, 하나의 믹스전략으로 유통을 받아들이기에는 어려운 점이 있다. 따라서 본서에서는 이런 유통을 물류관리(Physical Flow Management)로 대체하고자 한다. 보다 구체적인 이유는 첫째, 외식마케팅에서 물류는 일반적으로 식자재의 공급에 관련된 것인데, 식자재의 공급은 사실 외식마케팅의 경쟁력을 창출하는 중요한 바탕 중의 하나이다. 얼마나 좋은 식자재를, 얼마나 좋은 가격으로, 얼마나 안정적으로, 얼마나 시의적절하게 공급되는가의 문제의 중요성은 누구나 인정하는 것이다.

둘째, 본서에서 식자재 물류를 중요하게 다루는 이유는 이런 중요한 식자재 분야가 외식마케팅에서는 크게 조명되지 않아 왔다는 점이다. 즉 현재 외식산업의 가치사슬(Value Chain)에서 식자재 물류만큼 소외된 곳도 없다. 이는 향후 웰빙과 건강중시 문화, 환경주의(Environmentalism)의 대두 시 외식마케팅의 성공과 실패를 좌우하는 중요한 문제가 되기 때문에 식자재 물류는 중요하다. 본서에서는 외식마케팅의 물류관리의 틀을 소개하고 이를 관리하기 위한 물류관리의 전략을 제시하고자 한다.

제1절 물류믹스의 역할

식자재 물류믹스는 고객에게 적시에, 정확하게 메뉴를 공급하기 위한 전 단계로서 외식마케팅의 성공에 기여한다. 여기서 분명히 견지해야 할 외식마케팅에서 물류믹스의 철학은 물류믹스가 "전체 외식마케팅의 성공에 기여하는 유일한 능력은 아니지만, 그것은 고객을 서비스하는 근본"이라는 것이다.

또한 물류믹스가 고객에 미치는 영향은 수동적일 필요는 없다. 여기서 수동적이라는 것은 메뉴를 위한 하나의 구성요소로 해석되는 것에서 나아가 물류를 바탕으로 새로운 메뉴를 만들어 제공할 수 있다는 보다 적극적인 의미를 가지고 있는 것을 말한다. 즉 물류믹스가 가지고 있는 시간 및 장소 가치에 의미를 두며 메뉴나 그 메뉴를 선호하는 고객들을 위한 가치창조의 핵심이 물류믹스가 될 수 있음을 의미한다.

어떤 고객들의 경우 촉진이나 가격을 중요시할 수도 있다. 그러나 분명한 것은 시간 및 장소에 관한 요구사항을 충족시키지 못하면 고객들이 요구하는 메뉴를 제공해 줄 수 없다는 점에서 물류는 외식마케팅의 핵심적 구성요소이며 외식마케팅의 전략수행의 수단인 4P믹스의 당당한 구성부분이 되는 것이다. 식자재 물류시스템은 식자재 흐름의 통합적인 관리이며, 구매로부터 발생되는 자원의 조리를 통해 고객들에게 전달되는 과정의 출발점이다.

"효과적인 식자재 물류관리는 외식기업의 메뉴의 질을 지속적으로 유지시키고, 시장점유율을 확보하고, 차별화된 고객서비스를 제공하는 것과 동시에 비용절감을 이룰 수 있도록 도움을 주는 것이다."[7] 이런 식자재 물류시스템은 올바른 식자재를, 적절한 양으로, 정확한 시간에, 최적의 가격으로 외식기업이 획득할 수 있는 세 가지 하부시스템으로 구성된다 : 구매, 주문, 그리고 식자재 취급.

식자재 구매과정은 다양한 공급원천들(수산물, 농산물, 축산물 그리고 공산품을

7) 체인스토어, Say Goodby to Status Quo in Logistics, Age Executive, 1992년 3월.

포함하는 전 산업의 생산품이 해당되는 광범위한 소싱 범위를 가지게 됨) 간의 성공적인 관계를 구축하는 데 필요한 모든 활동과 관련이 있다.

식자재 주문과정은 외식기업들의 식자재 재고관리에 대한 효율적인 방법들과 관계가 있다. 식자재 취급과정은 물리적으로 식자재를 외식기업으로 가져오고 이것을 메뉴 생산 전에 관리하는 모든 활동들과 관련이 있다. 외식기업의 물류의 연속적인 활동(구매, 주문, 그리고 취급)이 다음의 [그림 4-21]에 나타나 있다.

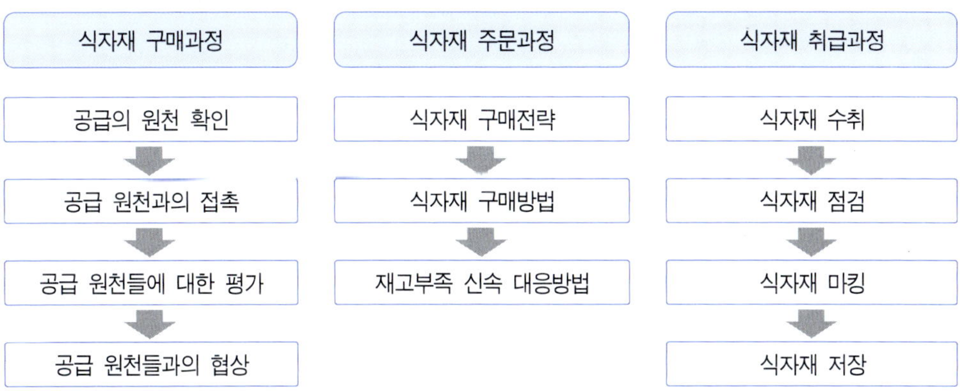

그림 4-21 식자재 물류시스템

1. 식자재 구매과정

식자재의 구매는 외식기업이 구매처를 확인하고, 평가하고, 고객에게 팔릴 메뉴에 얼마나 필요한 것이고 메뉴의 질에 어떤 영향을 줄 수 있는지를 선택하는 의사결정과정이다. 식자재 구매과정은 외식기업으로 식자재를 가져오는 최초의 단계이다.

기본적인 관심은 ① 이용 가능한 공급의 원천이 무엇이고, 어떤 기간과 조건하에 있는가를 결정하고, ② 다양한 공급자들을 어떻게 접촉하고 평가할 것인가, ③ 여러 공급원천들에 대한 평가는 어떻게 할 것인가 그리고 ④ 여러 공급대안들과 언제, 어디서, 어떻게 협상할 것인가를 결정하는 것이다.

2. 식자재 주문과정

식자재의 주문과정은 구매처에 대한 협상까지 마무리한 다음 외식기업의 주문의 편의성을 염두에 두고 이루어지는 작업으로 기본적인 관심은 ① 어떤 구매전략을 구사할 것인가, ② 식자재 구매방식은 어떤 것을 선택할 것인가 그리고 ③ 식자재 재고부족에 대해서는 어떻게 대처할 것인가를 정하는 것이다.

3. 식자재 취급과정

식자재의 취급과정은 식자재가 외식기업 내로 들어오는 과정부터 관리하는 과정을 다루는 것으로 ① 식자재 수취방법을 어떻게 할 것인가, ② 식자재 점검 즉 주문과 배달의 일치성 여부를 누가 확인할 것인가, ③ 식자재 마킹은 어떻게 할 것인가 그리고 ④ 식자재 저장은 어떻게 할 것인가를 결정하는 것이다.

제2절 물류믹스 전략

1. 물류관계 관리

물류믹스 전략이란 외식마케팅 전략에서 물류믹스를 성공적으로 관리하기 위한 것으로 식자재 물류 서비스 제공자와 외식기업 간의 상호 의존관계가 출발점이 된다. 즉 물류믹스는 물류 서비스 제공자와 서비스를 제공받는 외식기업 간의 의존관계의 관리가 성공의 핵심적인 관건이 됨을 의미한다. 이 의존관계는 서로의 기능 이전을 협의하고, 핵심 정보를 공유하며, 공동운영계획에 참여하려는 의향을 촉발하기도 하고 저해하기도 한다.

장기적인 성공을 거두는 외식기업의 경우는 이런 식자재 공급업자에 대한 물류믹스관리의 성공을 바탕으로 하고 있다. 왜냐하면 장기적으로 믿을 수 있는 공급자들은 그 외식기업의 다른 신규 경쟁자나 유사 경쟁자들에 대해서보다는 더 신선하고, 더 좋은 거래조건을 제공할 수 있기 때문에 식자재 물류서비스 제공자와의 장기적인 관계 관리는 매우 중요하다고 할 수 있다.

이런 관계 관리를 위해서는 첫째, 쌍방 간에 개별적 전문력과 경험을 갖추고 있어야 한다. 경로관계는 협력관계로서 당사자들은 강력하며 서로의 관계에 기여할 무언가 가치있는 것을 소유하고 있어야 함을 의미한다.

둘째, 쌍방 간의 관계는 협력당사자들의 주요 전략목표에 부합하여 그것을 서로 이루기를 바라는 관계가 되어야 한다. 이런 당사자들은 핵심 역할을 수행할 수 있는 장기적인 목표를 공유할 수 있어야 한다.

셋째, 쌍방 간의 관계는 상호 의존적이어야 한다. 즉, 협력당사자들은 서로를 필요로 해야 한다. 이들은 서로 보완적인 자산과 기술과 정보를 지니고 있어야 한다. 둘이 함께 할 수 있는 것을 어느 한쪽도 혼자서는 이룰 수가 없는 의존성을 형성해야 한다.

넷째, 쌍방은 서로서로 관계에 투자를 해야 한다. 즉, 협력당사자들은 관계 구축 노력 및 서로에 대한 각각의 입장을 입증하기 위해 서로에게 투자를 한다. 예를 들어 지분교환, 정보교환, 상호출자, 심지어 외상거래도 서로에 대한 투자의 일종으로 간주될 수 있다. 이들은 재정 및 기타 자원을 관계에 할애함으로써 장기적인 관계에 대한 가시적인 신호를 보여 주어야 한다.

다섯째, 쌍방 간의 정보교환으로서 쌍방 간의 의사소통은 현명하게 개방되어 있어야 한다. 협력당사자들은 그들의 목표와 목적, 기술적 자료(식자재 생산 정보 등), 식자재 물류생산 환경의 변화상황에 대한 인식 등 그 관계가 제대로 작동하도록 하는 데 필요한 정보를 공유해야 한다.

끝으로, 쌍방 간의 신의 성실의 자세로서 경로구성원들은 상호 신뢰를 정당화하고 증진하는 쌍방 만족 증진 노력 방식으로 서로를 향해 행동한다. 서로는 획득한 정보를 독점하지 않으며 서로를 해치지도 않아야 한다.

외식기업은 이러한 여섯 가지의 항목으로 식자재 공급업자와의 관계를 장기적인 관점에서 관리할 필요가 있다. 물류 제공자의 장기적 관계의 관리가 중요해지는 이유는 향후 식자재에 대한 고객과 사회의 관심이 점점 높아질 것이므로 미리 신뢰할 수 있는 식자재 공급업자와의 관계를 구축하고 관리할 필요가 있기 때문이다.

2. 물류자동화

식자재 물류관리가 현실적으로 실현되기 위해서는 외식기업의 입장에서 정보의 수집과 이의 활용에 있어 자동화가 절대적으로 필요하다. 물류자동화를 통해서 자사의 메뉴 생산에 필요한 정보를 물류업체 그리고 생산업체와 공유하면서 모든 관련 업체들이 전체적으로 이득을 얻어야만 식자재 물류관리가 효율적으로 운영될 수 있다.

즉 식자재 물류믹스 전략 중 제일 우선은 한국의 발달된 디지털 경영기반을 반영한 물류정보화를 들 수 있다. 이런 식자재 물류정보화의 유형적 이점은 첫째, 인터넷을 통해 실물의 흐름 즉 공급처로부터 외식기업으로 전달되는 식자재의 물적 흐름을 파악할 수 있게 한다. 또한, 불량품의 반품도 원활하게 한다. 둘째, 정보의 흐름으로 거래정보를 원활하게 공유하게 하여 수요예측에 따른 신속 주문, 배달상태 보고 등을 쉽게 할 수 있다. 셋째, 재무의 흐름으로 지급관리의 편리성을 도모할 수 있다. 물류자동화 시스템 구축전략은 다음과 같다.

1) 제1단계: 물류정보화 목표를 명확히 하라

우리나라 외식기업 경영의 문제점은 경영상의 목표를 명확히 하지 않는다는 것이다. 이는 식자재 물류관리도 동일한 문제이다. 대부분의 외식기업이 조달체인을 개선시키고 싶어 하지만, 만약 그 기업의 개선 방향이 어디로 가고 있는지 모른다면 비용 대비 효과는 거의 없다고 해야겠다. 이런 외식기업의 물류관리 목표는 첫째, 식자재 선택 및 구매의 자동화, 둘째, 비용절감의 원천 발견, 셋째, 식자재 구매정보의 신속하고 정확한 보고 등이다.

2) 제2단계: 식자재 공급의 프로세스를 파악하라

식자재 물류정보화의 중요성을 파악한 후에는 현재의 물류 프로세스와 이것에 영향을 주고, 방해하고, 상호작용하는 요소를 이해하는 것이 중요하다. 정확하고 포괄적으로 도식화된 모델을 보유하기 위해 외식기업에 필요한 전반적인 물류체인 프로세스를 파악하는 데 많은 시간을 할애해야 한다.

물론 외식기업의 규모에 따라서는 물류가 중요하지 않을 수도 있지만, 아무리 규모가 작더라도 식자재 물류관리는 중요한 문제이고 눈에 잘 띄지 않지만, 비용의 원천이라는 점을 주지할 필요가 있다. 이에는 다음의 질문을 던져 보아야 하는데 첫째, 현재의 프로세스는 외식기업의 전략적 목표와 일치하는 것인가? 둘째, 물류체인 프로세스가 그 메뉴에 적합하여 고객만족을 창출하는 데 문제는 없는가? 셋째, 현재의 물류 프로세스는 과연 효율적인가가 프로세스 파악의 핵심 질문이 된다.

3) 제3단계: 물류의 특성을 파악하라

자사의 식자재 구매유형을 파악하는 것이 중요하다. 이것은 외식기업의 물류믹스 관리의 중요한 역할을 차지한다. 왜냐하면, 구매의 형태에 따라 대처하는 수단이 다르기 때문에 유형을 제대로 파악해 보는 것은 물류정보화의 원천이 된다.

이에는 첫째, 전략적 구매로서 공급처의 선택, 거래 협상, 공급체의 관리를 수반한다. 전략적 구매는 공급처와 외식기업 간의 장기적인 관계를 구축하게 하는 구매를 말한다. 둘째, 거래구매로서 기존의 거래 관행에 젖은 일상적인 구매를 말한다. 셋째, 즉석 구매로서 예상 못한 식자재 결품이 생길 경우의 구매를 말한다. 이런 구매 형태를 분류함으로써 의사결정의 깊이를 가늠해 볼 수 있다.

제3절 물류서비스 제공자 평가방법

물류믹스관리에서 중요한 부분을 차지하는 것이 식자재 물류서비스 제공자 즉 공급업체에 대한 평가이다. 식자재 물류제공자에 대한 평가를 위해서는 통합된 안목을 제공해 주는 측정치들이 필요하다. 이는 지금까지 외식마케팅에서 물류흐름관리를 그다지 중요하게 생각하지 않아 제공자들에 대한 적절한 평가가 이루어지지 않았지만, 이제부터는 이들에 대한 평가도 외식마케팅의 중요한 부분이 되기 때문에 본서에서 이를 제시하고자 한다.

외식마케팅에서는 물류서비스 제공자에 대한 통합적인 평가의 틀이 필요한데 이에는 첫째, 물류서비스 평가, 둘째, 시간의 적절성, 셋째, 식자재의 가용성이다.

1. 물류서비스 평가

외식기업의 공급 식자재에 대한 만족과 품질에 대한 평가는 식자재 물류서비스 제공자가 외식기업에 만족을 제공할 수 있는 능력을 말하는 것이다. 이에는 완벽한 주문 이행, 식자재에 대한 외식기업의 만족 정도 그리고 식자재의 품질이 포함된다.

완벽한 주문 이행은 요청된 날에, 정확한 문서와 함께, 완벽한 상태로, 안전하게 배달되는 것을 말한다. 외식기업의 만족은 주문 수행 사이클의 시간, 완벽한 주문 수행의 구성요소, 그리고 주문 상태 및 질의(요청)에 대한 대응능력 등이 포함된다. 식자재 품질은 식자재의 신선도, 주문 수량 적합성 등이 포함된다.

2. 시간의 적절성

시간의 적절성은 외식기업의 주문에 대응할 수 있는 식자재 제공 기업의 능력을 말하는 것이다. 즉 한 외식기업이 구매를 요청한 후 그 외식기업이 주문한 식자재를 메뉴에 사용할 수 있을 때까지 얼마나 많은 시간이 걸리는가의 문제이다.

구체적인 대기시간 요소에는 주문 수행 시간표의 작성, 출고 가능 시간에 대한 통보, 배달 소요시간, 그리고 외식기업에 의한 승인 등이 포함된다. 이에는 주로 시간의 개념이 들어가는데 수행주기를 완성하는 데 필요한 시간은 식자재 물류서비스 제공자의 시스템 구조에 따라 많은 차이가 발생되므로 이에 대한 외식기업의 평가는 중요한 요소가 된다.

3. 식자재의 가용성

식자재의 가용성이란 외식기업의 주문이 있을 경우 필요한 재고를 가지고 있는 능력을 말한다. 가용성은 다양한 방법으로 외식기업에 제공될 수 있다. 가장 일반적인 방법은 주문을 예상하고 재고를 쌓아둘 수 있는 능력이 얼마나 되는가의 문제이다. 나아가 식자재 물류서비스 제공자의 창고의 수, 위치 그리고 그들의 재고정책은 외식기업의 식자재 물류믹스 설계에 가장 기본적인 고려사항 중의 하나이다.

외식기업의 입장에서 공급업체인 물류서비스 제공자의 안전재고정책을 평가해 보아야 한다. 만약 메뉴에 필요한 공급업체의 식자재 재고가 부족할 경우, 외식기업의 재고량은 많아질 것이고, 이럴 경우 외식기업의 재고비용은 높아질 것이다. 하지만 외식기업 내의 재고를 줄일 경우는 메뉴 품절을 감수할 생각을 해야 하므로 이에 대한 식자재 제공자의 적정선 파악은 외식기업 경영자의 경험과 마케팅 지식에 포함되는 범주가 된다.

사례 식자재 물류유통기업: CJ 프레시웨이

CJ 프레시웨이는 식자재유통 및 푸드서비스 기업으로서 안전한 식자재를 공급하여 국민의 건강과 즐거운 식문화를 선도하고 최적의 상품과 차별화된 서비스를 제공하여 외식사업자인 고객의 성공을 지원한다는 사명으로 설립되어 국내·외에서 지속적으로 성장하고 있다.

CJ 프레시웨이의 비전이 아시아 식자재유통 & 푸드서비스 리더 기업이다. 국내 식자재 물류유통과 푸드서비스 리더그룹으로 성장한 CJ는 해외에도 성공적으로 진출하고 있다.

온도이탈경보시스템, 금속탐지기, 잔류농약검사시스템, 당도측정, 식품위생연구실 운영 등 품질위생관리시스템이 잘 구축된 스마트물류센터

CJ 프레시웨이 식자재 물류유통의 핵심은 구매 및 식품안전, 스마트물류센터 그리고 IT 관리시스템이다. 구매부분은 산지구매, 계약구매를 통하여 유통단계를 축소하여 가격 경쟁력을 갖출 뿐 아니라 고품질의 식자재를 공급하여 외식기업의 성공을 이끌어 가고 있다. 전국에 거점별 스마트물류센터는 신선식품이 많은 식자재의 특성을 고려하여 잔류농약 검사 등 다양한 식품안전 검사시설과 콜드체인시스템 그리

고 전국 맞춤형 배송시스템까지 가능한 첨단시스템으로 외식기업 고객들에게 편의를 제공한다.

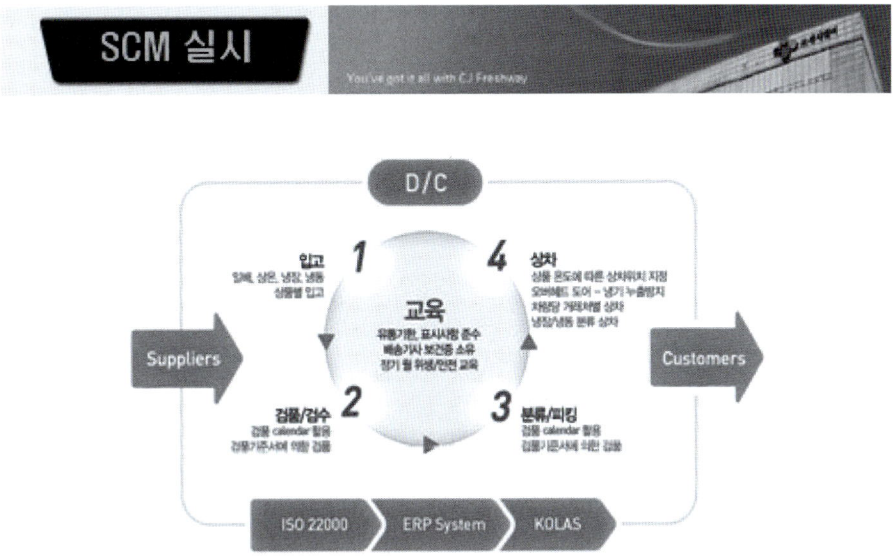

출처: http://www.cjfreshway.com/index.jsp

제5편

외식마케팅 CRM

제1장 외식마케팅 CRM의 이해

1990년대 말부터 우리나라의 금융권을 중심으로 CRM(Customer Relationship Management)이 경영관리 개선과 고객만족의 증진과 새로운 수익의 창출이라는 목표를 가지고 급속히 대두되었다. 물론 CRM이라는 것이 학문적으로 완성된 것은 이미 1987년도(Dwyer, Shurr & Oh, 1987)[1]의 일이지만, 그 당시는 개념적 혹은 이론적인 수준에 머물러 실제 기업의 현장에 적용하는 것이 거의 불가능하였다.

그러나 그 이후 지난 30여 년간 ICT(Information Communication Technology)는 너무도 눈부시게 발전해 오고 있다(〈표 5-1〉 참조).

〈표 5-1〉의 10대 ICT 기술들은 사실 모두 CRM 내지 e-CRM에 어느 정도씩 활용되고 있다. 심지어 현재는 e-CRM 대신 소셜네트워크 CRM(Social Network CRM)이라고 불러야 할 지경으로 고객관계 관리에 ICT기술의 활용이 광범위하게 이루어지고 있다. 이제는 소셜 CRM을 통한 외식마케팅 접근은 숨 쉬는 공기와 같이 되어 버렸다. 다시 말해서 소셜 CRM을 빼고서 외식마케팅을 논할 수 없다는 것이다.

하지만 여기서 중요하게 알아야 할 것은 CRM을 구현하기 위한 수단이 무엇이든 CRM의 기본 철학은 전혀 변하지 않는다는 것이다. [CRM을 통한 고객과의 평생 동반자 관계구축]이 바로 그것이다. 그리고 향후 매우 복잡한 경쟁환경이 벌어지게 되는데 그것은 신규 고객의 창출에는 큰 비용이 들지만 별다른 효과가 나타나지 않아 기

1) Dwyer, F. Robert, P.H.Schurr and Sejo Oh (1987), "Developing Buyer Seller Relationships," Journal of Marketing, Vol. 51(April), pp. 11—27.

존 고객의 중요성이 더욱 커질 것이기 때문이다. 본 장에서는 향후 그 중요성이 더해갈 외식마케팅 CRM의 철학과 기본적인 접근과 활용방법에 대해 고찰해 보고자 한다.

표 5-1 2017 vs 2018년 10대 전략 기술 비교

2017년 10대 전략 기술 트렌드	2018년 10대 전략 기술 트렌드
1. 인공지능과 고급 머신 러닝	1. 인공지능 강화 시스템(AI Aoundation)
2. 지능형 앱(Intelligent App)	2. 지능형 앱 · 분석(Intelligent Apps and Analytics)
3. 지능형 사물(Intelligent Things)	3. 지능형 사물(Intelligent Things)
4. 가상 현실 및 증강 현실	4. 디지털 트윈(Digital Twin)
5. 디지털 트윈(Digital Twin)	5. 클라우드에서 에지로(Cloud to the Edge)
6. 블록체인과 분산 장부(Distributed Ledgers)	6. 대화명 플랫폼(Conversational Platforms)
7. 대화형 시스템(Conversational System)	7. 몰입 경험(Immersive Experience)
8. 메시 앱 및 서비스 아키텍처(MASA)	8. 블록체인(Blockchain)
9. 디지털 기술 플렛폼(Digital Technology Flatform)	9. 이벤트 기반 모델(Event Driven)
10. 농동형 보안 아키텍처 (Adaptive Security Architecture)	10. 지속적이며 적응할 수 있는 리스크 및 신뢰 평가(CARTA) 접근법

자료: KG ITBank

제1절 외식마케팅 CRM의 정의

일반적인 CRM의 정의를 바탕으로 외식마케팅 CRM을 정의해 보면 "외식마케팅 CRM은 외식기업이 장기적인 가치를 최적화할 수 있는 외식 고객을 선택하고 관리하는 외식기업전략(Food & service marketing CRM is a business strategy to select and manage customers to optimize long term value)"이 되고 일종의 외식기업 경영혁신전략이라고 할 수 있다. 향후 외식기업 중 고객관리를 하지 않는 곳은 단 1년의 미래도 생각해 볼 수 없는 것이 현실이다. 아래의 [사례]에서 보듯이 우리나라 외식기업의 경쟁환경은 폐업의 연속이라고 할 수밖에 없다. 그 원인은 과당경쟁이지만 본질은 외식마케팅의 실패다. 그 중 고객관리의 실패는 CRM 전략의 부재로부터 나온다는 것을 숙지해야 한다.

사례 왜 외식기업은 폐업하나?

국세청이 매년 발표하는 국세통계연보에 의하면, 2017년 국내 총 음식점 수가 721,979개로 신규 창업한 음식점이 181,304개, 폐업한 음식점이 166,751개로 나타나 연간 신규 창업 대비 음식점 폐업률이 91.9%를 기록했다.

그런데 2007년부터 2017년까지 11년간 음식점의 신규 창업 대비 폐업률이 2007년 95.2%로 최고점에 이르고, 2012년 94.5%를 기점으로 90% 안팎에서 움직였다. '음식점 10곳이 문 열 때 9곳 이상이 문 닫는' 현상은 비단 근래에만 국한되지 않는다는 뜻이다. 이는 최저 임금 인상과 상관없이 국내 음식점 사업의 특성이자 취약점이라고 할 수 있다.

이렇게 식당이 빨리 문을 닫는 이유는 다음과 같다.

첫째, 가장 큰 이유는 식당이 너무 많아 과잉 상태이기 때문이다.[2)]

식당이 많아도 너무 많다. 포화상태를 넘어서 이미 과잉경쟁 상태다. 누군가 새로 식당을 시작해도 성공하기 쉽지 않을뿐더러 그 식당이 성공한다면 기존의 다른 누군가가 실패할 수밖에 없는 구조적 한계가 있다.

2008년 한국은행에서 한 · 미 · 일 3개국의 음식점 수를 조사한 결과, 음식점 1곳당 인구수가 한국 82명, 미국 555명, 일본 175명으로 나타났다. 미국과는 비교조차 어렵고 일본과 비교해 한국은 절반에도 못 미친다.

더욱이 10년이 지난 2017년을 기준으로 계산해 보니 한국의 경우, 인구 5,192만 명에 721,979개의 음식점이 있어 음식점 1곳당 인구수는 약 72명으로 더 낮아졌다. 1곳의 식당이 72명을 상대로 장사를 한다고 생각해 보라. 그 결과는 뻔하다. 최저 임금이 인상되지 않아도 식당은 생존하기 힘들다. 생존한다고 해도 먹고 살기 어렵다.

둘째, 대부분의 점주는 경영에 비전문적이다. 개업 이전부터 수입과 지출 관리를 정확히 예상하고 적어도 세 가지 이상의 시나리오(최악/중간/최상)를 만들고 리허설을 몇 번씩 반복해 보아야 했지만 자기 감각이나 얼치기 전문가나 주변 사람들의 말만 믿고 개업을 하고 그 이후 운영도 주먹구구식으로 하기 때문이다. 시나리오별 세부내용에는 매출 목표, 목표 달성률, 식재료 구성비 및 변화, 인건비 구성비 및 변화, 임대료 구성비 및 변화 정도가 각각 들어 있어야 한다. 자기가 하기 힘들면 적어도 이 세 가지 시나리오를 만들고 리허설을 해 볼 수 있는 전문가를 통해 컨설팅을 받

2) 독서신문, 「조환묵의 3분 지식」 대한민국에서 식당 창업은 미친 짓이다, 2018년 9월 17일.

아야 하지만 그런 경우는 거의 없다.

셋째, 고객에 대한 정성을 쏟고 CRM을 할 수 있는 마음과 전략이 없다. 그저 전단지 뿌리고 지인들 소개받고 초기 개점 반짝 영업시간이 지나면 천수답 경영을 하는 경우가 대부분이다.

넷째, 대부분 종업원 관리 전문력이 없다. 종업원이 1차 고객이고 CRM의 대상이라는 생각이 부족하다. 중국 춘추시대 제나라의 명재상 관중(? ~ BC 645)의 명언 중에 "하나를 심어 백의 수확이 있는 것은 인재다"는 말이 있다. 그만큼 인재가 중요하다는 말이다. 대부분 점주가 임금을 주기 때문에 직원을 소홀히 대한다. 내부 고객(종사자)의 복지나 직무만족도 향상과 동기부여 증대에 힘쓰지 않고 외부고객만을 보려고 한다. 외국의 한 연구에 의하면 직원만족도가 높은 기업의 경우 고객만족도는 90% 이상이라는 조사 결과를 발표한 바 있다. 직원은 내 얼굴이고, 자사의 간판이자, 외식기업 CEO를 대신하는 대리인이다. 항상 솔선수범하는 마음으로, 직원과 파트너십을 형성한다는 생각을 가지고 일해야 한다. 서비스 잘하는 직원 한 사람은 열 사람의 역할을 하기 때문이다. 직원 만족이 곧 고객 만족이다.[3)]

결국, 외식기업 폐업의 근본 원인은 외식마케팅 능력 부족이다. 그중 핵심은 CRM 능력이다.

충성고객의 확보와 재방문이 없다면 그 외식기업의 생존은 매우 단기적일 것이다. 하지만 유명하고 역사가 오래되고 경영성과가 좋은 외식기업들은 단골 고객의 중요성을 일찍부터 몸으로 깨닫고 있었고, 이런 단골 고객에 대한 관리를 얼마나 잘하는가가 그 외식기업의 성공과 장기적인 생존의 밑바탕이었다. 오히려 그 반대로 단골 고객화 노력이 외식기업의 장기 생존을 이끌어 내는 것이다.

외식기업의 CRM 목적은 첫째, 고객에 대한 이해로서, 진정으로 고객을 아는 것 그리고 그들의 요구를 파악하고자 하는 것이 목적이다. 둘째, 막연히 고객만족을 추구하기보다 고객이 만족스러운 경험을 얻을 수 있도록 하기 위한 책임을 지는 것이며, 셋째, 고객의 최적 경험(Optimal Experience)을 위해 고객과 공동으로 노력하는 것이며, 넷째, 새로워지는 ICT 기술의 접맥을 통한 소셜 CRM을 해 나가는 것이다.

3) 매일경제, 식당 폐업하는 6가지 위험요소 〈오감만족형 서비스 법칙〉, 2016년 10월 19일.

제2절 외식기업 CRM의 목표

위의 정의에 따른 외식기업 CRM의 목표는 첫째, 고객충성도 획득으로 고객과의 인적 · 정보 기술적 수단을 활용하여 계속적인 의사소통을 전제로 하고, 고객의 외식기업에 대한 계속적인 재방문을 통해 자연히 고객들이 그 외식기업에 충성도를 키워가게 하는 것이다.

둘째, 고객별 차별화된 서비스 제공으로 고객들을 꾸준히 관리한다는 것이다. 즉 고객별로 우리에게 매출상으로 혹은 관계상으로 어떤 역할을 하는지를 추적하는 과정이므로 고객들의 차이에 따른 외식마케팅 전략의 차별화를 가져가는 것은 당연하다.

셋째, 고객에 대한 보다 나은 지식축적으로, 고객과의 장기적 관계관리는 단골 고객의 눈빛만 보아도 그 고객이 스스로는 알지 못하는 어떤 욕구까지도 집어낼 수 있는 고객에 대한 지식의 축적을 의미하게 된다.

넷째, 경쟁우위 획득으로 어떤 다른 경쟁자보다 우리 고객에 대해 많은 지식을 가지고 있다면 그 고객이 자사의 경쟁기업으로 전환하는 것을 방어할 수 있다.

다섯째, 외식마케팅 CRM은 외식기업에 최고의 수익성을 가진 고객을 파악하여 내부 고객화나 평생 동반자관계를 수립한다.

여섯째, 고객별 수익 증대로서 외식마케팅 목적별로 고객을 분류하거나 선정할 수 있다면 고객별로 최신 SNS 미디어 활용을 포함한 가장 적절한 마케팅수단을 수립하여 수익을 극대화할 수 있다.

일곱째, 고객 문의 신속 대응, 신규 고객유치, 고객 라이프 사이클의 가치 인식, 고객 문의 대응 비용 최소화 그리고 신규 고객유치 비용감소 등이 중요한 외식마케팅 CRM의 목표라고 할 수 있다. 이를 그림으로 나타낸 것이 [그림 5-1]이다.

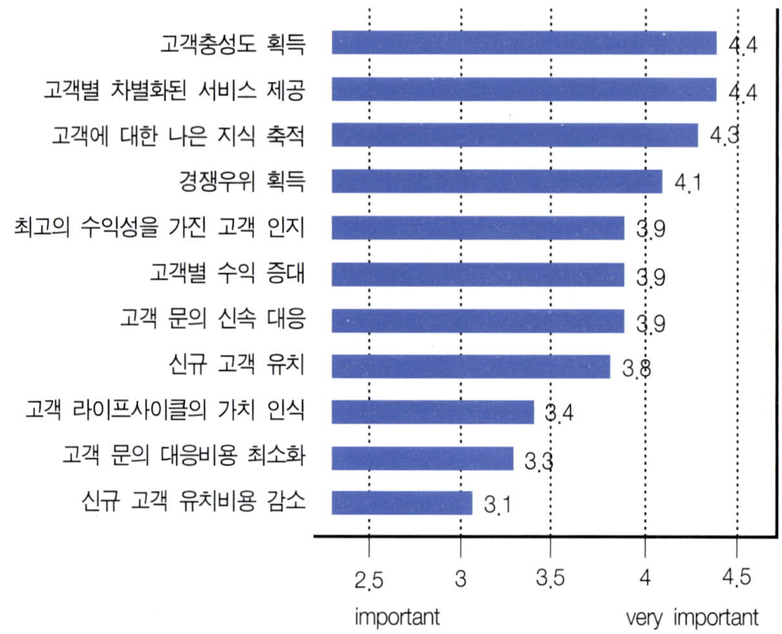

* 미국과 유럽기업들이 중요하게 생각하는 CRM의 속성임.

그림 5-1 CRM의 주요 목표와 중요성

제3절 외식마케팅 CRM의 필요성

외식마케팅 CRM의 필요성은 첫째, 외식마케팅 CRM의 출발점은 방문 고객이 아니라 외식기업의 중요한 사업 파트너인 식자재 공급업자와의 협업부터다. 공급업체 등 비즈니스 파트너들과의 정보공유를 통해 구매업무 프로세스의 효율을 극대화하고 물류의 흐름을 파악하는 것이 이해관계자 CRM의 출발점이다.

둘째, 외식마케팅 CRM은 고객과의 의사소통으로 외식기업 전반에 있는 고객 정보에 종사자 누구나 접근이 쉽고, 개별 고객에 맞춘 의사소통이 가능하며, 이를 바탕으로 새로운 사업을 창출한다. 이에는 SNS 미디어 활용이 필수가 되었다.

셋째, 고객정보 관리의 필요성으로 고객과의 모든 정보를 체계적이고 통합적으로 관리하고자 하는 데 CRM 기법이 사용된다.

넷째, 외식마케팅 CRM은 프로세스의 통합으로 내부 프로세스 및 정보의 통합으로 업무의 생산성 및 정확도를 향상시키고 실시간 관리에 따라 시장기회 손실을 최소화시킨다.

끝으로 외식기업의 규모가 크건 작건 결국 그 외식기업 종사자의 업무만족도와 최상의 동기부여가 기본 중의 기본이다. CRM은 종사자부터 시작하는 것이다. 내부적으로 잡음이 없어야 외부고객에 대해 양질의 서비스를 제공할 수 있다. 종사자 CRM부터 외식마케팅 CRM의 출발이 이루어져야 한다.

이런 필요성을 바탕으로 궁극적으로 외식마케팅 CRM은 내부 고객 리더십(Internal Customer Leadership), 운영효율성(Operation Efficiency), 그리고 장기 고객 동반자 구축(Long-term Customer Partnership Building)을 달성하는 것이다. 이를 정리하면 [그림 5-2]와 같다.

외식마케팅 CRM의 주요 업무는 첫째, 외식마케팅 업무의 강화로서, 주요 목표는 가망 고객의 발굴이다. 이는 외식기업이 보유하고 있는 고객 프로필이나 명함 등을 수집 · 분석하여 자사의 고객으로서의 가능성이 있는 가망 고객층을 발굴하는 것으로 고객 프로필을 다각적으로 분석하여야 한다. 그리고 SNS 미디어 활용은 아무리 강조해도 지나치지 않게 되었다.

둘째, 외식마케팅 활동의 고도화로 신규 고객획득 활동에 해당한다. 이는 내점 고객분석을 바탕으로 하는데 각종 채널로 접촉되는 잠재 고객을 집중적으로 분석하고 이를 바탕으로 신규 고객을 획득해 나가는 것이다. 가망 고객의 정보분석을 통한 획득이 중요한 출발점인데, 종사자들이 개인적으로 관리하고 있는 가망 고객을 일괄적으로 관리, 분석하여 체계적인 외식마케팅 전략을 수립해야 한다. 소셜 미디어 활용 캠페인을 통한 신규 고객 확보도 하나의 좋은 방법이 된다.

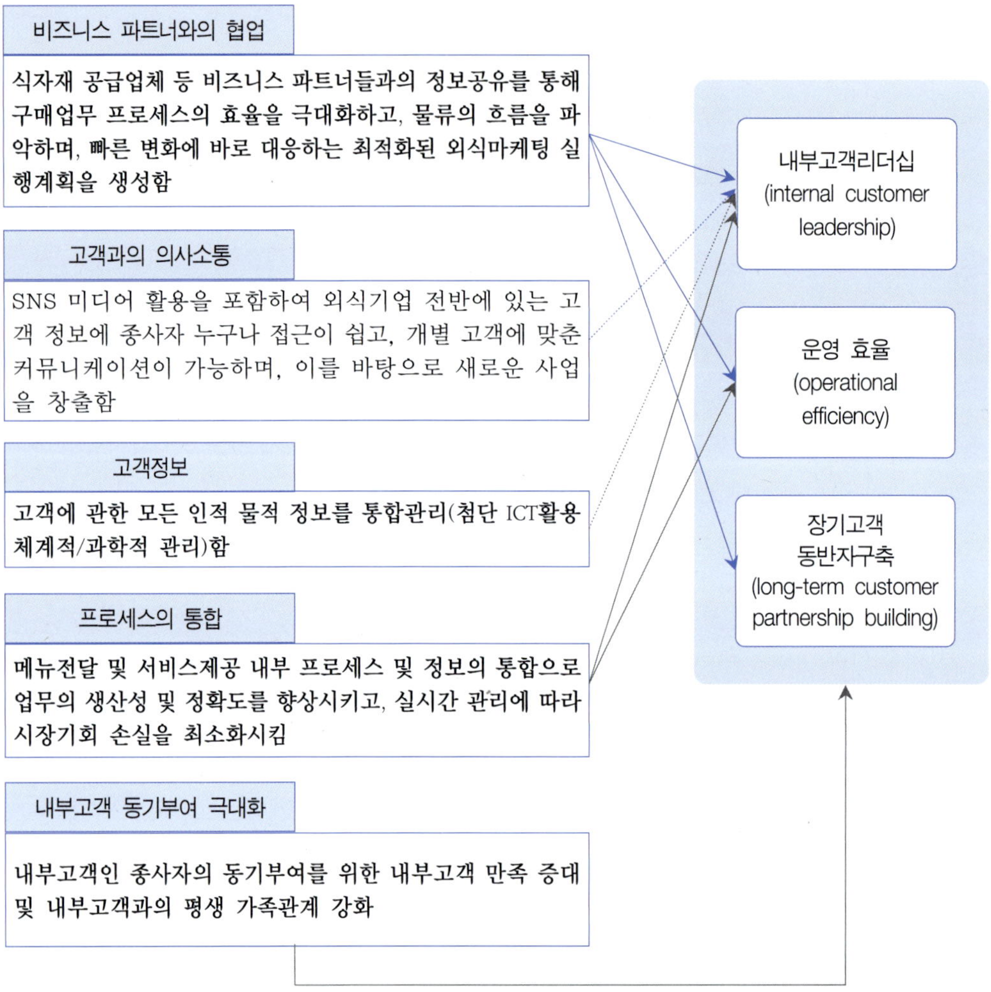

그림 5-2 외식마케팅 CRM의 필요성

셋째, 외식마케팅 관리업무 자동화로서 주요 활동은 고객이탈 방지 및 충성도를 높이는 것이다. 이에는 이탈 가능 고객에 대한 분석 및 관리가 있어야 하는데, 이탈 가능 고객을 찾는 작업은 외식마케터나 경영주의 오래된 경험이 밑바탕이 되지만 과거 이탈고객을 분석하는 것도 중요한 방법이다. 즉 과거의 이탈 패턴, 특성 등을 파악하여 인사 메일을 발송하기는 쉽고도 중요한 이탈방지의 수단이 된다.

넷째, 고객 유지 및 충성도 극대화로서 우량 고객에 대하여 자신이 선택한 메뉴가 충분한 만족을 주고 반복 내점에 대한 마일리지 점수를 부여하는 것도 한 방법이다. 우량 고객을 정의하기 위해서는 고객별 수익성 분석이 가능하고 그 고객이 자사의 우량 고객이 된 요인을 알고 있어야 한다.

다섯째, 외식마케팅 지원 및 관리로서 고객에 대한 자세한 정보나 지식을 통해 외식마케팅 정보관리, 캠페인 효과분석, 새로운 욕구 창출방법 등을 파악할 수 있다.

고객과의 지속적인 관계 유지를 위해서는 거래 관계를 지속해서 기록하고, 고객의 주문량에 따라 이에 상응하는 인센티브를 제공해 주는 전략이 주로 사용된다.

이는 고객이 다른 외식기업으로 전환하지 않도록 고객과의 유대관계 강화를 추구하는 것이다. 자사의 충성도를 증진하는 것은 물질적인 것보다 고객에 대한 특별한 배려와 같은 정신적이고 소프트한 혜택이 더 중시되기도 한다. 이에는 해피콜, 연하장, 생일축하카드 등도 활용된다.

여섯째, 과거 고객 재활성화 전략으로서 오래 전에 우리 외식기업을 방문한 경험이 있는 고객이 대상이 되고, 과거 실적을 면밀하게 분석하여 방문하지 않았던 이유를 분석하는 것을 바탕으로 한다. 그 결과 우리 외식기업을 재방문할 시기가 지났는데도 재방문을 하지 않은 고객을 재활성화시키는 전략이라고 할 수 있다.

제2장 외식마케팅 CRM의 수행

[그림 5-3]은 외식마케팅 CRM을 실행하고자 할 때 밟아야 하는 각 단계를 말하는 것이다. 외식마케팅 CRM을 실행하고자 할 때 [그림 5-3]의 단계를 밟아 단계의 문제들을 해결해 나가면 크게 어려움이 없을 것이다.

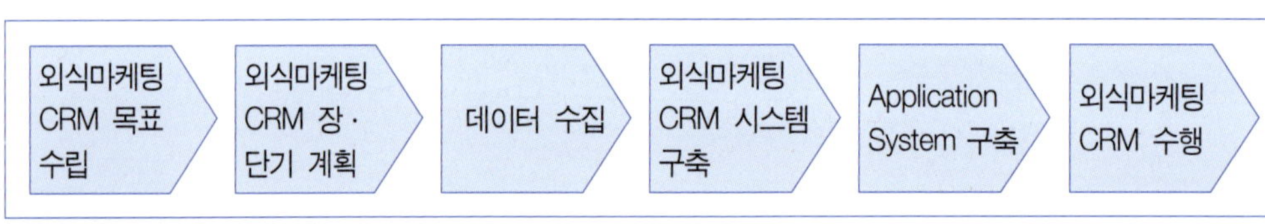

그림 5-3 외식마케팅 CRM 수행단계

첫째, 외식마케팅 CRM의 목표수립단계로, 외식마케팅 CRM은 매우 광범위하여 뚜렷한 목표수립이 없으면 방향을 잡지 못하거나 과도한 투자비를 낭비하는 결과를 초래하는 일이 많다. 그러므로 초기에 매우 정확한 외식마케팅 CRM의 목표수립이 필요하다.

둘째, 외식마케팅 CRM의 장 · 단기 계획수립으로, CRM 전략의 수립과 실행은 광범위한 작업이므로 장 · 단기 계획수립이 중요하다. 장 · 단기 계획수립 없이는 CRM의 목표달성 일관성이 부족하기 쉽고, 차질에 따른 수정작업을 하기가 쉽지 않으므로 장 · 단기계획의 수립이 필요하다.

셋째, 데이터의 수집으로 앞에서 지적하였듯이 모든 CRM 마케팅전략은 데이터로부터 시작하는 것이 당연하다. 계속적인 데이터베이스의 갱신으로 CRM의 범위와 폭을 넓혀 가는 것이기 때문에 데이터의 수집은 중요한 부분을 차지한다.

넷째, 외식마케팅 CRM 시스템의 구축으로, 각 데이터를 유기적인 시스템으로 결합하여 항상 필요한 데이터를 필요한 형태로 사용할 수 있는 바탕을 마련하는 것이다.

다섯째, 외식마케팅 CRM 응용시스템(Application System)구축 단계로서, 이 단계는 외식마케팅 CRM의 수행에 직접 필요한 고객정보 파일을 만드는 것이다. 아무리 많은 데이터라도 외식마케터가 원하는 대로 응용할 수 없다면 아무 소용이 없다. 이 단계에서는 데이터를 이용하여 더욱 의미 있는 응용모델을 만든다.

끝으로, 이시마케팅 CRM 수행으로, 앞에서 준비된 시스템과 프로그램을 실시하는 단계로 여기서 중요한 것은 외식마케팅 CRM은 시스템적인 것도 아니고 프로그램적인 것도 아니라는 것이다. 외식마케팅 CRM은 항상 변화하고, 갱신되고, 재구축해 나가는 일종의 끊임없는 진화의 과정이라고 보는 것이 중요하다. 시장도 변화하고, 고객도 변화하고, 외식기업도 변화하기 때문에 외식마케팅 CRM은 환경과의 상호작용을 그 기본 바탕으로 하여 항상 진화해야 한다는 것이 하나의 명제이다. 외식마케팅 CRM 수행단계를 더욱 자세히 설명하면 다음과 같다.

제1절 외식마케팅 CRM의 목표수립

외식마케팅 CRM의 목표를 수립하는 것은 첫째, 외식마케팅 CRM이란 무엇인가를 이해하는 것이다. 외식마케팅 CRM은 어떤 의미에서는 무슨 새로운 것이 아니라 장사라는 개념이 처음 생길 때부터 소위 말하는 "단골고객관리"와 그 의미에 큰 차이는 없다. 외식마케팅 CRM의 이해는 바로 이러한 단골고객관리의 개념에 크게 벗어나지 않는다.

다만, 현대에 이르러 고객의 규모가 커지고, 거래 빈도가 잦아지고, 고객욕구가 복잡해지는 등의 변화 때문에 CRM이라는 개념의 적용이 이루어지게 된 것이다. CRM의 개념을 활용한다는 것은 현대의 ICT 기술의 활용을 의미하는 것이다.

둘째, 외식마케팅 CRM으로 얻을 수 있는 것이 무엇인가를 파악하는 것이다. 외식마케팅 CRM은 반드시 외식기업이 얻을 수 있는 것을 명확히 정의하여야 한다. 얻을 수 있는 것은 곧 외식마케팅의 목표가 되는 것으로 이에는 재무적인 목표와 비재무적인 목표 혹은 유형적인 목표와 무형적인 목표를 모두 포함한다.

셋째, 외식마케팅 CRM을 어디까지 전개 가능한가를 파악하는 것이다. 즉 외식마케팅 CRM 실현 가능 수준을 파악하는 것이다. 업종에 따라, 규모에 따라, 외식마케팅 CRM의 구현 수준에는 차이가 발생한다. 자사의 여건을 고려하지 않고 이상적인 외식마케팅 CRM을 좇는다는 것은 자칫하면 마케팅자원의 낭비만 초래하는 결과를 낳기 때문에 반드시 구현 가능 범위나 수준을 미리 정하는 것이 바람직하다. 이를 [그림 5-4]에 정리하였다.

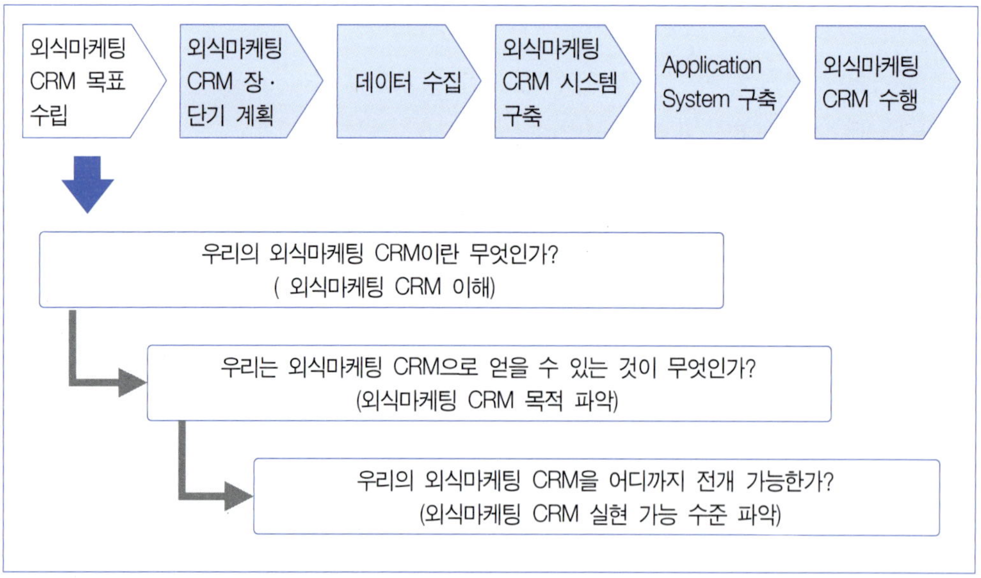

그림 5-4 외식마케팅 CRM 목표수립

제2절 외식마케팅 CRM 장 · 단기 계획수립

외식마케팅 CRM 장 · 단기 계획수립은 장기적으로 구축하고자 하는 외식마케팅 CRM 시스템을 정의하고, 단기적으로 이룩해야 하는 것이 무엇인지를 확정하는 것으로부터 출발한다.

첫째, 장기계획을 바탕으로 단기적으로 현재의 기업 능력으로 할 수 있는 일의 순서를 정하는 것이 이 단계에서의 업무이다.

둘째, 현재 주어진 인력과 자원으로 수행할 수 있는 외식마케팅 CRM은 무엇인가를 파악하는 것으로 외식마케팅 CRM을 너무 거창하게 생각해서는 안 된다. 장기적인 목표는 원대할지라도 현재의 능력에 맞는 외식마케팅 CRM 전략을 수립하고 시행하여 점차 그 범위를 넓혀 가는 것이 바람직하다. 다만, 그렇더라도 장 · 단기적인 계획수립은 필요한 것이다([그림 5-5] 참조).

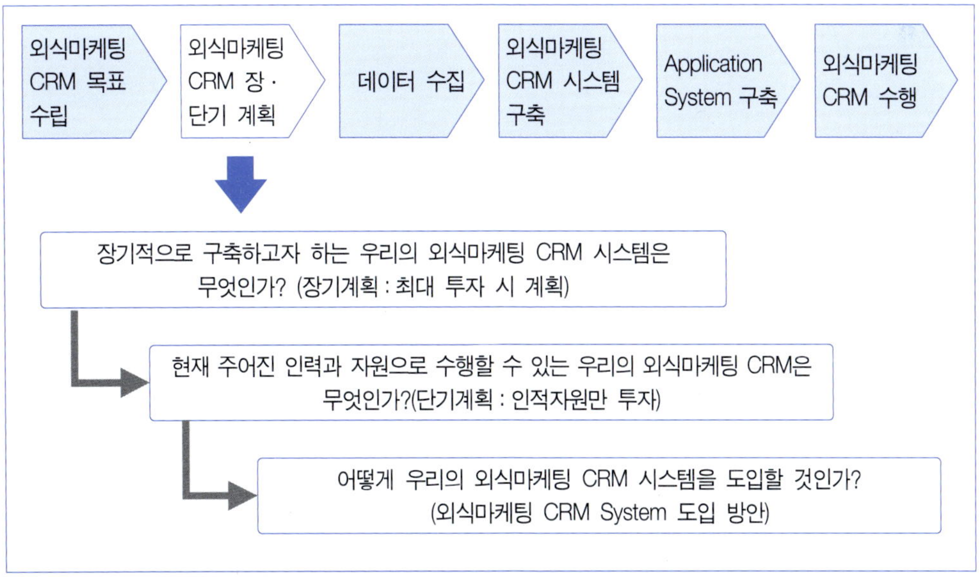

그림 5-5 외식마케팅 CRM 장 · 단기 계획

셋째, 어떻게 외식마케팅 CRM 시스템을 도입할 것인가의 문제로서 현재의 능력과 단기적인 목표가 있다면 지금 가장 적절한 외식마케팅 CRM의 도입방법을 정의하는 것이다. 이에는 반드시 장기적인 외식마케팅 CRM의 목표가 고려되어야 하는데 외식 마케터는 장기적인 목표에서 데이터의 이용 가능성 등을 충분히 고려한 현재의 외식마케팅 CRM 시스템을 도입하여야 한다. 이를 정리하면 [그림 5-5] 외식마케팅 CRM의 장 · 단기 계획과 같다.

제3절 외식마케팅 CRM의 데이터 수집

앞에서 언급했지만, 외식마케팅 CRM에서 데이터의 중요성은 아무리 강조해도 지나치지 않다. 이는 믿을 수 있고 타당한 데이터의 확보가 외식마케팅의 CRM의 출발점이기 때문이다. 이를 위해 첫째, 자사의 외식마케팅 CRM의 목적과 기능에 맞는 데이터는 무엇인가? 즉 필요한 데이터가 무엇인가를 규명하는 것이다. 외식마케팅 CRM을 수행하기 위한 자사에 필요한 데이터는 내부에 있을 수도 있고, 외부에 있을 수도 있고, 정형화할 수 있는 것도 있고, 정형화할 수 없는 것도 있다. 하지만 외식마케팅 CRM에 필요한 데이터가 무엇인지를 규명해 놓는 것은 데이터 수집의 전제 조건이라고 할 수 있다.

둘째, 현재 외식기업이 가지고 있는 데이터는 무엇인가? 즉 내부 데이터 구성을 분석하는 것이다. 자사가 이용 가능한 데이터와 필요는 있지만, 이용 불가능한 데이터를 규명하는 과정이다.

셋째, 외부로부터 수집할 수 있는 데이터는 무엇인가 즉 외부 데이터 현황 분석으로 자사에 필요하지만 없는 데이터를 외부에서 수집 가능한지를 파악하는 것이다.

넷째, 데이터를 언제 어떻게 수집할 것인가? 즉 외부 데이터의 수집이 필요하고 가능하다면 언제 어디서 어떻게 수집할 수 있는지를 규명하는 단계이다.

이를 위해서는 단 · 중 · 장기 데이터 수집계획의 마련도 필요하다. 이를 정리해 보면 [그림 5-6]과 같다.

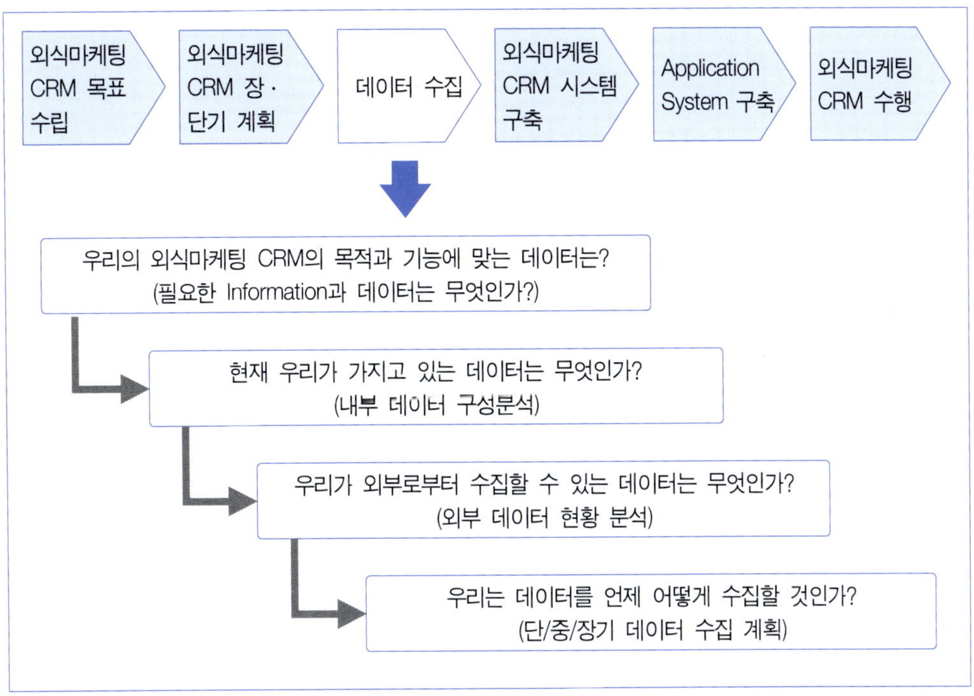

그림 5-6 외식마케팅 CRM 데이터 수집

여기서 중요한 데이터의 원천과 활용방법 간의 관계를 보면 [그림 5-7]과 같다. 이 그림에는 데이터의 원천뿐만 아니라 외식마케팅 CRM의 활용이 요구되는 사항에 대해서도 정리했으며, 나아가 필요한 외식마케팅 CRM 전략 시스템도 제시하고 있다.

본 그림은 외식마케팅 4P믹스에 필요한 CRM의 활용을 다루고 있는데, 첫째, 촉진믹스에서 촉진비용 절감이 요구되는 상황에는 목표고객 위주의 촉진을 실시하고 고객별 차별적 외식마케팅이 요구되는 상황에는 장기적인 거래관계 형성 즉 고객별로 부가서비스의 판촉이 요구될 때 DB자료를 시장조사 자료와 연계하여 고객별로 차별적인 서비스 판촉에 활용할 것이다.

기존 고객의 재구매가 요구되는 상황에는 재방문 이메일이나 SNS 미디어 활용이 필요하다. 나아가 경쟁사 고객 및 신규고객 확보가 필요한 경우에는 경쟁사 고객 분석 후 집중적인 판촉활동을 권고하고 있다.

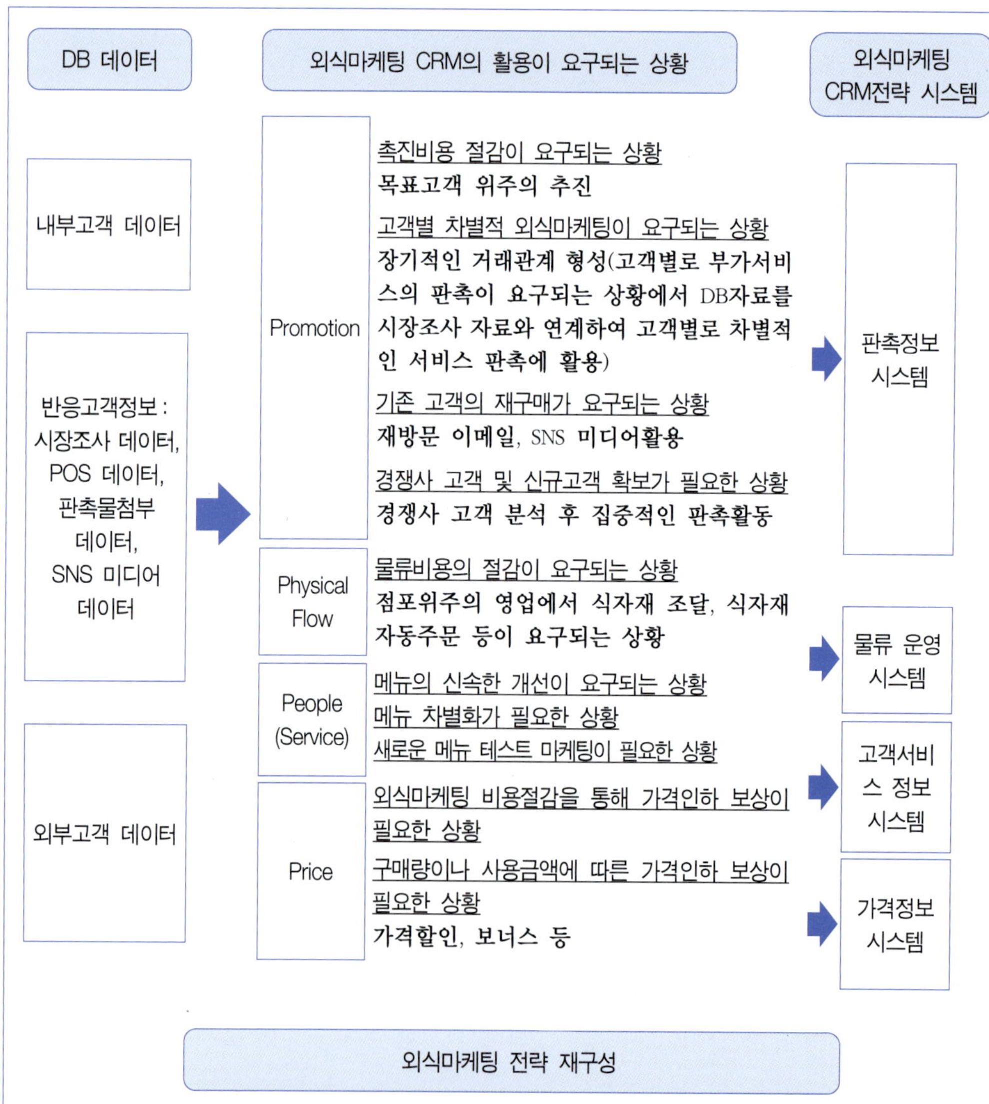

그림 5-7 데이터의 원천과 외식마케팅 CRM 활용

둘째, 물적 흐름(Physical Flow)믹스에는 외식기업 점포운영 비용의 절감이 요구되는 경우로서 자동주문 식자재 조달, 소량 식자재 주문 등이 요구될 때 외식마케팅 CRM이 필요한 상황으로 제시하고 있다.

셋째, 고객(People)믹스로서 고객에 대한 메뉴(서비스)의 신속한 개선, 고객에 대한 메뉴(서비스)의 차별화, 그리고 새로운 메뉴(서비스)의 테스트 마케팅에 외식마케팅 CRM의 필요성을 제시하고 있다.

끝으로 가격(Price)믹스로서 주로 고객들에 대해 외식마케팅 비용절감을 통해 가격인하 보상, 고객들의 메뉴 판매량이나 사용금액에 따른 가격인하 보상, 이벤트성 SNS 미디어 활용 가격할인 등이 포함된다.

제4절 외식마케팅 CRM 시스템의 구축

본 단계는 데이터를 어떻게 이용할 것인가를 시스템화시키는 것을 의미한다. 굳이 전산시스템을 동원하지 않아도 무방하지만, 현대는 발달한 IT 시스템을 이용하지 않으면 CRM을 위한 분석이 어려우므로 보통 CRM 시스템이라고 하는 경우는 IT를 기반으로 하는 시스템을 의미한다.

이를 위해서는 첫째, 외식마케팅 CRM에 필요한 시스템을 분석하고 디자인하는 단계로 이는 전문가의 도움이 필요한 영역으로 규모가 큰 외식기업의 경우는 외부의 전문가를 활용할 수 있지만, 규모가 작은 외식기업의 경우는 전산장비(예: POS 시스템, 4자 물류정보 등)공급자들의 도움을 받는 것으로도 가능하다.

둘째, 외식마케팅 CRM 시스템의 개발로서 규모가 작은 외식기업은 굳이 개발할 필요까지 없지만, 요사이는 규모가 작아도 자사에 쉽게 활용할 수 있는 CRM 시스템을 개발하는 곳도 많아지고 있다.

셋째, 외식마케팅 CRM 시스템의 운영단계로 외식마케팅 CRM 시스템의 개발만으로 시스템이 완성되는 것이 아니라, 실세 외식마케팅 상황에서 개발된 시스템을 운영해 보면서 오류를 검증하고 운영지식을 습득하고 종사자들의 이해를 구하는 과정이 반드시 필요하다.

넷째, 외식마케팅 CRM 시스템 운영관리체제를 구축하는 것으로 시스템의 A/S나 새로운 활용 용도의 발생에 대한 보완이 이에 해당한다. 더욱 중요한 것은 그 시스템을 활용한 외식마케팅 CRM에서 생기는 외식마케팅적인 지식의 보완을 어떻게 할 것인가를 미리 규명해 두는 것이 필요하다. 이를 정리하면 [그림 5-8]과 같다.

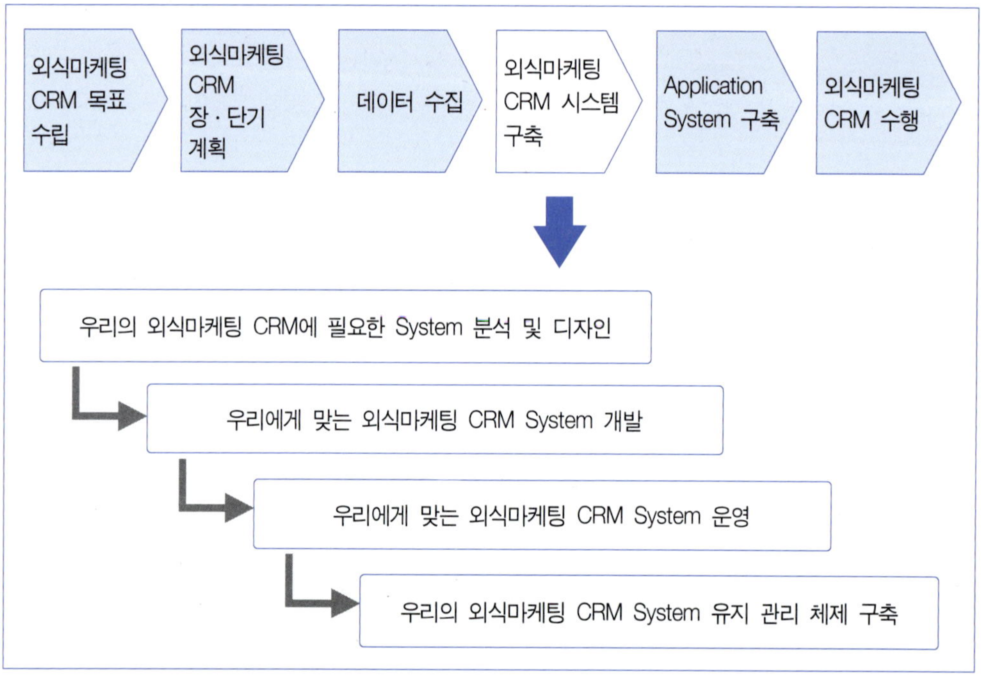

그림 5-8 외식마케팅 CRM 시스템 구축

제5절 외식마케팅 CRM 응용시스템 구축

외식마케팅 CRM 응용시스템은 이용 가능한 데이터를 실제로 분석하여 CRM 전략을 개발하고, 수행하는 단계를 말하는 것이다. 이 단계는 외식마케팅 CRM의 핵심 엔진으로 외식마케팅 CRM 성공의 관건이 되는 단계이다. 이에는 크게 내부관리 시스템과 외부 마케팅 시스템으로 나눌 수 있다.

첫째, 내부 관리시스템은 외식마케팅 CRM 조사분석, 외식마케팅 CRM 분석용 프로그램 개발, 외식마케팅 CRM 전략 반응 분석, 외식마케팅 CRM 수익성 분석을 포함하고 있다. 외식마케팅 조사분석은 뒤에서 다루게 될 다양한 시장조사 기법을 활용하여 외식마케팅 CRM 전략을 수립하기 위한 통계적 분석을 하는 것이며 외식마케팅 CRM 분석용 프로그램은 시장조사를 가능하면 자동화하고자 하는 것으로 이는 인터넷이나 SNS 미디어를 통한 시장조사에 주로 활용될 수 있고 내부 데이터를 활용할 경우 엑셀을 이용하여 간단한 공식을 만들어 이용할 수도 있다. 외식마케팅 전략 반응분석은 실제로 수행한 외식마케팅 CRM 프로그램에 대한 고객들의 반응이나 평가를 분석하는 것으로 이는 외식마케팅 CRM의 성과분석과 연결되는 것이다. 외식마케팅 수익성 분석은 앞의 성과평가를 바탕으로 어느 정도의 재무적 성과를 올리고 있는가를 평가해 보는 것이다.

둘째, 외부마케팅 시스템의 경우 이메일(DM 포함)마케팅 시스템, 인터넷, SNS 미디어 마케팅 시스템이 포함되는데 이는 주로 외부 고객과의 의사소통차원의 시스템을 말한다. 인터넷 마케팅 시스템 안에는 이메일 마케팅 시스템을 포함하지만 D/M(Direct Mail : 직접우편)이나 SMS(Short Message Service)도 많이 활용되기 때문에 분류하였다. 본 단계는 외식마케팅 CRM에서 ICT의 지원을 받아 이루어지는 것으로 현재의 ICT의 급속한 발달은 외식마케팅 CRM을 보다 효과적이고 효율적으로 가능하게 하는 핵심적인 수단이다. 이를 정리하면 다음의 [그림 5-9]와 같다.

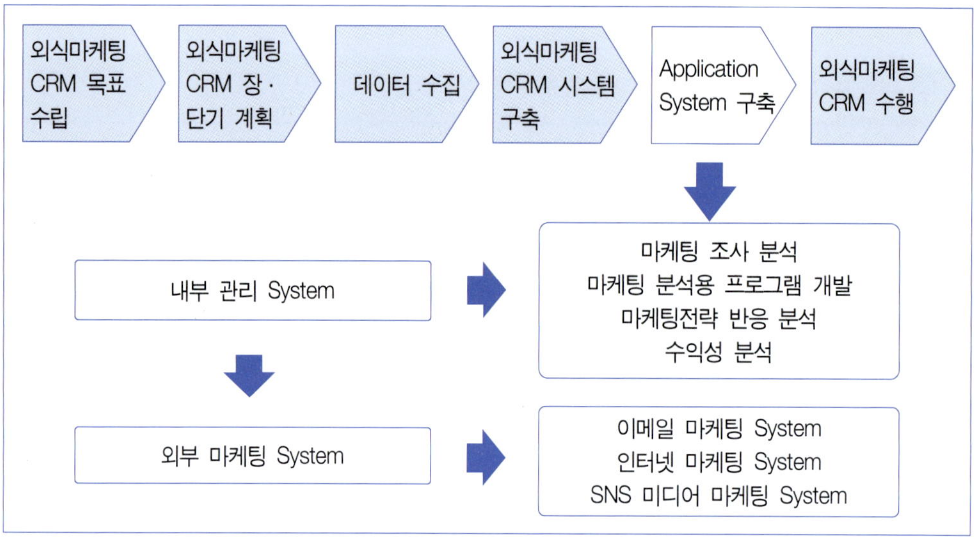

그림 5-9 외식마케팅 CRM 응용시스템 구축

제6절 외식마케팅 CRM의 수행

앞의 여러 단계를 거쳐 마련되고 수행된 외식마케팅 CRM을 직접 수행하는 것으로 이에는 외식마케팅 CRM 진화라는 개념을 이해할 필요가 있다. 외식마케팅 CRM 전략이건 시스템이건 간에 항상 변화를 일으키는 시장과 고객을 대상으로 하므로 끊임없는 변화와 진화의 과정을 거친다는 것을 이해해야 한다.

이런 진화를 위해 필요한 것은 첫째, 외식마케팅 CRM 수행의 목표시장 목록(target market list)의 선정으로 이를 위해서는 반드시 앞 장에서 설명한 외식마케팅 시장세분화와 목표시장 정립의 접근방법을 이용하여 목표시장 목록을 작성하여야 한다. 여기서 알아 두어야 할 것은 외식마케팅 CRM도 본서가 지향하는 외식마케팅의 전략적 접근방법의 범주 내에 있으며, 이를 적용해야 외식마케팅 CRM도 가능하다는 것이다. 즉 외식마케팅과 외식마케팅 CRM이 별개의 것이 아니라 한 가지라는 것을 이해해야만 한다.

둘째, 목표시장에 대한 목표의 수립으로 일단 목표시장이 선정되면, 이 목표시장에 맞는 명확한 외식마케팅 CRM 목표를 정립하는 것이 필요하다. 셋째, 목표달성에 필요한 외식마케팅 CRM 수단의 선정으로 목표시장의 성격이나, 규모 그리고 그 외식기업에서 차지하는 중요도에 따라 외식마케팅 CRM의 수단을 달리해야 한다는 점을 말한다. 넷째, 외식마케팅 CRM을 수행하고 그 결과를 평가하여 향후의 목표시장에 대한 CRM의 발전에 이용하는 것을 말한다. 다섯째 외식마케팅 CRM의 성과분석으로 외식마케팅에 투입된 인적, 물적 비용과 성과를 평가하는 것인데, 이 성과는 단기적인 것뿐만 아니라 장기적인 성과도 함께 평가해야 한다. 이를 정리하면 [그림 5-10]과 같다.

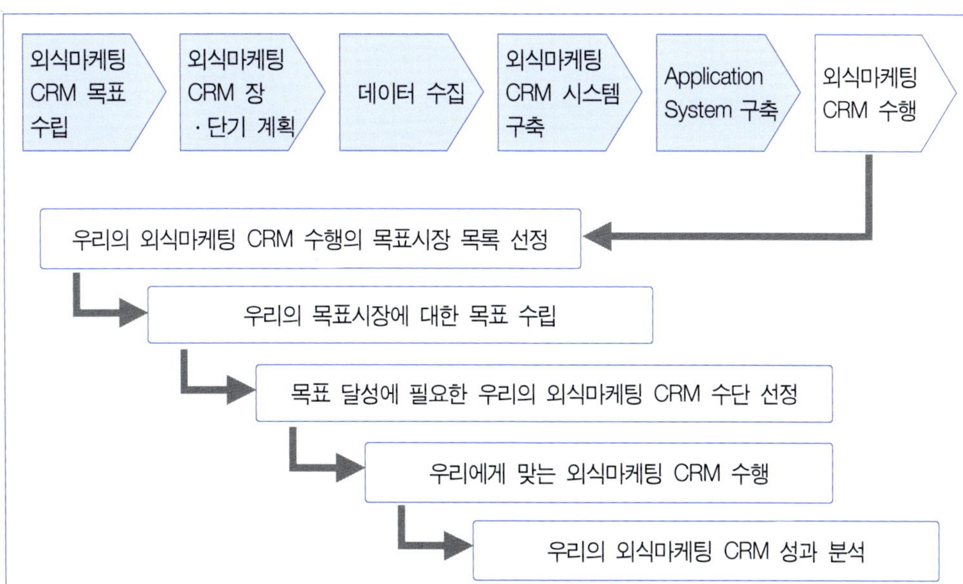

그림 5-10 외식마케팅 CRM 수행

제3장 외식마케팅 소셜 CRM

이제는 외식마케팅에도 소셜 CRM(Social-CRM)의 시대다. 이는 선택의 문제가 아니라 생존의 문제다.

제1절 소셜 CRM이란?

소셜 CRM은 기존의 CRM 개념을 바탕으로 ICT 기반 의사소통수단을 CRM에 활용하면서 나온 확장된 의미의 CRM을 말하는 것이다. 외식기업 입장에서 소셜 CRM의 목적은 첫째, 외식기업에 가장 적합한 소셜미디어상의 이해관계자들과 네트워크 관계를 형성하고 확장하고, 둘째, 활용 가능한 소셜미디어를 통해 외식기업에 이미 형성되어 있거나 형성될 네트워크를 강화하고 견고히 가져가기 위한 관리를 가능케 하고, 셋째, 외식기업과 관계되어 발생하는 이슈를 모니터링하고 적절히 대응해 나가며, 넷째, 외식기업의 이해관계자들과 소셜미디어를 통한 의사소통과 그로부터 발생하는 정보를 관리할 수 있게 되는 것이다.

일반적으로 고객들이 구매 여부를 결정하는 데 영향을 주는 가장 강력한 요소는 다음과 같은 세 가지라고 할 수 있다. 첫째, 과거 구매한 개인적인 경험, 둘째, 회사의 명성 또는 브랜드 친숙도, 셋째, 주변인들의 추천 등이 그것이다. 그런데 소셜 미디어는 이 세 가지 모두를 충족시키고 증폭시키는 강력한 힘을 발휘할 수 있다. ([그림 5-11] 참조).

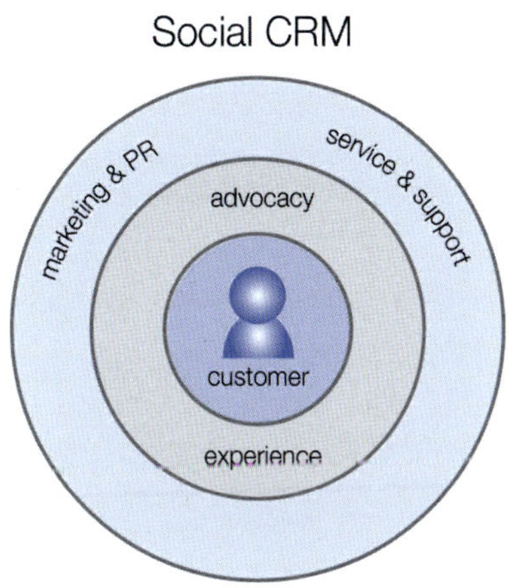

자료: 2010 Chess Media Group

그림 5-11 Social CRM이란

소셜 CRM의 등장은 CRM이 가진 한계 때문이었다. 1990년대 말~2000년대 초에 우리나라에서 CRM은 금융권을 중심으로 기업경영의 생사를 좌우한다고 대유행이 있었다. 그러나 고객에 대한 정확한 분석과 전략 부족으로 많은 기업이 CRM을 포기하게 되었는데, 그 이유는 첫째, IT 기술 중심적이었지 고객관리 중심적이 아니었다. 둘째, 매출액 제고 중심적이었지 고객 가치 중심적이 아니었다. 셋째, CRM 시스템 구축 중심적이었지 고객과의 상호작용 의사소통 중심적이지 않았다. 넷째, 거래 중심적이었지 고객 보살핌 중심적이 아니었다. 다섯째, 무엇보다도 저자가 직접 CRM 컨설팅을 수행했을 때 내린 결론은 CRM 수행 담당자들의 마케팅전략 능력 부족이었다. 이는 단시간에 해결될 수 없는 것으로 미래에도 CRM은 담당자의 마케팅적 전문력을 우선시해야 한다. 결론적으로 CRM은 기업 입장에서 고객 자체가 아니라 거래 관계에 중점을 두었고, 고객 데이터베이스에 저장된 고객정보 분석에는 강했지만 활용도는 미치지 못했다. 기존 CRM이 고객 지향이었을지는 모르지만, 고객 중심의 마케팅 전략으로는 한계가 있었다는 것이다.

소셜 CRM에서는 외식기업의 가치사슬(Value Chain)에 포함된 고객과 외식기업, 고객과 고객, 고객과 경쟁 외식기업, 외식기업과 경쟁 외식기업의 관계까지 아울러야 한다. 이것이 가능하게 된 것이 소셜 컴퓨팅(Social Computing) 기반 기술의 일상화에 있다. 소셜 CRM은 스마트폰의 보급과 SNS의 대중화가 발판이 된 것이다. 그러나 소셜 CRM이 단순히 기존 CRM에 트위터, 인스타그램이나 유튜브 등을 활용하는 데 그치는 것이 아니라 다양한 소셜 네트워크 서비스를 통해 온라인상에서 고객 참여와 반응 정보들을 분석함으로써 고객 경험관리(CEM: Customer Experience Management)를 할 수 있도록 해 주어야 비로소 의미가 있다. 소셜 CRM은 명백히 새로운 패러다임이며 고객의 행동양식과 가치관에 대한 정보까지 분석할 수 있게 함으로써 진정한 고객중심 CRM 시대를 열게 해줄 것이다.

사례 소셜 CRM[4)]

기업들이 소셜 미디어를 중요한 마케팅 채널로 인식하는 이유는 고객들이 소셜 미디어를 통해 접하는 다른 고객들의 의견에 따라 구매 의사결정이 달라질 수 있고, 소셜 네트워크를 이용한 구전효과 혹은 바이럴 마케팅이 큰 위력을 발휘할 수 있기 때문이다. 닐슨(Nielsen)이 전 세계 약 2만 5천 명의 인터넷 사용자들을 대상으로 수행한 소비자 조사에 따르면 90%의 소비자는 아는 사람의 의견을 신뢰하고, 70%가 온라인상에 올려진 다른 소비자의 의견을 신뢰하는 반면에, 55%~62%의 소비자는 신문, 잡지, TV, 라디오 등과 같은 전통적인 매스 미디어를 신뢰하고 있다. 이렇게 고객들이 주고받는 SNS 메시지들이 고객정보로서의 가치를 발휘하면서 각 고객에게 최적화된 서비스를 제공하려는 CRM이 이른바 SNS를 활용한 '소셜 CRM'으로 거듭나고 있다. 소셜 미디어가 등장하기 전까지 소비자들은 매스 미디어를 통해 전달되는 정보를 일방적으로 수용할 수밖에 없었지만, 이제는 기업의 제품이나 서비스에 대한

4) 노승규, SNS의 성장과 소셜 CRM의 도래, 서울대학교 경영대학(원), 2010년 8월에서 발췌

사용 경험을 이야기하는 것을 넘어 기업의 전략적 비전에까지 영향을 미치기를 바라는 추세가 되어가고 있다. 기업은 과거처럼 마케팅을 담당한 사람들이 몇 달씩 걸려서 시장조사를 하고, 제품이나 서비스에 대한 평가에 어려움을 겪지 않아도 실시간으로 현재 상황을 추적할 수 있고, 선호하는 브랜드나 제품 등이 논의되는 것도 직접 감시할 수 있게 되었다. 소셜 미디어는 전통적인 마케팅 방법론이나 CRM 관리 방식을 근본부터 바꿀 수밖에 없는 환경을 제공하고 있다.

소셜 미디어를 활용한 기업들의 마케팅 및 CRM이 본격화되면서 해외에서는 Social Radar, Buzz Gain, Brand Voice, Social CRM Suite 등 이미 이를 지원하기 위한 수십여 종의 소셜 CRM 도구들이 개발되고 있다.

해외의 Social CRM 관련 기술 동향은 크게 세 종류의 차원에서 논의될 수 있다.

(1) 소셜 네트워크상에 저장된 정보를 판촉에 활용하려는 소셜 세일즈(Social Sales),
(2) 소셜 네트워크의 정보를 기반으로 목표시장을 정의하고 프로모션을 하려는 소셜 마케팅(Social Marketing),
(3) 소셜 네트워크를 고객과의 접점으로 정의하고 고객의 지식을 반영하거나 문제를 해결하려는 고객 서비스(Customer Service 2.0)

등이다.

소셜 CRM은 기업과 소비자 모두에게 긍정적인 변화를 가져올 것이다. 과도한 마케팅비용을 절감할 수 있어 중소기업이나 브랜드 파워가 약한 기업들에도 좋은 기회가 될 수 있고, 실시간 기업으로 거듭날 수 있으며, 소비자는 제품이나 서비스에 대한 평가를 친구들에게 이야기하듯 자유롭게 표현하면서도 기업의 빠른 응대를 기대할 수 있고, 신제품 개발 과정 등에 적극적으로 참여할 수 있다.

그런데 소셜 미디어가 대세니 소셜 CRM을 도입해야 한다는 생각은 예상하지 못한 결과를 초래할 수 있다. 기업들이 SNS를 이용해 정보수집이나 프로모션을 하는 수준의 소셜 마케팅 전략으로는 진정한 의미의 경쟁력을 갖추기 어렵다는 게 전문가들의 일반적인 평가다. 즉, SNS에서는 지나치게 상업적이거나 노골적인 홍보를 하는 기업은 오히려 고객의 신뢰를 잃게 될 수도 있다.

기업은 이제 SNS가 기업 생태계에 요구하는 변화가 무엇인지를 파악하고 소셜 네트워크의 역학적 구조를 정확하게 이해하여, 새로운 관점의 바이럴 마케팅 전략을 구현해야 한다. 그리고, 단순한 고객관리의 차원을 넘어 고객과 새로운 경험을 창출하고 고객을 기업 활동의 한 주역으로 참여시킬 수 있어야 한다.

포레스터리서치(Forrester Research)는 소셜 CRM을 구현하기 위한 전략으로 △소셜 CRM을 당장 도입하여 실험하되 △사회적 준비상황을 진단하고 변화를 전망하며 △자사 고객의 사회적 성격을 정확히 파악하고 △자사의 소셜 CRM 역량을 체계적으로 평가하며 △소셜 CRM 솔루션의 전반적인 상황을 이해하고 △자사의 소셜 CRM 역량 확충 계획과 일정을 명확하게 하며 △CRM의 성공 매트릭스를 확정할 것을 제안하고 있다.

제2절 소셜 CRM의 중요성

소셜 CRM이 기존의 CRM보다 더 중요해지는 이유는 무엇일까? 소셜 CRM의 중요성은 다음과 같다.

(1) 소비자의 77%는 소셜 미니어 사이드를 통해 구매 혜택과 쿠폰에 대한 정보를 얻는다.
(2) 소비자의 46%는 효과적인 문제해결을 위해 소셜 미디어를 이용한다.
(3) 소비자의 80%가 구매 추천을 확인하기 위해 소셜 미디어를 이용한다.
(4) 소비자의 60%가 소셜 미디어 사이트에서 기업들과 정기적인 상호작용을 하고 있다.
(5) 소비자의 55%가 온라인에서 사용자 리뷰를 읽는다.
(6) 소비자의 43%가 브랜드들이 고객 지원을 위해 소셜 미디어를 활용해야 한다고 말한다.
(7) 소비자의 21%는 소셜 네트워크에서 특화되고 표적화된 마케팅을 찾는다.

위의 내용은 비록 미국의 소비자를 대상으로 일반적인 구매패턴을 조사한 것이지만 이것은 우리나라 외식기업의 방문이나 재방문에도 거의 동일한 행태로 나타날 것으로 보인다. 소셜 CRM의 중요성을 알 수 있는 예로는 IBM의 경우 콜센터로 대표되는 전통적인 CRM의 종언을 선포했다. 그 대신 내놓은 것은 소셜 네트워크 채널을 통한 구매관리와 온라인 분석을 강화한 '스마터 커머스(Smarter Commerce)'다. 그리고 오라클은 소셜 네트워크 여론분석과 실시간 소셜 네트워크 모니터링 시스템을 탑재한 '오라클 CX(Customer Experience)'라는 새로운 CRM 솔루션을 론칭했다. 론칭 당일 마크 허드 오라클 사장의 발언이 현재 벌어지고 있는 대형 IT기업들의 '소셜 네트워크 전쟁' 분위기를 말해준다. "과거 세대는 디지털세계의 이민자일 뿐이지만, 미래 세대는 디지털세계의 원주민(Digital Natives)들이다. 이들은 디지털세계가 어떻게 돌아가는지 알고, 기업에 더 높은 수준의 디지털 서비스를 기대한다. 이제 훌륭한 상품을 만드는 것만으론 부족하다. 결국, 더 훌륭한 고객관계를 유지할 수 있는 기업만이 성공하게 될 것이다."[5] 이로 미루어 볼 때 향후 소셜 CRM의 중요성을 알 수 있다.

제3절 소셜 CRM의 활용방법

발달 속도가 빛과 같은 SNS 미디어 기술을 활용하여 외식기업 CRM을 하기 위해서는 다음과 같은 방법을 활용할 수 있다.

첫째, SNS 미디어 의사소통 수단을 활용하여 자사 메뉴나 업계에 대한 외식 전문가들의 네트워크를 구축하고 활용하라. 고객들은 어떤 메뉴나 외식기업을 선택할 때 인터넷보다 소셜 미디어를 더 많이 활용한다는 것을 알아야 한다. 즉, 이미 방문한 외식기업에 대한 후기나 메뉴나 매장 리뷰 글을 검색한다는 것을 알아야 하는데 이때, 일반 고객들이 작성한 글도 도움이 되지만 만약, 자사가 제공하는 메뉴를 전문가가 추천한다면 정보의 신뢰도가 높아 방문 의사결정에 확신을 줄 확률이 높아진다. 예컨대 파워블로거나 유명 셰프나 또는 먹방 유명인들이 추천하는 메뉴라면 믿을 수 있지 않겠는가?

5) Medicom, 전통적 CRM은 죽었다, 지금은 'Social CRM 시대 소비자평가, 생각을 뒤집자…역발상 마케팅 고정관념에서 벗어난 신선한 충격, 2017년 9월 2일.

둘째, SNS 의사소통수단을 활용하여 자사 고객의 친구들 네트워크를 활용하라. 이제 소셜 미디어에는 매우 폭넓은 고객 친구의 네트워크가 있고 그들의 구전(Word of Mouth) 속도는 매우 빠르고 넓다는 것을 알아야 한다. 그리고 그것은 긍정적일 수도 있고 부정적일 수도 있다는 것도 중요하다. 고객들에게 자사의 메뉴를 친구들에게 적극적으로 추천하고 추천받은 고객이 자사를 방문할 경우 인센티브를 제공하는 방식으로 외식마케팅 활동을 펼친다면 적은 비용으로 빠른 효과를 얻을 수 있을 것이다.

셋째, SNS 의사소통수단을 활용하여 자사 고객의 거주지역을 활용하라. 외식기업의 단골은 대부분 그 기업의 주변에 거주할 확률이 매우 높다. 여러 가지 신용카드 정보를 활용하면 고객이 현재 거주하고 있는 지역을 파악하여 동일 거주지에 속한 고객만을 선정하여 각 지역의 생활패턴, 소득 수준에 따라서 다양한 마케팅활동을 펼칠 수 있을 것이다. 꼭 외식기업이 위치한 곳과 가까운 곳에 집착할 필요도 없다. 먼 곳의 일정 지역 고객들에게 SNS 미디어를 사용하여 이벤트를 해 보는 것도 얼마든지 가능하다. 소셜 커머스는 별도의 투자비용 없이 온라인상에서 지역별 매장에 고객을 유치할 수 있다는 점 때문에 외식업계에서 큰 인기를 얻고 있다.

넷째, 서비스 소멸성(Perishability)을 통제할 수 있는 수단으로 활용하라. 짧은 시간에 다수의 고객을 대상으로 촉진과 대량 접촉이 가능하므로 재고관리를 할 수 없는 메뉴를 일정 시간이 지난 후 SNS 미디어로 할인 정책을 광고하여 인근 고객 집객을 단번에 실행할 수 있다. 즉, 오늘 메뉴 오늘 소진을 가능케 한다.

다섯째, 외식마케팅 융합의 수단으로 활용하라. 다양한 소셜 미디어 업체를 유통채널로 활용하고 지역 외식기업 간 지역 맛집의 제휴 메뉴로 제공하여 번들링할 수 있게 하는 것이다. 외식기업은 불황 속 수익구조의 다양화, 소셜 미디어 업체는 이색상품으로 차별화를 꾀할 수 있어 서로 '윈윈'하는 전략이 된다. 이 경우 외에도 이제 외식기업의 소셜 CRM 활용은 필수적이다. 그리고 전방위적이다. 이를 실행하지 않는 외식기업의 생존은 거의 불가능해졌다.

사례 소셜 미디어를 활용한 CRM Communication 성공사례

1. 페이스북 CRM Communication 성공 사례: 스타벅스 (Starbucks)

글로벌 카페 브랜드인 스타벅스는 페이스북 페이지를 개설하여 무려 3,400만 명에 가까운 팬을 확보했다. 스타벅스의 페이스북 페이지가 이렇게 성공할 수 있었던 이유는, 페이스북 페이지 게시물들에 상업적인 내용을 거의 배제하고 커피를 주제로 하는 시, 이미지, 등을 게시하여 사용자들에게 편안함과 안락함으로 CRM Communication 했기 때문이다. 사용자들은 스타벅스의 페이스북 페이지에서 커피와 스타벅스라는 브랜드를 활용하여 대화하고, 스타벅스의 메뉴들에 대한 평가 등을 공유함으로써 스타벅스 페이지는 스타벅스 커피를 좋아하는 사람들에게는 꼭 들려야 할 곳으로 CRM Communication 한 것이다.

2. 블로그 CRM Communication 성공 사례: 미스터피자 (Mr.Pizza)

국내 피자브랜드인 미스터피자는 쟁쟁한 외국 체인점들을 제치고 몇 년 연속 고객만족도 1위의 자리를 유지하고 있다. 그 비결 중 하나는 바로 피자를 즐겨 먹는 20대 여성들을 표적으로 한 블로그 마케팅 CRM Communication이 큰 역할을 했다. 피자에 대한 정보뿐만 아니라, 20대 여성들이 관심을 갖는 데이트 팁, 연애 등의 정보도 함께 제공하며, 블로그에서만 이루어지는 이벤트와 각종 할인 혜택을 제공하여 20대 여성들만을 위한 블로그로 CRM Communication에 성공하면서 거듭났다. 이러한 블로그의 활약 속에 미스터피자는 20대 여성들의 충성도를 높여 매출 상승과 긍정적인 이미지 제고라는 효과를 거두고 있다.

참조: https://blog.socialmkt.co.kr/265

제6편

외식마케팅의 전략적 고려사항

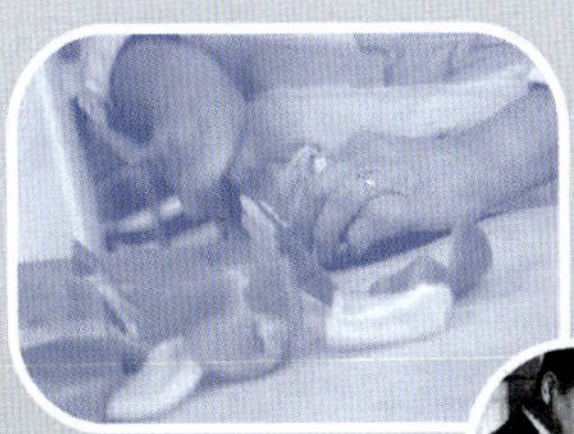

제1장 외식마케팅 브랜드전략

현대에 와서는 모든 기업경영과 마케팅에서 브랜드의 중요성을 간과하고는 어떤 성공도 기대하기 어렵게 되었다. 기업경영 차원에서 브랜드는 기업 이미지 혹은 CI(Corporation Identity)로도 표현된다. 마케팅 차원에서는 제품이나 서비스라는 용어 대신에 이제는 브랜드라는 용어로 대체되어도 아무런 무리가 없어진 것도 브랜드의 중요성을 말하는 것이다.

외식마케팅을 포함하여 모든 마케팅은 유형적인 제품으로 판매되기 이전에 무형적인 개념이 먼저 판매된다는 점을 핵심으로 고려해야 한다. 고객의 인지 속에 그 제품의 개념 즉 브랜드가 먼저 인지되지 못하면, 이는 구매로 혹은 거래로 이어지지 못하거나 이어진다고 해도 불완전하고 불확실하게 이루어진다는 점을 말하는 것이다. 이런 개념의 표현이 바로 브랜드다.

브랜드의 정의는 "영리적 혹은 비영리적 판매자들의 상품이나 서비스를 식별시키고 경쟁자들의 것과 차별화하기 위하여 사용하는 독특한 이름이나 상징물(로고, 등록상표, 포장 디자인 등)"이다. 특히 브랜드는 고객에게 생산자를 알려줌으로써 유사제품이나 서비스를 공급하려는 경쟁자들로부터 소비자와 생산자를 보호하는 것을 말한다.

이는 외식마케팅의 입장에서도 그대로 적용되는데 외식마케팅에서 브랜드는 한마디로 "이름난 집"이 되며, 이제는 그 이름을 바탕으로 전국적인 프랜차이즈로 사업을 확장하는 사례를 흔히 보게 된다. 하지만 이런 브랜드는 만들어지는 것만으로 그 역할을 다하는 것이 아니다. 브랜드는 사실 외식마케팅에서 체계적이고 과학적으로 관리되지 않으면 즉 전략적 접근이 이루어지지 않으면 그 역할을 하지 못하거나 소기의 성과를 달성하지 못하게 된다. 이런 브랜드전략에는 브랜드 자산과 브랜드관리의 의미 이해가 중요하다.

브랜드 자산이란[1] 한 브랜드와 그 브랜드의 이름 및 상징에 관련된 자산과 부채의 총체인데, 이것은 제품이나 서비스가 기업과 그 기업의 고객에게 제공하는 가치를 증가시키거나 감소시키는 것을 말한다. 브랜드관리란 한 기업이 경쟁사와 차별화된 브랜드를 만들기 위한 총체적인 노력으로서 이는 현대 마케팅의 핵심적인 요인이며 자사의 제공물을 "상품(Commodities)"에서 "브랜드(Brand)"로 만들어 가는 기업의 경영 활동이다.

외식마케팅에서도 브랜드는 점포의 이름도 되지만 메뉴의 이름도 된다. 이것은 반드시 관리되어야 하는데 우리나라의 외식마케팅에서는 이를 중요하게 다루고 있지 않은 경우가 많다. 외식마케팅 브랜드관리가 허술한 징후들을 보면 첫째, 외식마케팅 담당자가 자사 브랜드의 연상 이미지(브랜드 이미지 속성)와 연상 강도를 확실하게 찾아내지 못하거나 아예 관심을 가지지 않는 경우가 많다. 더구나 그러한 연상 이미지가 세분시장별로 또는 시간의 경과에 따라 어떻게 달라지는지를 추적할 의지나 지식도 가지지 못하고 있는 경우가 많다.

둘째, 자사에 대한 고객들의 브랜드 인지 수준에 대한 지식이 부족하다는 점이다. 그리고 고객의 인지 속의 자사 브랜드의 위치가 어디인지 그 위치의 변화 추이를 추적하는 것이 부족하다는 점이다.

셋째, 자사에 대한 고객의 만족도와 충성도에 대한 체계적이고, 타당하고, 신뢰할 만한 측정치 부족과 그 변화 추적 노력이 부족하다는 점이다. 다만, 외식기업 경영자의 오래된 감이나 경험에 의존하여 막연히 브랜드가 강하다는 정도만 파악하는 것이 현실이다.

1) Aaker, D.A.(1996), Across Products and Markets, CALIFORNIA MANAGEMENT REVIEW VOL. 38, NO. 3 SPRING.

넷째, 외식기업의 브랜드를 매우 중요한 경영 혹은 마케팅 자산으로 보고 그 브랜드 자산의 보호를 위한 실질적인 책임자가 없다는 것이다. 브랜드를 책임지는 매니저나 마케팅 담당자의 능력이 주로 단기적인 기준에 의해 평가되고 있는 것이 현실이다. 하지만 브랜드의 관리는 매우 장기적인 관점에서 다루어져야 할 과제이다. 이것은 장기 포지셔닝과 밀접한 관계를 맺는 것으로 기업이 장기적 사활을 걸고 브랜드를 관리하고 키워야 하는데 이에 대한 이해가 부족한 것이 현실이다.

다섯째, 외식마케팅 프로그램 요소들이 브랜드 자산에 미치는 영향을 측정하고 평가하는 기술적인 방법을 갖고 있지 않다는 것이다. 이런 영향을 평가한다는 것은 재무적인 성과 그 이상의 것이다. 즉 브랜드의 자산은 무형적인 자산이므로 눈에 보이지 않기 때문에 그만큼 측정도 힘이 들게 된다. 나아가 외식마케팅 프로그램이 브랜드에 미치는 영향을 분석하는 것도 상당히 어려운 작업이다. 더 어려운 점은 외식마케팅 프로그램을 수립하여 수행할 경우 그 프로그램들이 브랜드에 어떻게 영향을 줄지에 대한 고려를 하는 경우는 거의 없다. 하지만 외식마케팅 전략수립 절차에서 포지셔닝의 중요성을 인식한다면 이런 외식마케팅 프로그램들의 장기 포지셔닝전략에 미치는 영향분석이 바로 외식마케팅 프로그램들의 브랜드에 미치는 영향 분석의 일환이 될 것이다.

여섯째, 앞의 다섯째와 연결되는 것으로 특히 브랜드 자산관리에 외식기업의 비전에 반영되지 않거나 브랜드관리의 목표를 달성하기 위한 외식기업 사명이 부재한 것이 외식마케팅의 현실이다.

본 장에서는 이를 극복하기 위해 외식마케팅에서 브랜드 가치를 어떻게 창출하는가를 살펴보고자 한다.

제1절 브랜드 가치의 창출: 일관성과 보완성

브랜드 자산의 가치창출을 위해서는 외식기업의 모든 노력을 기울여야 한다. 좁게는 브랜드 이름에서, 넓게는 그 외식기업의 비전에 이르기까지 실로 브랜드의 가치창출과 연결되지 않는 것이 없다고 하겠다. 이런 중요한 브랜드의 가치창출이라는 과제에 대해 외식마케터들은 다 이해하고 있지만, 그 가치창출 방법에 대해서는 잘 알고 있지 못하는 것도 현실이다.

본서에서는 이런 브랜드 가치창출의 일환으로 긍정적 시너지 창출을 위한 일관성과 보완성의 원칙을 다시 한번 강조하고자 한다. 외식마케팅 의사결정은 매우 많은 요소의 믹스라고 할 수 있다. 특히 브랜드는 무형적인 것을 고객의 인지 속에 심어주어야 하기 때문에 그 작업이 쉽지 않고 그 방법을 잘 알기가 힘들다. 예를 들어 브랜드 로고, 브랜드 네임, 브랜드 형태, 브랜드 모양 등등 브랜드와 관련되는 의사결정을 긍정적 시너지가 창출되어야만 그만큼 보다 쉽고, 비용 대비 효율적으로 고객의 인지 속에 심어질 수 있다.

이럴 경우 가장 중요한 것이 브랜드의 개념과 그 브랜드의 개념을 받치고 있는 하위 요소 간 개념의 일관성과 하위 요소 간의 개념을 강화하기 위한 보완성이 된다. 아래의 [그림 6-1] IVORY 비누의 브랜드 가치 창출의 예를 들어 설명하자면 유명한 비누 브랜드 중의 하나인 IVORY 비누의 경우 브랜드 개념은 순수함(pureness)이다. 이 개념을 들으면 독자들은 누구나 다 공감하지만, 그 개념을 어떻게 100년이 넘도록 유지해 왔는지는 잘 알지 못했다.

그 비결은 첫째, IVORY 비누는 "무 인공향"이라는 하위 개념적 요소를 가지고 있다. 즉 순수함을 보완하고 일관되게 뒷받침하기 위해 무 인공향을 채택하고 있는 것이다. 둘째, "물에 뜸"이라는 하위개념이다. 비누는 모두 물에 가라앉는다는 개념을 뜬다는 개념으로 치환하면서 순수함을 강조하는 것이다. 셋째, "백색"이라는 제품의 색깔로서 순수함을 나타내는 가장 좋은 색은 바로 백색이기 때문에 브랜드 개념인 순수함을 일관되게 지탱하고 강화하고 있다.

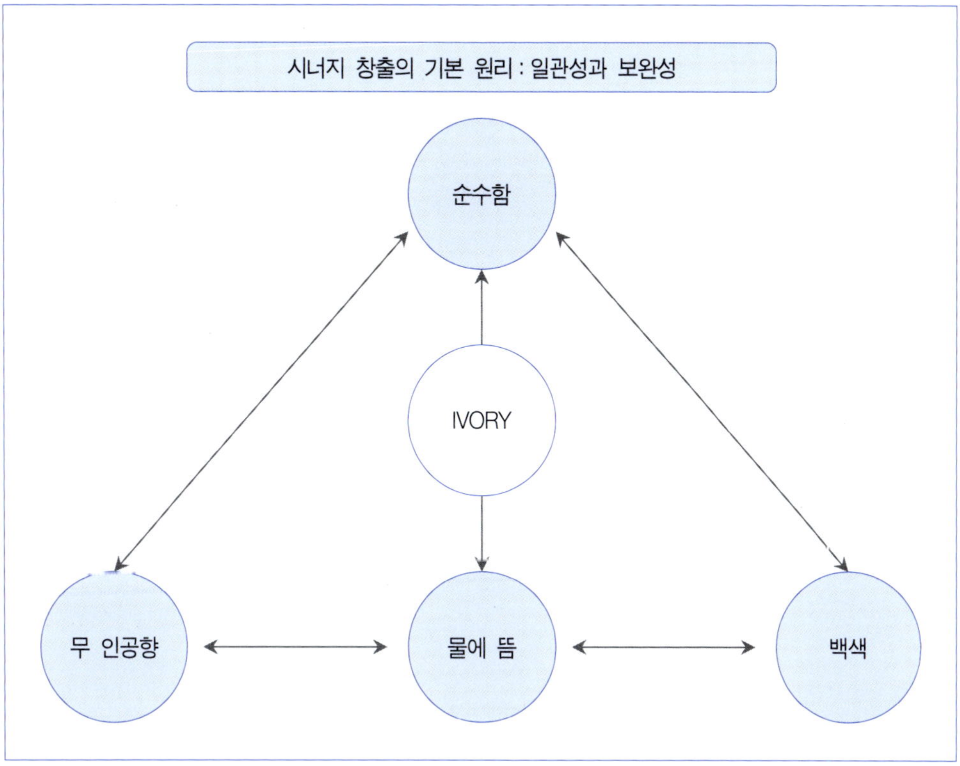

제조 과정상의 실수로 원료 혼합물에 공기가 주입되어 생긴 우연한 발견– 1879**년** P&G**의 창업자** Harley Procter**가 성경** 45**장의 설교 "모든 그대의 옷은 상아궁에서 나오는 몰약과 침향과 육계의 향기가 있으니"를 들음. 그 이후** –IVORY**를 인지하고** 1881**년** 12**월 종교지에 "물에 뜨며** 99.44% **순수하다"로 광고됨.**

그림 6-1 IVORY 비누의 브랜드 가치 창출[2)]

한편, 각 하위 요소 간의 관계를 보면 "무 인공향", "물에 뜸", 그리고 "백색"은 순수함을 중심으로 서로 상충하거나 갈등하지 않는다. 그러므로 서로 순수함을 보완하는 관계이다. 그런 보완관계에 있는 개념을 선택한 것이다. 이것이 바로 브랜드의 가치를 창출하는 시너지의 원리인 것이다.

2) 박충환 · 오세조, 마케팅관리, 박영사, p.32, 1995년.

표 6-1 20년 이상 된 외식기업 프랜차이즈

업종	법인명	브랜드	창립연도
기타 외식	원앤원(주)	원할머니보쌈&족발	1975
	(주)이연에프씨	한촌설렁탕	1982
	(주)장충동왕족발	장충동왕족발	1986
	(주)놀부	놀부보쌈	1987
	(주)쿠드	신선설농탕	1987
	(주)지호	지호한방삼계탕	1991
	(주)한솥	한솥도시락	1993
	(주)이바돔	이바돔감자탕	1993
	(주)더본코리아	원조쌈밥	1993
	(주)김가네	김가네	1994
	(주)제이알에프앤로지스	종로김밥	1994
치킨	(주)림스치킨	림스치킨	1977
	페리카나(주)	페리카나	1981
	(주)한국일오삼	처갓집 양념치킨	1981
	(주)대대에프씨	꿀닭, 바보스	1987
	(주)멕시카나	멕시카나	1989
	(주)교촌F&B	교촌치킨	1991
	(주)혜마로	맘스터치	1993
	제너시스BBQ그룹	BBQ	1995
패스트푸드	(주)롯데리아	롯데리아	1987
	MPK그룹	미스터피자	1990
	(주)레드캡	빨간모자피자	1992
	(주)에땅	피자에땅	1996
주점	(주)이원	투다리, 칸	1987
커피	(주)쟈뎅	쟈뎅	1984
	(주)미스터커피	미스터커피	1989
제과제빵	(주)신라명과	신라명과	1983
	주식회사 파리크라상	파리크라상	1986
		파리바케뜨	1988
단체급식	아워홈	아워홈	1987
	이조캐터링서비스(주)	이조캐터링	1987
	아모제푸트 주식회사	아모제푸드	1996

출처: 식품외식경제(http://www.foodbank.co.kr)

〈표 6-1〉에 있는 우리나라 장수 외식 프랜차이즈 브랜드의 공통점은 누구에게나 친숙한 메뉴와 탄탄한 운영능력, 지속적인 혁신으로 브랜드 파워(Brand Power)를 키워 왔다는 것을 금방 알아차릴 수 있다. 이들 브랜드는 일시적으로 유행하는 외식 트렌드에 곁눈질하지 않고 창업 당시의 초심을 잃지 않는다. 이런 기본 위에 주기적인 매장 인테리어 변경과 서브메뉴 개발 등 작지만 의미 있는 혁신을 지속해 왔다.

20년 이상 유지해 온 외식브랜드는 메뉴 개발, 관리시스템, 가맹점에 대한 지원책, 안정적인 물류공급, 지속적인 프로모션 등 다방면에서 신생 브랜드보다 앞서 있기 때문이다. 바로 브랜드 파워를 구축하는 데 성공한 것이다.[3]

제2절 브랜드 자산의 영향 요소

외식마케팅에서 브랜드 자산[4]은 외식마케팅의 전부라고 할 수 있을 만큼 중요한 요소이다. 그러면 이런 브랜드 자산을 관리하기 위해서는 어떤 요소들을 고려해야 하는가.

첫째, 인지된 제품 즉 메뉴의 질로서, 외식기업이 제공하는 메뉴는 반드시 경쟁자가 있기 마련인데 경쟁자보다 메뉴의 질이 떨어진다는 것은 브랜드 자산관리 이전의 문제이다. 즉 브랜드 자산의 관리를 시작하기 위한 최소한의 전제조건은 고객들이 느끼고 있는 그 외식기업의 메뉴의 인지된 질(Perceived Quality)이 우수해야 한다는 것이다. 최소한 비슷하게 인지된 질을 제공할 수 있고, 유지할 수 있어야 한다.

둘째, 브랜드 명의 인지도로서, 고객들이 어떤 메뉴를 떠올릴 때 자사의 브랜드 인지도가 낮아 고객이 머릿속에 떠올리지 못한다면 선택될 확률은 거의 없는 것이다. 그래서 신생 외식기업들은 브랜드 인지도를 높이기 위해 매우 큰 노력을 기울이고 있는데, 이런 브랜드 인지도를 높이는 가장 좋은 방법은 자사의 오래된 단골 고

3) 식품외식경제, 식품외식경제와 함께 한 국내 외식 20년 장수 브랜드, 2016년 7월 16일.
4) Aaker(1994)의 브랜드 자산의 전략적 관리 참조 및 요약.

객의 구전효과라는 것을 알아야 한다. 앞에서 논의되었던 외식마케팅 CRM의 중요성이 여기서 다시 강조되어야 한다.

셋째, 브랜드 연상 이미지로서, 브랜드와 연상되는 이미지도 브랜드 자산의 성장과 감소에 많은 영향을 미친다는 점을 이해해야 한다. 그래서 보통 로고나 심벌을 많이 사용하는데 사용되는 로고도 브랜드의 개념과 일관되게 만들어야 하지만, 이를 중요하게 생각하는 외식마케터나 경영자는 그리 많지 않다.

넷째, 브랜드 충성도로서, 고객들이 외식기업의 브랜드에 대해 가지고 있는 충성도를 말한다. 브랜드 충성도는 여타 브랜드의 구성요소와 별개로 존재하는 것이 아니라 다른 브랜드 요소들의 관리가 성공적으로 이루어진 이후에 형성되는 결과적인 차원의 변수이다. 브랜드 충성도의 형성이 브랜드관리의 궁극적인 목적이며 브랜드 자산은 이런 브랜드 충성도의 강도에 따라 가치가 달라진다.

이런 브랜드 자산은 고객과 기업에 어떤 가치를 제공해야만 그 의의가 있는데, 우선 고객에게 제공되는 가치로는 정보처리/해석의 편리성이나 신뢰성, 자신의 구매결정에 대한 확신 그리고 사용 후의 만족감에까지 영향을 준다. 브랜드 자산이 외식기업에 주는 가치는 매우 다양한데, 브랜드 자산은 외식마케팅 프로그램의 효과성 및 효율성을 창출하며 그렇게 창출된 효과성과 효율성이 다시 브랜드 자산을 높이는 순환과정을 가지고 있다.

브랜드 자산의 가치가 높아진다는 것은 바로 브랜드 충성도가 높아진다는 의미와 같다. 가격/이윤적인 측면에서 보자면 브랜드 자산의 가치가 높으면, 외식기업의 고가 메뉴 전략에도 큰 저항을 불러일으키지 않아 마진폭을 그만큼 높게 가져갈 수 있게 된다. 또한, 중요한 것이 브랜드 자산은 브랜드 확장을 손쉽게 하는데 브랜드의 자산가치가 크면 그것을 바탕으로 관련 시장으로의 사업확장 시 브랜드 자산을 바탕으로 그 브랜드를 부분 수정하거나 첨가하여 시장확대를 꾀할 수 있다.

또한, 유통에 대한 영향력의 증대인데 이에 중요한 것이 준거력(Reference Power)의 개념이다. 이는 식자재 유통업자의 입장이라면 특정 유명 외식기업의 납품 식자재 업소라는 것만으로도 식자재 공급업자는 다른 외식기업에 대해 신뢰를 확보할 수 있는 점을 말하는 것이다. 이 경우 그 물류업자와 거래하고 있는 유명 외식기업은 준거력을 가지고 있다고 말하며 이는 유명 외식기업의 식자재 유통업자에 대한 통제력으로 작용하게 된다.

끝으로 경쟁사에 대한 경쟁적 브랜드 자산의 성공적인 관리의 당연한 결과로서 그렇지 못한 외식기업에 비해 높은 경쟁력을 달성할 수 있다. 이를 정리하면 아래의 [그림 6-2]와 같다.

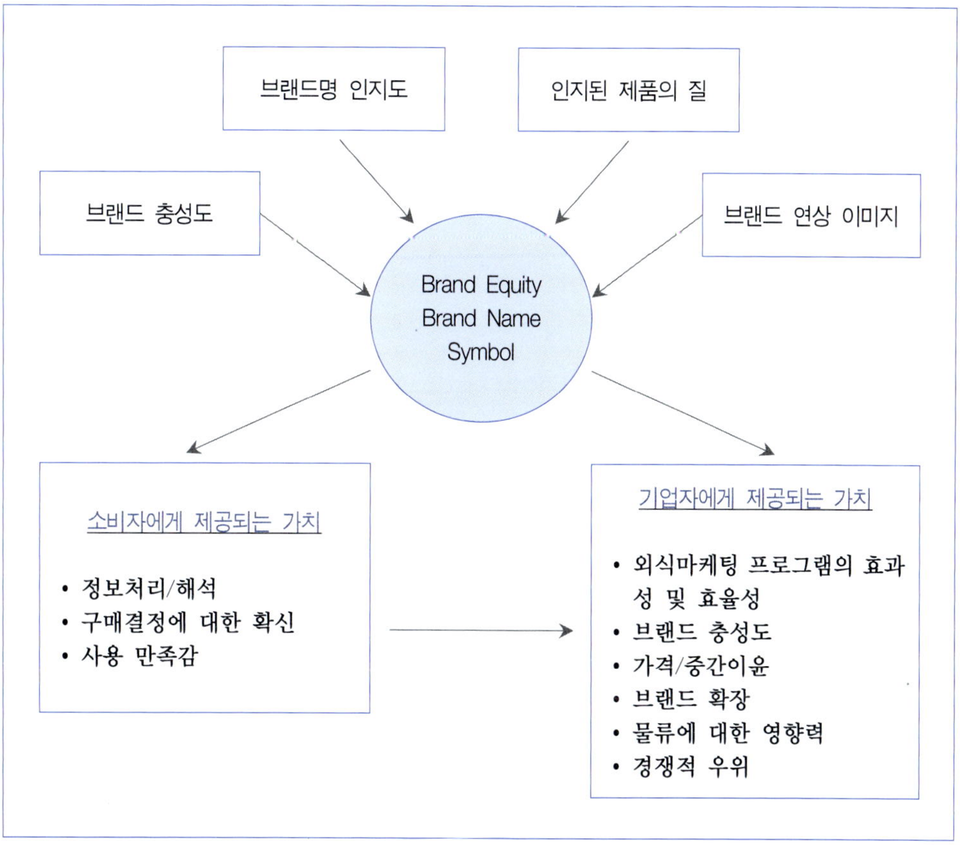

그림 6-2 브랜드 자산의 영향 요소와 가치

제3절 브랜드 자산의 충성도 제고

브랜드 자산 중 브랜드 충성도를 높이기 위해서는 첫째, 고객을 올바르게 대우하라. 정당한 대우를 받지 못하는 고객에게 충성도를 요구하는 것은 그야말로 난센스다. 고객을 정당하게 대우하기 위해서는 고객이 꺼리는 것을 피해야 한다. 아무리 좋은 서비스라도 고객이 싫어하는 것을 해서 좋은 소리 듣기는 힘든 것이다. 즉 고객에게 존경심을 가지고 대우하라는 것이다. 고객은 왕 그 이상의 대상이다. 다시 말해 고객의 경험과 지식을 내부화하는 조직구성원 역량을 확대하는 기업문화를 정립하라는 것이다. 고객의 경험을 최적화시키고 고객의 눈높이에 맞는 지식이야말로 고객을 올바로 대우하는 지름길이다.

둘째, 고객과 밀착하라. 이를 위해서 주기적으로 고객들에 대해 FGI(Focus Group Interview)를 실시하는 것이 바람직하다. FGI는 외식기업의 고객들 중 핵심 집단을 대상으로 기존 메뉴에 대한 평가, 종업원에 대한 평가, 새로운 메뉴에 대한 욕구 등을 조사하는 것을 말하는 것이다. 이를 통해 고객들에게 더욱 밀착할 수 있다.

또한, 목표시장별 고객 패널(Panel)을 구축하여 활용할 필요가 있다. 고객 패널은 일종의 모니터링 요원으로 장기적으로 일정한 주기를 가지고 외식기업에 대한 평가를 제공해 주는 고객들의 집단을 의미한다. 이런 패널은 외식 경영자가 자사의 서비스 질을 일정하게 혹은 그 이상으로 유지하는 수단으로 활용할 수 있다. 여기에 SNS 미디어를 적극적으로 활용해야 한다.

셋째, 고객만족을 측정하고 관리하라. 우리는 항상 구호로 고객만족을 외치지만, 실제로 고객만족의 정도를 측정하는 데는 인색하거나 그 방법을 몰라 그냥 감으로 생각하는 경우가 너무도 많다. 이를 객관적 수치로 관리해야만 마케팅전략의 성과 평가를 할 수 있다. 이런 수치가 없다면 지난 기간보다 얼마나 잘 하였는지 또는 못하였는지를 평가할 수 없게 된다. 따라서 주기적인 고객조사를 실시하고 보상시스템과의 연계를 강화해야 한다. 보상시스템은 무슨 큰 혜택이 아니라도 좋다. 또한,

그것은 반드시 금전적인 혜택일 필요도 없다. 비금전적인 혜택도 때에 따라서는 고객만족 향상의 중요한 수단이 된다.

넷째, 위의 고객만족 측정지표를 바탕으로 고객에 대한 혜택 제공을 제도적으로 만들어라. 즉 고객들이 경쟁 외식기업으로의 전환하기 어렵게 만드는 장벽을 창출하는 것이다. 이런 전환장벽에는 기존의 메뉴를 경쟁 외식기업의 메뉴로 전환했을 때 생기는 위험인 맛의 차이, 색깔의 차이, 서비스의 차이 등도 포함되는 것이다.

또한, 마일리지 카드를 제공하는 것도 전환비용을 높이는 방법이다. 마일리지 카드는 사실 얼마 되지 않는 금전적 혜택을 주지만 무형적인 서비스의 질을 유형적인 것으로 만들어 내는 중요한 수단이 되므로 다른 경쟁사의 메뉴를 선택할 경우 받지 못하게 되는 마일리지 서비스가 전환장벽이 된다. 그리고 캐시 백 프로그램(Cash Back Program)도 마일리지 못지않은 전환비용의 수단이 되며, 이는 이제 다른 마케팅전략의 고객만족도 제고의 수단으로 거의 일반화되어 가고 있다.

다섯째, 직접 무엇을 제공하라. 이것은 감사의 표시일 수도 있고, 고객에게 꼭 필요한 어떤 것일 수도 있다. 이것은 금전적인 것일 수도 있고, 비금전적인 것일 수도 있다. 하지만 유형적인 그 어떤 것을 고객에게 제공한다는 의미가 중요하다. 그것이 금전적 보상이건 비금전적 보상인가는 중요하지 않다. 다만, 외식기업의 정성이 들어 있는 유형적인 것이 고객에게 주어졌다는 점이 중요하며, 이렇게 되면 그 유형적인 것이 고객의 인지 속에 오래 기억되어 바로 고객충성도를 향상할 수 있다. 이를 정리하면 아래의 [그림 6-3]과 같다.

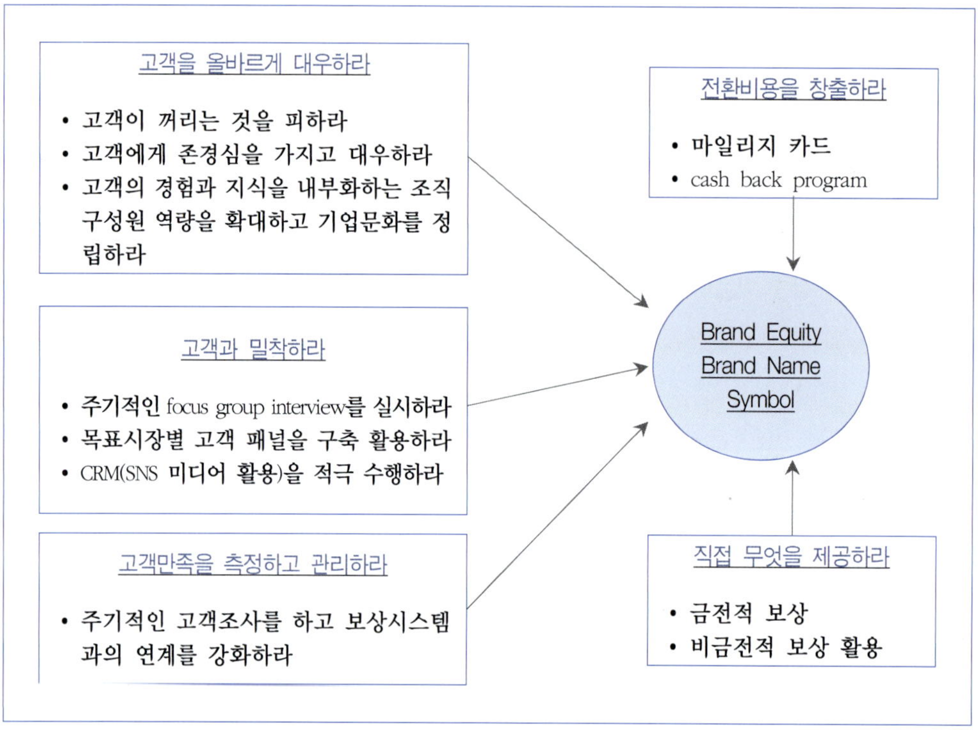

그림 6-3 브랜드 충성도 제고 방법

제4절 브랜드 인지도 제고 방법

외식기업의 브랜드전략에서 고객들이 그 브랜드를 인지하고 있느냐 없느냐는 것이 관건이 된다. 고객들이 브랜드를 인지하지 못하고 있다면 브랜드전략의 성공을 거두기가 매우 어렵게 된다.

브랜드의 인지도를 높이기 위해서는 첫째, 목표시장별로 의사소통전략을 차별화하는 것이 바람직하다. 의사소통의 수단이 되는 촉진매체들은 모두 고객에 따라 선호도가 다르므로 목표시장별로 의사소통전략을 차별화할 필요가 있다. 또한, 전달하고자 하는 메시지를 차별화하고 전달방법을 특이하게 하는 것도 의사소통전략을 차별화하는 하나의 방법이다.

둘째, 광고에 슬로건이나 로고를 사용하는 것이다. 즉 브랜드만을 강조하는 것이 아니라 그 브랜드와 보완관계에 있는 형상이나 이미지를 사용하는 것이다. 브랜드명보다는 이런 형상적인 이미지가 더 쉽게 고객의 인지 속에 기억될 수 있기 때문이다. 예를 들어 Ivory의 "물에 뜸(It Floats)"과 한국통신의 "귀가 시간을 알려 줍시다" 등은 대표적인 슬로건이라고 할 수 있다.

셋째, 심벌을 이용하는 것이다. 이것도 형상 이미지가 고객들의 인지 속에 쉽게 기억된다는 점을 활용한 것으로, 예를 들어 KFC의 Colonel Sanders 할아버지 인형이나 Goodyear의 비행선 "Goodyear 비행선이 없는 행사는 행사가 아니다" 등도 심벌을 잘 활용한 사례라고 할 수 있다. 외식기업들의 경우도 복어 전문점의 경우 입구에 복어의 형상을 만들어 달아 두는 경우도 이에 속하다고 할 수 있다.

넷째, 적극적인 홍보를 이용하는 것이다. 홍보 중의 가장 효과가 있는 것이 바로 우리의 단골고객이 주변 사람에게 우리의 장점을 알려주는 것이다. 홍보는 그것이 가지고 있는 속성상 기업이 자사의 메뉴나 서비스가 우수하다고 알리는 것이 아니라 제3자가 그러하다고 알리는 것이기 때문에 또 다른 제3의 고객들이 이를 받아들이는 데는 저항감이 거의 없다.

그뿐만 아니라 매체광고보다 비용이 훨씬 적게 들고 효과적이기 때문에 홍보를 적극적으로 활용하는 것은 매우 중요한 브랜드 인지의 수단이 된다. "~~~~라는 집이래", "~~~이 여기 근처라고도 했는데"…… "~~이 집이 그 집이래"는 중요한 홍보의 문구가 된다.

다섯째, 반복효과를 이용하라는 것으로 이것은 주로 매체(기존의 라디오, TV, Cable 광고를 넘어서 유튜브, 인스타그램 등 SNS 미디어 광고)를 통해서 이루어지는 인지도 제고 방법으로 고객들의 욕구는 정해져서 발생하지 않고, 고객들의 의사결정도 시시각각 변화하는 것이기 때문에 항상 고객의 머릿속에 우리의 브랜드가 인지되도록 반복적인 광고를 하는 것이 바람직하다. 인지된다고 구매 시 모두 상기되는 것이 아니므로 인지도와 상기도의 차이를 이해해야 한다. 즉 구매 시점에서 상기할 수 있는 자사의 브랜드가 되느냐 아니냐는 결국 브랜드관리 전략의 성공과 실패를 의미하는 것이 된다.

여섯째, 브랜드 암시를 이용하라는 것이다. 예를 들어 "포장만 보아도……", "색깔만 보아도……", "광고 출연 연예인만 보아도……"와 같이 브랜드가 암시된다면 이는 인지도 제고에 많은 도움을 줄 것이다. 이를 정리한 것이 아래의 [그림 6-4]와 같다.

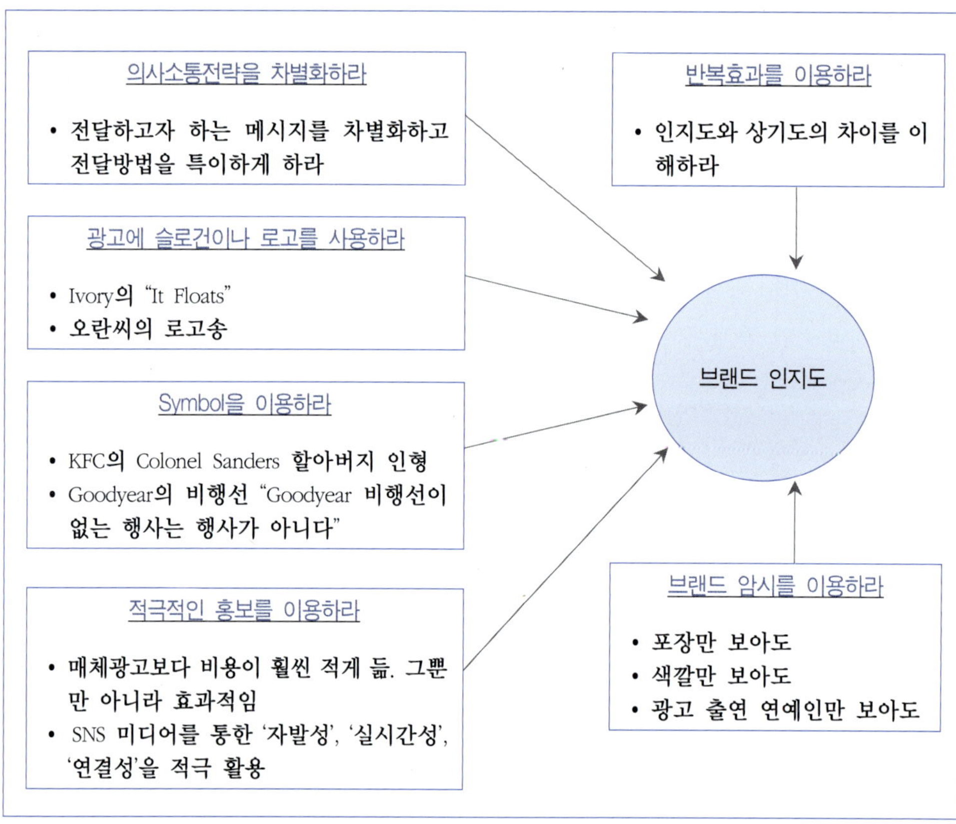

그림 6-4 브랜드 인지도 제고 방법

일곱째, SNS 미디어를 통한 '자발성', '실시간성', '연결성'을 적극적으로 활용해야 한다. 브랜드 인지 제고에 고객이 주체가 되게 하는 데 SNS 미디어가 핵심적인 역할을 한다는 점을 알아야 한다. 주체가 된 고객들은 자발적으로 블로그 및 트위터 등을 활용해 기업의 제품이나 서비스에 관한 아이디어로 메뉴 개선이나 브랜드 개선에 적극적으로 개입하는데, 고객의 자발적인 참여는 외식기업의 입장에서 막대한 비용을 들이지 않고도 고객들의 숨겨진 니즈를 파악해 신규시장 진출 및 신상품 기획에 활용할 수 있는 정보를 손쉽게 확보할 수 있고 브랜드 인지도를 넓게, 깊게 할 수 있다. 그러므로 외식기업 브랜드 인지도 제고를 위해 소셜 미디어 활용 고객의 자발적인 참여를 많이 끌어 내는 것이 성공의 관건이라고 볼 수 있다.

제5절 브랜드에 대한 인지된 메뉴의 질(Quality)

인지된 메뉴의 질은 고객들이 그 외식기업을 선택하는 핵심적인 이유가 된다. 즉 구매의 이유가 되는 것이다. 외식기업이 제공하는 메뉴의 인지된 질(Perceived Quality)은 여러 브랜드 중 특정 기업의 메뉴를 선택하게 하는 핵심적인 구매이유를 제공하는 것이다.

또한, 외식기업의 브랜드나 메뉴를 차별화 혹은 포지셔닝시키는 것이 된다. 어떤 외식기업이건 메뉴건 간에 가장 중요한 포지셔닝의 특징은 고객들이 특정 메뉴에 대해 지각하고 있는 질적 차원에서의 포지셔닝이 된다.

인지된 제품의 질은 제공하는 메뉴에 대한 가격 우위력을 담보하는 핵심적인 수단이 되는 것이다. 즉 "고객들이 지급한 만큼 얻을 수 있다는 믿음"이 바로 메뉴의 질이 되는 것이다. 또한, 메뉴의 질은 브랜드의 확장에도 도움이 되며, 메뉴의 질에 대한 지각은 새로운 메뉴의 도입에 많은 도움을 주기도 한다. 이를 정리하면 아래의 [그림 6-5]와 같다.

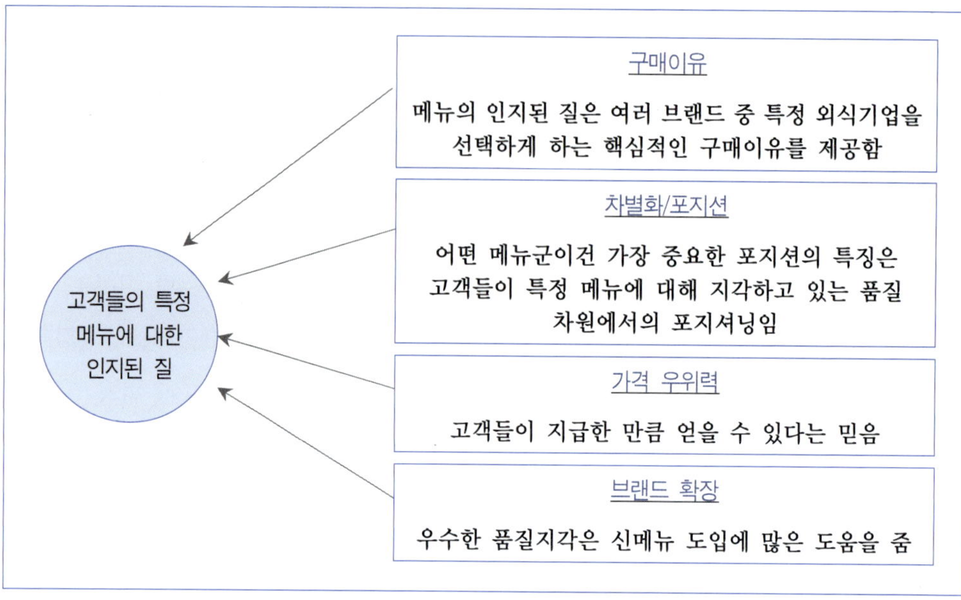

그림 6-5 브랜드에 대한 인지된 질

사례 외식마케팅 브랜드전략: Fogo de Chao

1. Fogo de Chao의 특징: 오랜 전통과 문화로 만들어진 브라질 슈하스코 바비큐 레스토랑 Fogo de Chao는 흑인 노예들의 바비큐 문화에서 출발하여 브라질의 대표 바비큐 요리로 성장하였다. 들판의 바비큐 요리를 도시 현대인들의 요리로 만들어 가는 과정에서 Fogo de Chao는 브랜드 고급화전략으로 미국에서 차분하고 분위기 있는 고급 레스토랑 브랜드로 자리 잡았다.

- Award of Excellence 2002, 2003, 2004, 2005, 2006, 2007
  by *Wine Spectator Magazine*
- America's Top Restaurants
  by *Zagat Survey*
- Best Brazilian Steakhouse in Dallas
- Best Place to Power Eat
  by *Avid Golfer Magazine*
- Best Steakhouse
  by *Atlanta Magazine*
- Top 50 Best Restaurants
  by *Atlanta Journal-Constitution*
- One of Chicago's Best New Restaurants
  by *Chicago Magazine*

2. Fogo de Chao의 역사

- 브라질은 1500년 포르투갈인이 발견, 1822년 독립까지 지배하였다.
- 세계에서 5번째로 큰 국토 면적으로 남미 최대 국가로서 인구 1억 6천만(백인계 55%, 흑인 6%, 혼혈 38%, 인디오 1%로 구성)이다.
- 흑인의 대부분은 사탕수수 농장의 노동자로, 노예로서 주로 비옥한 남부 지방에 거주, 유럽 문화를 형성한 백인들이 풍부한 초원에서 방목하면서 가우초가 되었다.

3. Fogo de Chao의 성장 배경

- Rio Grande do Sul의 산골지역에서 Gaucho 출신의 형제들이 요리법을 발전시켰다.
- 전통방식은 구덩이에 불을 지펴 돌을 달구어 그 위에 고기를 굽는 방식이다.
- 이들 형제가 Rio Grande 식당에서 Waiter로 일하면서 Chefs가 되어 본격적인 Gaucho식 전통 바비큐인 Churrasco를 개발하였다.
- 1979년 첫 번째 Fogo de Chao 바비큐 Restaurant를 시작하여,
  1985년 많은 고객의 요청으로 Sao Paulo of Brazil에 진출하였다.

1997년 미국 충성고객의 요청으로 Fogo de Chao Conceptd를 수출- Dallas에 첫 개장하였다.
이후 미국의 대도시로 확대, 13개의 레스토랑을 보유하고 있다.

(저자가 직접 방문한 LA 도심의 Fogo de Chao Restaurant)

제2장 외식마케팅 서비스전략

외식마케팅 전략은 한마디로 서비스전략이라고 해도 과언이 아니다. 왜냐하면, 메뉴의 제공에 서비스가 수반되지 않는 경우는 거의 없기 때문이다. 이런 서비스에 대해서 미국 마케팅협회(AMA: American Marketing Association, 1960)는 서비스를 "판매로 제공되거나 제품판매를 수반하여 제공되는 활동, 편익, 만족"이라고 정의를 내렸다. 하지만 서비스에 대한 정의는 학자에 따라 조금씩 차이를 보인다. 예컨대, 브로이스(Blois, 1974)[5]는 "서비스란 유형재의 형태에 물리적 변화를 일으키지 않고 판매에 제공되는 활동이다."라고 했고, 래스멜(Rathmell, 1976)[6]은 "서비스는 시장에서 판매되는 무형의 제품이다."라고 정의했다. 코틀러(Kotler, 1991)[7]는 "서비스란 본질적으로 무형성을 지니고, 어느 한쪽에서 다른 쪽으로 제공되는 어느 쪽의 소유로도 귀결되지 않는 행위의 성과"라는 다소 복잡한 정의를 내리고 있다. 가장 최근으로는 숄(Tschohl, 2000)[8]은 "고객이 서비스라고 하는 것은 모두 서비스다."라고 정의했다.

5) Blois, K. J.(1974), The Marketing of Service: An Approach, European Journal of Marketing, Vol. 8, No. 2, pp.137~145.
6) Rathmell, J. M.(1976), What is Meant by Service?, Journal of Marketing, Oct., pp.32~33.
7) Philip Kotler(1991), Marketing Management, Prentice-Hall.
8) Tschohl, J.(2000), Achieving Excellence Through Coustomer Service, 3rd ed., Minnesota: Best Seller Publishing.

이와 같이 서비스에 대한 정의는 다양하게 내릴 수 있지만, 일반적으로 학자들은 서비스의 특성에 대해서는 일치된 견해를 보이고 있다는 데 주목하여야 한다. 즉 제품보다 서비스가 특유하게 가지고 있는 특징을 파악하는 것은 서비스마케팅의 출발점이라고 할 수 있다. 이런 서비스마케팅의 특징은 다음의 네 가지로 요약할 수 있다: 무형성(Intangibility), 비분리성(Inseparability), 이질성(Heterogeneity), 그리고 소멸성(Perishability)이다. 이는 외식마케팅의 서비스에도 동일하게 적용되는 특징이다.

제1절 서비스의 네 가지 특징[9)]

1. 무형성

서비스의 가장 기본적인 특징은 형태가 없다는 것이다. 즉 객관적으로 누구에게나 보이는 형태로 제시할 수 없으며, 인간의 감각기관을 통하여 확인할 수 없다. 따라서 그 가치를 평가하기가 매우 어렵다는 것을 알 수 있다. 이런 서비스의 무형성 때문에 고객과의 의사소통이 매우 어려운 문제가 된다. 그러므로 무형성으로 인해 발생하는 문제를 해결하기 위해서는 서비스의 실체적인 단서를 강조하고, 구전 의사소통을 자극하며, 촉진활동 등을 통한 강력한 의사소통활동이 중요한 것이 된다.

2. 소멸성

제품의 경우 판매되지 않은 것은 재고로 보관할 수 있다. 그러나 판매되지 않는 서비스는 사라지고 마는 것이다. 즉 서비스는 재고로 보관할 수 없다. 또 구매된 서비스라고 할지라도 한 번으로 소멸하며, 그와 동시에 서비스의 편익도 사라지는 것

9) Zeithaml, Valarie A. & Parasuraman, A & Berry, Leonard(1985), “Problems and Strategies in Service Marketing”, Journal of Marketing, 49(Spring), pp.33~46.

이다. 이러한 서비스의 일회적 특성으로 과잉생산에 의한 손실과 과소 생산에 의한 판매기회의 상실이라는 문제가 발생하게 된다. 따라서 이를 해결하기 위해서는 수요와 공급 간의 조화를 이루는 전략이 필요하게 된다.

보다 구체적으로는, 수요에 따라 생산계획을 변동하고, 임시 직원의 채용을 통해 유연성을 확보하고, 유휴시설이나 장비의 새로운 용도를 개발하여야 한다. 또한, 종업원들에게 여러 직무에 대한 교육을 시행해 유사시 서로 보완할 수 있는 기반을 조성하는 것이 필요하다.

3. 비분리성

비뷰리성은 우리가 배달을 부탁한다든지 택시를 타는 것과 같이 서비스는 생산과 동시에 소비가 발생한다는 것이다. 즉 외식 서비스 사업자에 의해 제공되는 것과 동시에 고객에 의해 소비되는 성격을 가지는 것이다. 이런 특징을 자세히 관찰하면 고객도 서비스 생산과정에 참여한다는 것과 고객들이 형성하는 분위기가 하나의 서비스 내용이 될 수 있다는 것을 알 수 있다.

비분리성에 따른 여러 가지 문제를 해결하기 위해서는 고객과 접촉하는 서비스 요원을 신중히 선발하고 철저히 교육해야 한다. 또 고객관리의 중요성을 잊지 말아야 하고 고객이 원활히 서비스를 받을 수 있도록 서비스 시설의 다양한 입지를 제공해야 한다.

4. 이질성

서비스의 생산 및 제공과정에는 여러 가지 가변적인 요소가 많으므로 한 고객에 대한 서비스가 다음 고객에 대한 서비스와 다를 가능성이 있다. 예컨대 같은 서비스 업체에서도 종업원에 따라 제공되는 서비스의 내용이나 질이 달라진다. 또 다른 각도에서는 서비스를 제공받는 고객에 따라 그들이 느끼는 서비스 질은 달라질 수 있다. 이러한 서비스의 이질성은 문제와 기회를 동시에 제공한다. 문제 측면에서는 서비스 질의 균일화가 어렵기 때문에 기업으로서는 어떻게 서비스 질을 일정한 수준으로 유지하는가 또는 표준화하는가가 문제가 된다.

반면에 기회 측면에서는 서비스의 이질성은 고객에 따른 적합화의 기회를 제공해 준다. 즉 보통 서비스의 효용은 고객의 주관으로 평가되는 경우가 많으므로 고객별로 그 고객의 특성에 맞게 서비스를 제공함으로써 다양한 고객의 욕구에 대응할 가능성을 제공해 주는 것이다.

위의 네 가지 서비스 특성은 외식마케팅에서도 동일하게 적용되는 것이다. 즉 외식 서비스는 기능적 문제의 해결(배고픔의 해소), 감각적 문제의 해결(메뉴의 달콤한 맛), 상징적 문제의 해결(남보다 앞서가는 메뉴의 선택)과 같은 효용을 제공하지만, 근본적으로는 눈에 보이거나 손으로 만질 수 있는 것이 아닌 무형성을 지닌다. 그리고 비분리성의 경우, 외식 서비스 고객이 메뉴를 구매할 때만 서비스가 제공되기 때문에 외식기업의 생산과 서비스 고객의 소비가 동시에 이루어진다.

이질성의 경우는 외식기업에 따라 그리고 외식 서비스를 받는 고객에 따라 서비스 질에 대한 평가는 매우 다르게 나타날 수 있다.

소멸성의 경우는 외식기업은 외식 서비스 제공을 위한 기반시설은 갖추고 있지만, 외식 서비스라는 본질적인 메뉴를 미리 생산하여 보관하고 있지 않으며, 서비스 고객도 미리 소비하여 보관하는 형태의 소비패턴은 이루어질 수 없다는 것이다. 그러므로 외식산업은 서비스마케팅에 따라 전략을 개발해 나가는 것이 타당하다고 할 수 있다.

이러한 서비스 특성상 외식기업의 입장에서 자신이 제공하고 있는 서비스에 대한 체크 리스트를 가지고 있어야 한다. 왜냐하면, 이런 체크 리스트가 있음으로써 고객에 대한 이해를 향상시킬 수 있고 그들의 욕구를 보다 잘 파악할 수 있기 때문이다. 외식 서비스의 경우 체크 리스트는 〈표 6-2〉와 같다.

표 6-2 외식기업의 서비스 품질 체크 리스트

항 목	항목의 근거	외식 서비스 입장에서의 이해
1. 우리의 서비스 질은 어떻게 정의되어 있고 향상되고 있는가?	서비스는 무형적이고 표준화하기가 어렵다.	1. 우리의 외식 서비스의 질은 맛의 우수함으로 할 것인가 혹은 종업원의 친절함으로 할 것인가? 2. 위의 정의 속에서 어떤 개선 프로그램이 있고 얼마의 간격으로 서비스 질을 점검하고 있는가?
2. 우리는 항상 새로운 서비스를 개발하며 효과적으로 실험되고 있는가?	서비스 개발은 눈에 보이지 않는 하나의 과정이다.	1. 기본서비스 외에 부가서비스의 경우 어떤 서비스가 경쟁에 대한 차별적 이익을 제공할 수 있는가의 판단 기준을 가지고 있는가? 2. 부가서비스를 묶음의 형식으로 제공함으로써 시너지를 창출할 방안에 관한 연구가 이루어지고 있는가?
3. 우리의 마케팅 전략은 우리의 이미지를 일관되게 의사소통하고 있으며 각 믹스 전략은 관련을 가지고 전달되고 있는가?	외식마케팅 4P믹스는 고객들에게 일관된 소구점을 가져야 하며 각 4P믹스 간에는 이러한 이미지 전달을 강화할 수 있는 보완적 관계를 얼마나 창출해야 한다(시너지 창출의 원리).	1. 우리의 고객전략, 촉진전략, 가격전략, 그리고 물류전략을 통합하여 점검할 수 있으며 고객들의 인지를 정기적으로 점검하고 있는가? 2. 점검한 결과를 바탕으로 외식마케팅 전략을 수정하여 재포지셔닝을 하는 반복된 고객선호도 추적 프로그램을 가지고 있는가?
4. 우리는 수요의 변동에 따르는 유연한 마케팅 전략을 가지고 있는가?	서비스 제공의 임계치는 한정되어 있으며 서비스 자체는 소멸성이 있다.	1. 경쟁의 급격한 변화(예 : 대기업들의 외식시장 진입)에 따라 우리의 고객전략, 가격전략, 촉진전략, 그리고 물류전략은 수시로 조절 가능한가? 2. 우리는 시장의 변화를 인정하고, 환경 탐색 프로그램을 개발하고, 프로그램을 정기적으로 갱신하고 있는가?
5. 우리는 일관된 서비스 질의 전달을 위한 방편을 가지고 있는가?	외식기업과 고객들은 서비스 질에 서로 영향을 줄 수 있다.	1. 서비스 질을 통제할 수 있는 서비스 품질관리 모델을 가지고 있으며, 꾸준한 개선 노력을 기울이고 있는가? 2. 서비스 질의 개선을 위해 여러 기능 부서 간에는 원활한 의사소통이 이루어지고 서로 일치된 목표(예 : 고객만족)를 가지고 있는가?

제2절 서비스 질의 갭 분석과 서비스 품질관리 모형

외식마케팅 서비스의 질은 반드시 관리되어야 한다. 서비스는 궁극적으로 무형적이기 때문에 관리되지 않는 서비스 품질은 서비스 품질 자체가 없는 것과 다름없다. 이러한 서비스 품질관리를 위해 외식 서비스 사업자는 종합적인 서비스 품질관리 모형을 개발하여야 한다.

본서에서는 지금까지 학계나 실무진에서 가장 널리 인정을 받고 있는 파라슈라만, 자이스믈, 그리고 베리의 SERVQUAL 모형[10)]을 채택하고, 그것이 외식 서비스에 적용될 때의 응용모형을 제시하고자 한다. 파라슈라만 등은 서비스 품질의 구성 차원을 연구하여 서비스 질의 다양한 측면에 대한 고객만족을 측정하기 위해 본 모형을 개발하였다. 이들은 서비스 품질을 고객의 기대와 성과에 대한 지각의 차이로 정의하였다.

서비스가 개발단계에서부터 고객에게 제공되고 그것에 대한 고객의 평가가 내려지기까지의 흐름상에서 발생될 수 있는 문제를 차이분석(Gap Analysis : 기대와 성과와의 지각 차이)을 통해 규명하고자 하고 있다. 즉 여러 요소 간의 5개의 갭을 분석하고 있다(〈표 6-3〉 참조).

표 6-3 5가지 갭의 종류와 내용

갭의 종류		내 용
갭1	고객의 기대와 관리자의 인식 차이	제공되는 외식 서비스의 내용에 대한 외식기업 경영자와 고객과의 기대 불일치
갭2	관리자의 인식과 서비스 공식화의 차이	기술적인 어려움, 비현실적인 구상 등에 의한 실제 적용 불가능한 외식 서비스의 내용
갭3	공식화한 서비스와 실제 제공 서비스의 차이	종사자의 피로, 사기저하 등 전달체계에서의 부작용
갭4	실제 제공 서비스와 약속과의 차이	과장된 광고 등에 의한 인식의 차이
갭5	고객의 인지와 기대와의 차이	갭 1-4의 한 가지라도 존재하면 발생하는 차이

10) Parasuraman, A., Zeithaml, V.A., and Berry, L.L.(1988), SERVQUAL: A multi—item scale for measuring consumer perception of service quality. Journal of Marketing, 64, 12~40.

이러한 갭 분석은 다양한 서비스관리에 적용될 수 있으며 이것을 통한 실무적 적용도 용이한 편이다. 갭 분석은 서비스 질에 대한 외식기업과 고객 인지의 불일치를 확인하기 위한 직선적이고 적절한 방법일 수 있다. 이러한 갭 분석에 의해 '기대'와 '경험'의 일치감을 보장하기 위한 논리적 기준을 설정할 수 있는 것이다. 파라슈라만 등이 제시하고 있는 서비스 질 측정의 5가지 갭과 갭 분석을 통한 서비스 질 관리 모형이 [그림 6-6]에 제시되었다.

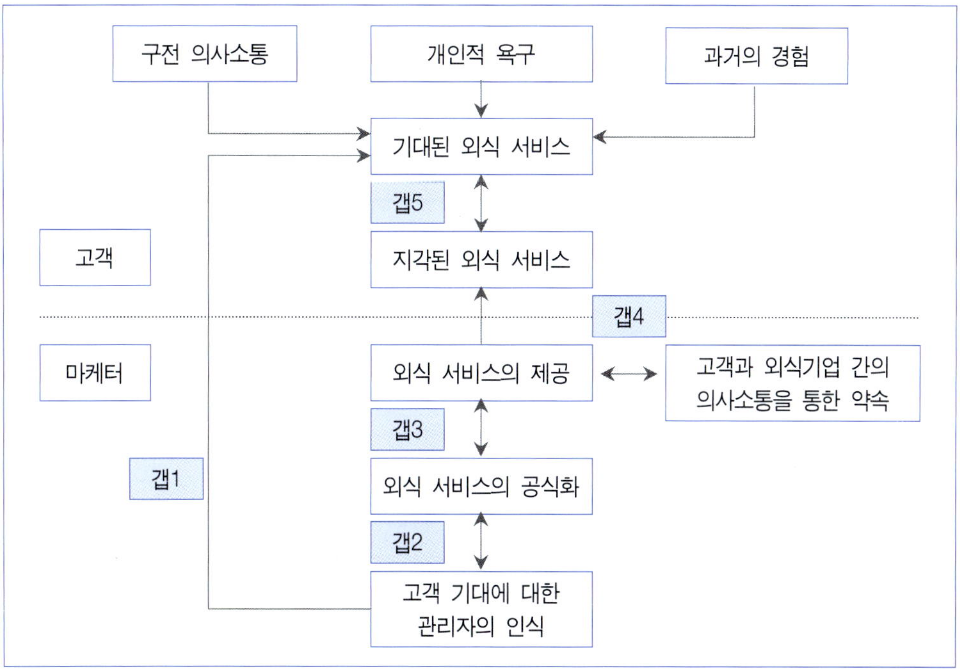

그림 6-6 갭 분석을 통한 서비스 품질관리의 모형

제3절 서비스 갭 분석의 외식 서비스 적용

서비스 갭 모형에서 구전 의사소통의 경우 외식기업들이 고려할 요인은 준거집단(가족, 친구, 직장 동료 등)의 영향, 경쟁사의 적대적 의사소통 등이 될 것이다. 특히 외식 서비스의 경우 먼저 경험한 사람들의 영향이 높을 수 있다. 이는 본질적으로 서비스의 무형성에서 기인하는 것으로서 서비스 소비에 대한 위험성은 경험하기 전에는 확인되기가 어렵기 때문이다.

또한, 개인적 욕구의 경우는 외식 서비스에 대한 개인의 기능적 욕구, 감각적 욕구, 상징적 욕구가 고려될 수 있다. 기능적 욕구는 외식 서비스가 가지고 있는 문제해결 능력 즉 외식의 욕구를 해결할 수 있어 외식 서비스를 선택하는 경우이다. 감각적 욕구는 그 외식 서비스의 사용으로 비롯되는 감각적인 면을 말하는 것이다. 즉 메뉴의 품질이 좋다든가 곁들여진 반찬이 산뜻하다든가 등으로 선택되는 경우에 해당된다. 또한, 상징적 욕구는 자신이 어떤 외식 서비스를 사용함으로써 자신의 이미지를 제고하고자 할 때 발생되는 욕구이다. 즉 고급 호텔의 식당을 이용함으로써 다른 고객보다 앞서 가는 이미지를 위해 구매하는 경우에 해당된다. 이러한 세 가지 개인적 욕구는 어떤 서비스건 간에 모두 내포되어 있을 수 있다.

그러나 여기서 중요한 것은 외식기업은 이 중의 한 가지에 초점을 맞추어 고객들과 의사소통하여야 한다는 것이다. 그 이유는 모든 서비스의 경우 여러 가지 개념이 혼재되면 고객들은 서비스 개념을 이해하기 어려워하기 때문이다. 특히 고작 세 가지 개념인데 혼란을 초래할까라고 착각해서는 안 된다. 세 가지로 분류된 개념이라도 개념의 무형성 때문에 그만큼 구분하거나 포지셔닝하기가 힘든 것이다. 과거 구매의 경험 즉 외식 서비스 사용에 따른 기업이나 서비스 이미지의 존재 여부, 외식기업의 경쟁 외식기업과 과거의 구매를 통한 차별요인 인식 여부 등이 영향 요인이 된다.

기대된 외식 서비스는 위의 세 가지 요인에 의해 영향을 받아 고객이 형성하고 있는 외식 서비스에 대한 요구수준이 될 것이다. 이는 개인에 따라 다르지만, 각각의 개인들은 대부분 일정한 기대수준을 가지고 있다.

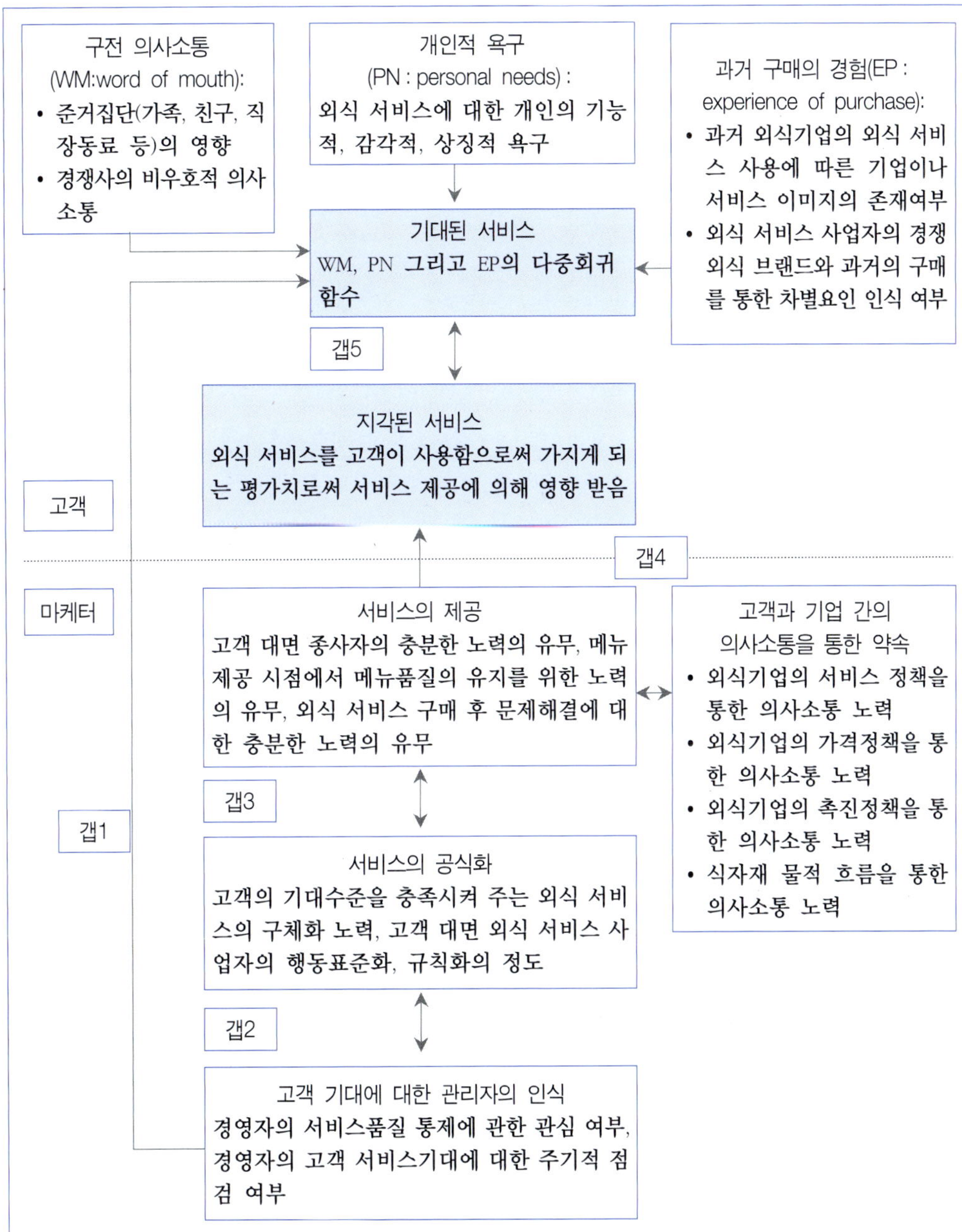

그림 6-7 서비스 질 갭 모형의 외식 서비스에의 적용

한편, 지각된 외식 서비스는 고객이 외식 서비스를 사용함으로써 가지게 되는 평가치로서 서비스 제공에 의해 영향을 받는다. 이에는 첫째, 고객과 외식기업 간의 의사소통을 통한 약속으로서 외식기업의 서비스 정책을 통한 의사소통 노력, 외식기업의 가격정책을 통한 의사소통 노력, 외식기업의 촉진정책을 통한 의사소통 노력, 식자재 물적 흐름을 통한 의사소통 노력 등이 영향 요인으로서 고려될 수 있다.

또한, 외식 서비스 공식화는 고객의 기대수준을 충족시켜 주기 위한 외식 서비스의 구체화 노력, 고객 대면 외식 서비스 종사자의 행동표준화 또는 규칙화의 정도에 영향을 받을 수 있다. 고객기대에 대한 외식 경영자의 인식은 외식 경영자의 서비스의 질 통제에 대한 관심 여부, 경영자의 고객 기대에 대한 주기적 점검 여부가 영향 요인이 될 것이다.

이러한 외식 서비스의 질에 대한 영향요인을 그림으로 제시한 것이 위의 [그림 6-7]이다.

제4절 서비스 질 결정요소

외식기업의 종류는 너무나 많다. 그럼에도 불구하고 고객들은 기본적으로 외식서비스 품질을 평가하는 데 유사한 기준을 사용하고 있다. 이러한 기준들은 다음의 10가지 "서비스 질 결정요소(Service Quality Determinants)"라는 카테고리로 나누어진다.

[서비스 질 결정요소 Determinants of Service Quality]

① Reliability(신뢰성): 외식기업의 모든 이해관계자에 대한 신뢰

② Responsiveness(응답성): 고객을 돕고 즉각적인 서비스를 제공하려는 의지

③ Competence(능력): 서비스를 수행하는 데 필요한 기술과 지식의 소유

④ Self-Realization(자아실현): 고객 자아실현 공조화 능력

⑤ Courtesy(예절): 고객과 접촉하는 종업원의 친절과 배려, 공손함

⑥ Communication(의사소통): 고객의 말에 귀 기울이고, 고객에게 쉬운 말로 알림
⑦ Pride(자부심): 고객에게 우월감 제공 능력
⑧ Security(안전성): 위험과 의심으로부터의 자유
⑨ Understanding(고객의 이해): 고객과 그들의 욕구를 알려는 노력
⑩ Tangibility(유형성): 물적시설, 장비, 사람, 의사소통 도구의 유형

사례 1. 서비스 질 결정요소: 아웃백 스테이크 하우스

외식업체의 장사가 잘 된다면 가장 기본적인 요인은 '맛'에서 찾을 수 있다. 하지만 후발업체 아웃백을 일인자로 만든 데는 다른 패밀리 레스토랑과 차별화되는 독특한 마케팅 전략과 매장 운영 방식을 빼놓을 수 없다.

① 풀뿌리 마케팅(Grass-roots Marketing): Reliability(신뢰성)

아웃백은 이른바 풀뿌리 마케팅(Grass-roots Marketing)이라고 해서 각 매장이 위치한 지역사회에서 주민 밀착형 마케팅으로 큰 호응을 얻고 있다.

- Out door delivery
  일주일에 3번 정도 매장에서 손님들의 명함을 추첨하여 그 회사나, 자택으로 아웃백 음식을 포장해서 배달 가는 서비스를 일컫는다. 약 10인이 먹을 수 있는 정도의 분량을 요리해서 배달하는데 주로 회사의 높은 직위의 분들을 많이 추천한다. 이는, 서비스 후 회식이 있을 경우 아웃백을 방문하는 데 플러스 요인으로 작용하기 때문이다. 그리고 회사의 지역도 고려하여 각 아웃백 매장의 가까운 회사를 추첨하기도 한다. 이렇게 서비스를 할 경우 정말 그 효과가 크다.
- New guest party
  아웃백 매장을 방문하여 명함을 주면, 매월 4인을 추첨하여, 5~10명의 팀원을 함께 초대하여 고객이 원하는 메뉴를 포함한 다양한 음식을 서비스한다.
- 칵테일 Party
  아웃백 칵테일바에 10~12인 정도를 초대하여 칵테일을 무료로 제공하는 서비스를 말한다.
- 출근길 마케팅
  아침 출근 시간에 회사원들에게 각 매장 근처의 지하철역에서 빵이나 수프, 커피를 제공해 주는 것을 말한다. 무료 아침 식사에 처음엔 어리둥절했던 지역

주민들이 이젠 줄을 서서 기다릴 정도라고 하며, 특히 종로점의 경우 매주 화요일 오전 파고다학원 앞은 학원 수강생들 및 주변 직장인들이 식사를 제공하기 전부터 몰려드는 진풍경이 생겨나기도 한다.

- kid tour Marketing

  아웃백은 어린이를 대상으로 마케팅을 활발히 진행하고 있다. 각 매장 근처 유치원의 아이들을 단체로 초대하여 아웃백 매장을 견학시켜주고 무료로 음식을 제공하는 'Kid tour'행사이다. 아웃백은 아이들에게 호주에 대해 배우고 느낄 수 있는 기회(아웃백의 상징 동물 캥거루의 본고장인 호주를 체험토록 하는 마케팅 전략임)를 제공해 준다. 아이들은 매장에 돌아다니며 벽에 전시된 부메랑과 서핑보드 캥거루, 코알라, 호주 지도를 구경하면서 호주에 대한 이야기와 설명을 듣는다. 또 주방에 들어가 주방기기들과 대형 냉장고와 그릴을 구경하며 음식 만드는 과정을 직접 체험하게 한다. 그리고 "여기가 어디죠?"라고 질문을 하면 아이들이 "아웃백이요!!"라고 대답하게끔 함으로써 아웃백을 인식시켜 주도록 한다. 이러한 현장학습은 그 효과가 굉장히 크다. 견학을 마치고 집에 돌아온 아이들은 아웃백에서 있었던 일들을 얘기하면서 부모님들에게 아웃백을 또 가자고 노래를 부른다고 하는데, 이는 자연스레 가족을 동반하여 다시금 아웃백을 찾게 되는 것이다.

② **웨이팅 마케팅**(Waiting Marketing): Tangibility(유형성)

매장이 만석일 경우 테이블 차례를 기다리는 고객들을 위한 이색 이벤트를 실시하고 있다. 기다리는 동안 고객의 시장기를 달래주기 위해 각종 음식과 음료를 제공하는 웨이팅 푸드 서비스가 그 대표적인 사례이다. 스테이크 닭 날개 요리, 왕새우 튀김, 바비큐 립, 콜라, 와인 등 다양한 메뉴를 소개한 웨이팅 메뉴판을 별도로 준비하고 있다.

아웃백의 페이저 서비스도 좋은 반응을 얻고 있다. 웨이팅 고객들에게 부저 모양의 호출기를 지급하는데, 고객들은 매장 주변에서 쇼핑을 즐기거나 산책을 하다가 순서가 되면 매장 밖 사방 1km까지 울리는 호출기를 통해 자신의 순서가 되었음을 알 수 있다. 고객들은 웨이팅 리스트에 이름을 올려놓고 페이저를 갖고 있으면 매장 내에서 대기하지 않고 매장 주변에서 급한 업무를 처리하거나 쇼핑을 즐기는 등 자유롭고 효율적으로 시간을 보낼 수 있게 된다.

③ **부시맨 브레드 서비스**: Responsiveness(응답성)

아웃백은 고객이 메뉴를 주문하면 주메뉴가 나오기 전에 호밀로 만든 부시맨 브레드'를 무료로 제공한다. 부시맨 브레드는 아웃백의 정통 레시피 그대로 신라명과에서 독점 제공되는 호밀빵이다. 특히 호밀빵은 식이섬유와 비타민이 풍부해 최근 웰빙 추세와 맞아떨어져 큰 각광을 받고 있다. 실제로 고객 중에는 부시맨 브레드의 맛 때문에 일부러 아웃백을 찾아오는 경우도 적지 않다. 업계 최초로 시행된 아웃백 부시맨 브레드 무료 제공은 성공적인 마케팅 사례로 평가되어 TGI 프라이데이스, 씨즐러, 토니로마스 등 다른 패밀리레스토랑들이 앞다투어 벤치마킹하기도 했다.

④ **퍼피독 서비스**(Puppy Dog Service): Communication(의사소통)

퍼피독 서비스(Puppy Dog Service)란 'eye contact'라고 하여 주문을 받을 때 손님과 편안하게 대화를 하기 위해서 무릎을 꿇고 눈높이를 맞추는 서비스를 말한다. 이 퍼피독 서비스는 고객들에게 더욱더 가까이 다가가기 위한 서비스다.

⑤ **'No Rules, Just Right'**: Understanding(고객의 이해)

아웃백 스테이크 하우스는 'No Rules, Just Right (원칙 같은 것은 없다. 고객의 말은 무조건 옳다)'라는 슬로건을 내걸고 앞선 고객 서비스를 제공하고 있다고 한다. 즉, '고객이 원하면 불가능할 것은 없다'라는 말이며 고객이 요청한 것에는 절대 NO라고 말할 수 없다(Never Say No)는 것이다.

예를 들어 쿠폰과 할인 카드는 동시에 혜택을 받지 못하게 되어있지만, 고객들이 쿠폰과 할인 카드를 동시에 사용하고자 원한다면 기꺼이 그것을 받아들여 준다. 한마디로 아웃백에서 손님은 '왕'이 되는 것이다. 아웃백 스테이크 하우스가 경쟁이 치열한 외식업계 후발주자로 시작하여 5~6년 만에 독보적인 1위의 아성을 쌓은 원동력은 '고객이 원하면 안 되는 것이 없다'라는 슬로건을 내세우며 고객을 최우선으로 생각하는 고객 감동의 서비스 결과였다고 할 수 있다. 특히, '고객을 내려다보면서 무슨 서비스를 할 수 있겠느냐'는 아웃백의 경영철학이 무엇보다도 크게 작용하였다.

자료: http://www.msecret.net/board/onlinemarket/view/wr_id/1179

사례 2. 서비스 질 결정요소: 스타벅스

스타벅스가 하나의 문화 공간으로 자리매김하기까지에는 그들만의 마케팅전략이 뒤따른다.

① **최고급 커피의 제공:** Pride(자부심)

스타벅스 커피 바이어(구매자)는 최고급 커피가 생산되는 지역인 인도네시아, 동아프리카 그리고 라틴 아메리카를 여행하면서 최상급의 원두를 발굴하고 재배 상태를 자세히 검토하여 커피 생산자와의 유대를 강화한다. 커피는 와인의 포도처럼 해마다 생산량 및 품질이 변하는 농작물이다. 스타벅스의 원산지 커피는 각 생산지에서 재배되는 최상품의 커피로 구성되어 있으며 이러한 각각의 원산지 커피들의 특징을 적절히 혼합하여 새로운 커피를 만들어 낸다.

스타벅스 "로스트" - 스타벅스 로스팅 전문가들은 생두를 볶아 커피를 만드는 과정을 원두가 가진 최상의 풍미를 끌어내는 과학적이고 예술적인 방법으로 승화시켰다.

"커피 원두 테스트"- 대부분의 커피 회사와는 대조적으로 스타벅스는 전문가에 의해 검증되지 않은 커피는 시장에 내놓지 않는다. 커피 전문가들은 한 해 100,000번 이상의 원두 테스트를 하고 있으며 이러한 테스팅은 최상의 커피원두를 선택하기 위한 스타벅스만의 방법이다.

② **매장의 편안한 분위기:** Tangibility(유형성)

스타벅스 매장에 들어가 보면 갈색톤의 나무 장식과 자연미를 강조한 인테리어 소품들을 만날 수 있다. 그리고 항상 편안하고 안락한 느낌을 줄 수 있는 음악이 흐른다. 그리고 고객들은 책과 신문을 읽으며 자신이 있고 싶을 때까지 얼마든지 오랫동안 매장에서 소일거리를 할 수 있다. 스타벅스는 집 또는 직장과 차별화되는 '제3의 장소'가 된다. 플로리다 대학의 사회학 교수인 레이 올든버그는 사람들이 모일 수 있고, 직장이나 집에 대한 염려를 잊고, 편히 쉬며 이야기할 수 있는 비공식적인 공공장소가 필요하다고 이야기했는데 스타벅스 매장이 시대의 흐름을 포착해 내어 그러한 장소로 매장 환경을 꾸민 것이다.

③ **"스타벅스를 마시는 사람은 특별하다"는 우월감을 제공:** Pride(자부심)

미국과 영국 또는 일본 등 전 세계에서 스타벅스를 사랑하는 고객들은 자신의 개성을 표출하는 하나의 수단으로서 스타벅스 커피를 소비하고 있다. 스타벅스 커피를 마신다는 것은 자신이 야외 활동을 즐기며, 고급스러운 라이프 스타일을 지향한다는 사실을 함축적으로 나타내 주는 데 효과적이라는 것이다. 그리고 스타벅스에서는 개개인의 취향에 따라 자산의 커피에 여러 가지 향과 저지방 우유, 휘핑 크림 등을 첨가할 수 있다.

④ **친환경적 마케팅 전략**: Self-Realization(자아실현)

스타벅스가 내건 그들만의 이미지는 '친환경'이다. 수익 일부를 환경 보조금으로 지원하는 데 앞장선다. 이를 위해서 컵 보증금 제도를 시행하여 일회용 컵 보증금 50원을 모아서 재활용 실천에 노력을 기울이고 있다. 이러한 보증금을 모아서 재활용 노트를 만든다. 소비자들은 스타벅스를 마심으로써 자신들도 환경운동에 간접적으로나마 참여한다는 뿌듯함을 얻는다.

자료: http://www.msecret.net/board/onlinemarket/view/wr_id/1179

위의 10가지 서비스 질 결정요소는 외식기업마다 부각시키고 활용하는 것이 모두 다를 수 있다. 하지만 자사의 특성에 맞는 서비스 질 요소를 파악하고 이것에 초점을 맞추어 외식마케팅 전략을 위의 사례들과 같이 구사해야 한다. 적어도 자사가 구사하는 외식마케팅 전략이나 전술이 위의 10가지 서비스 질 결정요소 중 어느 것에 해당하는지는 파악하고 있어야 한다. 10가지 모두를 제공하라는 것이 아니라 자사가 제공하는 것이 무엇인지 알고 관리해야 한다는 의미이다. 이런 10가지 서비스 질 카테고리를 제시하는 이유는 이런 카테고리별 분류를 함으로써 그 외식기업의 무형적 서비스를 관리할 수 있기 때문이다. 서비스는 무형적이기 때문에 그냥 두리뭉실할 수 있지만, 세부 10가지 카테고리로 분류하면 어디가 강점이고 어디가 약점이며 어디가 기회이고 어디가 위기인지 그만큼 파악하고 분석하기가 쉬워진다. 이 점을 간과해서는 안 된다. 하지만 중요한 것은 외식기업 CEO나 관리책임자가 자사의 10가지 서비스 중 중요하다고 파악된 서비스 질들에 대해 계속 관리해야 한다는 점이다. 파악으로 끝나면 아무 의미가 없다. 이것은 그 외식기업이 존재하는 한 지속해서 관리해야 할 핵심 외식마케팅 지표다.

제3장 외식마케팅 상권분석

제1절 외식마케팅 상권이란

상권이란 인구, 도로, 경쟁점포와 각 상업시설을 포함한 위치에서 물리적 공간이라고 볼 수 있다. 이를 외식마케팅에 적용한 외식마케팅 상권이란, 일반적으로 "외식 고객이 흡인되는 지리적 범위, 즉 해당 외식기업을 이용하는 고객들의 거주지역"을 일컫는다. 특정 지역(서울, 부산, 대전 등과 같은 대도시의 넓은 의미) 전체를 말할 때는 '지역상권', 지역상권 내에서 상업공간인 지구(영등포구, 성동구, 강남구 등과 같은 중 규모의 넓은 의미)를 말할 때는 '지구상권', 지구상권 내에서 특정 입지의 점포가 있는 지점(여의도동, 돈암동, 압구정동 등과 같은 소규모의 넓은 의미)을 말할 때는 '지점상권'이라고 한다. 외식마케팅 상권은 이 중에서 '지점상권' 즉 '점포상권'을 말하며, 이는 다시 1차 상권, 2차 상권, 3차 상권으로 구분한다.[11)]

- 1차 상권 : 외식기업 이용고객의 60~70%를 포함하는 범위를 말한다. 외식마케팅의 경우 거리에 대한 정확한 정의는 없으나 대략 3km, 지하철 5구간 이내 정도가 적당할 것이다.

11) http://nengjung.kit.ac.kr/~djkim/menu2/text2/chapter6.doc 참조.

▸ 2차 상권 : 사업장 이용고객의 14~25%를 포함하는 범위를 말하며, 외식마케팅의 경우는 약 5km, 지하철 10구간 이내 정도가 적당할 것이다.

▸ 3차 상권 : 1차 상권, 2차 상권 이외의 고객을 포함하는 범위를 말하며, 점포인 경우는 약 5km 이상 지하철 10구간 이상의 지구를 말한다.

1차, 2차, 3차 상권의 구분기준이 되는 거리와 이를 근거로 한 좋은 입점위치 선정요령 : 객관적 기준이 존재하기보다는 경험에 기반한 주관적 기준이 적용되는데 이런 기준들은 다음과 같다.

- 반경 3km 이내에 10층 이상의 대형 건물이 5개 이상 밀집지역 또는 대규모 아파트나 주택단지가 있을 것
- 지하철역으로부터 500m 이내의 지역
- 버스 정류장 200m 이내 지역
- 정류장에 정차하는 버스의 노선이 5곳 이상인 지역
- 고등학교나 대학 주변 지역(정문 500m 이내, 후문 300m 이내)
- 버스 종착역 반경 500m 이내 지역
- 지하철역, 버스 정류장으로부터 주택으로 들어오는 입구의 모퉁이
- 편도 2차선 삼거리 이상 도로의 200m 이내 지역
- 동일 도로 200m 이내에 동업종이 없는 지역
- 반경 500m 이내에 동업종이 3개 이상 없는 지역
- 인구 이동이 심한 지역일 경우에는 들어오는 추세인 지역 또는 고정 인구가 2만 명 이상인 지역
- 고정 세대가 5천 세대 이상인 지역

그러나 위의 기준은 어디까지나 참고 자료를 보아야 한다. 우리나라의 경우 외식기업들의 과당경쟁이 심각한 수준에서 위의 기준을 따를 경우 입점하기가 거의 불가능하고 입점이 된다고 해도 얼마 안 가서 다른 경쟁자가 바로 들어설 것이기 때문에 위의 분류는 다분히 주관적이고 경험적이라고 할 수 있다. 디지털 기술의 눈부신

발전으로 향후 GPS(Global Position System)를 이용하면 상권분석은 인공위성을 통한 자동화로 가능할 것이다. 예컨대 특정 지역의 인구이동을 특정 기간 GPS로 추적 관리하면 고객 동선과 고객 밀집도나 이동 시간대 등을 정확하게 파악할 수 있다. 이 경우 현재의 현장조사나 서베이 방법의 고비용과 부정확성을 획기적으로 개선할 수 있을 것이다. 다만 본서에서 이를 참조한 것은 어떤 상권을 분석하는 데 일반적인 기준이 필요하고 이 기준을 바탕으로 비교 분석할 필요가 있으므로 그런 차원에서 의미있는 자료라고 판단되어 제시한 것이다.

1. 외식마케팅 상권의 조건

우리나라의 외식마케팅의 상권을 보면 일단 특정 지역에 집중되는 현상이 많다. 물론 근래 들어 인터넷의 발달과 외식업 정보제공 사이트가 수없이 늘어나 이런 현상이 완화되었다고는 하나 아직도 젊은 층이 선호하는 외식기업이 밀집된 지역(예를 들어 서울의 경우 강남의 압구정, 대학로, 신촌 등)의 강세는 여전하다.

이는 상권의 형성은 매우 보수적이고 느리며 한번 구축된 상권의 변화는 쉽지 않다는 것을 보여 주는 것이다. 이런 이유는 우선 고객의 인지 속에 각인된 것은 좀체 없어지지 않으며(여기서 우리는 포지셔닝전략의 중요성을 다시 한번 더 인식해야 함) 입에서 입으로 전달되는 상권에 대한 구전효과는 막대하다는 것을 방증하는 것이며 또한 한 지역의 상권이 발달하게 되면 도시계획도 그에 따라 세워져 그 상권의 접근 가능성이 커지게 하는 인프라 투자가 이루어지기 때문이다.

외식기업의 경우 입지가 사업 성공에 큰 영향을 미치므로 교통 및 주차장 등 유동인구의 접근을 쉽게 하여야 한다. 보다 구체적으로는 첫째, 접근 가능성으로 외식기업 상권은 표적시장에 쉽게 접근할 수 있어야 한다. 즉 고객이 필요한 장소에서 메뉴를 소비할 수 없다면 그 메뉴는 가치를 상실하게 된다. 외식마케팅 상권은 시간효용과 장소 효용을 극대화하는 것이 매우 중요하다. 접근 가능성은 교통수단과 건물의 층수와 밀접한 관계를 맺으며 패스트푸드나 대중음식점은 도보자의 접근성이 편리해야 하고 고급음식점일수록 주차의 편리성이 좋아야 한다.

둘째, 상권 자체가 가지는 집객 효과로서 상권 내 다양한 외식기업이 병존하는 것은 매우 큰 외식마케팅적 의미를 지닌다. 이는 상권이 자체적으로 고객을 유인하는 효과를 창출한다. 특정 외식기업만이 홀로 존재한다면 집객 효과를 창출하기는 거의 불가능하다. 상권 내는 업종은 다르지만 다양한 외식기업이 존재하는 것이 좋고, 특히 전문적이고, 유명한 외식기업이 존재하는 것이 상권 홍보와 집객효과 차원에서 중요한 외식마케팅 상권의 조건이 된다. 더 나아가서는 외식기업과 아무런 관련이 없어 보이는 외제 자동차 대리점이나 고급가구점, 고급의류점, 백화점 등 이른바 중상류층을 상대로 하는 사업체의 존재도 집객 효과를 높이게 된다.

셋째, 상권 자체의 입지로서, 일반적으로 주위에 얼마나 큰 사업체가 있으며(예를 들어 무역센터나 대그룹의 본사 주변 그리고 큰 대학의 근방) 그것과 얼마나 근접되어 있느냐의 문제이다. 큰 사업체와의 근접성은 외식기업의 상권에서는 절대적인 역할을 하는 경우가 많다. 그만큼 고객의 기반을 확보하고, 시작하는 것이 되기 때문이다. 유명 상권은 대부분 이런 큰 사업체를 중심으로 발전하는 것이 현대의 추세이다(중요하거나 이름난 건물 자체가 의사소통의 수단이 되기 때문임). 상권 주위의 대규모 사업체들의 성격에 따라서 주위에 형성되는 외식기업의 성격이 판이해지기도 하고 상권 자체가 시장세분화의 중요한 기준이 되기도 한다.

2. 상권 내 위치 선정 시 고려사항

위치 선정은 위의 상권의 조건을 충족시키는 상권 내에서 구체적으로 어느 위치에 외식기업을 입점시킬 것인가를 정할 때의 고려사항을 말하는 것이다. 외식경영 경험이 많은 사람이든 적은 사람이든 간에 상권분석은 항상 초심자의 자세로 접근하는 것이 필요하다. 상권은 물리적 · 고정적인 것이 아니라, 무형적 · 유동적인 속성이 강조되어야 하므로 항상 변화를 수용 · 발전시킨다는 마음가짐이 중요하다. 이런 차원에서 고려할 것은 첫째, 자사의 위치 내에 충분한 잠재 고객이 있는가이다. 이는 상권의 시장성과 관련을 가지는 것으로, 잠재 고객은 단순한 차원의 문제가 아니다. 일반 기업의 마케팅과 달리 외식마케팅은 전혀 경쟁이 아니라고 생각하는 외식기업도 경쟁이 되기도 하고, 자사 메뉴의 주 고객이라고 생각되는 고객이 경쟁사의 메뉴를 선택하는 경우도 많으므로 잠재 시장이나 잠재 고객을 설정할 때 세심한 주의가 필요하다. 즉 외식이라는 것은 정해 놓고 구매하기보다는 다양성에 바탕을 두고 구매하는 속성도 함께 가지고 있다는 점을 명심할 필요가 있다. 특히 상권 내 포함된 고객들의 구매 주기율 계산이 필요하다. 구매 주기율이란 상권 내 고객들의 외식비율에서 1주 단위 혹은 2주 단위 더 나아가 1개월 단위로 자사의 메뉴가 선택될 주기를 말하는 것으로 이 주기율이 실질적인 구매확률이 된다.

둘째, 동종 외식기업의 분포 현황과 장단점은 무엇인가이다. 특히 외식기업의 위치를 정하는 경우 상권의 중요성도 많이 고려하여야 한다. 즉 그 상권의 집객력이 얼마나 있는가를 고려해야 한다. 즉 같은 상권 내에 동종의 외식기업의 수와 경쟁력과 사업경력과 위치는 반드시 고려해야 하고, 이럴 경우 고객들의 상권 내 동선을 파악하는 것은 필수적이다. 어떤 상권의 경우 누가 보아도 좋은 위치를 차지하고 있지만 매달 업종이 바뀌는 위치가 존재한다는 것은 고객들의 상권 내 동선 분석에 실패했다고 볼 수 있다.

셋째, 해당 상권 내의 고객의 요구사항을 고려해야 한다. 해당 상권 내에 이미 자사의 경쟁 외식기업이 있다고 하더라도 고객의 선호에는 빈자리가 있기 때문에 외식기업의 경영주나 마케터는 고객의 요구사항에 민감하게 상권 내 위치를 선택해야 한다. 위치를 한번 잡는다는 것은 매우 장기적인 의사 결정이므로 충분한 시간과 인내심을 가지고 위치를 정해야만 한다.

넷째, 거리, 교통, 주차장 등의 접근 용이성은 어떠한가이다. 이는 외식기업의 업종에 따라 많이 달라질 수 있지만, 거리의 문제보다 교통의 문제가 중요하고 교통의 문제보다 주차의 문제가 중요하다는 점을 상기할 필요가 있다.

다섯째, 고객들의 접근성은 어떠한가이다. 고객의 흡인이 쉽도록 외식기업의 입구나 건널목 상태 그리고 고객의 주요 유동 방향 등을 반드시 확인해야 한다. 다음 〈표 6-4〉 유리한 조건의 상권과 〈표 6-5〉 피해야 할 조건의 상권을 참조하기 바란다.

표 6-4 유리한 조건의 상권[12)]

검토항목	검토조건
지하철	유동인구가 충분히 지속해서 늘고 있는가?
생활도로망	어디에서나 차로 올 수 있는가?
집객시설의 존재	많은 사람이 모이는 장소인가?
점포 과소상태	경쟁점포의 수는 많은가?
독립상권의 성격	다른 지역으로 수요의 유출 가능성이 얼마나 큰가?
위의 유/불리가 얼마나 예측할 수 있고 측정 가능한가?	

표 6-5 피해야 할 상권

피해야 할 상권
주변의 서리가 선혀 붐비지 않는다.
주위의 다른 간판이 낡고 변색한 점포가 눈에 띄게 많다.
번창한 다른 업태의 외식기업이 눈에 띄지 않는다.
같은 업태가 한번 출시하였으나 철수하였다.
빈 점포가 눈에 많이 들어 온다.
통행인의 보행속도가 빠르다.
통행인의 흐름이 한 방향으로만 흘러가는 경향이 있다.
주위의 도로가 지저분하고 휴지조각이 많이 떨어져 있다.
자전거나 기물 등이 그대로 방치된 경우가 많다.

제2절 외식마케팅 상권분석 방법

새롭게 외식업에 진출하거나 기존의 외식기업 경영평가에서 사업의 전개 이전에 반드시 상권에 대한 분석이 이루어져야 한다. 상권분석은 보통 전문적인 기관의 컨설팅을 받아서 하는 것이 바람직하지만, 이에는 비용과 시간이 많이 들고 때로는 외

12) 신봉규, 외식산업 입지상권분석, 백산출판사, p.49, p.58, 2003년.

식 기업주가 이해되지 않는 전문적인 지식을 동원하여 정작 외식 기업주가 활용하기에는 어려움이 따르게 된다. 하지만 아래에 언급되고 있는 것은 최소한 외식기업이 고려해 보아야 하는 상권분석의 내용이다.

1. 기존 외식기업의 상권분석

기존 외식기업의 경우 사업경력이 오래되면 상권에 대한 전문력과 노하우와 지식을 가지고 있다고 생각하여 자칫 상권의 변화에 대한 분석을 게을리하는 경우가 많은데, 이는 매우 위험한 것이다. 상권은 항상 변화하는 환경이라고 인식하는 외식경영주의 태도가 중요하다. 과거 변화가 많이 나타나지 않았던 시기는 상권의 변화에 대해 신경을 쓰지 않아도 무방했지만, 현대에는 아무리 브랜드 파워가 강한 외식기업도 상권의 변화에 민감해야 하고, 상권분석을 주기적으로 행할 필요가 있다. 기존 외식기업의 상권분석에서는 신규 외식기업의 상권분석보다 상권의 크기와 특성이 비교적 정확히 분석될 수 있다. 첫째, 기존 외식기업의 상권은 내부 자료와 다른 목적으로 수행된 조사자료 등을 이용하기가 비교적 쉽다. 이와 함께 정부의 인구통계자료, 세무자료, 여러 유통기관과 연구소에서 발표된 자료들을 각 외식기업의 필요에 맞게 조정하여 이용할 수 있다. 기존 외식기업은 신용카드 이용 고객과 현금사용 고객의 주소를 이용하여 상권을 쉽게 추정할 수도 있다. 이에는 다음의 자료가 사용된다. 첫째, 특정 구역 내 고객들의 각 외식기업에서의 메뉴 구매 빈도, 둘째, 고객의 평균 외식 지출비, 특정 구역 내의 자사의 고객 중 신용카드 보유자의 비율이다. 셋째, 외식기업이 직접 수집한 자료를 바탕으로 외식기업은 다음 장에 다루어질 외식마케팅 조사기법을 이용하여 상권의 범위를 정할 수 있다. 예를 들어 외식기업은 점포 근처에 주차한 자동차의 면허 번호판을 기록하여 자동차 소유자의 주소를 입수하거나 고객들에 대한 설문조사를 통하여 상권을 분석할 수 있다. 어떤 분석방법을 사용하든 특정 지역의 상권 규모가 시간대에 따라 변할 수도 있음에 유의해야 한다.

2. 신규 점포에 대한 상권분석

신규로 점포를 개설할 때 상권의 규모에 영향을 미치는 요인들을 수집하여 이들에 대한 평가를 통해 시장잠재력을 측정하는 것이다. 상권의 범위에 영향을 미치는 요인들은 매우 많으나 제반 입지특성, 고객 특성, 경쟁구조의 특성으로 나누어진다. 외식기업은 이들에 관한 정보를 수집하여 상권의 시장잠재력을 평가한다.

첫째, 입지특성을 평가한 결과로써 수집 · 분석되어야 할 주요 입지특성들은 상권 내의 행정구역 상황 및 행정구역별 인구통계 특성, 상권 내 자연경계 특성(강, 하천, 산, 구릉 등), 상권 내 도로 및 교통특성(도로, 대중교통 노선, 통행량, 주차시설, 상권으로의 접근의 용이성 등), 상권 내 도시계획 및 법 · 행정적 특기 사항, 상권 내 산업구조 및 소매시설 현황 및 변화 패턴, 상권 내 대형 건축물, 인구 및 교통체증 유발시설 등이다.[13] 이러한 제반 입지 특성들은 SWOT 분석을 통해(제2장 제3절 내부환경 분석방법 참조) 분석되어야 하며, 분석결과는 현재의 경쟁자 분석과 경쟁자 대비하여 자사의 강점과 약점을 한눈에 파악하여 추후 외식마케팅 전략수립의 기초자료가 된다.

둘째, 입지특성에 대한 분석과 함께 상권 내 고객들의 특성에 대한 분석도 이루어져야 한다. 외식기업 이용고객은 크게 세 가지 유형으로 분류되는데, 점포운영자는 세 가지 고객 유형의 비율이 어떠하며 유형별 특성은 어떠한지를 분석해야 한다. 이런 세 가지 고객 유형 중 첫째는 배후 상권고객으로 목표상권의 지역경계 내에 거주하는 고객이며, 둘째는 직장(학교) 고객으로 점포 주변에 근무하는 직장인(학생) 고객이며, 셋째는 유통고객으로 기타의 목적으로 점포 주변을 왕래하는 유동인구 중에서 흡인되는 고객이다. 일반적으로 번화가에 있는 외식기업일수록 직장 고객 및 유동 고객의 매출 공헌도가 높으며, 외곽 지역에 있는 점포일수록 배후 상권고객 비율이 높다. 이러한 고객 특성 분석은 자사의 상권고객만을 대상으로 이루어져서는 안되며, 타 상권고객과의 상대적인 비교분석이 가능해야 한다. 즉 자사 상권고객이 그 도시 전체 주민의 평균적인 특성과 어떤 차이가 있는지를 분석해야 한다. 그러한 상

13) 김헌희 · 이대홍, 외식창업실무론, 백산출판사, pp. 69~77, 1999년.

대적인 비교분석이 이루어져야 비로소 자사의 효과적인 차별화전략을 수립할 수 있기 때문이다. 이에는 매우 전문적인 능력이 필요하다. 즉 마케팅 전문력을 가지고 시장세분화의 인구통계변수 분석 차원에서 다루어야 하므로 외식 경영주는 계속적인 공부가 될듯하다.

셋째, 외식기업 경영자는 상권입지 특성 및 상권고객 특성에 대한 분석과 함께 상권 경쟁구조에 대해 분석도 해야 한다. 외식기업은 특정 지역에 위치할 외식기업의 상권 경쟁구조를 분석할 때, 단순히 주변의 경쟁점포들을 분석하는 것으로 그치는 것이 일반적이다. 그러나 경쟁은 관점에 따라, 범위에 따라, 업태에 따라, 다양하게 정의될 수 있으므로 외식기업 점포의 경쟁분석 시 업태별 · 업태 내 경쟁구조 분석, 잠재 경쟁구조 분석, 경쟁 · 보완관계 분석 등 여러 측면의 경쟁분석이 이루어져야 한다. 이 부분도 고객의 생각을 알아내는 고도의 통계분석을 할 수 있어야 한다. 이는 본서의 범위를 벗어나는 분야이므로 차후의 저서에서 다루고자 한다.

상권분석 시 대부분의 소규모 외식기업들은 기존 정보 즉 상권분석에 대한 2차 자료를 활용을 등한시하는 경향이 있다. 이런 이유는 정보탐색을 어렵게 느끼거나 전문가의 의견만 추종하거나 지레 짐작으로 상권분석을 어렵게 느끼거나 하는 것들이 적은 노력으로도 많은 정보를 얻을 수 있는 2차 자료 조사를 등한시하게 된다. 상권분석 시 이는 특히 경계해야 할 상권분석 자세다. 외식 경영주가 시간을 투입하여 눈으로 확인되지 않는 것은 믿지 않는다는 신념이 상권분석을 하는 바람직한 자세이다. 이런 자료들을 검색할 수 있는 조사 원천이 아래의 〈표 6-6〉에 제시되었다.

표 6-6 상권분석 2차 자료

정보수집	내용	참고자료 및 조사기관
상권지도	- 해당 상권/고객 흡인 지역	- 광역지도 - 인터넷 지도
상권환경 현황	- 행정구역 현황 - 상권인구(인구수, 남녀비율, 세대수, 연령별 인구 등) - 인구동태(자연증감, 사회증감), 거주형태, 거주수준, 사업체 현황	- 통계청 : 인구조사 - 해당 동사무소, 구청 : 일반 통계조사 - 주택통계조사
구매력 소비성향분석	- 상권 내에 있는 세대의 소득, 가계지출, 외식소비지출, 생활시간 배분, 자동차의 이용률 등	- 소비자보호원 : 가계조사 연보 - 통계청 : 근로자 소득, 소비 - 구청 : 자동차보유율
교통, 통행량 조사	- 도로상황, 교통 접근성, 교통기관 운행상황, 버스나 역의 승강객 수, 상점의 포인트가 되는 장소에서의 통행량 등	- 도시교통 연보 - 통행량 조사
외식 경쟁 조사	- 외식점 현황조사 - 모범 음식점 현황 - 유명 음식점	- 구청(식품위생과) : 모범 음식점 현황, 식품집객업 현황 - 요식업중앙회 : 해당 지역 지회의 요식업 현황
각종 지역 정보 조사	- 시가지의 형성, 도시계획상황, 도시개발 상황, 각 동 행정지도의 내용, 도시 계획상의 규제 내용	- 도시계획도 - 구획정리계획도 등
성장성 도시계획	- 성장성 : 토지 도시계획 등의 내용	- 시청, 구청, 도시계획지도, 용도별 지도, 부동산 소개소, 건축회사, 주택공사
주택 현황	- 주거지역의 주택 소유 현황	- 부동산 소개소 - 주택공사 - 동사무소

사례 상권을 활용한 Standing Barbecue Restaurant

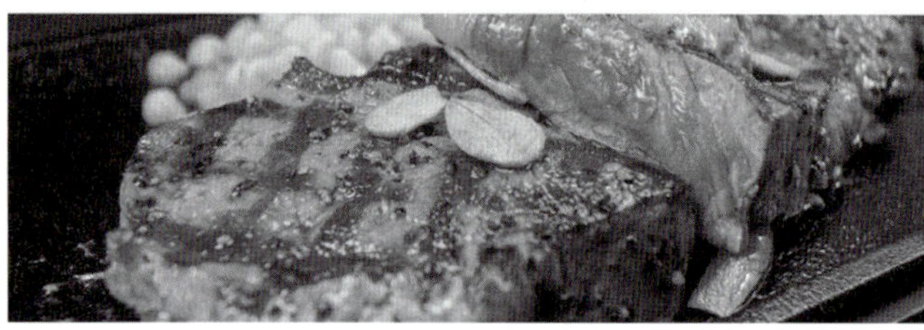

1. 이키나리 등장 배경과 상권 활용:
   바쁜 현대인들이 이동하는 대중교통의 중심인 지하철역 근처 또는 대형 쇼핑몰에서 가장 저렴한 가격으로 빠르게 바비큐 요리를 먹을 수 있도록 교통과 쇼핑몰 상권에 대부분의 레스토랑이 있다. 저렴한 가격으로 고객에게 제공하고 싶다는 창업자 이치노세 회장의 아이디어로 탄생했다.

2. 이키나리 매장 콘셉트: 〈이키나리 스테이크〉 점포명에서 알 수 있듯이 Appetizer 없이 고기를 바로 먹어야 가장 맛있었다는 경험을 토대로 만들어진 콘셉트이다.

3. 이키나리의 성정: 2013년 12월 동경 긴자에 1호점 오픈 이후 빠르게 성장하고 있는 Standing Stake Restaurant은 스테이크의 본고장인 미국 뉴욕, 보스턴까지 진출하여 성공을 이어가고 있다.

4. 이키나리 마케팅 전략 핵심:
   - 압도적으로 저렴한 스테이크와 회전율
     고기의 원가율은 70~80%이며 샐러드, 쌀, 음료 등을 고려한 총 원가율은 60% 전후로 일본 외식업계 평균 30%에 비해 2배 가까운 원가율로 가격 대비 만족도가 높다. 서서 먹기 때문에 테이블 회전율 또한 아주 빨라 박리다매를 추구하는 이키나리 전략에 적합하다.

- 바쁜 고객들에게 빠르고 저렴하게 스테이크를 제공하는 레스토랑의 포지셔닝.
  이키나리 스테이크 레스토랑은 대부분 역 근처 또는 대형 쇼핑몰 안에 위치해 있다. 바쁘게 이동하는 현대인들이 보다 쉽게 접근할 수 있는 상권을 선호하는 이유이다. 실제로 저자가 일본 현지에서 이키나리 스테이크를 주문하고 먹고 나오는 데는 30분이 채 소요되지 않았다.
- 식감을 돋우는 스테이크 그릴
  그램 단위로 커팅해서 고객이 원하는 양만큼 계산되는 주문시스템이다. 커팅된 스테이크는 바로 고객의 눈앞에서 숯불 그릴에 올려져 지글거리는 소리와 고소한 맛을 함께 느끼게 한다.

(저자가 직접 방문한 일본 이키나리 레스토랑)

제4장 외식마케팅 시장조사

사회과학 분야 특히 마케팅 분야에서 시장조사는 상당히 깊고 넓게 발전을 거듭해 왔다. 다양한 통계분석기법과 자료를 처리할 수 있는 컴퓨터 프로그램의 급속한 발달로 마케팅 시장조사의 적용 범위는 날로 넓어져 왔다. 사회과학의 한 분야인 외식마케팅 시장조사는 이런 마케팅 시장조사론을 외식산업에 응용하고, 실무에 적용하여, 관리적으로 활용하고자 하는 것이다.

이를 위해서 우선 시장조사에 관한 내용부터 파악하고자 한다. 시장조사의 정의를 보면 "마케팅 의사결정을 위한 실행 가능한 정보의 제공을 목적으로 자료를 체계적으로 획득, 분석, 해석하는 객관적이고 공식적인 과정"이라고 할 수 있다. 이는 외식마케팅 시장조사의 정의로 재인용 하여도 별다른 이의를 낳지 않아 보인다.

제1절 전통적 외식마케팅 시장조사

1. 시장조사의 개괄

1) 시장조사의 목적

기본적 목적은 외식마케팅에서의 판매증진, 판매 및 물류비용의 절감, 이익의 극대화이고, 하부적 목적으로는 잠재 판매 가능성의 파악, 건전하고 종합적 마케팅 정책의 수립, 특정 외식마케팅 활동의 관리, 특정 외식마케팅 활동의 소요 경비, 기업 내 · 외부의 통계자료 수집 등을 목적으로 한다.

2) 발전과정

시장조사의 발전과정은 사회과학 분야에서의 조사방법론 발전과 그 궤를 같이하고 있다.

① 1910~1920년대: 사회과학과 방법론적 교류 시작, 설문조사방법론 발전
② 1930년대: 기술적 통계 단계를 넘어 추정통계에 중점을 둔 연구, 표본조사 발전
③ 1950~1960년대: 컴퓨터 등장에 따른 계량적 방법론 진전
④ 1970년대: 마케팅 개념 대두로 고객지향적인 경영개념 등장, 사회과학 분야 발전에 일익 담당
⑤ 1980년대: 통신 및 컴퓨터 기술의 발달로 새로운 조사분석기법 개발
⑥ 1990년대: 개인용 컴퓨터의 급속한 보급으로 다양한 분석기법 활용
⑦ 2000년대: 인터넷 시대의 도래에 따라 인터넷을 활용한 e-Marketing Research 시대의 도래
⑧ 2010년대: 모바일 스마트기기를 활용한 Social Media Marketing Research 시대의 도래
⑨ 2020년대: 빅데이터와 AI를 활용한 미디어랩 시장조사 일반화

2. 시장조사의 절차

1) 제1단계: 문제의 제기

전체적인 조사의 방향성을 설정하는 단계로써 조사문제를 설정하고, 다음으로 문제해결을 위한 체계적인 이론적 고찰을 하고, 각종 조사변수를 규명하여 가설을 설정하는 단계이다.

2) 제2단계: 조사설계

조사설계 단계로서 조사를 수행하고 통제하기 위한 청사진을 제시하는 단계인데 이에는 첫째, 조사에서 규정된 문제(가설)의 종합적인 검토, 둘째, 조사방법 제시 및 조사골격 설정, 셋째, 자료수집 절차와 자료분석 기법의 결정, 넷째, 예산편성, 조사일정 작성, 다섯째, 조사설계의 평가로 설계를 마친다.

3) 제3단계: 자료수집

1차 자료 및 2차 자료수집을 실시한다. 1차 자료는 조사자가 조사업무를 수행하면서 직접 수집하는 자료를 말하며, 2차 자료는 조사자가 아닌 다른 주체에 의해 이미 수집된 자료를 말한다.

4) 제4단계: 자료의 분석, 해석 및 이용

수집된 자료의 편집, 코딩, 통계기법을 통한 가설의 검증과 경영적 의미를 찾아내는 작업단계이다.

5) 제5단계: 보고서 작성

모든 조사결과를 경영 의사결정에 도움이 되도록 조사결과와 결론을 문장과 도표로 작성, 정리하는 것으로 시장조사 절차가 마무리된다.

3. 시장조사의 종류

① 탐색조사: 다른 조사의 선행단계로서, 조사문제를 더욱 명확히 파악하고자 하는 것으로 조사내용과 관련된 변수를 찾아내어 가설을 정립하는 데 사용하는 방법이다. 주로 2차 자료를 토대로 이루어지고, 때로는 전문가 의견 조사(Delphi Method)나 초점 집단면접(Focus Group Interview)이 사용되기도 한다.[14)]

② 문헌조사: 2차 자료를 이용하는 방법으로, 관련되는 발표자료나 논문집 유관 전문지, 잡지 등을 조사하는 것으로 가장 경제적이고 신속한 장점을 보유하고 있지만, 조사목적에는 부합되기 어렵다.

③ 전문가 의견 조사: 문헌조사에 대한 보완적인 수단으로 주어진 문제에 대한 전문적인 식견과 경험을 가진 진문가들로부터 의견을 청취하거나 정보를 얻어내는 방법이다.

④ 사례조사: 유사한 조사문제를 가지고 있거나 이를 해결한 외식기업을 조사함으로써 조사문제에 대한 간접적인 경험과 사전 지식을 갖도록 하고 현 조사상황에 대한 논리적인 유추에 도움을 주는 방법으로 외식마케팅 의사결정에 결정적인 것이 아닌 시사적인 의미를 찾고자 할 경우에 많이 사용된다.

⑤ 표적집단 면접법: 전문지식을 보유한 조사자가 소수의 응답자 집단(대부분은 핵심 고객집단)을 대상으로 특정한 주제를 가지고 자유로운 토론을 벌여 필요한 정보를 획득하는 방법이다.

⑥ 기술조사: 조사 관련 상황의 특성 파악과 각 변수 간의 상호관계 파악 및 상황 변화에 대한 각 변수의 반응을 예측하는 데 주로 이용되는 방법이다.

⑦ 종단조사: 주로 패널(Panel)을 이용하여 자료를 얻어내는 방법으로 시간의 경과에 따른 조사내용의 변화를 추적하고자 하는 것으로, 패널을 이용하지 않을 경우 데이터베이스를 시간의 경과별로 분석하여 시간의 영향이 조사의 내용에 미치는 영향을 파악하고자 하는 것이다.

14) 채서일, 시장조사론, 학현사, 1994년.

⑧ 횡단조사: 동일한 시점에서 서로 다른 영역에 대해 한 번에 조사하는 것으로 다른 특징을 가진 외식기업들 혹은 고객들 사이의 측정치를 비교하여 차이를 규명하는 방법이다.

⑨ 인과조사: 외식마케팅 현상 간의 인과관계를 밝히기 위한 조사방법으로 엄격한 실험설계를 통해 실험상황을 통제한 후 특정 변수 간의 원인과 결과를 파악하는 방법으로, 영향을 주는 변수인 독립변수와 영향을 받는 변수인 종속변수의 관계를 파악하는 방법이다.

4. 시장조사에 자주 활용되는 분석기법

① 회귀분석(Regression Analysis) : 회귀분석은 둘 이상의 독립변수가 하나의 종속변수에 미치는 영향의 정도와 방향(+ 혹은 —)을 파악하기 위해서 사용되는 분석기법으로 예를 들어, 광고비의 증감과 가격 변화가 매출에 어떻게 영향을 미치는가를 알아보는 데 사용된다. 독립변수가 둘 이상일 경우 다중회귀분석(Multiple Regression Analysis)라고 한다.

② 상관분석(Correlation Analysis) : "매출액과 광고비 사이에 어떠한 관계가 있을까"와 같이 변수 간의 연관 정도를 측정하는 분석기법이다.

③ 분산분석(ANOVA : Analysis of Variance) : 분산분석은 집단 간에 특정 변수의 평균값이 서로 차이가 있는지를 검정하는 통계기법이다. 예를 들어, 남녀가 선호하는 청바지의 가격대에 차이가 있는지를 검증한다든지 연령별로 좋아하는 초코파이의 속성에 차이가 있는지 등을 검증하는 데 사용된다.

④ 요인분석(Factor Analysis) : 요인분석은 조사에 사용된 여러 가지 변수들 가운데서 유사한 변수들끼리 한 요인으로 묶어서 적은 수의 요인으로 축소하는 데 사용되는 통계기법이다. 예를 들어, 고객들이 백화점을 선택하는 기준으로 주차 공간의 편리함, 취급제품의 신뢰성, 매장의 분위기, 백화점의 유명도, 취급하는 상품의 종류, 상품교환 및 반환의 용이성, 판매원들의 친절도, 음식점의 광고선전, 부대시설 등 여

러 가지가 있다면, 이러한 선택기준 가운데 관련성이 높은 것끼리 묶어서 소수의 요인으로 줄이는 데 사용될 수 있다.

⑤ 군집분석(Cluster Analysis) : 군집분석은 유사한 특성을 갖는 조사대상자들을 묶어 주는 통계기법이다. 예를 들어, 음식의 구매형태에서 고객들은 전통적인 맛을 좋아하는 집단, 가격을 중시하는 집단, 분위기를 찾는 집단 등으로 구분하는 데 사용된다.

⑥ 판별분석(Discriminant Analysis) : 판별분석은 소비자집단 간의 차이를 판별해 주는 변수들을 찾기 위한 통계적 기법이다. 예를 들어, 한식을 선호하는 고객집단은 어떠한 특성을 보이는 고객인가를 파악하는 데 판별분석이 사용될 수 있다.

⑦ 결합분석(Conjoint Analysis) : 결합분석은 메뉴를 구매할 때 고객이 중요시하는 메뉴의 속성과 각 속성수준(가령, 고가격, 중간 가격, 저가격)에 대해 고객들이 부여하는 효용치를 파악하여 최상의 신메뉴를 개발하는 데 사용하는 방법이다.

제2절 인터넷 시장조사

1. 인터넷 시장조사의 개괄

인터넷 시장조사란 온라인 조사의 하나로서 네티즌을 대상으로 특정 의사결정에 필요한 정보를 찾기 위해 인터넷을 통하여 자료를 수집하고 분석하는 방법이다.

인터넷 시장조사의 특성은 첫째, 그래픽, 동영상, 음악 등 많은 매체를 동시적으로 사용할 수 있으며, 둘째, 조사와 결과가 실시간(Real Time)과 어느 시간이나(Any Time) 전달 가능하며, 셋째, 전 세계를 연결하는 인터넷 특성상 국내뿐만 아니라 해외에서도 동시적으로 조사할 수 있다는 것이다.

2. 인터넷 시장조사의 절차

인터넷 시장조사도 전통적인 시장조사와 큰 차이는 없지만 주로 이용되는 조사방법, 예산의 편성과 조사일정, 자료수집 방법, 조사대상자 선정(표본의 추출), 실사, 자료의 편집, 그리고 코딩 등에서 차이를 보인다. [그림 6-8]은 인터넷 시장조사의 절차를 나타내었고, [그림 6-9]는 전통적 시장조사와 인터넷 시장조사의 차이를 나타내었다. 이를 자세히 검토해 보면 첫째, 이용되는 조사방법의 경우 전통적 조사는 면접법, 우편, 전화, 패널, FGI(Focus Group Interviews) 등이 이용되지만, 인터넷 조사의 경우는 Email Survey, HTML Survey, On line FGI, Web Panel 등이 이용되고 이용하기가 용이하다.

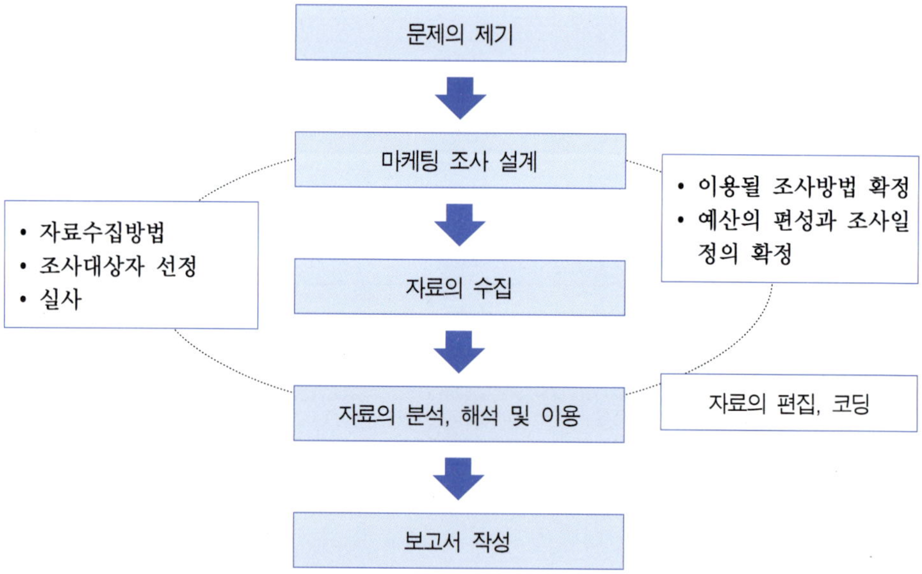

그림 6-8 인터넷 시장조사의 절차

전통적 조사

- 대인 면접법, 우편, 전화, 패널, FGI
- 조사방법 및 샘플 수에 따라 비용 및 조사일정의 차이가 큼
- 1차 자료 : 정확성, 신뢰성
  2차 자료 : 신속, 저렴
- 표본추출방법에 의한 추출
- 조사자들의 주관하에 실사
- 수집된 자료를 편집, 코딩분석 후에야 결과 파악

이용될 조사방법

예산의 편성과 조사일정

자료수집방법

조사대상자 선정

실사자료의 편집, 코딩

On-Line 조사

- Email-Survey, HTML Survey, On-line FGI, Web Panel
- 저렴한 비용 및 시간 단축, 온라인 견적
- 1차 자료의 정확성, 신뢰성 + 2차 자료의 신속, 저렴
- 패널이나 뉴스그룹을 이용
- On-Line을 통한 실사
- 편집이나 코딩 필요 없이 분석 실시간 결과 출력
- 모든 항목에 응답해야 등록

그림 6-9 전통적 조사와 인터넷 조사의 차이

둘째, 예산의 편성과 조사일정 면에서 보면 전통적 조사는 조사방법 및 샘플 수에 따라 비용 및 조사일정의 차이가 크게 나타나지만, 인터넷 조사의 경우는 저렴한 비용 및 시간 단축, 온라인 견적을 통한 견적 수정의 용이성 등에서 차이가 난다.

셋째, 자료의 수집방법에서 전통적 조사의 경우, 1차 자료는 더욱 정확하고 신뢰성이 있고 2차 자료는 신속성과 저렴함이 있다고 보이나 인터넷 조사의 경우는 일반적이나 1차 자료의 정확성과 신뢰성과 2차 자료의 신속성과 저렴성을 동시에 달성할 수 있다.

넷째, 조사대상자 선정(표본의 추출) 면에서 전통적 조사는 표본추출 방법(확률적 혹은 비확률적)에 따른 추출이 주로 사용되지만, 인터넷 조사는 패널이나 뉴스 그룹을 주로 이용한다.

다섯째, 실제 조사 면에는 전통적 조사는 조사자들의 주관하에 실사하지만, 인터넷 조사의 경우는 On Line을 통한 실사가 주로 이루어진다.

여섯째, 수집된 자료의 편집 면에서는 전통적 조사는 수집된 자료를 편집, 코딩분석 후에야 결과를 파악할 수 있지만, 인터넷 조사에서는 편집이나 코딩 필요 없이 분석에 바로 들어갈 수 있는 장점이 있다.

3. 인터넷(SNS Survey) 조사의 장 · 단점

인터넷 조사의 장점으로는 첫째, 신속, 정확한 조사가 이루어지고, 둘째, 시간과 비용을 절감할 수 있고, 셋째, 손쉽고 다양한 설문지 작성이 가능하며, 넷째, 조사결과를 신속하고 정확하게 통계 처리할 수 있으며, 다섯째, 예비조사(Pre-Test) 실시가 용이하고, 여섯째, 설문지 수정이 용이하고, 일곱째, 민감한 현안에 대한 조사가 용이하고, 여덟째, 젊은 네티즌을 대상으로 신제품에 대한 시장조사가 쉬우며, 끝으로 패널 연구(Panel Study)에 유리한 면을 가지고 있다.

반면에 단점은 첫째, 표본의 대표성을 확보하기가 어렵다는 문제점이 있고, 둘째, 앞의 표본의 문제와 같은 맥락에서 회원 위주의 조사로 수가 적고, 그 특성이 편향되는 경향이 있고, 셋째, 네티즌의 인터넷 조사에 대한 적극성의 부족(젊은 층)이 문제가 되고(유료화하면 쉽게 극복할 수도 있음), 넷째, 인터넷 이용자만이 조사에 참여하는 한계가 있으며, 다섯째, 시스템의 불안정으로 인한 기술적인 보완이 요구되기도 하는 문제점들을 가지고 있다.

그러므로 인터넷 조사가 합리적으로 이루어지려면 조사대상이 되는 회원의 체계적 모집과 관리가 이루어져야 하고, 다양한 보상제도가 있어야 하고, 전산 프로그램의 오류 발생에 대비하여 반드시 시험조사 프로그램이 이루어져야 한다.

4. 인터넷 조사방법

1) 1차 조사방법

첫째, 웹 정보 모니터링으로 인터넷을 통해 외식기업의 메뉴나 자사가 속한 외식산업과 관련이 있거나 시장에서 선호하는 뉴스 그룹의 동향이나 내용 등을 관찰하여, 그 내용들을 분석하고 모집하여 관찰을 통한 조사를 하는 것을 말한다.

둘째, 웹 초점 집단면접(Web Focus Group Interview)으로 자사의 메뉴나 이미지 등에 대한 뉴스 그룹을 만들어 놓아 서로의 의견을 교환하는 과정에서 자연스럽게 조사되는 형태와 외식기업 자체의 홈페이지를 개설하여 대화실을 통한 자유로운 의견교환 과정에서 시장조사가 이루어지는 형태를 띤다.

셋째, 온라인 설문조사로 이 조사방법은 마케팅 조사 시 가장 널리 이용되는 방법으로 기업의 웹사이트에 설문을 위한 사이트를 만들어 방문자의 자발적인 조사를 유도하는 형태이다. 이 방법은 두 가지 유형이 있는데, 하나는 인터넷을 이용하는 일반적인 이용자들의 자발적인 참여에 의해 아무런 보상이 없이 행해지는 설문조사가 있고, 또 하나는 기업에서 게임이나 할인 쿠폰을 제공하는 대가로 혹은 인터넷상 거래를 위해 회원 등록을 하는 과정에서 자사의 이용자들에 대한 정보를 얻는 조사가 있는데 후자가 일반적인 조사형태이다.

2) 2차 조사방법

첫째, 경쟁 외식기업의 인터넷 마케팅활동 조사로서 웹사이트에는 많은 마케팅활동이 전개되고 있다면 경쟁 외식기업의 웹사이트 분석을 통해서 경쟁 외식기업의 마케팅전략을 자사의 것과 비교분석이 가능하다.

둘째, 다양한 외부 환경에 관한 자료 조사로서 외식기업의 국내 환경인 정부정책, 경제동향, 시장변화, 주요 원료의 원산지 가격, 소비자 성향 등에 관한 자료 파악이 포함된다.

셋째, 상업 데이터베이스의 활용으로서 일반적으로 각종 특허 및 연구개발 자료를 검색하는 상업 데이터베이스인 경우 인터넷을 통하면 쉽고 값싸게 접근을 할 수가 있다. 상업 데이터베이스는 보통 최근의 연구개발 경향이나 연구개발에 관한 기초지식을 얻는 데 도움이 되며 각종 특허 정보를 비교적 쉽게 검색할 수 있어 제품개발 단계에서 매우 유용한 정보가 될 수 있다.

넷째, 인터넷 관련 기사와 책자의 이용으로 인터넷 자료를 잘 스크랩하고 분석하면 훌륭한 2차 자료가 될 수 있다. 내용이 다소 일반적이기는 하지만 특별히 자사와 관련이 있을 수도 있고 더욱 자세한 다른 자료를 찾는 기초가 될 수 있다.

5. 소셜 미디어 시장조사 방법 및 활용

SNS 미디어를 활용한 다양한 시장조사 방법들도 많이 활용되고 있다.[15)]

- 회색: 소셜 미디어 시장조사 방법별 시장조사 제공업체들의 소셜 미디어 활용 정도
- 파란색: 소셜 미디어 시장조사 분석과 데이터를 원한 고객/고객사 수

1) 모바일기기(스마트폰)를 통한 설문조사

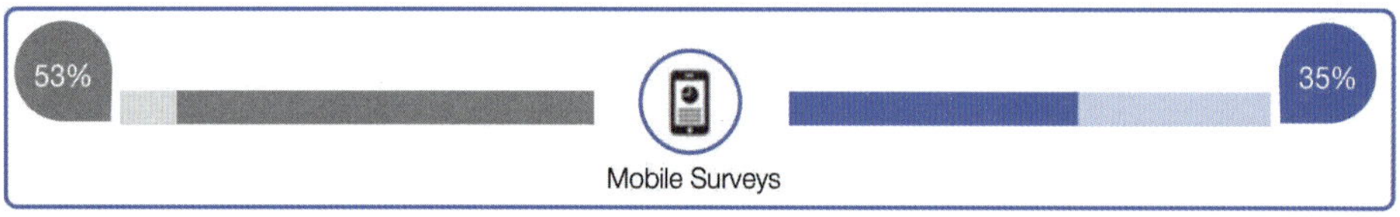

2) 온라인 커뮤니티, 게시판, 그룹, 카페

3) 소셜 미디어(SNS) 분석(전문 애널리틱스)

15) Greenbook Research, Industry Trends Report, June 2015.

4) 웹캠 기반 인터뷰

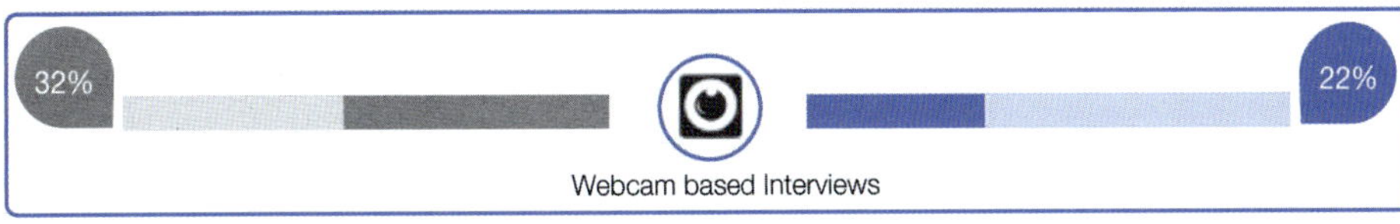

5) 문서분석, 텍스트 마이닝(데이터 마이닝), 텍스트 애널리틱스

6) 유저가 직접 작성한 서비스 경험 이용 애널리틱스

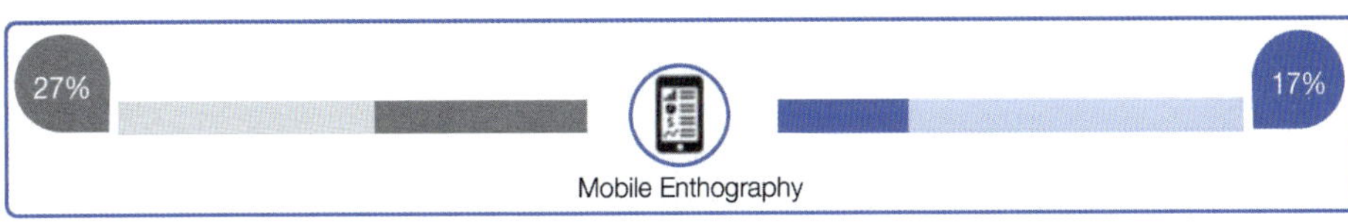

SNS 미디어를 활용한 다양한 시장조사는 다음과 같이 발전할 것이다. 첫째, 소셜 네트워크 듣기 분석은 시장조사방법에서 가장 중요한 역할을 담당할 것이다. 둘째, 모바일 리서치가 기존의 오프라인 시장조사의 대부분을 대체할 것이다. 셋째, 애자일(Agile)리서치[16]는 온라인 커뮤니티들에 의해 주도되는 시장조사방법의 대세가 될 것이다. 넷째, 마이크로 설문조사는 한 달 이상씩 길게 걸리는 소비자 연구방법을 완전히 대체할 것이다. 다섯째, 소비자 행동과 감정을 데이터화해서 실시간 분석을 통한 시장조사방법이 경쟁력을 급속히 확보할 것이다. 끝으로 고객들과 상호소통, 피드백관리, 그리고 고객 옹호프로그램들이 시장조사방법 솔루션을 만들어 갈 것이다.

16) 단계적 연구가 아니라 반복적이며 개방적이며 모든 주요 질문에 답변할 때까지 조사

제7편

외식마케팅 5대 핵심 전술

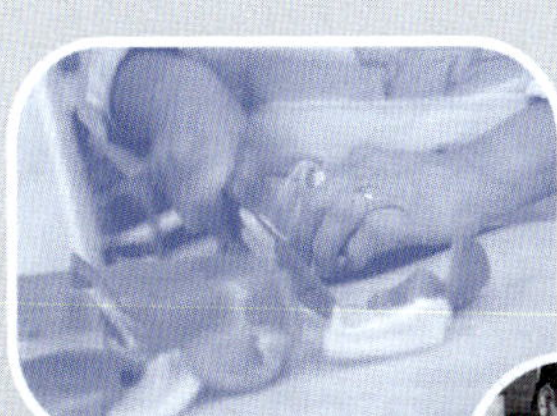

제1장 외식마케팅 「먹방」 전술

1. 먹방 마케팅 정의

먹방(영어: Mukbang)은 '먹는 방송'의 줄임말로, 2000년대 후반부터 우리나라 남녀노소 없이 널리 쓰이는 신조어이다.[1] 먹방의 한국어 발음 'Mukbang'이 그대로 전 세계 유튜버들의 콘텐츠로 재생산되면서 고유명사화되었다.[2] 초기 인터넷 방송 플랫폼인 아프리카TV에서부터 방송자가 음식을 먹으면서 시청자와 소통하는 콘텐츠를 제작 방송하기 시작하면서 현재는 유튜브, 인스타그램과 트위치뿐만 아니라 지상파 TV에서도 먹방 콘텐츠를 가지고 방송을 꾸려가고 있다. 이제 미디어 매체를 통틀어 먹방이 없으면 프로그램 구성을 완성하지 못할 정도가 되었다. 특히 SNS 미디어가 가진 실시간성과 쌍방향성의 매력을 바탕으로 인터넷 방송 플랫폼에서 먹방은 영향력을 확대해 가고 있으며, 능동적 SNS 미디어 유저들의 활발한 소통의 장이자 참여자로서의 아이덴터티를 확인하는 공간이 되고 있다.

1) 위키백과
2) 중앙일보, 라면 먹방 연 수입 10억, 2018년 12월 10일.

2. 등장 배경

조선시대는 대식국으로 불릴 정도로 많이 먹는 나라로 인식되었다. 한국사회에서 먹는 행위는 단순히 생존을 위한 것을 넘어서 삶과 문화와 밀접한 관련을 맺는다. 한국은 세계 어느 나라에서 찾아 보기 힘들 정도로 건강식에 민감하면서도 엄격한 예절문화를 바탕으로 한 음식문화를 형성해 왔다. 그런데 최근 한국에서 이러한 지배적인 음식문화의 가치와 전통적 정체성에서 이탈하는 인터넷 먹방 문화가 등장하였다.[3] 이런 현상의 등장 배경으로 영국의 잡지 「이코노미스트」는 대한민국의 먹방이 인기가 있는 이유에 대해 장기 경제 침체로 한국인들에 널리 깔려있는 불안감과 불행 때문이라고 한 바 있다. 이와 같은 인기에 「워싱턴 포스트」, 「월 스트리트 저널」 등에서도 소개되었다.[4] 최근에는 ASMR(Autonomous Sensory Meridian Response)을 통해 시청자들로 하여금 시청각 모두를 만족시킬 수 있는 먹방도 많이 이루어지고 있다. 먹방 · 쿡방의 등장배경은 다이어트에 시달리는 많은 현대인에게 대리만족을 주거나 자신이 먹어보지 못한 음식, 겪어보지 못한 상황을 간접 체험하거나 전달자가 제공하는 유머를 선호하는 경향성이 한 몫을 차지하고 있다. 그러나 무엇보다 중요한 것은 음식을 대하는 젊은 층의 태도변화에서 찾을 수 있다. 이들은 개인주의가 강하고 그에 따라 독특한 개성을 추구하고 따라서 차별적인 무엇을 가볍고 부담감 없이 받아들일 대상으로 먹방을 생각하기 때문에 먹방의 인기가 식을 줄 모르는 것이다.

3. 먹방 플랫폼

1) 아프리카TV

아프리카TV는 대한민국의 1인 방송 플랫폼 회사로서 1996년 4월 22일 설립되었다.[5] 아프리카TV는 'Any Free Casting TV'에서 따온 말로 언제 어디서나 시간과 장소

3) 홍석경, 박소정, 미디어 문화 속 먹방과 헤게모니 과정, 『언론과 사회』 24(1), 2016년 2월.
4) The Economist, The food-show craze, 2018년 11월 28일.
5) 아프리카TV, 주식회사 아프리카TV 소개, 2018년 11월 5일.

의 제약 없이 간편하게 실시간 라이브 방송을 할 수 있는 1인 미디어를 표방하고 있다. 아프리카 TV에서 활동 중인 대표적인 먹방 BJ는 범프리카, 슈기, 엠브로, 창현, 왕쥬 등이 있다.

2) 트위치

2011년 처음 등장한 트위치는 TV 스포츠 생중계처럼 게임 관련 콘텐츠를 생방송하는 게임 생중계 업체다. 세계적으로 1억 명의 시청자와 170만 개의 방송, 1만 2000여 명의 방송 파트너를 가지고 있으며, 지난 2014년 아마존에 인수됐다. 트위치는 지난 2016년 7월 채널 목록에 '소셜 이팅'(Social Eating) 항목을 새로 추가했다.[6] 유명한 스트리머로는 ImAllexx, Ameliabrador, 심플라이프온에어 등이 있다.

3) 유튜브

유튜브는 2005년 2월 14일 발렌타인데이에 전직 페이팔(PayPal) 직원 채드 헐리, 스티브 첸, 자베드 카림(Jawed Karim)이 공동으로 창립했다. 현재 유튜브는 온라인 최대의 동영상 플랫폼이다.[7] 유튜브는 2006년 10월 16억 5,000만 달러(약 1조 8,000억 원)의 몸값에 구글로 인수됐다. 대표적인 스트리머로 밴쯔, 떵개떵, 슈기님, 도로시, 양수빈, 프란 등이 있다.

4) 카카오TV

2017년 2월 18일 '다음tv팟'과 '카카오TV'의 플랫폼을 통합하여 서비스명을 '카카오TV'로 일원화하여 카카오TV가 탄생했다. 국내 최대의 메신저 앱인 카카오톡과 연동되어 있다. 카카오TV PD들은 카카오TV와 연결된 '비디오 스테이션'을 통해 동영상들을 생산하고 관리한다.[8] 대표적인 먹방 카카오TV PD는 밴쯔, 푸르미르, 먹동이, 나도 등이 있다.

---

6) 매일경제, 게임 생방송 플랫폼 트위치서 '먹방' 채널 등장, 2018년 11월 12일.
7) 세종경제신문, 구글, 유튜브 인수 10년 '동영상 역사를 바꿨다, 2018년 11월 19일.
8) 채반석, 출범, 통합 '카카오TV', 『Bloter.net』, 2018년 11월 19일.

4. 먹방 성공요인

음식은 한 나라의 '문화'이고, 문화는 거시환경의 한 요소로서 끊임없이 변화한다. 본서의 전반부 외식마케팅 환경관리에서 설명하였듯이 거시환경들은 서로 상호작용하면서 진화한다고 하였다. 거시환경은 법/정치, 경제, 문화, 기술 등인데 먹방도 이런 거시환경 중 기술, 문화의 변화에서 발생된 것으로 봐야 한다. 물론 정부에서 '한식의 세계화'를 위해 열심히 홍보하는 정치환경의 영향도 간접적으로 받고 있다. 이런 맥락에서 미디어에서 끊임없이 소비되는 음식이라는 콘텐츠에 대해서, 그리고 SNS 미디어 시대에 새로운 형식으로 인기를 모으는 먹방 열풍에 대해서 외식마케팅 커뮤니케이션적 관점에서 성공 이유를 살펴 본다.

1) 누구나 공감할 수 있는 소재다

인간은 의식주의 동물이다. 그중 가장 우선하는 것이 식이다. 태어날 때부터 엄마 젖부터 찾지 옷이나 집부터 찾는 것은 아니다. 그러므로 먹는 것은 본능에 가까운 동물 속성이다. 따라서 식에 대해 가장 원초적이므로 가장 깊고 넓은 공감대 형성이 가능하다는 점은 누구도 부인할 수 없다. 또한, 식에는 오감이 있다. 오감은 표현이고 전달이고 공감의 원천이다. 이것이 바로 외식마케팅 커뮤니케이션의 직접적인 대상이 된다. 따라서 SNS 미디어의 급속한 발달과 친숙도는 인간의 본능적인 것에 더 민감하고 실질적인 반응을 하기 마련이라고 가장 가까운 대상이 바로 식이고 이를 활용한 방송이 먹방이므로 당연히 성공의 가능성을 가지고 있었던 것이다.

2) 마케팅 커뮤니케이션 수단의 해방

그동안 마케팅 커뮤니케이션 매체가 일방적이고, 제한적이고, 배타적이고, 공식적이어서 참여 가능성과 공간 공유와 쌍방 간 친밀함의 벽에 있었다면 현재는 이런 제한이 거의 없는 디지털 시대가 되어 성공의 가도를 달리는 것이다. 즉, 요즘 뜨는 먹방 프로그램은 지상파 방송에서 볼 수 없던 새로운 재미를 안겨주는 데 히트 비결이 있는 것이다. 그리고 이런 커뮤니케이션에 들어가는 비용이 거의 없다. 특히 MBC의

'마이 리틀 텔레비전'은 쌍방향, 인터랙티브한 요소가 시청자에게 크게 어필했다.[9] 보고 있으면 이 프로그램이 TV인지, VJ가 나오는 인터넷방송인가 고개를 갸우뚱하게 될 정도로 미디어 간 융합도 자연스레 이루어지고 있다. 예컨대 '마이 리틀 텔레비전'은 요리뿐만 아니라 의사, 마술사 등 각 분야 전문가가 등장하는데, TV시청자가 실시간으로 참여해서 채팅하는 내용을 고스란히 보는 재미도 있다.

3) 쌍방 공감의 잠재적 법칙

누군가와 식사를 하면서 이야기를 풀어나가면, 맛있었던 '행복한 경험'이 메시지 전달에 상당히 효과적일 수 있다. 설득 심리학의 대가 로버트 치알디니는 '호감의 법칙'[10]을 이야기했다. 호감의 법칙 중 '만찬 기법'이 있는데 만찬을 통해 좋은 이미지와 연결하라는 것이다. 일명 이효리의 '밥 한번 먹자' 같은 것이다. 이것은 사람들은 식사시간 중에 접촉한 사람이나 대상을 더 선호하는 경향이 있다는 것을 반영한 법칙이다. 음식은 좋은 기분이라는 심리적 반응을 유발하므로, 좋은 음식을 연결하면, 어떠한 대상도 그에 대한 좋은 감정과 긍정적인 태도를 유발할 수 있다는 것이다. 먹방을 통해 만찬에 초대된 시청자는 출연자에 대해서 호감을 갖게 되고, 또 그런 프로그램이 히트할 가능성이 크게 된다.

4) 무겁지 않고 호기심이 있고 소통하고 즐긴다

세상이 점점 디지털화되어 가면서 사람들은 깊이 있는 사고 판단보다 찰나의 감성적 판단에 익숙해진다. 왜냐하면, 살면서 너무 많은 정보처리의 부담을 덜고 싶기 때문이다. 정보처리를 한다는 것은 그만큼 많은 에너지를 소비하고 스트레스를 받으므로 피하고 싶은 것이다. 따라서 자신의 업무나 어쩔 수 없는 신뢰 관계에서 탈피하고 싶어서 하기 마련인데 그것이 발달한 미디어로 가능하게 되었고 사고가 필요 없이 감성으로 판단할 수 있는 생활에 가장 필요한 대상이 바로 먹는 것이고 이것을 보여주는 것이 먹방이기 때문에 관심을 끄는 데 성공할 수밖에 없는 것이다.

9) The PR consulting, [미디어 엿보기] 요즘 먹방이 대세인 이유? 2015년 6월 17일.
10) 치알디니, 설득의 심리학, 21세기북스, 2002년.

그리고 유명인이나 호감가는 사람들을 통한 즐거움도 함께 있어 더욱 더 긍정적인 공감을 유발하게 되는 것이다. 사회가 암울하고 답답할수록 사람들은 스스로의 정서를 '긍정적인' 방향으로 바꾸기 원하기 때문에 말초신경을 자극하는 '맛'에 더욱 탐닉하게 되고, 맛있는 음식을 먹는 '행복감'을 통해 긍정적인 정서를 감정 이입(Empathy)하기 원하기 때문이다.

5. 먹방 성공에서 배우는 외식마케팅

「당장 유튜브와 인스타그램」을 시작하라!

지금은 MCN(Multi Channel Network, 다중채널 네트워크)의 시대다. 본서의 저자도 유튜브 크리에이터이다.11) 외식기업은 훨씬 더 활용하기가 쉽다. 왜냐하면, 항상 콘텐츠를 창조해야 할 부담이 적기 때문이다. 있는 메뉴의 소개부터 나만의 비법, 어제 왔던 고기 이야기, 사장으로서 느끼는 점, 종업원으로서 느끼는 점 등을 가벼운 이야기부터 담담하게 담아내면 된다. 다만 다음은 꼭 지켜야 한다. 우리 외식기업의 스토리텔링을 「담백하게」, 「꾸준하게」, 「솔직하게」, 「정성스럽게」, 「신속하게」 소통하는 것 등이다. 보다 구체적으로 살펴보자.

1) 호기심을 유발하라!

외식기업 자신의 고객들이 공유하고 싶은 영상을 만들어야 한다. 공유는 호기심이 기저에 있다. 호기심은 바로 자기 외식기업의 독특성이고 경쟁력이고 기업정신이다. 그러므로 메뉴마다 공유의 가치를 만들어야 하고 그것을 전달하려고 노력해야 한다. 외식기업들은 먹방과 같은 유명인을 활용할 수 없다. 그렇다면 고객 즉, 동네 아저씨, 아줌마, 학생 등을 활용하면 된다. 명심해라. 만약 그들이 허락하여 유튜브를 제작하여 제공한다면 그들이 전파자가 된다는 것을!

11) [김성일 快 잡설], [김성일 快 퇴직연금] 두 가지 채널 운영 중

2) 유튜브를 통해 의사소통하라!

위의 호기심 유발이 되었다면 언제든지 Q&A를 통해 의사소통해라. 고객 중 우리 외식기업과 관련된 것이 있다면 맞교환해도 좋다. 유튜브의 장점은 영상으로 1:1 대화하는 느낌을 주는 것이다. 물론 콘텐츠를 기획하고 제작하는 과정에서 대화를 염두에 두어야 한다.

3) 일관성을 지켜라!

하나의 일관된 정체성을 유지해야 한다. 그 정체성은 위의 스토리텔링을 「담백하게」, 「꾸준하게」, 「솔직하게」, 「정성스럽게」, 「신속하게」 소통하는 것으로부터 나온다는 것을 명심하라. 보다 기술적으로는 하나의 포맷을 유지하는 것도 방법이고, 톤을 일정하게 유지하고, 지막 스타일도 정해 놓는 것도 좋다. 그러나 외식기업은 그 자체가 스튜디오이고 종사자가 출연자이고 메뉴가 콘텐츠기 때문에 일관성 유지가 더 쉽다. 그러나 이런 마케팅적인 지식이나 철학이 있어야만 하는 것은 당연하다.

4) 꾸준함으로 승부하라!

제발 대박이란 말은 하지 말라. 절대 고비용으로 유튜브 동영상을 만들지 말라. 돈을 많이 들일수록 시간 낭비가 많아지고 꾸준함을 유지하기는 거의 불가능에 가깝다. 따라서 「가볍게」, 「일상적인 것」, 「쉽게」 만들어 유튜브에 영상을 정기적으로 올리겠다고 생각하는 것이 중요하다.

5) 근처 외식기업과의 컬래버레이션하라!

외식기업은 집객마케팅이다. 그 다음 고객만족을 통한 경쟁이다. 집객까지는 서로 컬래버레이션 해야 한다. 따라서 유튜브 동영상 제작을 컬레버레이션 하라. 이래야 한 기업이 부담하는 부담을 줄이고 고객 공감의 확대를 통한 집객효과는 더욱 더 커진다. 이것을 세계적으로 할 수도 있다. 예컨대, 한국 짬뽕, 일본 짬뽕 중국 짬뽕집 먹방 동영상을 만들어 공유하면 되는 것이다.

6) 상상하라. 생각보다 쉽다!

유튜브를 너무 어렵게 생각하지 말라. 저자도 혼자서 2개월 배워 콘텐츠 제작, 채널 개설, 촬영, 편집, 업로드 등을 다했다. 비록 동영상 질에는 문제가 있을지 모르지만, 아직 충분한 조회수가 나오지 않을지 모르지만, 충분히 만들고 공유할 수 있다. 비용은 아주 저렴하다. 촬영은 지금 들고 다니는 핸드폰으로 하고, 편집기는 월 5천 원 비용을 내는 키네마스터로 하고, 그리고 더 들어가는 비용은 월 1만 원 정도다. 도전하지 않고 노력하지 않는다면 외식경영도 하지 않는 것이 차라리 낫다.

7) 유튜브와 보완적으로 사진 기반 SNS를 적극적으로 활용하라!

인스타그램, 핀터레스트, 네이버 폴라, 다음카카오 플레인 등 사진 기반 소셜네트워크서비스(SNS)를 유튜브와 함께 활용해야 한다. 마케팅은 의사소통이고 외식마케팅은 특히 고객 의사소통이 전부라고 해도 과언이 아니다. 외식기업 내방 고객이 '인증샷'을 찍은 뒤 인스타그램에 공유하는 이른바 '먹스타그램(먹방+인스타그램)'을 통해 입소문을 끈 제품이나 메뉴의 판매량이 증가하게 되는 것이다. 그래서 "먹거리, (사진)찍히면 팔린다"가 핵심 경쟁력이 된다.[12)]

커피전문점 드롭탑은 신메뉴 출시를 위한 회의에서 맛과 함께 '사진을 찍으면 어떤 모습이 나올지'를 중점적으로 평가하고 있다. 지난해 출시한 프리미엄 테마 커피 3종 중 겉모습이 가장 화려한 메뉴였던 '메이플라떼'의 판매가 다른 메뉴보다 두 배 이상 높다는 것을 확인한 뒤부터다.

빙수 전문점 설빙과 케이크 전문점 도레도레는 화려한 메뉴가 눈길을 끌어 성공한 사례다. 설빙은 얼음이 보이지 않도록 딸기를 듬뿍 올린 '딸기 설빙'이 화제를 모았다. 이 메뉴는 출시 후 보름 만에 10만 그릇이 판매됐다. 설빙이 빠른 확장을 하는데 기여한 메뉴로 꼽힌다. 도레도레는 일곱 가지 색깔을 선명하게 표현한 '무지개 케이크'로 화제를 모은 뒤 최근 개점한 현대백화점 판교점에 입점했다.

사진 기반 SNS가 마케팅 수단으로 주목받는 것은 소비자가 올리는 대부분의 사진

12) 한국경제, 먹거리, 찍히면 팔린다…인스타그램 등 사진 SNS, 식품·외식 새 마케팅 수단으로, 2015년 9월 17일.

과 글이 긍정적인 반응을 담고 있기 때문이다. 사진 기반 SNS에서 공유되는 내용은 음식에 대한 불만보다는 맛있는 음식을 먹었다는 '자랑'인 경우가 많다. 뽐냄 마케팅이다. 본서는 이것을 '하고 집이' 촉진이라고 부른다. 고객이 참여하고, 경험하고, 공유하고, 리더하는 것을 가치로 여기는 것을 의미한다.

자 외식기업의 마케팅 성공은 여기에 갈수록 더 의존할 것이다. 80:20의 법칙에서 성공하는 20에 들어가기 위해서는 유튜브와 사진 기반 SMS 활용 마케팅은 외식마케팅의 핵심이다.

6. 먹방 비판

'먹방'이 방송과 인터넷에서 폭발적인 인기를 끌고 있는 가운데 가이드라인 제정 추진 사실이 발표되자 역풍이 불었다. 대책을 발표한 보건복지부에 항의가 쏟아졌고, 청와대 청원 게시판에도 반대 여론이 들끓었다. 2018년 7월 기준으로 '먹방과 폭식의 연관성이 없다', '이 정부는 왜 이렇게 개인의 자유를 침해하나' 등 먹방 규제를 반대하는 청원이 40여 건 올라왔다. 특히 '먹방'은 해외로 팔려나가는 '신(新)한류'로 자리 잡았는데, 정부가 수출길을 가로막는다는 지적도 나왔다.[13)]

보건복지부가 내놓은 비만 대책 보도자료에는 '음주행태 개선을 위한 음주 가이드라인, 폭식 조장 미디어(TV, 인터넷방송 등) · 광고에 대한 가이드라인을 개발하고 모니터링 체계도 구축할 계획'이라고 돼 있다. 이 대목이 여론을 자극했다. 정부는 예를 들어 오후 11시 이후 폭식을 유도하는 방송을 자제하게 하거나 고열량 · 저영양 식품의 광고 시간을 제한하고, 포털 사이트와 협의해 인터넷 콘텐츠를 규제하는 방안 등을 다양하게 검토하고 있는 것으로 전해졌다.

먹방을 우려하는 시선도 없진 않다. 밴쯔의 경우 짜장면 10그릇을 13분 만에 해치우며 묘기에 가까운 모습을 보여 주기도 했다. 한 네티즌은 "1인 미디어의 경우 관심을 끌기 위해 갈수록 자극적이고 가학적으로 변해가는 경우가 많다"면서 "이런 비정상적인 콘텐츠 때문에 규제가 필요하다는 이야기가 나오는 것"이라고 했다.

13) 조선일보, 해외선 'mukbang'(먹방)은 고유명사 '먹방 규제' 놓고 시끌, 2018년 7월 29일.

실제 미국에서는 먹방이 식욕과 관련이 있다는 실험 결과도 나왔다. 한 대학 연구팀이 40명에게는 10분짜리 음식 관련 프로그램을, 또 다른 40명에겐 같은 분량의 다큐멘터리를 보여준 뒤 10분 동안 음식을 먹게 했다. 그 결과 음식 프로그램을 본 실험 참가자들이 50㎉를 더 섭취한 것으로 나타났다.

중국의 소셜 미디어인 '웨이보'에 공개된 '마라 불닭볶음면'이 나오는 동영상은 조회수가 60만 건이 넘었다. 삼양식품이 중국을 겨냥해 만든 '불닭볶음면'을 여성 진행자 2명이 나와서 맛있게 먹는 모습을 담았다. 2017년 삼양식품의 전체 매출 4584억원의 45%가 해외에서 나왔다. 먹방 콘텐츠를 통해 한국의 먹거리로 팔려 나가고 있다. 해외 유튜버 사이에서는 떡볶이와 라면, 김밥 등 한국의 음식을 소개하는 콘텐츠가 이미 단골 메뉴로 자리 잡았다. 해외에서는 환호하고 있는데, 정작 정부는 규제 대상으로 보고 있는 셈이다.

이에 대해 식품업계에서는 "한국의 음식, K-푸드는 이미 신(新)한류의 중요한 콘텐츠가 되고 있고, 이는 유튜브나 소셜 미디어 등을 통해 전파된다"고 말한다. 한 식품업체 관계자는 "정부가 자연스럽게 형성된 세계인의 문화를 규제하려고 하는 게 과연 적절한지 모르겠다"면서 "먹방은 이미 한국 음식의 홍보와 수출에 기여하는 바가 크고, 오히려 육성해야 할 신산업"이라고 말했다.

대만 유튜브 먹방 제작자인 아메이(A-May)는 2018년 3월 국내에서 연 유튜브 주최 행사에서 "한국의 먹방을 통해 한국 음식문화가 대만에 소개되고 있다"며 "새로운 한류 효과를 내고 있다"고 했다. 본서는 먹방의 비윤리적, 건강침해적, 객기적 지나친 과장은 단호히 반대한다. 하지만 먹방마케팅 기법을 자사에 맞게 활용한 외식마케팅 의사소통은 향후 외식기업의 마케팅 경쟁력 향상에 필수적일 것이라고 본다. 외식기업들은 SNS 미디어를 통해 이런 외식문화 환경변화에 적응해 나가지 않으면 안 된다는 것을 강조하는 바다. 이것이 외식마케팅 전술의 하나다.

제2장 외식마케팅 「장사 잘되기」 전술

1. 외식마케팅 CEO는 오케스트라 지휘자다

외식마케팅은 규모가 작을수록 마케팅이 경영의 모든 것이 되기 때문에 외식마케팅 전술은 사실 사활을 거는 활동이다. 즉 생명체를 다루듯이 해야 한다. 아기 기르듯이 해야 한다는 말과 같다. 아기를 기를 때 일거수일투족이란 말이 있다. 다 알아야 한다는 것이다. 그것도 스스로의 힘으로. 그래서 외식기업 마케팅전술은 오케스트라의 지휘자와 같아야 한다. 식당 내부뿐만 아니라 식당 외부의 일에 대해서도 다 챙길 수 있는 능력이 있어야 한다. 이를 바탕으로 자신감을 만들어 내야 한다. 하지만 이 지휘는 고객(관객)을 보고 하는 지휘다. 제공하는 음식은 이미 차질 없이 연주되어야 하고 고객을 즐겁고, 기쁘고, 편안하고 만족하게 해야 하는 지휘자라야 한다.

그러기 위해서 가장 우선은 고객들에게 신뢰를 심어 주어야 한다. 신뢰를 주기 위해서는 지휘자 자신이 스스로 즐길 수 있어야 한다. 우리나라에서는 외식업이라고 하면 왠지 고되고, 돈 안 되고, 망하기 쉽고 등과 같은 선입견이 있다. 그래서 외식기업 CEO도 이에 주눅 들어 스스로를 즐겁게 하지 못하니 고객에게 알게 모르게 부담감을 준다면 결코 성공할 수 없다.

방문해 주는 고객을 즐겁게 해 줄 수 있는 것이 장사 잘되게 하는 첫걸음이다. 고객의 즐거움은 매우 디테일한 것에서 나온다는 것도 알아야 한다. 그러려면 하나부터 열까지 꿰뚫고 있어야 한다. 그래야 노하우와 지식이 생기고, 자기 학습 루프가 생겨 진화하는 것이다. 『장사의 신』이란 책의 저자 우노 다카시[14)]가 경험으로 전달하는 말인 "성공에는 지름길이 없어. 무조건 현장에 나가 '어떻게 팔까?' 머리를 쥐어짜내고 고민하는 것 그것이 무엇보다 중요한 거야"를 되새길 필요가 있다.

2. 유행에 대해 외식마케팅 철학을 가져라

외식마케팅의 가장 큰 유혹은 사실 '유행'이다. 현재와 같은 디지털 시대에는 밤새 달라지는 것이 유행이다. 유행은 MNC(Multi-Network Channel)을 타고 유행메뉴 전파, 유행 외식기업, 유행 마케팅 기법, 유행 잠재 고객 개발 등에까지 실로 엄청난 변화를 일으키고 앞으로도 그러할 것이다. 그렇다고 이를 다 좇아갈 필요도 없고 좇아갈 수도 없다. 다만 '돈을 벌어야지'에 급급하여 조바심을 내면 그 외식기업은 유행에 휘둘리게 된다. 그러기 전에 유행은 무섭고 신기루 같은 것으로 생각해야 한다. 어느 날 MNC를 타고 확 붐이 일었다가 어느새 구름같이 사라지는 것을 우리는 누누이 목격해 왔다. 예전에 유행했던 외식기업의 자리를 새로운 유행 외식기업이 차지하고 있는 것을 보면서도 유행이라는 강력한 유혹을 물리치지 못하는 이유는 앞에서도 지적했듯이 '돈을 벌어야 된다'는 강박관념과 입에 달고 사는 '대박 대박 심리의 포로'가 되어있기에 그러하다. 물론 내 메뉴만 지키라는 것은 아니다. 유행에 따라 당연히 변화해야 한다. 다만 우리 외식기업의 정체성을 흔들어서는 안 되는 범위 내의 변화라야 한다. 그러므로 반드시 알아야 할 것은 JND(Just Noticeable Difference: 주목할 만한 차이) 전략이다.

JND는 '차이 임계 값'이라고 일반적으로 불린다. 눈에 띄는 차이 자극으로 인식되는 데 필요한 최소한의 변화량을 나타내는 과학적인 용어에서 나온 것을 마케팅에 활용하는 것이다. 예컨대, 소리가 얼마나 커야 느낄 수 있는 정도일까? 메뉴 가격이 얼마나 올라야 비싸졌다 느낄 수 있는 인상가일까? 음식의 단맛이 얼마나 달아야 느낄 수 있는 정도의 당도일까? 우리 가게 핸드폰 충전 소켓을 몇 개나 설치해야 달라

14) 우노다카시, 장사의 신, 쌤엔파커스, 2012년.

졌다는 느낌을 줄 수 있을까? 등과 같이 차이를 느끼는 임계치를 말한다. 이것이 외식기업에서는 매우 중요한 유행에 대응해 나가는 마케팅전략이다. 마케팅 심리학자들은 인간 행동의 95%가 무의식적인 마음에 의해 통제된다고 밝히고 있다. 유행은 당연히 외식마케팅에 대한 변화를 요구한다. 그러나 그 변화가 JND의 범위를 벗어나면 우리 외식기업의 정체성이나 철학에 대한 일관성에서 이탈하는 경우가 발생한다. 이것은 그동안 쌓아 놓은 마케팅 노력을 한꺼번에 허물어 버리는 매우 위험한 행위가 될 수 있다. 대부분의 외식기업은 규모가 작기 때문에 유행을 좇기보다는 고객의 가치관과 맛과 라이프스타일과 맞는 일반성 혹은 평범성 혹은 일관성 유지에 더 큰 목표를 두어야 한다. 그러나 유행에 둔감해서는 안 된다. 유행의 바람직한 것을 받아들이되 그 범위는 JND 내에서 이루어져야 한다는 것이다. 특히 주의해야 할 것은 불경기 혹은 유행에 밀려 마케팅에 고전할 때 누구나 유행의 유혹을 뿌리치기 힘들다는 점이다. 유행이 아까운 돈을 투자하기보다는 접객에 더 신경 쓰고 단골고객을 더 즐겁게 하고, 단골 고객으로부터 불경기의 공감을 구해내는 마케팅을 하는 것이 훨씬 더 좋다. 그래야 그 고객은 우리의 평생 동반자가 된다.

그러나 이 JND전략은 위와 정반대로 사용될 수 있다. 즉 우리의 외식기업에 변화가 필요하다는 판단을 했다면 철저히 JND 범위를 벗어나는 의사결정을 하여 고객들이 완전히 변화된 가게라는 인식을 단기간 내에 심어 주는 것이 변화 마케팅의 첫걸음이다. 따라서 JND 전략의 슬기로운 활용은 매우 유용한 외식마케팅 전략이다.

사례 JND 범위 내의 수정을 통한 변화[15)]

우리가 알고 있는 대부분의 제품 로고는 사실 JND를 활용해 변화되어 왔지만 일반 소비자들은 잘 인식하지 못한다. 그것이 바로 JND 전략이기도 하다.

펩시 역시 100년이 넘는 세월 동안 열심히 로고를 바꿔왔다. 초기의 펩시콜라 로고는 코카 콜라를 닮았다. 1898년 만들어진 펩시의 첫 로고는 지금과 달랐다. 빨간색으로 화려하게 쓰인 펩시콜라라는 글씨는 코카콜라의 로고와 닮았다. 만들어진 당시 유행에 맞춘 로고 디자인일지 모르겠지만 펩시는 이인자다. 로고마저 코카콜라와 비슷하다면 유사 콜라(?)의 오명을 벗지 못할 것이 분명하다.

1898 1905 1906 1940

위의 빨간 색은 제2차 세계대전에 미국이 참전한 것을 계기로 변화를 주게 되는데 펩시콜라는 기존의 로고에 빨간색과 파란색, 하얀색까지 성조기를 연상시기는 병뚜껑 로고를 만든다. 태극기를 연상하는 펩시가 된 것으로 착각하지는 말아야 한다.

1950 1962 1973

현재의 펩시 로고는 병뚜껑도 박스도 없어지고 동그라미만 남았다. 이를 펩시 글로브(Pepsi Globe)라고 부른다. 더더욱 태극기와 닮게 된 로고 모양 때문에, 전 세계인들이 한국의 평창올림픽 개막식을 보며 펩시를 떠올렸다는 후문이 있었다.

15) https://ppss.kr/archives/177662: 음료 브랜드의 로고 변천사 5, 2018년 10월 24일 by 마시즘에서 요약 발췌

3. 벤치마킹하고 응용하라

외식마케팅에서 꼭 경쟁사가 아니라도 다른 외식기업에 대한 벤치마킹 노력은 매우 중요하다. 왜냐하면, 내가 창조할 능력은 한계가 있으나 모방 · 응용하는 것은 쉽기 때문이다. 이 내용은 본서의 환경분석 중 내부환경 분석에서 자세히 다룬 바 있다. 벤치마킹할 때는 크기, 업종, 거리와 상관없이 하나라도 자사보다 더 나은 외식기업을 벤치마킹하는 것이 중요하다. 물론 잘못하는 외식기업을 보면서 배우는 것도 있겠지만 그러기에는 외식기업 CEO는 시간이 절대 부족하다. 그리고 잘되는 가게를 찾을 안목이나 의지가 없다면 장사에 성공한 외식기업도 경영할 능력이 없는 것과 같다. 다만 본서를 학습하는 학생들은 잘못된 기업 벤치마킹도 꼭 필요하다.

벤치마킹할 때 가장 우선 순위에 두어야 할 대상은 손님들이 고마워하는 외식기업이 있다면 이것을 최고로 쳐야 한다. 고마워한다는 것은 고객이 즐겁다는 것이고 앞에서 나왔던 가치공식 즉 Perceived Vale(인지된 가치)=Perceived Benefit(인지된 혜택)-Perceived Cost(인지된 비용)에서 (+)가 났다는 의미이고 고객은 기꺼이 비용을 낸다는 의미이기 때문에 꼭 벤치마킹해야 한다. 특히 더 강조해야 할 것은 위의 가치공식에서 인지된 비용이 많이 들더라도 – 식재료 원가가 높거나 번화가의 임대료가 비싼 곳에 있더라도 – 인지된 혜택(제공 메뉴에 대한 만족/매장에 대한 청결/제공자들의 친절)을 높이는 데 집중하는 외식기업이 벤치마킹 대상이 되어야 한다. 이것이 시대나 경기나 유행을 불문하고 실질적인 의미에서 고객에게 이득을 주는 외식기업이다. 이것은 만고의 진리다.

제3장

외식마케팅 「인기메뉴」 전술

1. 하루 1시간 이상씩 연구하고 연습하라

혹시 프로야구 경기장을 가본 적이 있는가? 그것도 2시간 전쯤에 가보면 선수들은 매일같이 출근하여 경기 전에 연습을 한다. 여기서 외식기업 CEO는 배워야 한다. 외식기업들은 CEO가 직접 요리를 안 하는 경우도 많고 규모가 클수록 당연히 그럴 것이다. 그러나 그럴 경우도 CEO는 음식을 만들 줄 알아야 한다. 경영만 하고 마케팅만 한다면 그 외식 기업의 장기 성공 가능성은 기약하기 힘들다. 그래서 외식마케팅을 하는 CEO는 음식을 만들 줄 알아야 한다. 규모가 커서 전문 셰프가 있을 경우에도 계속 배우고 아이디어를 내야 한다. 이것은 사실 외식마케팅에만 해당되는 것은 아니다. 이건희 삼성그룹회장은 핸드폰을 수시로 바꾸었다. 시제품이 나오면 먼저 사용해 보기 위해서다. 그 결과로 휴대폰의 버튼 배열을 쉽게 바꾸거나 안테나를 숨기는 기능을 제안할 수 있었던 것도 이 회장의 휴대폰에 대한 관심을 증명했다. 이 회장이 제안해 처음 버튼 배열을 바꿨던 일명 '이건희 폰'은 휴대폰 가운데 처음으로 판매량 1천만 대를 돌파했다. 이와 같이 외식기업 CEO도 당연히 자사가 제공하는 메뉴에 특별한 관심을 가지고 만들 수 있고 개발할 수 있게 연구하고 연습해야 한다. 그리고 변화와 발전의 아이디어는 정해진 사람만 내는 게 아니다. 경영의 진리는 가장 절박한 사람이 가장 획기적인 아이디어를 만들어 내는 법이다. 외식기업에서 가장 절박한 사람은 바로 CEO다. 늘 위기의식을 가지고 경영하고 마케팅해야 한다. 그러니 아이디어가 많을 것이고 그러면 바로 실행해야 한다. 만들어 보고, 테스트하고, 응용하는 것이 중요하다. 여기서 중요한 것은 '이거다'싶을 때 바로 만들어 보는 것이다. 이런 고민하고 깨어 있는 CEO가 아니라면 그 외식기업의 경쟁력은 높지 않을 것이다. 생각하는 것과 그렇지 않는 것은 외식기업 경영의 생사를 가를 수 있다. 생각하지 않는 것은 절대 자기 손에 들어 오지 않는다. 생각을 실현하는 것에 수없이 실패하다 보면 대박도 나온다. 대박은 절대 요행이 아니다. 로또가 아닌 것이다. 대박은 실패를 자양분으로 태어나는 것이다. 그러니 외식기업 CEO가 어찌 연구하고 연습하지 않을 수 있는가?

2. 평범한 메뉴를 특별하게 만들어라

메뉴를 특별하게 만드는 건 고객과의 대화와 이해, 공감과 맛의 감동이다. 그중 먼저는 대화다. 물론 규모가 있는 외식기업에서는 종사자와 고객 간의 대화가 불가능하다. 이럴 때는 간접 대화 수단을 이용해야 한다. 메뉴판도 좋고 간단한 설명자료 배치도 좋다. 그러나 너무 번잡해서는 안 된다. 고객들의 주의를 흩트리는 것은 위험하다. 외식기업은 내방 고객을 즐겁게 해야 한다. 그것에는 평범한 메뉴에 이야기 소재를 제공하는 것도 방법이다. 맛으로 차별도 중요하지만 무언가 다른 독특성으로 차별화하라. 그것이 고객을 즐겁게 하고 스토리텔링의 씨앗이 된다. 그러므로 위에서와 같이 연구하고 연습하고 실험해야 한다. 심지어는 실력이 없어도 아이디어로 잘 팔리는 메뉴를 만들 수도 있다. 사실 앞의 외식마케팅 「먹방」전술도 맛으로 승부하기 보다는 이미지로 스토리텔링으로 승부한다고 봐야 한다. 그러므로 누구나 알고 있고 그렇고 그런 메뉴도 살짝 비틀기만 해도 안타를 칠 수 있다. 늘 홈런만 칠 수 있는 것은 아니다. 1년에 홈런 10개 치는 것보다 안타 30개 치는 것이 더 나은 것이 외식마케팅 성과다. 1년에 안타 30개 치려면 한 달에 3개는 쳐야 한다. 그러므로 프로야구선수들이 매일 연습하듯이 외식 CEO도 하루 1시간씩은 연습해야 한 달에 안타 3개는 칠 수 있다. 이런 전략에서는 번트안타도 안타라는 것을 알아야 한다. 바로 조그만 응용으로 메뉴에 즐거움을 더하는 것이다.

이럴 때 필요한 것이 역발상마케팅 전술이다([사례] 참조). 역발상마케팅 전술이란 '거꾸로 생각해 보기'다. 이것은 창의력이라기보다는 발상법 전환이다. 역발상으로 안타를 치는 것은 기존의 방식, 상식, 통념을 다르게 생각해 보는 것이다. 그렇게 해서 이제까지 누구도 생각해 보지 못한 기발한 마케팅 요소를 찾아 내는 것이다. 외식마케팅 전술에도 이것은 그대로 적용된다. 이런 역발상마케팅은 첫째, 메뉴나 인테리어나 메뉴 제공 방법에서 독특한 아이디어나 참신한 마케팅 기법으로 고객들의 호기심을 자극하며, 주의 및 시선 집중의 어필 효과가 있다. 이러한 스포트라이트로 인해 안타를 친다면 해당 외식기업이나 메뉴는 단숨에 대박(홈런)을 치기도 한다.

둘째, 외식기업 브랜드나 메뉴 이미지 형성에 결정적 역할을 한다. 과거에는 전혀 예상하지 못했던 콘셉트와 재치 있는 마케팅 기법으로 고객의 시선을 이끌고 고객에게 독특한 경험을 전하기 때문에 기억에 오래 남을 가능성이 커진다. 고객의 마음 속에 각인되는 독특한 브랜드 이미지는 해당 기업의 브랜드 파워를 증대시키는 지름길이다.

셋째, 두 번째 역발상마케팅에 성공했다면 요즘은 MNC(Multi-Network Channel)을 통한 전파는 고객들의 몫이다. 외식기업은 최소한의 투자로 최대의 효과를 발휘할 가능성이 매우 크다. 따라서 감동과 잊히지 않는 인상을 주어 마니아를 가장 빨리 만들어 내기도 한다.

넷째, 역발상 외식마케팅 전술은 당연히 선두 주자 자리를 차지한다. 대부분의 성공을 거둔 역발상은 시장 선두 주자가 된다. 특히 불황기에 남들이 하지 않는 것을 과감히 시도해 독특한 차별 포인트를 확보한 메뉴를 만들거나 외식기업 이미지를 만들어 낼 경우 상당한 선점 효과를 누릴 수 있다.

사례 역발상마케팅 사례16)

'두부는 꼭 네모이고 우유는 항상 하얀색이어야 할까?' 최근 이러한 사회적 통념에 의문을 가지고 역발상 · 거꾸로 마케팅 전술을 선보이는 기업들이 늘어나고 있다. 역발상 · 거꾸로 마케팅이란 기존의 고정관념을 탈피하는 역발상의 아이디어를 마케팅에 활용하는 것이다.

식품 분야의 대표적인 예시로는 롯데제과의 '수박바'가 있다. '수박바'는 1986년 출시돼 31년이 지난 지금도 매년 150억 원 이상의 매출을 내고 있는 장수 인기 제품이다. 롯데제과는 오래 전부터 아이스크림의 수박 껍질 부분에 해당하는 초록색 부분을 늘려달라는 소비자들의 의견을 반영하여 '거꾸로 수박바'를 출시했다. '거꾸로 수박바'는 이름처럼 기존 '수박바'의 멜론, 수박 맛의 빨간색 부분과 딸기맛의 초록색 부분의 위치를 바꾼 아이스크림이다. '거꾸로 수박바'는 빠르게 소비자들의 이목을 끌었고 출시 하루만에 10만 개, 그리고 한 달 만에 300만 개가 넘게 판매되었다. 롯데제과 관계자는 소비자와의 소통과 매출 증가를 함께 이룰 수 있어 의미 있다고 전했다.

세계적인 가전제품 회사인 'LG'는 러시아에 에어컨을 수출하며 거대한 시장을 잡았다. 러시아는 영하 50도까지 내려가기 때문에 흔히들 에어컨이 필요 없을 것으로 생각한다. 하지만 'LG'는 러시아에도 4개월의 여름이 있다는 사실과 추위에는 적응했지만, 더위에는 적응하지 못한 러시아인들의 특성을 파악하여 다른 기업들보다 빠르게 러시아의 에어컨 시장에 진출했다. 덕분에 현재 러시아 가전 시장에서 'LG'의 세탁기와 냉장고는 확고한 1위를 차지하고 있고 생산량은 해마다 30% 이상씩 증가해 TV, 냉장고, 세탁기의 10년간 누적 판매량이 3,200만 대를 넘겼다. 또한, 러시아 상공회의소가 2년마다 실시하는 '러시아 국민 브랜드 조사'에서 국민 브랜드로 선정되는 성과를 거두었다.

또한, 의류분야에서도 역발상마케팅이 적극적으로 활용되고 있다. 유니클로는 기존의 패션 브랜드들이 여름철 땀의 불쾌함을 해결하는 상품의 기술적인 장점을 홍보하는 데 집중한 것과 달리 땀의 가치를 재해석해 전하는 생활밀착형 마케팅을 진행했다. 유니클로는 '도레이'(Toray)와 '아사히 카세이'(Asahi Kasei)와 공동으로 머리카락의 1/12 굵기의 극세사 섬유로 만들어진 신소재 이너웨어를 개발하여 '에어리즘'(AIRism)을 선보였다. 이것은 격한 운동이 없어도 성인 하루 평균 800cc 이상의

16) 소비자평가, 생각을 뒤집자…역발상마케팅 고정관념에서 벗어난 신선한 충격, 2017년 9월 2일.

땀을 배출한다는 것에 착안해 기존의 이너웨어보다 빠른 땀 흡수율과 드라이 기능을 갖추었다.

이외에도 매일유업의 '바나나는 원래 하얗다.' 광고, 한국야쿠르트의 '얼려 먹는 거꾸로 요구르트' 등의 다양한 역발상마케팅이 있다. 사람들이 미처 상상하지 못했던 제품들을 선보여 신선한 충격을 제공하며 많은 이목을 집중시키는 효과를 내고 있어 주목할 만한 마케팅 전략이라고 평가된다.

3. 'R'의 공포 속에서 강한 메뉴는 따로 있다

'R'의 공포 속에서 강한 메뉴는 바로 그 고객이 가장 자주 골랐던 메뉴다. 앞으로 한국은 'R(Recession: 경기침체)'의 공포 속으로 빠져들 개연성이 농후하다. 경기 침체를 뜻하는 또 다른 단어인 디프레션(Depression)의 앞 글자를 따서 'D의 공포'라고 부르기도 한다. 경기가 침체에 접어들면 살림살이를 팍팍하게 만드는 여러 악재가 이어진다. 기업의 영업활동이 저하되고, 투자와 고용이 줄면서 실업자가 늘어난다. 구매력이 약해진 소비자들은 지갑을 닫게 된다. 공급이 수요를 초과함에 따라 재고가 누적되고, 상품 · 서비스 가격 하락으로 이어지기도 한다. 이런 상황이 이미 벌어졌고 앞으로 심화될 것이다. 그 이유는 인구축소=시장축소가 전세계적으로 현실화되고 특히 우리나라는 극초저출산국가(UN이 정한 합계출산율 1.0명 이하)로서 인구축소가 급격히 일어나서 앞에서 설명했듯이 향후 'R'이나 'D'의 공포, 이것에 따른 'J(Jobless)의 공포'가 만연할 수 있다.

이럴 때는 외식기업을 찾아오는 고객들은 한가하게 5분이고 10분이고 메뉴를 보면서 느긋하게 고를 심적 여력이 거의 없다. 느긋하게 시간을 들이지만 결국 선택은 기존에 익숙하던 메뉴 선택에 이를 가능성이 매우 크다. 즉 그 외식기업의 '간판 메뉴'가 선택될 가능성이 크다. 누구나 알고 있고 언제든 맛나게 먹을 수 있는 그 외식기업의 대표 메뉴를 우선적으로 선택하게 된다. 이것이 바로 'R'의 공포 속에서 강한 메뉴가 되는 것이다. 혹시 자사의 메뉴에 변화를 주고 싶거나 주어야만 할 때는 요사이 먹방이나 외식방송이나 유튜브나 인스타그램을 검색해서 불경기에 유행하는 메뉴가 무엇인지 찾아내어 그것과 우리 전통메뉴와 접맥시키는 노력도 아울러 해야 한다. 왜냐하면 'R'의 공포 속에서 강한 메뉴는 저력있는 메뉴라는 간접적 증명이 바로 이런 멀티채널 노출이 된다. 또 한 가지는 자사의 과거 메뉴 중 인기 있었던 것을 현대적 재해석으로 복고시키는 것도 방법이다. 경기가 어려워지면 인간은 누구나 과거가 행복했다고 생각한다. 어린 시절 음식은 고객들의 장기기억(Long-Term Memory)에 남아 있기 마련이고 이것을 자극하는 외식마케팅 전술이 필요하다. 이럴 때 필요한 것이 핵심 고객에 대한 레트로 마케팅(Retrospective Marketing, 복고 마케팅) 즉 추억마케팅 전술이 필요하다. 물론 모든 사람이 모두 좋은 추억을 먼저 떠올리지는 않겠지만 보통 사람들은 과거를 회상할 때 좋은 경험만 기억하려는 습성이 있다. 그 시기를 아름답게 포장하려는 경향이 있는데 이것은 무드셀라 증후군(Mood Cela Syndrome)이라 한다. 일종의 퇴행 심리인데 나쁜 기억들은 가능한 한 다 지우고 본인이 기억하고 싶은 부분만 기억하는 행동이다. 외식소비도 그런 추억을 다 가지고 있다. 만약 앞으로 'R'의 공포가 지속된다면 즉 경기침체기가 본격화된다면 이런 추억마케팅은 외식기업에 매우 좋은 외식마케팅 전술이 된다.

하루만 지나도 새로운 외식기업과 외식 메뉴가 쏟아지는 요즘에 빠르게 변하는 트렌드와는 반대로 과거와 추억을 그리워하는 소비자가 늘어나는 것도 사실이다. 아무리 유행하고 새로운 것이 트렌드라고 하더라도 한동안 본 적이 없는 메뉴들을 아주 오랜만에 마주했을 때 그 익숙함 안에서 우리는 최근 트렌드에서 느끼지 못했던 더 큰 만족감을 느끼게 된다. 그 시대의 향수를 불러일으키고 사람 냄새를 풍기며 소비자의 추억을 자극하는 하나의 감성마케팅 전술이다.[17)]

레트로 마케팅의 가장 큰 장점은 이미 잘 알려진 추억이나 향수를 불러일으켜 외식기업의 메뉴나 제공방법이나 서비스에 접목함으로써 고객들의 추억을 소환하여 반가움과 기억과 동의를 얻어내는 것이다. 그러므로 기존 고객들에게는 향수를 일으키고 추억을 자극할 수 있고 새로운 소비자들이 그들이 한 번도 접하지 못했던 새로움과 독특함을 함께 느끼게 할 수 있다. 하지만 매우 주의할 점은 레트로 마케팅

17) https://www.allenchung21.com/weeklycolumn/20170714에서 발췌

을 통하여 단순히 추억이나 향수만을 재현하는 것은 아무런 의미가 없다. 지금의 시점에서 이러한 마케팅이 지금 현재와 잘 어우러질 수 있는지 분석하고 기존의 추억과 함께 융합하여 나아가야만 불황기 외식마케팅에 성공할 수 있다.

제4장 외식마케팅 「광고」 전술

1. 전단지를 뿌리지 말라!

마케팅의 기본 활동은 크게 두 가지로 나눈다. 운영활동(Operation Task)과 의사소통활동(Communication Task)이다. 그 중 의사소통활동이 선행되어야 한다. 모든 소비의 첫 출발은 대부분 인지로부터 나온다. 그러므로 소비 대상에 대해 알지 못하면 거래가 일어나기는 매우 힘들다. 그래서 의사소통활동이 중요한데 의사소통은 인지로부터 시작된다. 이런 인지를 높이기 위해 외식기업이 가장 흔히 사용하는 것이 사실 전단지다. 특히 개업 초기는 늘 그렇게 전단지를 뿌린다. 그러나 전단지는 의사소통 수단이 아니라 단발마적인 자기 절규라고밖에 할 수 없다. 할인이나 개업 기념 선물 증정이 고객을 처음에는 불러들이기는 해도 의사소통이라고 볼 수 없다. 더 중요한 것은 전단지를 통해 온 사람에게 무엇이든 추가 대접을 해서 감동시키고 즉각 단골로 만들고 그들이 구전효과(Word of Mouth Effect)를 창출하게 하는 전략이 없이 전단지만 뿌린다는 것은 거의 요행을 바라는 것이고 남들도 하니까 나도 한다는 식에 불과하다. 전단지를 뿌리지 말라는 말이 아니라 전단지를 통해 오는 고객들을 재방문하게 할 수 있는 전략하에 뿌리라는 것이다. 우리나라 외식마케팅 전술에는 이런 심도있는 고려가 너무 부족하다.

오히려 전단지 배포는 공해만 유발하여 전단지를 뿌리는 외식기업에 대해 부정적인 이미지를 형성할 수 있다는 점을 반드시 염두에 두어야 한다. 열에 여덟, 아홉은 곧바로 쓰레기통으로 들어간다. 길에 마구 버려지는 경우도 흔해 눈살을 찌푸리게 한다. 이렇게 되면 전단지를 뿌리는 외식기업의 브랜드 손상만 가져오기 십상이다. 도시경관을 해치거나 환경공해를 일으키지 않도록 절제된 전략이 필요하다. 또 받는 사람을 불쾌하게 만들지 않도록 노력할 필요가 있다. 난잡하게 만든 전단은 역효과를 낼 수도 있다. 전단의 잠재력을 살리려면 필요한 사람에게 적절한 방법으로 전달하는 게 중요하다. 허공에 뿌리는 전단은 무용지물의 쓰레기가 될 뿐이다.

2. 소셜 미디어 판촉은 필수다!

소셜 미디어 판촉은 전단지 홍보 회수율의 10배에 가까운 성과를 낸다. 미국 시장조사기관인 퓨 리서치(Pew Research)가 세계 27개 국가를 대상으로 조사한 결과 스마트폰을 사용하는 사람들의 비율이 가장 높은 국가는 우리나라로 나타났다([그림 7-1] 참조).

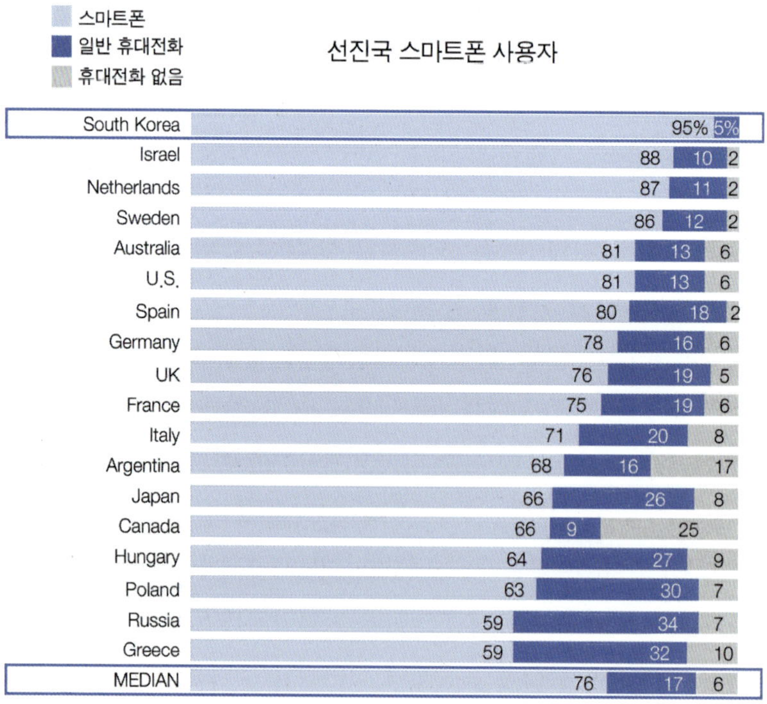

자료: KBSNews, 2019년 2월 11일

그림 7-1 선진국 스마트폰 사용자

우리나라의 휴대전화 보급률은 100%로 나타났고 이 가운데 스마트폰 사용자들이 95%를 차지해 조사 대상 국가들 가운데 스마트폰 보급률이 가장 높았다. 이는 선진국의 중간값인 76%보다 20% 포인트 가까이 높은 수치이다. 물론 표본조사기는 하지만 휴대전화를 사용하지 않는 사람이 없는 유일한 국가로 분류됐다.

두 번째로 스마트폰 보급률이 높은 국가는 이스라엘로 휴대전화 소유자의 88%가 스마트폰을 사용하는 것으로 집계됐다. 이밖에 네덜란드, 스웨덴, 호주, 미국, 스페인이 80%대의 스마트폰 보급률을 기록했다. G3 경제 대국인 일본은 스마트폰 보급률이 66%로 캐나다와 아르헨티나보다도 낮은 것으로 조사됐다. 선진국 그룹 가운데는 러시아와 그리스가 59%를 기록해 가장 낮은 편에 속했다([그림 7-2] 참조).

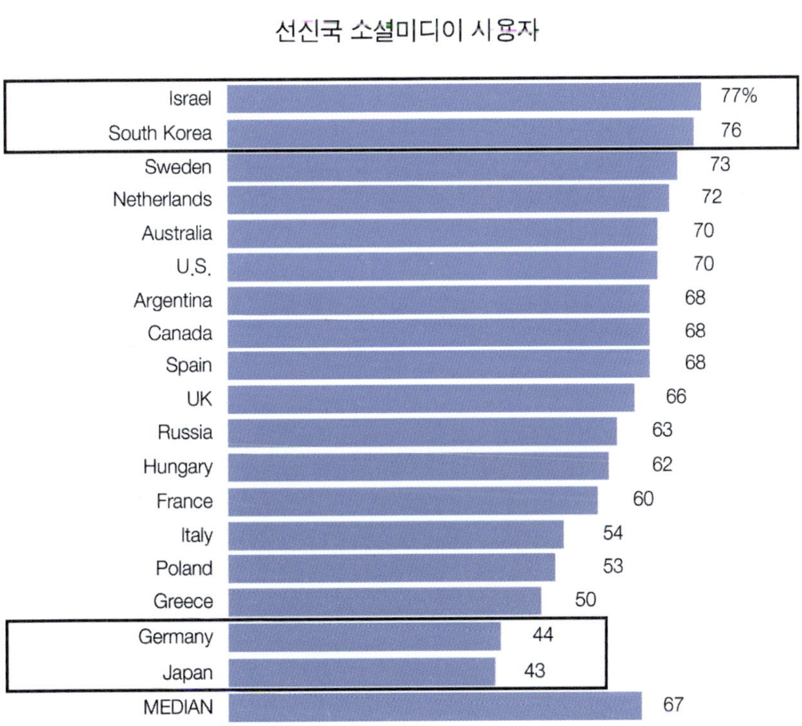

그림 7-2 선진국 소셜미디어 사용자

페이스북이나 트위터, 유튜브 등 소셜 미디어 사용자 비율은 같은 국가 그룹 안에서도 큰 차이를 보이는 것으로 나타났다. 선진국 그룹에서 소셜 미디어 사용자 비율이 가장 높은 국가는 이스라엘로 18세 이상 성인 가운데 77%가 소셜 미디어를 사용하는 것으로 나타났다. 우리나라는 76%로 2위를 기록했고 스웨덴과 네덜란드가 각각 73%와 72%로 3위와 4위에 올랐다.

모바일 시대에 접어들며 외식마케팅 전략은 당연히 스마트폰을 활용한 광고전략을 포함시켜야 한다. 스마트폰을 활용하여 '먹방' '미쉐린 가이드' 등으로 소비자 입맛이 높아지고, 불황으로 지갑이 얇아지면서 외식을 할 때 이왕이면 맛집을 찾는 이들이 많아졌다. 맛집 추천 앱 등 '큐레이션 서비스'가 대중화된 배경이다. 맛집 추천 앱은 주로 소비자의 블로그 후기나 SNS 회자 빈도 등을 기준으로 선정하기 때문에 SNS를 통한 바이럴(입소문) 마케팅은 필수다. 대표적인 것이 모바일 앱을 활용한 광고다.

예컨대 '배달의 민족'의 경우 '월간 활성 이용자 수(Monthly Active Users; MAU)가 2019년 초 약 1,030만 명을 기록, 배달 앱 최초로 1,000만 명을 돌파했다. 2010년 6월 배달의 민족 서비스 출시 이래 약 9년 만의 성과다.[18)]

배달의 민족 MAU는 앱 출시 2년 만인 2012년 100만 명을 돌파한 이래, 2014년 300만 명, 2017년 500만 명에 이어 2018년 말에는 900만 명을 넘어서는 등 꾸준한 증가세를 이어 왔다. 배달의 민족 월간 주문수도 2019년 4월 말 현재 약 2,907만 건으로, 3천만 건에 근접하고 있다. 하루 평균 100만 건, 매일 100만 가구가 배달의 민족을 통해 한끼 식사를 해결하는 셈이다. 배달의 민족 주문 수는 2015년 5월 500만 건, 2017년 1월 1,000만 건, 2018년 7월 2,000만 건 등 매년 급증하고 있다([그림 7-3], [그림 7-4] 참조).

18) Platum, 배달의 민족, 월 이용자 수 1000만, 2019년 5월 2일.

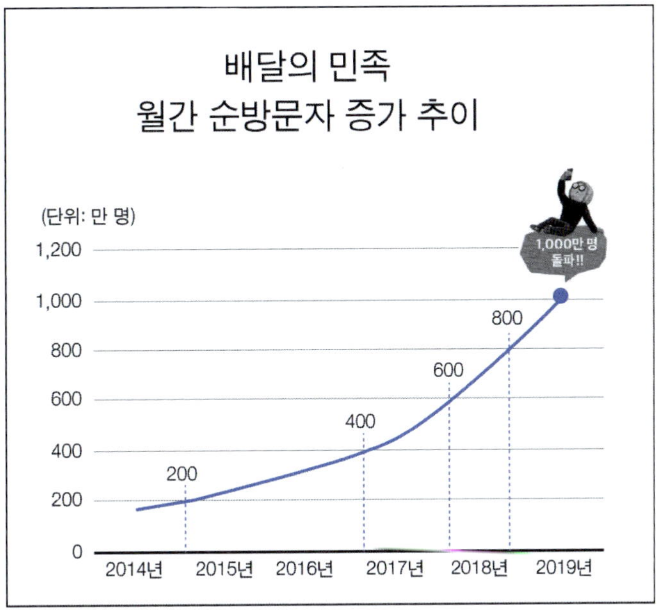

그림 7-3 배달의 민족 월간 순방문자 증가 추이

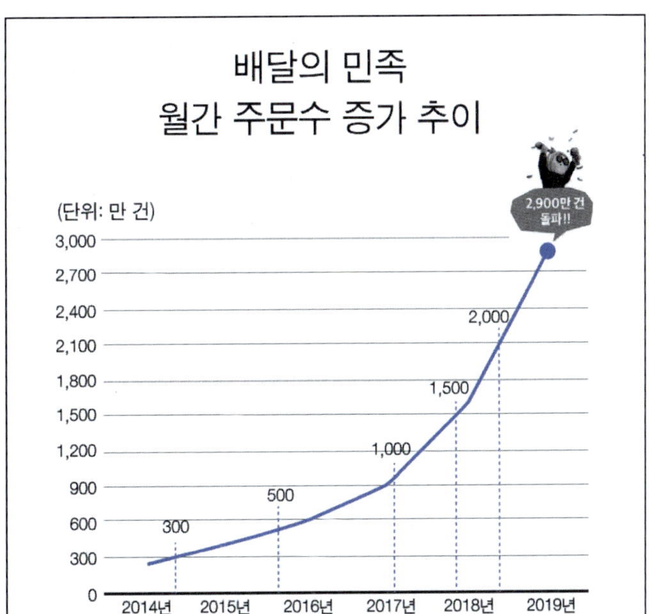

출처: 우아한형제들

그림 7-4 배달의 민족 월간 주문수 증가 추이

배달의 민족 이용자 및 주문 수 증가와 함께 외식업 자영업자들의 매출도 늘고 있다. 2018년 한 해 동안 배달의 민족을 통해 거래된 금액은 전년 대비 73% 늘어난 5조 2천억 원에 달했다. 업주 1인당 배달의 민족을 통한 월 평균 매출액도 1년 전에 비해 30% 증가했다.

물론 외식기업 입장에서 보면 배달 앱 수수료가 문제가 될 수 있다. 배달 앱 수수료는 업체마다 다르다. 시장점유율 1위 업체 배달의 민족은 가맹점주로부터 기본 광고비 월 8만 원과 건당 외부결제수수료로 3%를 받고 있다. 2위 요기요의 수수료는 12.5%의 중개료와 3%의 외부결제 등 총 15.5%에 달한다([그림 7-5] 참조).

브랜드	광고 및 수수료	내용
배달의 민족	슈퍼리스트	비공개, 차순위+1,000원 낙찰
	울트라콜	8만 원(2016년 1월 60%) 인상
	외부결제수수료	3.3%
	부가세	별도
요기요	우리동네플러스	공개, 최고가격 낙찰
	월정액제	7만 9,900원
	중개수수료	12.5%
	외부결제수수료	3.0%
	부가세	별도
배달통	프리미엄플러스	비공개, 차순위+1,000원 낙찰
	프리미엄 캐시백	월 7만 원
	프리미엄	서울 · 경기 · 광역 월 5만 원
		그 외 지역 월 3만 원
	중개수수료	2.5%
	외부결제수수료	3.0%
	부가세	별도

자료: 한국소비자단체 협의회, 경향신문, ['배달 천국'의 민낯](1)"1만5000원짜리 치킨 한 마리, 배달 앱 수수료 최대 2325원", 2018년 7월 25일

그림 7-5 주요 배달 앱의 광고료 및 수수료

물론 배달 앱 수수료와 광고비에 따른 자영업자들의 부담은 소비자들에게 배달음식 가격 인상 부담으로 이어지고 있다. 최고 12.5%에 달하는 배달 앱의 과도한 수수료와 '입찰식 광고'가 개선되는 것은 마땅하다.

장거리 배달의 경우 배달료가 늘어나 중개수수료, 광고료 등을 떼고 나면 남는 게 없어 고객들에게 배달료를 전가하는 경우도 생길 수 있다. 즉, 배달 앱 관련 비용이 '배달 유료화'를 부채질하는 한 이유가 됐을 가능성이 제기되는 것이다. 현재 배달 앱 업체들의 입찰방식 광고 상품은 광고료 인상을 더욱 부추기고 있고, 수익을 맞춰야 하는 외식업주들은 음식 가격을 인상하거나 기존에 무료로 제공하던 서비스를 유료화하는 등 소비자에게 그 피해가 고스란히 전가되는 상황이다. 그러나 외식기업 CEO 관점에서 이런 모바일 앱을 활용하지 않을 수 없으므로 익숙해질 필요가 있다. CEO가 운영만 잘한다면 페이스북, 트위터, 블로그, 인스타그램 등도 얼마든지 무료다.

단 SNS를 잘못 활용하면 오히려 독이 될 수도 있다. 고객 멤버십 프로그램인 할인 혜택 제공 문자 메시지는 너무 자주 보내면 소비자가 스팸으로 느끼기 십상이다. 마음이 급하더라도 일주일에 1~2회 정도만 보내는 게 적당하다. 또 매장을 방문한 지 너무 오래된 고객보다는 얼마 전에 방문한 고객에게 문자를 보내는 게 더 유리하다. 그래야 해당 매장을 금세 떠올릴 수 있기 때문이다.

3. 공모마케팅 전술을 활용하라!

공모마케팅의 전제는 자사 고객들의 명함부터 챙겨야 한다는 것이다. 그리고 명함스캐너나 앱을 통해 전화번호나 이메일 리스트를 정리해야 한다는 것이다. 그런 다음 할 것은 너무 많다. 그것이 SNS 마케팅의 기초이고 외식기업의 보물창고다. 그것은 고객과 평생 동반자 관계구축의 토대라고 생각해야 한다. 그런 것 중의 하나가 공모마케팅이다. 특히 메뉴 개발, 매장 리뉴얼, 종업원 서비스 개선사항 도출 등에 결정적인 것이 공모 마케팅이다. 보다 구체적으로 살펴보면 공모마케팅은 모바일폰 번호만 알아도 '최소 비용, 최대 효과'를 올릴 수 있다. 신메뉴 개발, 신메뉴 이름 짓기, 기존 메뉴 개선사항 찾기 등 매우 다양하게 활용할 수 있다. 이런 공모마케팅의 효과는 첫째 고객 참여 홍보효과다. 외식기업 같은 소규모 기업에서 공모마케팅을 한다는 것은 가당치 않다고 생각하는 것이 가당치 않다. 그리 큰 일이 아니다. 몇 명 몇 십명의 고객참여만 있어도 되는 것이 외식기업 공모마케팅이라고 생각해야 한다. 그들이 참여하는 공간은 소셜 네트워크를 활용하면 거의 비용이 안 들지만, One-to-One 의사소통이 공모마케팅을 통해 가능하다. 둘째, 메뉴를 팔아 놓고 만드는 마케팅이다. 만약 공모에 참여한 고객들이 있다면 그들에게 공짜 시식을 하더라도 그들은 매우 적극적인 홍보를 안 할 수 없다. 그들은 자랑하고 싶고 오피니언 리더가 되고 싶어 어디든 알리고 다닌다. 그럴 때 마케팅효과는 극대화되는 것이다. 그러므로 그들의 의견을 반영하여 메뉴를 개발하거나 개선했다면 그 자체로 외식마케팅의 다양한 팁을 이미 확보한 것이고 이미 팔아 놓은 것이나 다름없다. 셋째, 신규고객확보 전략의 일환이 될 수 있다. 현재 우리 고객이 아니더라도 저렴한 비용으로 지역 잠재고객 데이터를 확보하여 공모마케팅을 진행한다면 외식기업이 제공하는 메뉴에 조금만 관심이 있더라도 참여유도가 매우 쉽다. 바로 소셜 네트워크의 힘이다.

소셜 네트워크 활용한 공모마케팅의 최대 장점은 다양한 응모안을 저렴한 비용으로 접할 수 있다는 점이다. 비록 원하는 방향의 응모안이 접수되지 않아서 대상을 선정하지 못한다 하더라도 다수 응모자의 다양한 의견을 들을 수 있다는 것이 공모마케팅의 특징이다. 공모마케팅 성공의 조건은 첫째, 참여에 대한 적절한 보상이다. 가능한 한 무료 시식권이 좋다. 둘째, 당선 선정절차는 공정해야 한다. 가장 좋은 방법의 하나는 참여자들끼리 자기 외의 공모아이디어에 투표하는 방식이면 된다. 셋째, 반드시 공모를 통해 메뉴가 만들어지거나 개선되었다는 것을 고객들에게 의사소통해야 한다. 그래야 다음 공모를 기대하게 하고 참여유도와 호기심 유발도 가능하다.

제5장 외식마케팅 「단골」 전술

1. 이름 외기에 집중하라!

이것은 동서고금을 막론하고 접객의 기본 중의 기본이다. 간단하면서도 외식기업이 고객의 마음을 잡는 방법 중 가장 일반적이고 역사적인 것이다. 물론 대형 외식기업에는 적용되기 힘든 면이 있지만 이럴 경우는 소셜 네트워크로 할 수 있는 방법도 얼마든지 있다. 이 경우 가장 조심해야 하는 것은 개인정보 보호법을 건드리지 않아야 하고 고객의 기분을 나쁘게 하지 않아야 한다. 그러므로 풀네임보다 성과 직책으로 외우는 데 집중하는 것이 더 바람직하다. 이것은 중소규모 외식기업에도 그대로 적용된다. 예컨대, 1번 테이블에 ㅇㅇㅇ씨가 무슨 무슨 메뉴 주문입니다 보다 "ㅇㅇ박사님"이 1번 테이블에서 무슨 무슨 주문했습니다가 낫다는 의미이다. 모처럼 어떤 외식기업에 가서 테이블에 앉았는데 "박상무님 오랜만이네요" 하면 기분이 어떻든가?

외식마케팅에서 인사는 버선발로 뛰어나가듯 해야 한다. 아니면 늘 그런 마음이라도 가지고 있어야 한다. 결국, 정성이다. 옛말에 정성이 모든 것의 시작이요, 끝(誠者 物之終始)이라 했다. 그런 정성이 고객에게 적절하게 전해지기만 해도 내 편 만들기의 반은 성공한 셈이다. 버선발 마케팅의 핵심은 고객의 이름을 제대로 기억하고 불러주기부터다. 김춘수의 '꽃'이란 시를 아는가? "내가 그의 이름을 불러주기

전에는 그는 다만 하나의 몸짓에 지나지 않았다." 누군가에게 의미있는 사람이 되어 좋은 인맥을 형성하고 싶다면 먼저 그의 이름을 불러주자. 성공도 함께 다가온다.

세계 최고의 투자자 워런 버핏(Warren Edward Buffett)은 좋은 인간관계란 "상대방이 내게 최선을 다하게 하는 것"이라고 말했다. 하지만 이보다는 상대방을 내게 좋은 사람이 될 수 있도록 만드는 '휴먼 릴레이션십(Human Relationship)' 기술이 더 중요하다는 것을 깨닫게 된다. 그것은 외식기업 CEO도 종사자도 또 다른 어떤 외식기업의 고객이듯이 내가 대우받고 싶은 만큼 우리 고객들을 대우해 주는 것이다. 너무 쉬워서 시시하다고 생각할지도 모른다. 자신의 이익만을 위해 상대방을 대하는 것은 말 그대로 처세에 가깝다. 그러나 고객을 늘 소중히 여기며 적절히 마음을 표현하는 것은 인간관계의 기본이자 성공 비결이기도 하다. 그것의 처음과 끝이 인사요, 인사의 핵심에는 바로 고객의 이름이 있는 것이다.

이름 불러주기의 핵심은 상대의 이름을 제대로 기억하고 호칭을 제대로 불러주는 것이다. 어떤 사람은 '아, 나는 정말 사람 이름은 외우지 못해서…'라며 자신의 기억력을 탓하곤 한다. 하지만 이름 외우는 것은 머리로 하는 것이 아니라 가슴에서 우러나오는 관심의 표현임을 잊지 말자. 먼저 명함부터 받아라. 그러나 절대 명함 통에 넣게 하지 말라. 그건 그 명함을 쓰레기 취급하는 것과 똑같다. 잘 넣지도 않을 뿐더러 오히려 불쾌감만 주게 된다. 반드시 외식기업 종사자(되도록이면 책임자)가 직접 받고, 직접 관심을 보이고, 직접 보관함에 소중히 넣어라. 그리고 하나 더 '적자생존', 적는 사람만이 살아남는다는 것으로 명함에 쉽게 기억할 수 있는 단서를 적어라. 뭐든 좋다. 그러면서 말을 거는 것도 좋다. 보통 이메일주소는 독특하므로 이것에 대해 물어 보는 것이 가장 좋다. 그리고 또 중요하고도 중요한 것은 이름을 외워야 부를 수 있다. 적어 놓은 기억의 팁으로 시간 날 때마다 복습하고 복습하라. 이름 외우는 데 왕도 없다. 시간이 날 때마다 오늘 받은 명함과 준 고객의 이름을 쓰며 그 사람의 얼굴, 신상을 떠올려 복습하라. 계속하다 보면 저절로 이름이 외워진다. 이름뿐만 아니라 대화의 팁도 함께 외워진다. 오랜만에 그 외식기업을 찾아 왔다는 것은 고객 스스로 이미 인식하고 있다. 그런 인식을 단번에 놀라움으로 전환시키는 것은 상상도 안 했는데 이름을 불러 주며 아는 척을 하는 것이다. 명함 인식 앱을 활용하여 메모하는 것도 방법이다.

이름 외우기는 관심의 표현이자 감동의 첫걸음이다. 이름을 잘 외우고, 상대방이 원하는 호칭대로 불러 주는 것은 기억력과 상관없는 관심의 표현이고, 감동의 첫걸음이다. 이것은 아주 작은 노력임에도 불구하고 고객관계를 평생동반자관계로 만드는 데 이미 반은 성공으로 이끄는 방법인 셈이다.

2. 자기 자신 외에는 모두 '고객'이다!

본서의 모두에 사람이 사는 것은 교환이고 이 교환을 연구대상으로 하는 것이 마케팅이라고 말했다. 그리고 의식주 중 가장 중요한 식을 대상으로 교환의 성공을 창출하는 것이 외식마케팅이라고 정의하였다. 그러므로 교환은 상대방이 있는 모든 행위이다. 따라서 자기 자신 이외의 교환대상자는 모두 고객이다. 나의 아들, 딸도, 부인도, 부모님도, 나의 친구도, 나의 직장 동료도, 나의 업무 이해관계자도, 그냥 스쳐 지나가는 사람도, 그리고 멀리만 있어 보이는 정치인도, 군인도, 공무원도 모두 고객이다. 다만 이해관계의 정도, 교환의 대상, 교환의 시간, 교환의 깊이, 교환의 가치가 다를 뿐이다. 이 중 특히 우리가 직접적으로 먹고살게 하는 것은 바로 직장에서의 이해관계 즉 나의 비즈니스 고객들이다. 그러니 죽을 힘을 다해 고객이 기뻐할 만한 생각을 해내고 실천하고 이득을 주어야 하고 그 대가로 내가 혜택을 돌려받는다고 인식해야 한다.

3. 가격으로 승부하지 말라!

외식기업이 가격으로 승부해서 오래갈 것으로 생각했다면 결코 좋은 생각이 아니다. 나의 성공은 「손님의 체온」밖에 없다는 생각으로 손님에게 정성을 들여야 한다고 생각하자. 그것이 장사하는 외식기업을 만드는 비결이다. 손님이 횡재했다는 느낌이 들게 하지 말라. 이는 한두 번은 통해도 그 이상은 절대 통할 수 없다. 손님과 따뜻함이 느껴지는 유언, 무언의 의사소통을 통해 고객에게 알게 모르게 이득이 되는 가치를 전달해야 살아남고 성공한다.

가격으로 승부하는 '싸니까' 외식기업은 불황기에 더 취약하다. 요즘은 가격할인 서비스로 승부하는 외식기업이 너무 많다. 마케팅 4P믹스 중 가장 건드리지 말아야 하고 가장 마지막에 사용해야만 하는 것이 가격인데 이것을 먼저 내세우는 것은 마치 고객에게 할인이라는 모르핀을 권하는 것과 같다. 가격할인은 하한선이 없어 싸면 쌀수록 좋다고 생각하게 하여 욕구충족이 매우 힘들다는 것이며 그에 따라 외식기업 역시 힘들어질 뿐이다. 외식마케팅에서 목표로 삼아야 하는 것은 '싸니까' 가는 곳이 아니라 '가치 있으니까 가는 곳'이어야 한다. 그렇다고 가격할인 서비스를 전혀 하지 말라는 말이 아니다. 집객과 분위기 전환을 위해 미끼할인을 이벤트성으로 하는 것은 나쁘지 않다. 외식기업의 아이덴티티를 흔들어서는 안 되는 일종의 엔터테인먼트로 해야 한다는 의미이다.

가격보다 고객과의 관계에 집중하라! 그리고 즐거움과 가치 있다고 느끼게 하라. 오늘은 어떤 메뉴로 어떤 멘트로 어떤 유머로 고객을 즐겁게 해줄까를 고민해라. 가격이 외식기업의 머릿속에 있으면 '어떻게 하면 고객에게 이득을 줄까, 즐거움을 줄까, 가치를 줄까가 사라진다는 것을 깨달아야 한다. 그것이 단골을 만드는 외식마케팅이다.

4. 중국의 고서 '중용'의 이 말을 깊이 새기자!

"성자물지종시(誠者物之終始) 불성무물(不誠無物)"이란 말이 있다. 즉 성(精誠)은 만물의 시작과 끝이요, 성이 없으면 만물도 없다는 뜻이다. 외식마케팅도 이런 철학으로 하는 것이 지극히 당연하다. 이는 이순신 장군님의 좌우명이기도 했다.

참고문헌

김헌희 · 이대홍, 외식창업실무론, 백산출판사, pp.69~77, 1999.
노승규, SNS의 성장과 소셜 CRM의 도래, 서울대학교 경영대학(원), 2010.8.
맥그로우 컨설팅그룹, 마케팅전략, 지식 DB 참조.
박충환 · 오세조, 마케팅 관리, 박영사, p.133, 1995.
서길수, 데이터베이스관리, 박영사, p.7, 1995.
시오야 미치, 기업비전 만들기, 명진출판, 1994.
신봉규, 외식산업 입지상권분석, 백산출판사, p.49, 58, 2003.
우노다카시, 장사의 신, 쌤엔파커스, 2012.
유필화, 가격정책론, 박영사, p.234, 1998.
이수동, 마케팅환경분석, 미간행 강의안.
이혜성 · 남궁연, 외식소비자의 소셜네트워크서비스(SNS) 이용에 관한 연구 - 이용 동기, 이용자 참여, 구매의도의 관계 분석 - 관광학연구 39권 8호: pp.151~168, 2015.10.
임정빈 · 김관수 · 이승훈 · 임창식 · 최현동, '코로나 19 이후 외식업 배달서비스 및 고용현황 분석', KREI 한국농촌경제연구원 외식업 경영실태 조사(2019-2020).
채반석, 출범, 통합 '카카오TV', 「Bloter.net」, 2018.11.19.
채서일, 시장조사론, 학현사, 1994.
최운선, 경영환경분석기법, 미간행 강의안.
최윤영 · 박기환 · 주준형, 2021년 외식업 주요 동향 및 특징, 한국농촌경제연구원.
치알디니, 설득의 심리학, 21세기북스, 2002.
홍석경 · 박소정, 미디어 문화 속 먹방과 헤게모니 과정, 『언론과 사회』 24(1), 2016.2.
Aaker, D.A.(1996), Across Products and Markets, CALIFORNIA MANAGEMENT REVIEW VOL. 38, NO. 3 SPRING.
Blois, K. J.(1974), The Marketing of Service: An Approach, European Journal of Marketing, Vol. 8, No. 2, pp.137~145.
David Shepard Associates, Inc.(1995), The New Direct Marketing How to Implement a Profit—Driven Data Base Marketing Strategy, Irwin, pp.55~56.
Dwyer, F. Robert, P.H.Schurr and Sejo Oh (1987), "Developing Buyer-Seller Relationships," Journal of Marketing, Vol. 51(April), pp.11~27.
Greenbook Research(2015), Industry Trends Report, June.
Lyle M. Spencer, Jr. Ph. D. and Signe M. Spencer(1993), Competence at Work.

Parasuraman, A., Zeithaml, V.A., and Berry, L.L.(1988), SERVQUAL: A multi-item scale for measuring consumer perception of service quality. Journal of Marketing, 64, pp.12~40.

Peppers, Don and Martha Rogers(1993), The One to One Future-Building Relationships One Customer ar a time, Currency Double Day.

Philip Kotler(1991), Marketing Management, Prentice-Hall.

Rathmell, J. M.(1976), What is Meant by Service?, Journal of Marketing, Oct., pp.32~33.

Say Goodby to Status Quo in Logistics, Chain Store Age Executive(March 1992):138.

Tschohl, J.(2000), Achieving Excellence Through Coustomer Service, 3rd ed., Minnesota: Best Seller Publishing.

Zeithaml, Valarie A. & Parasuraman, A & Berry, Leonard.(1985), "Problems and Strategies in Service Marketing", Journal of Marketing, 49(Spring), pp.33~46.

〈신문/전문지〉

Business insider, 'See inside the virtual worlds created by Wendy's Chipotie and McDonald's as the metaverse become the latest battleground for fast food', 2022. 4. 9.

Ai타임즈, 'AI가 조합한 영양제로 건강 챙기세요…. 알고케어, 실시간 개인 맞춤 영양관리 솔루션 선봬', 2022.1.14.

aTFIS, 식품산업통계정보시스템, 2022년 10월 4주.

aTFIS, 식품시장 트렌드 PICK: 메타버스와 식품, 2022년 10월 4주.

aTFIS, 식품시장 뉴스레터: 무인식품매장, 2022년 2월 2주.

aTFIS, 식품시장 뉴스레터: 식품 ESG 경영, 2020년 10월 2주.

aTFIS, 코로나 19 전후 식품 소비변화 조사(2020.10.)

FOURTUNEkorea, "2023년 소비 트렌드 키워드는 'co-EXIST(공존)'", 2022.12.13.

KREI 한국농촌경제연구원, 외식업 경영실태 조사(2018-2020년)

PLAY.D Trend Delivery X · Y · Z세대를 중심으로 살펴본 세대별 트렌드, 2021.1.

The PR consulting, [미디어 엿보기] 요즘 먹방이 대세인 이유? 2015.6.17.

The Economist, "The food-show craze", 2018.11.28.

Digital Retail Trend, 맥도날드(McDonald's)는 어떻게 다시 실적을 회복하였나?, 2016.4.8.

고용노동부, 「사업체 노동력조사」, 각 연도

[네이버 지식백과] X세대 [X-generation, -世代] 김춘경 · 이수연 · 이윤주 · 정종진 · 최웅용, 상담학 사전, 학지사, 2016.1.15.

경상일보, [이런 생각] 가치를 사는 미닝 아웃(Meaning Out), 2021.4.21.

노컷뉴스, 큰손의 변화, 5060 아닌 '오팔세대'입니다, 2020.5.26.

뉴스원, '코로나의 역설'…마트서 시식행사 못한 식품업계 "수익성 좋아졌네", 2020.8.28.

디지털 조선, 차별화된 이색경험 선호하는 MZ세대 공략한 마케팅 활발, 2021.8.20.

매일경제, 게임 생방송 플랫폼 트위치서 '먹방' 채널 등장, 2018.11.12.

매일경제, 내 고객은 누구인가? 내 고객이 원하는 것은 무엇인가?, 2015.11.3.

매일경제, 식당 폐업하는 6가지 위험요소 〈오감만족형 서비스 법칙〉, 2016.10.19.

매일경제, 식자재 물류배송 플랫폼 '스마트로(SmartLo)' 오픈… 실시간 온습도 관리 가능, 2018.8.31.

매일경제, 외식업소 '가격 책정 전략', 2014.7.18.

Medicom, 전통적 CRM은 죽었다, 지금은 'Social CRM 시대 소비자평가, 생각을 뒤집자…역발상마케팅 고정관념에서 벗어난 신선한 충격, 2017.9.2.

비상경제 중앙대책본부, 디지털 뉴딜 2.0 초연결 신산업 육성 메타버스 신산업 선도전략, 2022.1.20.

세계일보, MZ세대로 통칭되는 '요즘 것들'...M세대와 Z세대는 다르다? 2021.9.19. 인용

세종경제신문, 구글, 유튜브 인수 10년 '동영상 역사를 바꿨다, 2018.11.19.

소비라이프, [환경소비] 친환경 위장술 '그린워싱'에 속지말자 2021.6.4.

식품산업통계시스템 FIS, www.atfis.or.kr

식품외식경제, 국내 식품 · 외식업계 디플레이션에 대비하라, 2019.9.6.

식품외식경제, 식품외식경제와 함께 한 국내 외식 20년 장수 브랜드, 2016.7.16.

식품외식정보 웹진, 2022년 5월호

식품음료신문(http://www.thinkfood.co.kr)', 2019 외식소비 트렌드 발표대회'

식품저널, [이철교수의 스마트푸드 비즈니스], 식품분야 메타버스, VR&AR, 2022.9.8.

스마투스 경제신문(http://www.sbr.ai), [혁신 기업인 인터뷰] 원더스 델리타운 김창수 대표를 만나보다, 2022.7.29.

아시아경제, 맥모닝-편의점 도시락-배달음식으로 끝난 매화 씨의 하루 食, 2018.5.4.

아시아경제, 'SNS가 바꾸는 食문화'… 인스타에 입소문 나면 '대박', 2018.5.14.

아주경제, "아워홈, 24시간 무인판매 플랫폼 '픽앤조이' 론칭", 2021.11.4.

아프리카TV, "주식회사 아프리카TV 소개", 2018.11.5.

월간식당, 2022 외식업 경영실태조사〈통권 448호〉, 2022.6.28.

연합뉴스, "그땐 그랬지"…추억마케팅 '활활', 2018.11.14.

유로모니터, Ready Meals in South Korea, 2020.

조선일보, 해외선 'mukbang'(먹방)은 고유명사. '먹방 규제' 놓고 시끌, 2018.7.29.

중앙일보, 라면 먹방 연 수입 10억, 2018.12.10.
체인스토어, Say Goodby to Status Quo in Logistics, Age Executive, 1992.3.
Platum, 배달의 민족, 월 이용자 수 1000만, 2019.5.2.
한겨레, 최근 가격 올린 외식업체 6곳 "최저임금 탓 아니다", 2018.1.12.
한국경제, 먹거리, 찍히면 팔린다… 인스타그램 등 사진 SNS, 식품 · 외식 새 마케팅 수단으로, 2015.9.17.
한국경제, 최저임금 추가 인상 D-20…외식업은 '가격인상', 2018.12.12.
한국기업지배구조연구원 홈페이지(www.cgs.or.kr)
한국은행, 「생산자물가조사」, 각 연도.
해양수산부 KMI 해외시장분석센터 카드뉴스 MZ세대 식품소비트렌드 2020.10.23.
행정안전부 「지방행정 인허가 데이터」, 각 연도.
통계청, 「서비스업 조사」, 각 연도.
특허청 보도자료 셀프에디케이션, 오팔세대 등 소비트렌드 따라 상표도 뜬다, 2020.10.12.

〈URL〉
https://ko.wikipedia.org/wiki/MZ세대
https://www.allenchung21.com/weeklycolumn/20170714에서 발췌.
http://www.gi.mogaha.go.kr/demo 참조 후 재편집.

http://www.mentorsnote.com/archiver/93
http://www.msecret.net/board/onlinemarket/view/wr_id/1179
https://namu.wiki/밀키트
http://nengjung.kit.ac.kr/~djkim/menu2/text2/chapter6.doc 참조.
https://ppss.kr/archives/177662: 음료 브랜드의 로고 변천사 5, 2018년 10월 24일 by 마시즘에서 요약 발췌.

저자약력

김성일

연세대학교 본 대학원 경영학과 경영학 석사/박사
국민은행 경제경영연구소 책임연구원
장기신용은행 경제경영연구소 선임연구원
현) 경희대학교 대학원 경영학과 외래교수

논문 및 저서

- 관계 마케팅(Customer Relationship Marketing), 경문사
- 국제기술이전 협상의 자원의존이론(Resource Dependence Theory)적 접근, 연세대학교, 석사학위논문, 1991.
- 국제기술이전협상에서의 외부적 요인이 협상과정 및 협상성과에 미치는 영향, 연세대학교, 박사학위논문, 1996.
- Negotiation Processes and Outcomes in Inter-national Technology Transfer (Advances in International Marketing, Vol. 7) 외 저서 및 논문 다수
- 외식마케팅, 외식 CRM/e-CRM, 외식 e-BUSINESS 관련 주요 컨설팅 및 프로젝트 다수 수행

박영일 (youngpyi@hanmail.net)

한국외국어대학교 경영학사
연세대학교 경영대학원MBA 경영석사(마케팅)
경기대학교 관광대학원 관광학 박사
연세대학교 외식산업 고위자과정 수료 / 연세대학교 프랜차이즈 CEO과정 수료
한양대학교 Entertainment CEO과정 수료 / 순천향대학교 건강 CEO과정 수료
경희대학교 융복합6차산업 최고위자과정 수료 / 성균관대학교 WAMP 고위자과정 수료
연세대학교 MBA총동창회 부회장 / 한국외국어대학교 총동창회 부회장
외식경영학회 이사 / 성남시의회의원 / 민주평통자문위원 / 사)동북아평화연대 공동대표
(주)대우조선해양 근무 / (주)HD E&I 대표이사
미국 Battle Creek and Springfield City 명예시민증 수여
한양사이버대학교 강의 / 한양대학교 관광대학원 강의 / 연세대학교 FCEO과정 특강
경기대학교 관광대학 겸임교수 / 가톨릭관동대학교 호텔외식관광대학 초빙교수

논문 및 저서

- 프랜차이즈 본부의 특성이 신뢰와 거래성과에 미치는 영향에 관한 연구 외 다수
- 농업은 농사가 아니다. 미래산업이다. 백산출판사

저자와의
합의하에
인지첩부
생략

외식마케팅관리

2009년 2월 5일 초 판 1쇄 발행
2023년 2월 25일 개정3판 1쇄 발행

지은이 김성일 · 박영일
펴낸이 진욱상
펴낸곳 백산출판사
교 정 박시내
본문디자인 오행복
표지디자인 오정은

등 록 1974년 1월 9일 제406-1974-000001호
주 소 경기도 파주시 회동길 370(백산빌딩 3층)
전 화 02-914-1621(代)
팩 스 031-955-9911
이메일 edit@ibaeksan.kr
홈페이지 www.ibaeksan.kr

ISBN 979-11-6639-312-9 93320
값 30,000원

• 파본은 구입하신 서점에서 교환해 드립니다.
• 저작권법에 의해 보호를 받는 저작물이므로 무단전재와 복제를 금합니다.
이를 위반시 5년 이하의 징역 또는 5천만 원 이하의 벌금에 처하거나 이를 병과할 수 있습니다.